嘉田由紀子, 1995, 『生活世界の環境学 ― 琵琶湖からのメッセージ』, 農山漁村文化協会.

_____, 2001, 『水辺ぐらしの環境学 ― 琵琶湖と世界の湖から』, 昭和堂.

_____, 2002, 『環境学入門 9 環境社会学』, 岩波書店.

嘉田由紀子編, 2003, 『水をめぐる人と自然 ― 日本と世界の現場から』, 有斐閣.

嘉田由紀子・遊磨正秀, 2000, 『水辺遊びの生態学 ― 琵琶湖地域の3世代の語りから』, 農山漁村文化協会.

岡山県自治体問題研究所, 1988, 『苫田ダム, この問われるもの ― 県民世論で白紙撤回を』, 苫田ダムに反対する岡山県民の会.

建設省河川法研究会, 1997, 『改正河川法の解説とこれからの河川行政』, ぎょうせい.

古川彰, 2001, 「自然と文化の環境計画 ― '半栽培'と'放置管理'の思想」, 鳥越皓之編, 『講座環境社会学 第3巻 自然環境と環境文化』, 有斐閣, 243-268.

_____, 2003, 「流域の総合管理と住民組織 ― 新しい矢作川方式へ」, 嘉田由紀子編, 『水をめぐる人と自然 ― 日本と世界の現場から』, 有斐閣, 77-104.

谷口吉光, 1998, 「アメリカ環境社会学とパラダイム論争 ― 'パラダイム転換としての環境社会学'再考」, 『環境社会学研究』, 4: 174-187.

公共事業チェック機構を実現する議員の会, 1996, 『アメリカはなぜダム開発をやめたのか』, 築地書籍.

共同通信社社会部, 1994, 『談合の病理』, 共同通信社.

関西大学下筌・松原ダム総合学術調査団, 1983, 『公共事業と人間の尊重』, ぎょうせい.

九州地方建設局矢田ダム調査事務所, 1991, 『矢田ダムのあゆみ』.

九学会連合利根川流域調査委員会, 1971, 『利根川 ― 自然・文化・社会』, 弘文堂.

国土交通省九州地方整備局大分工事事務所, 2001, 『大野川水系河川整備計画 [直轄管理区間]』.

堀川三郎, 1999, 「戦後日本の社会学的環境問題研究の軌跡 ― 環境社会学の制度化と今後の課題」, 『環境社会学研究』, 5: 211-23.

宮内泰介, 2001, 「コモンズの社会学 ― 自然環境の所有・利用・管理をめぐって」, 鳥越皓之編, 『講座環境社会学 第3巻 自然環境と環境文化』, 有斐閣, 25-46.

宮本常一編, 1987, 『旅の民俗と歴史 9 川の道』, 八坂書房.

宮本憲一, 1973, 『地域開発はこれでよいか』, 岩波書店.

_____, 1980, 『都市経済論 ― 共同生活条件の政治経済学』, 筑摩書房.

_____, 1982,『現代の都市と農村 － 地域経済の再生を求めて』, 日本放送出版協会.

_____, 1989,『環境経済学』, 岩波書店.

_____, 1990,「地域の内発的発展をめぐって」,『鹿児島経大論集』, 34(3): 55-83.

_____, 1998,『公共政策のすすめ － 現代的公共性とは何か』, 有斐閣.

_____, 1999,『都市政策の思想と現実』, 有斐閣.

_____, 2000,『日本社会の可能性 － 維持可能な社会へ』, 岩波書店.

宮本憲一編, 1977,『講座地域開発と自治体 1 大都市とコンビナート・大阪』, 筑摩書房.

宮本憲一・横田茂・中村剛治郎編, 1990,『地域経済学』, 有斐閣.

宮城県企画部統計課, 各年,『宮城県統計年鑑』, 宮城県企画部統計課.

鬼頭秀一, 1996,『自然保護を問いなおす － 環境倫理とネットワーク』, 筑摩書房.

_____, 1998,「環境運動 / 環境理念研究における'よそ者'論の射程 － 諫早湾と奄美大島の'自然の権利'訴訟の事例を中心に」,『環境社会学研究』, 4: 44-59.

磯部巌・佐藤武夫, 1962,「下筌ダム事件の問題点」,『法律時報』, 34(8): 28-33.

気仙沼市建設部開発対策課, 1987,『水につよいまちづくりをめざして － 新月ダムのあらまし』.

_____, 1999,『大川の治水利水を考える』.

気仙沼市史編さん委員会, 1993,『気仙沼市史 IV 近代・現代編』.

磯野弥生, 2001,「公共事業見直しシステムの課題」,『環境と公害』, 30(4): 27-33.

金子勇・長谷川公一, 1993,『マクロ社会学 － 社会変動と時代診断の科学』, 新曜社.

金沢謙太郎, 1999,「第三世界のポリティカル・エコロジー論と社会学的視点」,『環境社会学研究』, 5: 224-231.

吉本哲郎, 1995,『わたしの地元学 － 水俣からの発信』, NECクリエイティブ.

今井一, 2000,『住民投票 － 観客民主主義を超えて』, 岩波書店.

農林水産省経済統計局情報部, 各年,『農業センサス』, 農林統計協会.

大分大学教育学部, 1977,『大野川 － 自然・社会・教育』.

大分合同新聞社, n.d.,『大野川沈堕今昔』, (連載記事).

大分県, 2002,『大野川水系中流圏域河川整備計画』.

大分県農政部耕地課, 1972,『大分県土地改良史』.

大分県大野町史刊行会, 1980,『大分県大野町史』.

大分県水資源対策事務局, 1979,『矢田ダム建設に伴う企業の導入に関する基礎調査報告書』.

大分県統計調査課, 各年, 『大分県統計年鑑』, 大分県統計協会.

大野保治, 1975, 「農業水利権と河川行政」, 『教育研究所報』(大分大学教育学部教育研究所), 4: 68-72.

大野晃, 1996, 「源流域山村と公的支援問題 ― 吉野川源流域の環境保全問題を中心に」, 『年報 村落社会研究』, 32: 133-171.

大熊孝, 1988, 『洪水と治水の河川史 ― 水害の制圧から受容へ』, 平凡社.

大熊孝編, 1994, 『叢書近代日本の技術と社会 4 川を制した近代技術』, 平凡社.

大川専門調査委員会, 1980, 『気仙沼市大川の治水利水等に関する調査委託報告書』

徳島自治体問題研究所, 1999, 『第十堰のうた』, 自治体研究社.

_____, 2001, 『ダムを止めた人たち ― 細川内ダム反対運動の軌跡』, 自治体研究社.

徳島県労政課, 1956, 『那賀川流筏労働運動史』.

徳島県統計課, 各年, 『徳島県統計書』, 徳島県統計協会.

渡辺澄夫・豊田寛三・加藤知弘・神戸輝夫, 1975, 「大野川の水運」, 『教育研究所報』(大分大学教育学部教育研究所), 4:35-8.

嶋津暉之, 1991, 『水問題原論』, 北斗出版.

_____, 1997, 「21世紀の水利用のあり方」, 天野礼子編, 『21世紀の河川思想』, 共同通信社, 48-65.

東京都水道局, 1981, 『東京都水道局事業年報』.

_____, 2003, 『事業年報』.

東北農政局岩手統計情報事務所, 2001, 『岩手農林水産統計年報』, 岩手農林統計協会.

東北地方建設局鳴子ダム工事事務所, 1959, 『鳴子ダム工事誌』, 東北地方建設局.

藤田恵, 1999, 『ゆずの里村長奮闘記 ― 峡谷の里から自然保護を訴える』, 悠飛社.

藤井敦史, 1999, 「'市民事業組織'の社会的機能とその条件 ― 市民的専門性」, 角瀬保雄・川口清史編, 『叢書現代経営学 7 非営利・協同組織の経営』, ミネルヴァ書房, 177-206.

藤川賢, 1997, 「地域開発政策と産業化論 ― 地域開発批判の再考に向けて」, 『年報社会学論集』, 10: 73-84.

満田久義, 1995, 「環境社会学とはなにか ― 米国でのパラダイム論争再考」, 『環境社会学研究』, 1: 53-71.

末廣昭, 1998, 「開発主義とは何か」, 東京大学社会科学研究所, 『20世紀システム 4 開発主義』, 東京大学出版会, 1-10.

木頭村, 1961, 『木頭村誌』.

_____, 1995, 『水源の村木頭村 ― 細川内ダム建設計画に反対する理由』.

木頭村企画室, 1996, 『第3次木頭村総合振興計画』.

木原滋哉, 2000, 「'九州・沖縄'における社会運動ネットワークの形成・試論」, 石川捷治・平井一臣編, 『地域から問う国家・社会・世界 ― '九州・沖縄'から何が見えるか』, ナカニシヤ出版, 171-197.

武藤博己, 1994, 「公共事業」, 西尾勝・村松岐夫編, 『講座行政学 3 政策と行政』, 有斐閣, 235-277.

武川正吾, 1992, 『地域社会計画と住民生活』, 中央大学出版部.

梶田孝道, 1988, 『テクノクラシーと社会運動 ― 対抗的相補性の社会学』, 東京大学出版会.

飯島伸子, 1970, 「産業公害と住民運動 ― 水俣病問題を中心に」, 『社会学評論』, 21(1): 25-45.

_____, 1984, 『環境問題と被害者運動』, 学文社.

_____, 1995, 『環境社会学のすすめ』, 丸善.

_____, 1996, 「日本の環境運動の経験」, 井上俊・上野千鶴子・大沢真幸・見田宗介・吉見俊哉編, 『環境と生態系の社会学』, 岩波書店, 143-160.

_____, 1998, 「環境問題の歴史と環境社会学」, 舩橋晴俊・飯島伸子編, 『講座社会学 12 環境』, 東京大学出版会, 1-42.

_____, 2000, 『環境問題の社会史』, 有斐閣.

保母武彦, 1996, 『内発的発展論と日本の農山村』, 岩波書店.

福岡賢正, 1994, 『国が川を壊す理由 ― 誰のための川辺川ダムか』, 葦書房.

福武直編, 1965a, 『地域開発の構想と現実 Ⅰ 百万都市建設の幻想と実態』, 東京大学出版会.

_____, 1965b, 『地域開発の構想と現実 Ⅱ 新産業都市への期待と現実』, 東京大学出版会.

_____, 1965c, 『地域開発の構想と現実 Ⅲ 工業都市化のバランスシート』, 東京大学出版会.

本郷正武, 2002, 「社会運動論における'フレーミング'の理論的位置」, 『社会学研究』, 71:215-230.

富山和子, 1980, 『水の文化史』, 文芸春秋.

北見俊夫, 1981, 『川の文化』, 日本書籍.

北島滋, 1998, 『開発と地域変動 ― 開発と内発的発展の相克』, 東信堂.

浜本篤史, 2001,「公共事業見直しと立ち退き移転者の精神的被害 ― 岐阜県・徳山ダム計画の事例より」,『環境社会学研究』, 7: 174-189.

寺口瑞生, 2001,「環境社会学のフィールドワーク」, 飯島伸子・鳥越皓之・長谷川公一・舩橋晴俊編,『講座環境社会学 第1巻 環境社会学の視点』, 有斐閣, 243-260.

四国地方建設局徳島工事事務所, 1981,『那賀川改修史』.

寺西俊一, 2001,「'環境再生'のための総合的な政策研究をめざして」,『環境と公害』, 31(1): 2-13.

四手井綱英・半田良一編, 1969,『木頭の林業発展と日野家の林業経営』, 農林出版.

寺田良一, 1998,「環境NPO(民間非営利組織)の制度化と環境運動の変容」,『環境社会学研究』, 4: 7-23.

砂田一郎, 1980,「原発誘致問題への国際的インパクトとその政治的解決の方式についての考察 ― 和歌山県古座町の社会調査データに基づいて」, 馬場伸也・梶田孝道編,『非国家的行為主体のトランスナショナルな活動とその相互行為の分析による国際社会学』, 津田塾大学文芸学部国際関係研究所, 61-76.

山岡義典編, 1997,『NPO基礎講座 ― 市民社会の創造のために』, ぎょうせい.

山道省三, 2001a,「市民にとって流域とは何か ― 広がるパートナーシップによる川づくり」,『国づくりと研修』(財団法人全国建設研修センター), 91: 20-23.

―――, 2001b,『多摩川をモデルとした'河川環境'の保全に関する住民参加型の手法, 制度についての調査・研究』, 財団法人とうきゅう環境浄化財団.

傘木宏夫, 2001,「環境再生に向けた各地の取り組み」,『経済』, 69: 115-125.

山本信次編, 2003,『森林ボランティア論』, 日本林業調査会.

山田明, 2000,「ダムと公共事業 ― 建設から廃止の世紀へ」,『環境と公害』, 30(1): 51-52.

山村恒年, 1996,「環境社会学と法学の協働」,『環境社会学研究』, 2: 67-70.

三木和郎, 1984,『都市と川』, 農山漁村文化協会.

森元孝, 1996,『逗子の市民運動 ― 池子米軍住宅建設反対運動と民主主義の研究』, 御茶の水書房.

三井昭二, 1991,「山村のくらし」, 日本村落史講座編集委員会,『日本村落史講座8 生活3 ― 近現代』, 雄山閣出版, 121-38.

―――, 1997,「森林からみるコモンズと流域 ― その歴史と現代的展望」,『環境社会学研究』, 3: 33-46.

生越忠編, 1983, 『開発と公害』, 23.

西尾勝, 1975, 「行政過程における対抗運動 ― 住民運動についての一考察」, 『年報政治学 1974 政治参加の理論と現実』, 69-95.

西川潤, 1989, 「内発的発展論の起源と今日的意義」, 鶴見和子・川田侃編, 『内発的発展論』, 東京大学出版会, 3-41.

西川潤編, 2001, 『アジアの内発的発展』, 藤原書店.

石川徹也, 1999, 『ルポ・日本の川』, 緑風出版.

舩橋晴俊, 1988, 「建設計画の決定・実施過程と住民運動」, 『高速文明の地域問題 ― 東北新幹線の建設・紛争と社会的影響』, 有斐閣, 111-154.

_____, 1993, 「社会制御としての環境政策」, 飯島伸子編, 『環境社会学』, 有斐閣, 55-79.

_____, 1995, 「環境問題への社会学的視座 ― '社会的ジレンマ論'と'社会制御システム論'」, 『環境社会学研究』, 1: 5-20.

_____, 2002, 「環境問題をめぐる政策的課題とコミュニケーション」, 『都市問題』, 93(10): 3-14.

舩橋晴俊・舩橋恵子, 1976, 「'対抗的分業'の理論」, 『現代社会学』, 3(2): 114-129.

舩橋晴俊・長谷川公一・飯島伸子編, 1998, 『巨大地域開発の構想と帰結 ― むつ小川原開発と核燃料サイクル施設』, 東京大学出版会.

舩橋晴俊・長谷川公一・畠中宗一・梶田孝道, 1988, 『高速文明の地域問題 ― 東北新幹線の建設・紛争と社会的影響』, 有斐閣.

舩橋晴俊・長谷川公一・畠中宗一・勝田晴美, 1985, 『新幹線公害 ― 高速文明の社会問題』, 有斐閣.

成瀬竜夫, 1983, 「地域づくり論の現状と展望 ― '内発的発展'論の検討を中心に」, 自治体問題研究所編, 『地域と自治体 第13集 地域づくり論の新展開』, 自治体研究社, 44-59.

城山英明・鈴木寛・細野助博編, 1999, 『中央省庁の政策形成過程 ― 日本官僚制の解剖』, 中央大学出版部.

小山善彦, 1999, 「英国のグランドワークにみるパートナーシップによる地域再生」, 『環境社会学研究』, 5: 38-50.

小野寺教郎, 1999, 『もう1つの新月ダム』.

篠原一, 1973, 「市民参加の制度と運動」, 『岩波講座 現代都市政策 II 市民参加』, 岩波書店, 3-38.

_____, 2004, 『市民の政治学 ― 討議デモクラシーとは何か』, 岩波書店.

沼田真, 1994, 『自然保護という思想』, 岩波書店.

松宮朝, 2000, 「北海道農村地域形成の変容 ― 3市町村における集団活動の比較分析から」, 『現代社会学研究』, 13: 99-115.

松野弘, 1997, 『現代地域社会論の展開 ― 新しい地域社会形成とまちづくりの役割』, ぎょうせい.

松原治郎・似田貝香門編, 1976, 『住民運動の論理 ― 運動の展開過程・課題と展望』, 学陽書房.

守友裕一, 1991, 『内発的発展の道 ― まちづくり, むらづくりの論理と展望』, 農山漁村文化協会.

水郷水都全国会議・徳島大会実行委員会, 1996, 『第12回水郷水都全国会議・徳島大会資料集』.

水と文化研究会編, 2000, 『みんなでホタルダス ― 琵琶湖地域のホタルと身近な水環境調査』, 新曜社.

矢田ダム対策会議, 1989, 『矢田ダム対策会議15年のあゆみ』.

矢田ダム反対協議会, 1989, 『矢田ダム反対協議会20年のあゆみ』.

柿澤宏昭, 2001, 「森林保全とその担い手」, 鳥越皓之編, 『講座環境社会学 第3巻 自然環境と環境文化』, 有斐閣, 77-103.

新月ダム建設反対期成同盟, 1984, 『もしもダムができたなら』.

新月村誌編纂委員会, 1957, 『新月村誌』.

新川達郎, 1997, 「審議会・懇談会と自治体政策形成」, 『都市問題』, 88(1): 63-78.

室根村友好交流支援の会・室根吉川交流協会, 1997, 『われらがちぎり ― 都市と農村の交流のあゆみ』.

岩崎信彦・鵜飼孝造・浦野正樹・辻勝次・似田貝香門・野田隆・山本剛郎編, 1999, 『阪神・淡路大震災の社会学 3 復興・防災まちづくりの社会学』, 昭和堂.

延藤安弘・宮西悠司, 1981, 「内発的まちづくりによる地区再生過程 ― 神戸市真野地区のケーススタディ」, 吉岡健次・崎山耕作編, 『大都市の衰退と再生』, 東京大学出版会, 138-195.

塩原勉編, 1989, 『資源動員と組織戦略 ― 運動論の新パラダイム』, 新曜社.

永井進, 1999, 「川崎市における地域環境再生」, 『環境社会学研究』, 5: 5-20.

永井進・寺西俊一・除本理史編, 2002, 『環境再生 ― 川崎から公害地域の再生を考える』, 有斐閣.

五十嵐敬喜・小川明雄, 1997, 『公共事業をどうするか』, 岩波書店.

_____, 1999, 『図解 公共事業のしくみ』, 東洋経済新報社.

_____, 2003,『'都市再生'を問う － 建築無制限時代の到来』, 岩波書店.

奥田道大, 1980,「地域政策と地域社会 －'都市と水資源'問題を手がかりとして」,
『季刊 地域』, 3: 10-14, 145.

玉城哲, 1984,「日本農業の近代化過程における水利の役割」, 玉城哲・旗手勲・今
村奈良臣編,『水利の社会構造』, 国際連合大学, 7-53.

宇野重昭・鶴見和子編, 1994,『内発的発展と外向型発展 － 現代中国における交
錯』, 東京大学出版会.

原科幸彦編, 2000,『環境アセスメント』, 放送大学教育振興会.

遠藤宏一, 1999,『現代地域政策論 ― 国際化・地方分権化と地域経営』, 大月書店.

_____, 2000,「公共事業依存型経済と地域づくり'資源' － 保健・医療・福祉と
内発的発展」,『政策科学』(立命館大学政策科学会), 7(3): 89-108.

柳田国男, 1941,『豆の葉と太陽』, 創元社.(＝1968,『定本 柳田国男集 第2巻』, 筑
摩書房.)

李国慶, 1996,「長野県諏訪地方の地域産業化の特質 － 内発的発展と外発的発
展の相乗効果による地域発展」,『村落社会研究』, 3(1):21-32.

林野庁, 各年,『図説 林業白書』, 日本林業協会.

銀河書房編, 1994,『水源の森は都市の森 － 上下流域の連帯による'流域社会'づくり』,
銀河書房.

依光良三編, 2001,『流域の環境保護 － 森・川・海と人びと』, 日本経済評論社.

日本ダム協会, 1998,『ダム年鑑 1998年版』, 日本ダム協会.

_____, 2004,『ダム年鑑 2004年版』, 日本ダム協会.

日本弁護士連合会公害対策・環境保全委員会, 1995,『川と開発を考える － ダム
建設の時代は終わったか』, 実教出版.

日本人文科学会, 1958,『佐久間ダム － 近代技術の社会的影響』, 東京大学出版会.

_____, 1959,『ダム建設の社会的影響』, 東京大学出版会.

_____, 1960,『北上川 － 産業開発と社会変動』, 東京大学出版会.

日本林業調査会, 1998,『森林ボランティアの風 － 新たなネットワークづくりに向
けて』, 日本林業調査会.

日本自然保護協会, 2002a,『自然保護NGO半世紀のあゆみ － 日本自然保護協会
50年誌 上 1951~1982』, 平凡社.

_____, 2002b,『自然保護NGO半世紀のあゆみ － 日本自然保護協会50年誌
下 1983~2002』, 平凡社.

長谷部成美, [1956] 1978,『佐久間ダム － その歴史的記録』, 東洋書館.

長谷川公一, 1985,「社会運動の政治社会学 − 資源動員論の意義と課題」,『思想』, 737: 126-157.

_____, 1996a,「NPO − 脱原子力のパートナー」,『世界』, 623: 244-254.

_____, 1996b,『脱原子力社会の選択 − 新エネルギー革命の時代』, 新曜社.

_____, 1999,「原子力発電をめぐる日本の政治・経済・社会」, 坂本義和編,『核と人間 I 核と対決する20世紀』, 岩波書店, 281-337.

_____, 2003,『環境運動と新しい公共圏 − 環境社会学のパースペクティブ』, 有斐閣.

庄司光・宮本憲一, 1964,『恐るべき公害』, 岩波書店.

庄司興吉編, 1985,『地域社会計画と住民自治』, 梓出版社.

在間正史, 1997,「長良川河口堰の事業評価 − 河川開発事業の検討」,『環境社会学研究』, 3: 47-57.

全国漁業協同組合連合会, 1998,「特集 全国漁民の森サミット」,『漁協(くみあい)』 73: 6-43.

全国河川総合開発促進期成同盟会, 1980,『日本の多目的ダム(直轄編)』, 山海堂.

畠山重篤, 1999,『リアスの海辺から』, 文芸春秋. 전

田窪祐子, 1996,「カリフォルニア州‘原子力安全法’の成立過程 − 複数のアリーナ間の相互作用としての政治過程」,『環境社会学研究』, 2: 91-108.

_____, 1997,「巻町‘住民投票を実行する会’の誕生・発展と成功」,『環境社会学研究』, 3: 131-148.

_____, 2001,「住民自治と環境運動 − 日本の反原発運動を事例として」, 長谷川公一編,『講座環境社会学 第4巻 環境運動と政策のダイナミズム』, 有斐閣, 65-90.

田主丸町誌編集委員会, 1996,『田主丸町誌 1 川の記憶』, 田主丸町.

田中角栄, 1972,『日本列島改造論』, 日刊工業新聞社.

田中滋, 1997,「河川環境事業としての‘多自然型川づくり’ − 1970年代以降における建設省・河川環境行政史」,『環境社会学研究』, 3: 58-71.

_____, 2000,「政治的争点と社会的勢力の展開 − 市場の失敗, 政府の失敗, イデオロギー, そして公共性」, 間場寿一編,『講座社会学 9 政治』, 東京大学出版会, 127-161.

_____, 2001,「河川行政と環境問題 − 行政による‘公共性の独占’とその対抗運動」, 舩橋晴俊編,『講座環境社会学 第2巻 加害・被害と解決過程』, 有斐閣, 117-143.

田村明, 1987,『まちづくりの発想』, 岩波書店.

苫田ダム記念誌編纂委員会, 1997,『ふるさと － 苫田ダム記念誌』, 奥津町.

井上真, 2001,「自然資源の共同管理制度としてのコモンズ」, 井上真・宮内泰介編,『シリーズ環境社会学 2 コモンズの社会学 － 森・川・海の資源共同管理を考える』, 新曜社, 1-28.

井上孝夫, 1995,「自然保護運動の戦略 － 白神山地の事例を中心に」,『社会学評論』, 45(4): 452-468.

――――, 1996,『白神山地と青秋林道 － 地域開発と環境保全の社会学』, 東信堂.

井戸聡, 1999,「地域社会の共同性の創出 － 徳島県の環境問題の経験から」,『ソシオロジ』, 43(3): 53-70.

鵜飼照喜, 1992,『沖縄・巨大開発の論理と批判 － 新石垣空港建設反対運動から』, 社会評論社.

鳥越皓之, 1983,「地域生活の再編と再生」, 松本通晴編,『地域生活の社会学』, 世界思想社, 159-186.

――――, 1997,『環境社会学の理論と実践 － 生活環境主義の立場から』, 有斐閣.

――――, 2000,「盛り上がり協力隊の叢生」,『環境情報科学』, 29(3): 40-41.

――――, 2002,「環境政策における地域自治会の役割」,『都市問題』, 93(10): 99-108.

鳥越皓之編, 1989,『環境問題の社会理論』, 御茶の水書房.

鳥越皓之・嘉田由紀子編, 1984,『水と人の環境史 － 琵琶湖報告書』, 御茶の水書房.

足立重和, 2001,「公共事業をめぐる対話のメカニズム － 長良川河口堰問題を事例として」, 舩橋晴俊編,『講座環境社会学 第2巻 加害・被害と解決過程』, 有斐閣, 145-176.

――――, 2002,「公共事業をめぐるディスコミュニケーション － 長良川河口堰問題を事例として」,『都市問題』, 93(10): 43-56.

佐藤慶幸, 2002,『NPOと市民社会 － アソシエーション論の可能性』, 有斐閣.

佐藤仁, 2002,「「問題」を切り取る視点 － 環境問題とフレーミングの政治学」, 石弘之編,『環境学の技法』, 東京大学出版会, 41-75.

佐藤竺, 1973,「行政システムと市民参加」,『岩波講座 現代都市政策 II 市民参加』, 岩波書店, 163-186.

週刊金曜日編集部, 1997,『環境を破壊する公共事業』, 緑風出版.

竹林征三, 1996,『ダムのはなし』, 技報堂出版.

中村剛治郎, 2000,「内発的発展論の発展を求めて」,『政策科学』(立命館大学政策

科学会), 7(3): 139-161.

中河伸俊, 1999,『社会問題の社会学 ― 構築主義アプローチの新展開』, 世界思想社.

地方史研究協議会, 1993,『河川をめぐる歴史像 ― 境界と交流』, 雄山閣出版.

池田寛二, 2001,「地球温暖化防止政策と環境社会学の課題 ― ポリティックスか
　　　らガバナンスへ」,『環境社会学研究』, 7: 5-23.

川名英之, 1992,『ドキュメント日本の公害 7 大規模開発』, 緑風出版.

村民ネットワーク木頭村, 2001,『やまびこ通信』.

村上哲生・西条八束・奥田節夫, 2000,『河口堰』, 講談社.

総務庁(省)統計局, 各年,『国政調査報告』, 日本統計協会.

諏訪雄三, 2001,『公共事業を考える ― 市民がつくるこの国の'かたち'と'未来'』,
　　　新評論.

萩野敏雄, 1975,『内地材輸送史論』, 日本林業調査会.

萩原良夫, 1996,『八ッ場ダムの闘い』, 岩波書店.

秋津元輝, 1993,「'水系社会'から'流域社会'へ ― いま流域を考えることの社会学
　　　的含意について」,『林業経済』, 535: 1-7.

片桐新自, 1995,『社会運動の中範囲理論 ― 資源動員論からの展開』, 東京大学
　　　出版会.

河北新報社編集局, 1998,『虚像累々 ― 検証・地域から問う公共事業』, 日本評論社.

河野忠彰, 2000,「大野川水系河川整備計画策定における地域住民等の意見聴取
　　　の取り組み」,『月刊建設』, 44(2000年12月号): 13-15.

下筌・松原ダム問題研究会, 1972,『公共事業と基本的人権 ― 蜂の巣城紛争を中
　　　心として』, 帝国地方行政学会.

鶴見川流域ネットワーキング, 2001,『バクの流域へようこそ ― 流域活動10年の
　　　歩み』.

鶴見和子, 1976,「国際関係と近代化・発展論」, 武者小路公秀・蝋山道雄編,『国際
　　　学 ― 理論と展望』, 東京大学出版会, 56-75.

＿＿＿＿, 1977,『漂白と定住と ― 柳田国男の社会変動論』, 筑摩書房.

＿＿＿＿, 1980,「内発的発展論へ向けて」, 川田侃・三輪公忠編,『現代国際関係
　　　論 ― 新しい国際秩序を求めて』, 東京大学出版会, 185-206.

＿＿＿＿, 1985,『殺されたもののゆくえ ― わたしの民俗学ノート』, はる書房.

＿＿＿＿, 1989,「内発的発展論の系譜」, 鶴見和子・川田侃編,『内発的発展論』,
　　　東京大学出版会, 43-64.

＿＿＿＿, 1996,『内発的発展論の展開』, 筑摩書房.

_____, 1998, 『鶴見和子曼荼羅VI 魂の巻 － 水俣・アニミズム・エコロジー』, 藤原書店.

鶴見和子・市井三郎編, 1974, 『思想の冒険 － 社会と変化の新しいパラダイム』, 筑摩書房.

海野道郎, 2001, 「現代社会学と環境社会学を繋ぐもの － 相互交流の現状と可能性」, 『講座環境社会学 第1巻 環境社会学の視点』, 有斐閣, 155-186.

幸野敏治, 1998, 「市民が取り組む流域連携 － 大野川の実験」, 『河川』, 621: 24-27.

脇田健一, 2001, 「地域環境問題をめぐる'状況の定義のズレ'と'社会的コンテクスト' － 滋賀県における石けん運動をもとに」, 舩橋晴俊編, 『講座環境社会学 第2巻 加害・被害と解決過程』, 有斐閣, 177-206.

華山謙, 1969, 『補償の理論と現実 － ダム補償を中心に』, 勁草書房.

環境創造みなまた実行委員会編, 1995, 『再生する水俣』, 葦書房.

環境庁, 1997, 『平成9年版 環境白書(総説)』, 大蔵省印刷局.

戸田清, 1994, 『環境的公正を求めて － 環境破壊の構造とエリート主義』, 新曜社.

横田尚俊・浦野正樹, 1997, 「住民の生活再建と地域再生への模索」, 『社会学年誌』, 38: 23-43.

21世紀環境委員会, 1999, 『巨大公共事業 － 何をもたらすか』, 岩波書店.

Abdel-Malek, Anouar, 1980, *The Project on Socio-cultural Development Alternatives in a Changing World: Report on the Formative Stage (May 1978-December 1979)*, Tokyo: The United Nations University.

Beck, Ulrich, 1996, "Risk Society and the Provident State," Scott Lash, Bronislaw Szerszynski and Brian Wynne eds., *Risk, Environment & Modernity: Towards a New Ecology*, London: Sage Publications, 27-43.

Broadbent, Jeffrey, 1998, *Environmental Politics in Japan: Networks of Power and Protest*, New York: Cambridge University Press.

Bryant, Raymond L. and Sinead Bailey, 1997, *Third World Political Ecology*, London: Routledge.

Burr, Vivien, 1995, *An Introduction to Social Constructionism*, London: Routledge.(＝1997, 田中一彦訳, 『社会的構築主義への招待 － 言説分析とは何か』, 川島書店.)

Buttel, F. H., 1978, "Environmental Sociology: A New Paradigm?," *The*

American Sociologist, 13: 465-488.

Catton, W. R. Jr. and R. E. Dunlap, 1978, "Environmental Sociology: A New Paradigm," *The American Sociologist*, 13: 41-49.

Dahrendorf, Ralf, 1979, *Lebenschancen: Anläufe zur sozialen und politischen Theorie*, Frankfurt am Main: Suhrkamp.(=1987, 吉田博司・田中康夫・加藤秀治郎訳, 『新しい自由主義 － ライフ・チャンス』, 学陽書房.)

Dunlap, Riley E. and Angela G. Mertig eds, 1992, *American Environmentalism: The U.S. Environmental Movement, 1970-1990*, Philadelphia: Taylor & Francis.(=1993, 満田久義監訳, 『現代アメリカの環境主義 － 1970年から1990年の環境運動』, ミネルヴァ書房.)

Dunlap, Riley E., 1997, "The Evolution of Environmental Sociology: A Brief History and Assessment of the American Experience," Michael Redclift and Graham Woodgate eds., *The International Handbook of Environmental Sociology*, Cheltenham: Edward Elgar, 21-39.

Freeman, J., 1979, "Resource Mobilization and Strategy: A Model for Analyzing Social Movement Organization Actions," M. N. Zald and J. D. McCarthy eds., *The Dynamics of Social Movements*, Winthrop Publishers: 167-189.

Friedmann, John, 1992, *Empowerment: The Politics of Alternative Development*, Cambridge, Mass.: Blackwell.(=1995, 定松栄一・林俊行・西田良子訳, 『市民・政府・NGO － '力の剥奪'からエンパワーメントへ』, 新評論.)

Gamson, William A. and Andre Modigliani, 1989, "Media Discourse and Public Opinion on Nuclear Power: A Constructionist Approach," *American Journal of Sociology*, 95:1-37.

Hannigan, John A., 1995, *Environmental Sociology: A Social Constructionist Perspective*, London: Routledge.

Hilgartner, Stephen and Charles L. Bosk, 1988, "The Rise and Fall of Social Problems: A Public Arena Model," *American Journal of Sociology*, 94(1): 53-78.

Jenkins, J. Craig, 1983, "Resource Mobilization Theory and the Study of Social Movements," *Annual Review of Sociology*, 9: 527-553.

Keck, Margaret E. and Kathryn Sikkink, 1998, "Transnational Advocacy Networks in the Movement Society," David S. Meyer and Sidney

Tarrow eds., *The Social Movement Society: Contentious Politics for a New Century*, Lanham: Rowman and Little field Publishers, 217-238.

Lipnack, Jessica and Jeffery Stamps, 1982, *Networking: The First Report and Directory*, Doubleday.(=1984, 正村公宏監訳, 『ネットワーキング － ヨコ型情報社会への潮流』, プレジデント社.)

McAdam, Doug, 1996, "The Framing Function of Movement Tactics: Strategic Dramaturgy in the American Civil Rights Movement," Doug McAdam, John. D. McCarthy, and Mayer N. Zald eds., *Comparative Perspectives on Social Movements: Political Opportunities, Mobilizing Structures, and Cultural Framings*, New York: Cambridge University Press, 338-355.

McAdam, Doug, John. D. McCarthy, and Mayer N. Zald eds., 1996, *Comparative Perspectives on Social Movements: Political Opportunities, Mobilizing Structures, and Cultural Framings*, New York: Cambridge University Press.

Melucci, Alberto, 1989, *Nomads of the Present: Social Movements and Individual Needs in Contemporary Society*, Hutchinson Radius.(= 1997, 山之内靖・貴堂嘉之・宮崎かすみ訳『現代に生きる遊牧民』岩波書店.)

Rothman, Franklin Daniel and Pamela E. Oliver, 1999, "From Local to Global: The Anti-Dam Movement in Southern Brazil, 1979-1992," *Mobilization*, 4(1): 41-57.

Salamon, Lester M. and Helmut K. Anheier, 1994, *The Emerging Sector: An Overview*, Maryland: The Johns Hopkins University.(=1996, 今田忠監訳, 『台頭する非営利セクター － 12カ国の規模・構成・制度・資金源の現状と展望』, ダイヤモンド社.)

Snow, David A., Rochford E. Burke Jr., Steven K. Worden and Robert D. Benford, 1986, "Frame Alignment Processes, Micromobilization, and Movement Participation," *American Sociological Review*, 51: 464-481.

Spector, Malcolm and John I. Kitsuse, 1977, *Constructing Social Problems*, New York: Aldine de Gruyter.(=1992, 村上直之・中河伸俊・鮎川潤・

森俊太訳,『社会問題の構築 ― ラベリング理論をこえて』, マルジュ社.)

Tsurumi, Kazuko, 1981, *Endogenous Intellectual Creativity and the Emerging New International Order: With Special Reference to East Asia*, Tokyo: The United Nations University.

Zald, Mayer N., 1996, "Culture, Ideology, and Strategic Framing," Doug McAdam, John. D. McCarthy and Mayer N. Zald eds., *Comparative Perspectives on Social Movements: Political Opportunities, Mobilizing Structures, and Cultural Framings*, New York: Cambridge University Press, 261-274.

함한 대형 공공사업을 대상으로 환경운동이 전국적으로 고양돼, 다양한 운동 형태가 두드러진다. 따라서 오늘에 이르기까지 나타난 정책과 운동의 상호 변모 과정을 염두에 둔 연구는 환경문제를 사회현상으로 파악하여 분석 대상으로 삼는 환경사회학의 중요한 연구과제다. 논점이 여러 갈래로 나누어져 있고, 질과 양 모두 풍부한 연구가 요구되는 가운데, 이 책에서는 주로 다음과 같은 세 가지 과제를 추구하고자 한다.

첫 번째 과제는 정책의 변화와 정책 결정 과정의 특성에 주목하면서, 환경운동이 1990년대 들어 전국적으로 확대되어 하천정책에 커다란 영향을 끼치게 된 요인을 고찰하는 것이다. 일본에서 환경운동이 활발하게 일어난 것은 1950년대 후반부터 1970년대에 걸친 소위 4대 공해의 시기와 대형 공공사업 계획에 대한 운동이 각지에서 전개되는 1990년대 이후, 이렇게 두 시기다. 환경 NGO/NPO를 포함해 다양한 사람들이 참가하고 인터넷 등 새로운 매체를 이용한 다양한 형태의 운동이 전개된 후자의 시기에, 특히 댐과 하구언 건설 계획에 대한 환경운동은 다른 환경운동에도 커다란 영향을 끼쳤다.

두 번째는 댐 건설 예정 지역의 '지역재생'에 관한 것이다. 1990년대 후반 이후, 건설성이 중지한 댐 건설 계획은 93개가 넘는다(2003년 12월 말 현재, '생활 저수지' 27개 사업 포함). 부분적이나마 정책 수준에서 점차 대형 공공사업 재검토가 전개되고 있는 오늘날, 사업계획의 중지라고 하는 운동의 '성공' 후에 환경운동이나 지역사회는 어떤 과제에 직면하고 있을까? 개발문제와 환경문제를 둘러싼 분쟁에 대해서는 지금까지 여러 가지 실증연구가 축적되어 왔지만, 해당 계획이 중지된 '이후'에 새로이 초점을 맞출 필요가 있다.

세 번째는 하천의 유지 및 관리를 둘러싼 향후 정책 결정의 올바른 방식, 특히 시민(주민) 섹터와 행정당국과의 올바른 협동 방식을 실제 사례에 근거하여 이론적으로 고찰하는 것이다. 지금까지 일본의 하천정책에 대해서는 그 결정 과정의 폐쇄성이 지적·비판되어 왔다. '시민(주민)참여'나 '파트너십' 같은 단어가 여러 장면에서 많이 사용되는 요즘 필요한 것은 실질적으로 다양한 모든 주체의 협동이 가능토록 할 조건과 방안을 모색하는 것이다.

이 책은 3부 10장으로 구성되어 있다. 서장부터 차례대로 읽어나가면 책의 기본적인 내용과 주장을 이해할 수 있도록 각 장을 배치하였다. 무엇보다 환경사회학의 분석틀에 관심을 갖고 있는 독자는 서장과 제3장을 먼저 읽어도 상관없고, 댐 계획 중지 후에 지역사회와 환경운동이 직면하는 과제에 흥미가 있는 독자는 제7장과 제8장부터 시작하면 좋을 것 같다. 그리고 하천정책을 둘러싼 행정과 시민 섹터와의 현시대적인 관계와 정책 결정 과정의 변화에 대해서 먼저 알고 싶은 독자는 우선 마지막 장을 살펴본 후 제1장으로 돌아오면 좋을 것으로 생각한다.

다음으로는 이 책의 주요 내용과 논점을 간단히 소개하도록 하겠다.

서장에서는 본 저서의 과제에 맞춰서 지금까지의 개발문제와 환경운동에 관한 주요 선행연구를 정리, 검토하고 환경사회학의 관점과 본 저서의 방법론을 제시한다.

제1부(제1~2장)에서는 사례 분석을 위한 기초 작업으로, 사회학적인 관점에서 댐 건설이 활발하게 이루어지는 1950년 전후부터 21세기 초에 이르기까지 하천정책의 변천과 환경운동의 전개를 따라간다. 우선 일본의 개발정책과 댐 건설의 위상, 하천정책의 변천과 그 특징을 파헤치고, 댐 건설이 구체적으로 어떤 계획 결정 과정을 통해서 추진되어 왔는지를 검토한다(제1장). 그리고 지금까지의 댐 건설 계획에 대한 주요 환경운동의 예를 들어 운동 참여자와 네트워크, 쟁점과 운동의 지향성, 프레이밍framing에 주목해서 운동의 유형화를 시도한다(제2장).

위의 작업을 토대로 현지조사와 각종 문헌자료에 의거한 사례 분석을 한 것이 제2부와 제3부다.

제2부(제3~6장)에서는 미야기 현宮城県 니이츠키新月 댐 건설 문제를 사례로, 계획 발표(1974년)부터 계획 중지(2000년)에 이르기까지 4반세기에 걸친 지역 분쟁 과정을, 특히 ①계획에 대한 주민의 수익受益·수고受苦 인식의 변모 과정 ②유역의 환경운동 전개 과정 ③계획 재검토를 수행한 오카와 강大川 치수이수검토위원회의 심의 과정, 이렇게 세 가지를 눈여겨보며 분석한다.

먼저 댐 계획을 둘러싼 대립 구도의 변모 과정에 주목해서, 계획을 둘러싸고 어떤 행위자actor가 관여했고 어떤 논리나 의미를 부여했는지를 밝힌 후에 환경사회학의 분석틀의 하나인 수익권受益圈·수고권受苦圈론을 재검토한다(제3장). 다음으로 1990년대에 들어와서 광범위하게 전개된 〈숲은 바다의 연인〉 운동에 초점을 맞춘다. 당초 10명 정도에 불과한 어민 단체의 운동이 왜 확대돼 강 유역과 전국 수준으로까지 사회적 영향을 끼칠 수 있었는지 사회운동론의 관점에서 고찰한다(제4장). 더욱이 1997년에 댐 계획이 휴지休止된 후, 어떻게 사업이 '중지'에 이르게 되었는지를 검토하기 위해 검토위원회의 심의 과정에 주목한다(제5장). 그리고 〈숲은 바다의 연인〉 운동 무대가 된 오카와 강의 상류지역인 이와테 현岩手県 무로네 촌室根村의 지역 만들기를 예로 들어, 활동을 담당하는 주민 단체 리더의 지역 환경에 대한 인식을 깊이 살펴 지역공동체 내에 흐르는 강을 대상으로 한 활동이 연이어 생성된 배경을 검토한다(제6장).

제3부(제7~8장)에서는 오이타 현大分県 오노 정大野町의 야다矢田 댐 건설 문제와 도쿠시마 현徳島県 기토 촌木頭村의 호소고치細川内 댐 건설 문제를 사례로 분석한다. 두 사례 모두 입지점의 주민은 약 30년간에 걸쳐서 건설성의 거대 댐 건설 계획에 직면해 왔다. 여기서 특히 주목하고 싶은 것은 환경운동의 '성공'에 의해 정책이 전환되고 댐 계획이 중지된 이후에 지역사회가 직면하는 과제이다. 그 중에서도 중요한 것이 지역사회의 재생

(지역재생)이라는 관점일 것이다. 그래서 여기에서는 입지점의 지역 특성과 지금까지 진행된 문제의 경과를 검토한 다음, 해당 지역에서 전개하고 있는 지역재생 활동의 현황과 과제를 찾아내고, 거대 댐 건설 계획이 해당 지역에 가져다준 사회적 영향을 밝힌다.

이 책의 마지막 장에서는 하천정책을 둘러싼 향후 전망과 과제를 검토한다. 하천법 개정을 비롯해서 1990년대 중반 이후 하천정책에는 두 가지 커다란 변화가 일어났다. 한편 몇몇 지역(유역)에서는 '유역 네트워킹'을 비롯한 새로운 시민 섹터의 움직임이 인다. 이에 대한 사례로 하천을 둘러싸고 행정당국과 시민 섹터가 서로 변모하는 과정에서 탄생한 오이타 현 오노 강의 하천정비계획의 결정 과정을 분석하면서 '전문성'에 주목, 정책(계획) 결정 과정에 있어서 행정당국과 시민(주민)의 협동을 지탱하는 조건을 이론적으로 고찰하기로 하겠다.

제1부

일본의 하천정책과 환경운동의 전개

일러두기

● 인터뷰 대상자는 익명으로 처리하는 것을 원칙으로 하였고, 각 장마다 나오는 순서에 따라 알파벳으로 표기하였다(예: A 씨, B 씨). 다만, 제2부(제3장~제6장)에서는 대상자가 중복되기 때문에 부 전체의 순서대로 하였다.

● 2001년 성·청 재편에 따라 일부 행정기관의 명칭이 변경되었는데, 혼란을 피하기 위해 통합 전의 명칭을 사용하는 것을 원칙으로 했다(예: 국토교통성→건설성).

● 문맥이나 인터뷰에서 인용한 문장에 보충설명을 넣을 경우에는 ( )를 사용했다. 그리고 인용문의 방점은 단서를 달지 않는 한 저자가 강조한 것이다.

● 한국어판에서 저자의 원주는 각 장별로 구분해 미주로 처리했고, 본문 각주는 독자의 이해를 돕기 위해 옮긴이가 실었다. 본문에도 [ ]로 묶인 부분은 옮긴이가 부기한 것이다.

● 단행본은『 』, 논문 및 보고서는「 」, 학술지를 포함한 정기간행물과 일간지 등은《 》로 묶어 표기했다.

서장

개발문제 연구 동향과 환경사회학의 관점

이 책의 도입부가 되는 이 장에서는 이제까지의 개발문제와 환경운동에 관한 주요 조사연구 동향을 책의 주제와 관심 문제에 맞춰서 정리하고, 각 연구의 논점과 특징, 과제를 지적한다. 특히 1990년대 이후 연구가 활발해지고 있는 환경사회학에서의 두 가지 연구 접근법의 특성을 토대로 과거의 개발문제에 관한 사회학 연구와 근년의 환경사회학 연구의 기본적인 관점 차이를 분명히 해서 다음 장 이후에서 전개하는 논의의 가교로 삼도록 하겠다. 그리고 이 책의 주요 분석 대상이 되는 댐 건설 문제의 세 가지 사례의 특징과 지역재생에 관한 논점에 대해서도 마지막에 다루도록 하겠다.

1. 환경사회학의 주요 접근법

두 가지 접근법

경제학, 법학, 사회학을 비롯한 사회과학 분야에서 환경문제에 접근하는 연구가 특히 1990년대 이후 활발하게 이루어지고 있다. 그 중에서도 환경사회학은 인간 사회와 환경의 상호관계에 초점을 맞춰 현지조사를 토대로 환경문제의 원인론과 정책론, 운동론을 연구하는 사회학의 한 분야다.

일본에서의 환경사회학 연구는 산업공해에 관한 1970년대의 조사연구를 효시로 전개되어 왔다.[*1] 환경문제의 다양화·심각화와 함께 환경사회학회 설립으로 대표되는 학문의 제도화 등이 맞물려서 최근 몇 년 사이 환경사회학의 연구영역이 확대되었고, 그에 따라 포괄적인 연구사 정리와 검토도 이루어지고 있다(飯島 1998; 堀川 1999; 海野 2001).[*2] 예를 들어 이지마 노부코飯島伸子는 수많은 연구 주제를 '환경문제의 사회학연구', '환경공존의 사회학연구', '환경행동의 사회학연구', '환경의식·환경문화의 사회학연구' 등 4개의 영역으로 구분한다(飯島 1998). 본 장에서는 이 주제 구분을 간략하게 '환경문제의 사회학연구'와 '환경공존의 사회학연구'로 나누고, 지금까지 이루어진 환경사회학 연구수법의 특징을 검토할 것이다.

'환경문제의 사회학연구'란 산업화와 도시화를 비롯한 근대화 과정에서 자연환경 및 생활환경이 악화되는 현상을 '사회문제'로서의 '환경문제'로 포착, 해당 문제에 관한 환경운동의 역동성dynamism과 가해·피해의 구조를 해명하려는 연구다. 공해문제와 대규모 개발문제로 대표되듯이 지금까지 환경사회학 연구의 중심이 되어 온 영역이다.

'환경공존의 사회학연구'는 사람들이 일상생활 속에서 자연환경과 어떻게 접하고 관계성을 갖는지, 생활 세계에 매몰된 주민의 생활지식을 탐구하는 과정에서 환경 보전의 단서를 찾아내 이론화하려는 지향성을 가진 연구다. 지역공동체 주민의 생활 세계에 관심을 두고 있고, 민속학이나 문화인류학과 친화성이 높은 접근 방법이다. 1980년대의 비와 호琵琶湖 주변 촌락 연구를 출발점으로 한 '생활환경주의'가 그 대표적인 예다(飯島·嘉田 編 1984; 鳥越 編 1989; 嘉田 1995; 鳥越 1997; 嘉田 2002 等).

데라구치 미즈오寺口瑞生가 적절하게 지적한 것처럼 전자의 접근은 '사회에서 해소된 특정 문제에 초점을 맞추는 이슈 지향', 후자는 '생활 세계 속에 묻힌 여러 요소를 포괄적으로 파악하려는 맥락 지향'을 보인다

(寺口 2001). 이 책에서는 환경문제의 가해·피해의 관계 및 집합행위(환경운동), 정책 과정 등을 연구 대상으로 하는 전자의 수법을 '이슈 접근법', 주민 및 생활조직과 자연환경의 근본적인 관계성에 주목하고 그것을 끄집어냄으로써 정책 제언을 하는 후자의 수법을 '맥락 접근법'이라 부르기로 한다.

이런 두 가지 연구 접근법이 병존하는 형태로 환경사회학 연구가 전개되어 왔는데, 양자의 관계를 다시 검토하는 것이 새로운 과제다. 댐 건설 문제를 주요 연구 대상으로 하는 이 책에서는 전자의 접근법을 취하는 입장에서 논의를 전개하기로 하겠다.

환경문제와 환경운동

'환경문제'가 '사회문제'의 하나의 범주를 형성한다는 이슈 접근의 관점에 입각하면 어떤 대상이 '사회문제'로 인지·형성되어 가는 과정을 해명하는 것이 중요한 연구과제의 하나가 된다. 특히 오늘날에는 대중 언론을 비롯한 각종 매체의 역할과 기능을 빼놓고는 문제가 형성되는 과정을 생각할 수 없다.

현대 사회운동의 한 축을 담당하는 환경운동도 문제의 소재와 그 현상에 관한 다양한 정보를 일반인들에게 전달하는 매체라는 의미에서 다양한 매체 중 하나로 포함시켜도 좋다. 애당초 사회운동이란 현상 및 예상 사태에 대한 불만과 불안을 토대로 변혁 지향을 띠는 조직적인 집합행위를 가리키는데(長谷川 2003; 片桐 1995), 그 중에서도 환경운동은 피해를 입은 주민에 의한 항의운동부터 정책 제언을 주요 내용으로 하는 환경 NGO(비정부기구)/NPO(민간비영리조직)에 이르기까지 다양한 형태의 운동을 내포하고 있다.

이 책에서는 환경운동을 '생활환경 및 자연환경 보전과 창조, 재생에 관한 집합행위'를 의미하는 광의의 개념으로 사용한다.[*3] 일본의 공해·환경문제 연구의 선구자 미야모토 켄이치宮本憲一와 우이 준宇井純을 비롯하여 지금까지 많은 사회과학자와 환경문제 연구자들은 환경운동의 존재를 눈여겨보면서 그 역할에 적지 않은 기대를 했다. 왜 그랬을까?

몇 가지 논의를 정리하면, 환경운동에는 ①개별 환경문제의 발견과 '사회문제화' ②환경문제의 실태 파악 ③문제 해결의 이념과 대안의 창출·제시·실천 ④가치관 전환 및 규범 형성 ⑤정책의 형성·실시와 문제 발생의 예방 등과 같은 기능이 있다(松橋 1993; 長谷川 2003). 도식적으로 설명하면, 환경문제는 이의를 제기하는 사람들이 중심이 된 집합행위(환경운동)가 대중매체 등 다양한 자원을 이용하면서 정책당국과 가해 주체를 상대로 현상의 변혁을 요구해 나가는 일련의 동적인 과정으로 볼 수 있다. 굳이 산업공해의 사례를 들 필요도 없이, 운동이 여론을 환기시켜 행정당국을 비롯한 관계 주체에게 동기를 유발시킴으로써 비로소 문제 해결을 위한 어떤 대책이 실시된다는 것은 지금까지의 환경문제의 역사로부터도 충분히 알 수 있다.

집합행위의 하위 개념인 환경운동을 분석하는 일은, 사람들의 의식이나 가치, 조직관계, 의미 부여 작용 등을 연구 대상으로 하는 사회과학 수법이 독자성을 발휘할 수 있는 연구영역의 한 분야다. 이 책에서 주목하고 있는 댐 건설 계획을 둘러싸고 벌어지는 분쟁에 있어서도 환경운동이 문제의 전개 과정에서 중요한 열쇠를 쥔 경우가 적지 않다. 그러면 지금까지의 연구에 있어서 환경운동은 구체적으로 어떤 수법과 관점, 틀로 파악되어 온 것인가? 개발문제에 관한 주요 연구에 주목해 요점을 정리해 보도록 하겠다.

2. 개발문제에 관한 연구 동향

초기의 개발문제 연구

20세기 후반의 일본 사회에서 지역 분쟁을 특징짓는 중심 화제 중 하나는 콤비나트kombinat, 신칸센新幹線, 공항, 댐·하구언 건설 등으로 대표되는 대규모 개발 사업이었다. 특히 최근에는 목적의 합리성이나 환경 파괴, 사업의 비효율성, 경직화하고 폐쇄적인 사업 과정 등 다양한 문제점을 포함한 '공공사업'의 상징으로 댐이나 하구언 건설 사업을 예로 드는 일이 많다.[*4]

정부나 그 관계기관이 담당하고 거대한 공적자금이 투입되는 대규모 개발은 '그 규모의 크기 때문에 거대한 공간을 점유하고, 시설 주변의 자연환경과 사회환경에 급격한 변화를 가져오며, 그 결과 지역사회와 주변 주민이 첨예한 구조적 긴장에 직면하는 개발'이다(舩橋 等 1988).[*5] 밑에서 언급하겠지만 1950년대 후반 일본인문과학회의 조사연구와 1960년대 중반 후쿠다케 타다시福武直 그룹이 행한 일련의 연구를 출발점으로 해서 이루어진, 대규모 개발의 효과와 그 사회적 영향을 해명하는 일은 사회학을 비롯한 사회과학 분야의 중요한 연구과제였다.

전후의 지역개발사에 있어서는 1950년대에 시작된 다목적댐 건설 중심의 '하천종합개발'이 대규모 개발의 효시로 볼 수 있다. 각지의 주요 하천에 대형 댐 건설이 추진되는 와중에 1950년대 후반에 실시된 것이 일본인문과학회에 의한 댐 건설에 관한 일련의 조사연구였다(日本人文科学会 1958, 1959, 1960).[*6]

연구진 가운데 한 사람인 시마자키 미노루島崎稔가 "전근대적인 생산 및 생활 관계인 '촌락공동체'가 자본의 발전 앞에 어떤 변모·해체 과정을 보이는가?"(日本人文科学會 1959: 491)라고 기술하고 있는 것처럼, 이 연구의 주목적은 마르크스주의를 전제로 한 농촌사회학의 시각에서 지역사회

구조의 변화를 분석하는 데 있었고, "구미의 근대 기술을 도입하는 것이 후진적인 농촌지역에 어떤 사회적 영향을 미치고 사회변화를 가져오는가?" 하는 관심 문제를 그 출발점으로 하였다. 시마자키 등에 의한 조사 연구는 사쿠마佐久間 댐(시즈오카 현静岡県) 건설을 비롯한 국가 차원의 대규모 개발에 관한 선구적인 연구라는 위상을 가진다고 할 수 있다. 그러나 한편으로는 입지점의 주민과 지자체에 의한 진정운동과 반대운동에 대해서는 한결같이 기술적·부수적인 연구에 그치고 있어, 이것을 주제화해서 이론적으로 검토하는 자세는 거의 볼 수 없었다. 그리고 취락 조사를 통해 대규모 개발에 수반하는 '보상 문제'라는 존재를 접하고도 보상 실태를 분석해서 구체적인 정책 제언으로 연결하려는 지향성은 희박했다.

1960년대에 들어서는 정부가 책정한 '전국종합개발계획'을 비롯한 전국적인 공업개발 정책이 실시된다. 그 상징의 하나가 '신산업도시건설계획'이었다. 개발정책의 움직임에 호응하는 형태로서 신산업도시로 지정된 토야마 현富山県 신미나토 시新湊市와 아오모리 현青森県 하치노헤 시八戸市, 그리고 공업도시의 전형으로 개발된 미에 현三重県 욧카이치 시四日市市와 시즈오카 현 후지 시富士市를 대상으로 한 개발문제의 조사연구가 하스미 오토히코蓮見音彦나 마츠바라 지로松原治郎 등을 중심으로 하는 사회학자의 연구 그룹에 의해 이루어졌다(福武 編 1965a, 1965b, 1965c).

이 연구가 '지역개발'을 '국가독점자본주의의 자본축적 과정'으로 파악하는 마르크스주의적인 관점을 취하고 있다는 점에서는 일본인문과학회의 연구와 일치하고 있지만, ①욧카이치 시와 후지 시 등, 공업화에 의해 지역주민이나 지자체에 미치는 사회적 영향의 '부정적 측면'에 주목하고 있는 점 ②개발에 따라 발생하는 수익受益·수고受苦나 가해·피해의 관계성을 눈여겨볼 필요를 시사하고 있는 점 ③여전히 이론틀이 빈약하고 단순한 서술에 치우치긴 했으나 '주민운동'을 연구 대상으로 주제화하고 있다는 점에서 차이가 있다.*7 특히 ③에 있어서는 지역 정치구조와의 관련성 속에서 주민운동을 파악한다는 분석 관점을 채용했으며, 이는 다음에 언급하는 1970년대의 '주민운동론'으로 전개된다.

운동 연구의 전개

개발문제 연구에 질적 변화를 가져오는 두 가지 커다란 조류가 발생한 것은 1970년대다.[8] 그 첫 번째는 구마모토熊本 미나마타병 및 니가타新潟 미나마타병으로 인해 일어난 피해자 운동과 지역사회의 피해 발생·증폭 기제를 연구한 이지마 노부코의 연구다(飯島 1970). 일본 환경사회학 연구의 첫 장을 연 이지마의 연구는 그 후 주민의 생활이라는 관점에서 공해 피해를 포괄적으로 파악하는 '피해 구조론'(飯島 1984)으로 정교하고 치밀하게 다듬어져 환경사회학의 중요한 분석틀 중 하나를 구성하게 된다.

두 번째는 마츠바라 지로와 니타가이 카몬似田貝香門이 중심이 되어 전개한 '주민운동론'이다(松原·似田貝 編 1976). 이 연구는 1960년대 후반 이후 각지에서 분출한 주민운동 중에서 주로 개발계획에 기인하는 운동을 대상으로 한 조사연구다. 특히 운동의 생성·전개 과정에서 각 행위자 간에 폭넓게 형성된 관계를 분석, 도출하고 운동 과정상의 역할자(주민)의 주체성 내지 주체 변혁을 강조한 점에 특징이 있다. 기존의 마을회의·자치회 루트route 의존형 운동을 '일상성에서 벗어날 필요'라는 테제 아래 비판적으로 파악한 입장에 대해서는 운동의 자원 동원(동원 구조)이라는 관점이나 지역주민의 '생활'에 주목하는 '생활환경주의' 입장에서 본다면 의문이나 비판이 제기될 수 있을 것이다. 그렇지만 그때까지 단순 기술하는 데 그쳤던 운동 분석에 있어서 상기와 같은 분석수법을 제시했다는 점에 의의가 있다.

산업공해나 거점 개발은 전후 개발문제에 관한 커다란 사회적 쟁점

중 하나였다. 1970년대 중반이 되어서는 새로이 신칸센이나 공항 등 고속 교통망의 정비·운용을 둘러싼 분쟁이 '개발문제'에 추가된다.

이와 같은 새로운 개발문제를 놓고 미국에서 활발했던 사회운동의 분석틀(자원 동원론)을 도입한 후나바시 하루토시舩橋晴俊와 하세가와 고이치長谷川公一 등의 그룹에 의한 (토카이 도東海道) 신칸센 공해와 도호쿠東北 신칸센 건설 문제에 관한 조사연구(舩橋 等 1985; 舩橋 等 1988)가 1980년대에 등장했다. 신칸센의 건설·운행이라는 국가 차원의 대규모 개발에 내재하는 의사 결정 기제와 주민 조직 및 운동 조직을 비롯한 행위자의 행위와 논리에 관한 조사에 더해 그들 연구의 이론적 성과로 거론되는 것이, 개발에 따라 발생하는 가해·피해와 수익·수고의 공간적 분포의 특성과 그 형태에 따라 문제 해결 과정이나 운동 전개가 규정된다고 주장한 '수익권受益圈·수고권受苦圈론'이다. 자세한 내용은 제3장에서 논하겠지만, 특히 '수익권 확대와 수고권 국지화'라는 테제는 대규모 개발을 둘러싼 가해·피해의 구조적 기제를 거시적으로 명확하게 분석·도출한 것으로, 단순 기술에 그치는 연구가 대부분을 차지하는 가운데 이후의 개발문제 연구 전개에 커다란 영향을 끼쳤다.

후나바시 그룹 등이 수행한 연구는 운동에 관한 연구뿐만 아니라, 개발문제에 관한 정책(계획)과 제도 분석까지도 사정권에 넣었다는 것이 특징이다. 수익권·수고권론을 포함한 이들의 연구수법은 1980년대 후반부터 이루어진 아오모리 현 롯카쇼 촌六ヶ所村의 무츠오가와라むつ小川原 개발 및 핵연료 사이클 시설 건설 문제 연구에도 응용되었다(舩橋·長谷川·飯島 編 1998). 그렇지만 개발정책과 환경정책, 제도를 사정권에 둔 이런 연구는 전체적으로 볼 경우 오히려 예외적이다. 나중에 언급하겠지만, 기존의 개발문제와 환경문제에 관한 사회학 연구는 운동 분석에 편중되었고 정책과 제도, 계획 결정 과정에 관한 연구는 아주 드물었다(山村 1996; 長谷川 2003).

1990년내에 들어서는 전술한 후나바시 등에 의한 아오모리 현 롯카쇼 촌 조사연구 이외에 오키나와 현沖繩県 이시가키 섬石垣島 공항 건설 문제(鵜 飼 1992), 시라카미白神 산지[1]의 대규모 임도 건설 문제(井上 1996), 이케고 池子 미군 주택 건설 문제(森 1996) 등 개발문제에 관한 조사연구 수가 비 약적으로 증가한다. 특히 이노우에 타카오井上孝大의 연구는 연구자 한 사 람이 현장조사를 기초로 수행한 상세한 사례 분석이며, 더욱이 운동 분 석과 정책·제도 분석을 겸비한 귀중한 연구라고 할 수 있다.

　한편 환경운동의 분석틀로는 1990년대 중반에 이루어진 구미의 사회학 과 정치학, 사회신리학 분야의 사회운동 연구(사회운동론)에서 자원의 동원 구조·정치적 기회구조·프레이밍framing의 세 가지 요소에 주목, 이것들을 종 합적으로 이용하는 분석수법이 제창되었다(McAdam *et al.* eds. 1996). 원자 력발전소 건설 계획을 둘러싸고 전개된 니가타 현 마키 정巻町의 주민투표 운동을 분석한 다쿠보田窪(田窪 1997)의 연구를 필두로 상기의 분석수법을 응 용한 연구도 이루어지고 있다(Keck and Sikkink 1998; Rothman and Oliver 1999; 長谷川 2003 等). 특히 뒤에서 언급하겠지만, 프레이밍이라는 사회적 구축주 의(이하, 구축주의)의 관점이 운동 분석에 도입된 점이 특징적이다.

구축주의의 도입

개발문제나 환경문제를 '사회문제의 범주 가운데 하나'로 파악하는 입장 에서 거론해 두지 않으면 안 되는 것이 인문·사회과학 분야에서 성행하고 있는 구축주의라는 입장이다. 구축주의를 일원적으로 정의하기는 곤란하지 만, 여기서는 언설 행위(클레임 제기)에 의한 상호작용을 통해 문제가 구성된 다고 생각하는 입장으로 해석하기로 하겠다. 특히 맬컴 스펙터Malcolm Spector와 존 키츠세John I. Kitsuse가 저술한 『사회문제의 구축Constructing Social Problems』(Spector and

---

1　아오모리 현과 아키타 현의 경계에 위치하는 산지로 너도밤나무 숲이 거의 자연 그대로 보존돼 1993년 세계자연유산으로 지정되었다.

Kitsuse 1977=1992) 이래, '사회문제' 연구에서는 '이의 제기 활동' 과정에 주목해서 그것을 기술·분석하는 '사회문제의 사회학'이 성행하고 있다(中河 1999).

사회운동 연구에서는 1980년대 중반에 데이비드 스노우David A. Snow 등에 의해 '프레이밍'2 개념이 제기된 것을 계기로 구축주의 관점이 운동 분석에 적극적으로 도입되고 있다. 프레이밍(프레임 조정)이란 운동 참가를 촉진하기 위해서 개인과 운동 조직의 해석 지향을 결합시키는 것이다(Snow et al. 1986). 윌리엄 갬슨William A. Gamson에 따르면 프레임은 관련된 사건에 의미를 부여하고 무엇이 문제인지를 시사하는 중심적 아이디어며, '어떻게 생각해야 할 것인가'를 보여주는 해석틀이다(Gamson and Modigliani 1989). 따라서 환경운동에 있어서 대중매체의 보도 등 각종 자원을 동원하는 과정에서 프레이밍이라는 의미 부여 작용을 전략적으로 이용하는 것은 운동의 '주요 무기'가 된다(McAdam 1996: 340).

아직 분석 개념으로서 정교하게 다듬어야 할 여지가 남아 있기는 하지만, 이처럼 오늘날의 사회운동 연구 분야에서는 프레이밍이 분석 관점으로 일정한 위치를 차지하고 있다.*9 한편 환경사회학 영역에서는 "미국에 비해 일본의 환경사회학자는 지금까지 구축주의를 적극적으로 도입하지는 않았다"(池田 2001: 16)는 지적이 있다. 예를 들어 "환경이라는 요소를 어떻게 사회학의 틀에 도입할 것인가를 놓고 힘든 싸움을 벌인 환경사회학의 전개를 돌이켜 보면, 그것은 이론적 전진이라기보다 오히려 후퇴"(堀川 1999: 219)라며 구축주의 수법을 도입하는 것에 대해 의문이 제시된 적도 있었다.

한 마디로 구축주의라고 해도 다양한 입장이 존재하는 것이 현실이다.

---

2 사회운동 연구에 프레이밍 개념을 도입한 것은 스노우 등이었으나, 원래 이는 자아 이론, 상호작용 이론 등으로 유명한 캐나다 출신 사회학자인 어빙 고프만(Erving Goffman)이 1974년, 자신의 저서 『프레임 분석Frame Analysis: An essay on the organization of experience』에서 제시한 개념이다. 그는 프레임에 관한 아이디어를 "해석의 설계"라고 하여, 이것이 개인이나 단체들이 어떤 사건과 현상을 "인지, 파악, 구분 짓고, 명칭을 부여"할 수 있게 한다고 하였다. 이에 따라 의미를 부여하고 경험을 조직화하는 한편, 조직된 행동을 만들어 내게 된다는 것이다.

모든 사건과 현상은 모두 언설(만)에 의해 구성된다고 하는 극단적인 구축주의(상대주의) 입장에서는 목소리를 내지 않는 피해자와 사회적 약자의 존재를 간과해, 결과적으로 문제의 구조를 은폐하거나 문제의 존재 자체를 상대화시켜 버린다든지 하는 위험성이 분명히 있다. 생활자의 관점이나 주민의 입장을 중시해 온 환경사회학의 연구자가 구축주의에 대해서 신중하게, 또는 회의적으로 되는 것은 이와 같은 문제가 존재하기 때문일 것이다.*10

그 한편에서는 어떤 불확실한 이슈를 둘러싸고 행정당국과 주민, 과학자·연구자, NGO/NPO, 대중매체 등 다양한 행위자가 관여해 여러 가지 언설을 만들어내는 오늘날의 분쟁에서 해당 문제가 어떤 행위자에 의해 어떤 식으로 의미 부여나 상황 정의가 이루어지는가 하는 의미 작용에 대한 해명을 빼놓고는 이미 환경문제를 논하는 게 불가능해진 것도 사실이다. 지구온난화나 다이옥신 등 환경 리스크를 둘러싼 논쟁은 그 전형적인 예다. 그러면 어떻게 생각해야 좋은가.

다양한 견해가 있을 수 있지만, 하나의 실마리로서 다음의 이케다 칸지池田寛二의 주장이 참고가 될 것이다. 사회의 객관적 구조에 대한 전제를 전면적으로 부정하고 모든 것을 주관에 의한 구축으로 환원해 버리는 '극단적인 구축주의'에 매몰되는 일 없이 "어디까지나 사회의 객관적인 구조를 전제로 해서 거기에서부터 발생하는 환경문제나 정책에 관해서 사람들이 하는 문제제기 활동을 분석하는 것과 같은…… '맥락 의존적 구축주의' 입장이지 않으면 안 된다"(池田 2001: 16). 그 지적에 동의한다.

구축주의 성행의 영향을 받아서 근년 들어 문화인류학이나 지리학 등 인접 분야에서는, 특히 '개발도상국'의 개발문제와 환경문제 연구에서 행위자 분석과 언설(프레임) 분석, 정책·제도 분석에 주목한 연구수법(정치생태론)이 전개되기 시작했다(Bryant and Bailey 1997; 金沢 1999; 佐藤仁 2002 等). 핵심은 정책·제도 분석을 비롯한 이들 세 가지 분석 관점을 상호보완적으로 조합하는 데 있고, 이 책의 논의에 있어서도 시사적이다.

정책 들여다보기

정책이나 법 제도에 관해서 정부나 자치단체 등 정책당국에 의해 이루어지는 (공공)정책을 '계획화'라는 관점에서 연구하는 사회학적 접근이 사회계획론이다(武川 1992; 庄司 編 1985).*11 앞에서 논한 것처럼 개발문제와 환경문제 연구에서는 운동 분석이 수없이 이루어진 반면에 정책과정이나 제도 분석에 초점을 맞춘 연구는 적을 뿐만 아니라, 그 업적조차 대부분 최근에 이루어진 것이다(舩橋 1988; 長谷川 1996a, 1996b, 1999, 2003; 井上 1996; 田窪 1996, 2001 等).

과거 댐 건설에 의한 보상 실태를 상세히 조사해서 정책 제언을 정리한 하나야마 켄華山謙은 앞에서 서술한 일본인문과학회의 조사연구에 대해, 조사에서 얻는 결론을 보상 행정이나 보상 정책에 반영하려는 자세가 없었다고 지적했는데(華山 1969), 이에 대해서는 지금까지 사회학자의 정책 제언이나 실천에 대한 지향성이 희박했다는 점과 금욕적인 태도에 더해져 정책담당자로부터의 청취나 내부 자료에 대한 접근 같은, 연구의 전제가 되는 조사의 실현 가능성 문제가 기존의 연구 상황을 규정한 것으로 생각된다.*12

그렇지만 정책이나 법 제도의 전개, 정치적 기회구조의 변화 등 운동의 맥락 요인을 염두에 두지 않으면, 즉 운동체의 요인 분석과 조직 분석만으로는 분쟁 과정에서의 운동의 생성·전개의 기제를 충분히 논할 수 없다는 것은 더그 매캐덤Doug McAdam 등의 연구에서 지적된 바 있다(McAdam et al. 1996). 특히 주목해야 할 것은 개발사업(대형 공공사업) 계획이 어떤 프로세스를 거쳐서 결정되는가 하는 계획 결정 과정의 내막이며, 지역주민이나 입지점의 지방자치단체가 가지는 실질적인 참여 기회에 대해서다.

다케가와 쇼고武川正吾가 지적하는 것처럼 원래 계획 주체인 정부나 행정당국은 필요하다면 강제력을 행사해서라도 목적 실현을 향해 매진해야 하기 때문에 계획에는 늘 권위주의적 요소가 수반된다. 특히 사회계획의 경우에는 경제계획처럼 시장 등 계량적으로 파악할 수 있는 자기조정 기제의 존재를 전제할 수 없기 때문에 '계획 책정 참여'가 잘 기능하고 있는지 아닌지가 계획이 지닌 권위주의적 성격을 완화할 수 있을지 여부의 열쇠가 된다. 즉 주민 참여는 "사회계획과는 별개의 문제가아니라 사회계획 그 자체의 문제"(武川 1992: 4)라고 할 수 있다.

이 책이 연구 대상으로 하는 하천정책에 관해서는 이미 다나카 시게루田中滋의 선구적인 연구가 있다(田中 1997, 2000, 2001). 그렇지만 그 연구는 하천에 관한 정책이나 법 제도의 변천 과정을 통사적으로 정리한 것으로, 계획 결정 과정의 구체적인 분석이라고 하기 어렵다. 댐 건설을 둘러싼 분쟁이 왜 전국적으로 다발하고, 운동이 첨예화되고 확대된 것일까? 이 과제에 답하기 위해서는 계획 결정 과정에 주목하고 그에 대해고찰하는 게 필수적이다.

3. 이 책의 분석 관점과 대상

환경사회학의 관점이란 무엇인가

여기까지 살펴본 환경사회학의 주요 접근법과 개발문제 연구에 관한 리뷰를 토대로 이 책이 입각하는 환경사회학의 관점을 구체적으로 제시하도록 하겠다. 이하에서는 '강'을 예로 들어서 기존의 사회학 연구와 질적인 차이를 분명히 하고 싶다.

원래 메이지明治[1868~1912년] 이후의 근대화 과정에서 먼저 강을 연구대상으로 삼은 쪽은 하천공학이나 토목공학 같은 서구 기원의 자연과학이었다. 그것은 제1장에서 언급하는 것처럼 하천 관리가 국가에 의해 이루어지고, 주운 확보와 홍수 제어를 목적으로 한 본격적인 치수 공사가 커다란 정책 과제였던 것과 관계가 있다. 그 한편에서는 민속학이나 역사학, 향토사 등 인문·사회과학 연구자도 점차 강을 주제로 삼게 된다.*13 그것은 역사적으로 보아 일본에서는 강과 인간사회 간에 다면적인 관계성이 존재하기 때문이고, 강이나 유역은 "인간이 자연과의 갈등 속에서 어떻게 대립하고, 융합되어 왔는가를 살펴보는 데 있어 최적의 장소"(北見 1981: 13)였기 때문이다.

사회학에서도 특히 최근에는 강이나 유역이 다양한 수법에 의한 연구 대상이 되고 있다(鳥越·嘉田 編 1984; 嘉田 1996, 2001, 2002; 嘉田 編 2003; 大野 1996; 三井 1997; 古川 2001; 柿澤 2001; 宮內 2001; 田中 2000, 2001 等). 하지만 앞에서 언급한 대로 1950년대 후반 일본인문과학회가 실시한 일련의 조사연구는 물론, '9개 학회 연합 도네 강利根川 유역 조사위원회'(1971)와 오이타大分 대학 교육학부(1977) 등 근대화 과정에서 변모하는 유역의 지역사회 구조 분석을 주목적으로 한 농촌사회학적 연구는 이미 존재하고 있었다. 그러면 위에서 언급한 연구와의 사이에는 기본적으로 어떤 관점 차이가 존재하는 것일까?

과거의 농촌사회학적인 연구의 주요 관심은 댐 건설을 포함한 하천정책과 제도, 근대 토목기술을 이미 주어진 것으로 전제한 다음, 그런 것들의 도입이 주민 생활과 지역사회 구조에 어떤 변화나 영향을 미쳤는가 하는 점을 살피는 데 있었다(그림 0-1).

한편 최근의 환경사회학 제반 연구의 특징을 대략 언급하자면, '강'을 환경운동이나 인간 생활 관계의 무대로 파악한 다음, '강'을 둘러싼 다면적·중층적인 사회관계를 다시 제기하고 있다는 것이다. 구체적으로 보자면, 사회적 공유재共有財 commons의 재생을 염두에 둔 강 이용과 그 관리를 둘러싼 '추진 담당자' 및 '공공성' 재고, 강과 주민과의 관계성, 기존의 의사 결정 및 정책 결정 체계 재검토가 환경사회학 연구의 관심 사항이라고 할 수 있다(그림 0-2).

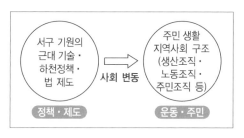

그림 0-1 기존의 연구 관점

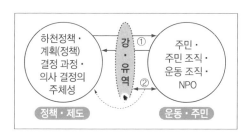

그림 0-2 환경사회학의 관점

　그런 의미에서는 과거 일본인문과학회에 의한 조사연구 등의 접근법과는 다른 측면도 염두에 두고 있다. 즉 어떤 정책이나 제도가 주민이나 지역사회에 어떠한 영향을 미치는가 하는 관점뿐만 아니라, 주민이나 지역주민 조직, 운동 조직이 (역으로) 기존의 정책이나 법 제도에 어떤 영향과 변화를 가져오는지와 계획 결정 과정에서의 행위자 사이의 협동과 주민 참여가 중요한 연구과제가 되었다고 할 수 있다.

　이와 같이 고전적인 개발문제 연구와 비교해 볼 때 오늘날의 연구는 정책(계획)이나 제도 및 운동이나 주민과의 관계를 다각적으로 고찰하려는 점에서 커다란 질적 차이가 있다.

　여기서 다시 앞에서 살펴본 환경사회학의 접근 방법에 관한 논의로 돌아가면, 두 가지 접근법 중에서 특히 주민과 지역사회·운동 조직 등의 집합행위와 정책·계획과의 상호작용을 연구 대상으로 하는 것이 운동론이나 해결 과정론 같은 '이슈 접근법'이고, 이것은 그림 0-2의 ①에 해당된다. 한편 그림 0-2의 ②는 생활환경주의 연구로 대표되는 것처럼 주민이나 생활조직과 자연환경의 관계나 본원적인 관계성에 주목, 이것을 이끌어냄으로써 정책 제언을 할 수 있도록 하는 '맥락 접근법'에 해당될 것이다. 이 두 가지 접근 방법의 관계에 대해서는 사례 분석을 한 이후에 마지막 장에서 다시 거론하기로 하겠다.

'지역재생'에 관한 논점과 과제

다음으로 이 책의 주제 가운데 하나인 '지역재생'에 대해서 논점을 간단하게 정리해 보도록 하겠다. 최근 몇 년 동안, 환경문제 연구와 관련한 사회과학 인접 분야에서는 '지역재생'을 주제로 하는 연구에 관심이 집중되어 있다.[14] 여기에서 말하는 '지역재생'은 요즈음 정부가 내거는 토지 이용의 규제 완화를 주목적으로 한 '도시재생'과는 의미가 다른 점에 주의했으면 한다.[15] 그리고 '지역재생'은 장기간에 걸쳐 피해 구제나 계획 중지를 요구해 온 환경운동이나 지역주민이 조만간 직면하게 될 커다란 과제이기도 하다. '지역재생'에는 어떤 함의가 있는 것일까? 그리고 그것은 오늘날 어떤 문맥에서 논의되고 있는 것일까?

원래 '지역재생'이라는 용어가 사용되기 시작한 것은 주로 1980년대 이후의 일이다. 당초 '지역재생'은 주로 쇠퇴하는 도시 중심부의 재생이나 지방경제의 재생이라는 문맥으로 취급되었다. 이들 주제는 오늘날에 있어서도 도시사회학이나 지역경제학 등 여러 영역에서 다루어지고, 최근 정부 정책의 주요 과제로 되어 있기도 하다.

무엇보다 '지역재생'이라는 단어가 다의적으로 사용되고 있어 그 내용을 한마디로 확정하기는 어렵다. 무엇을 '재생'의 기준으로 삼느냐에 따라서도 의미 내용이 크게 달라진다. 일단 여기에서는 '환경 파괴 등 주로 지역 외부의 작용에 의해 큰 변화가 발생한 해당 지역의 주민 생활이나 생활환경을 주민이나 지자체가 주체가 되어 복원하고, 광의의 지역발전을 지향하는 것'으로 파악해 두기로 하겠다. 최근 논의되고 있는 '지역재생'론은 대상에 따라 네 가지 테마(논점)로 정리할 수 있다.

첫째, 공해 피해지역의 '환경재생을 통한 지역재생'이다. 산업공해나 교통공해 등 생활환경의 파괴나 악화에 의해 주민이나 지역사회에 심각한 피해가 발생해 온 것은 주지의 사실이다. 미나마타 시, 아마가사키 시尼崎市, 가와사키 시川崎市 사례로 대표되듯이 최근 재판 과정에서 원고 측과 피고 측의 화해가 연이어 성립된 일과 병행해 주민이나 지자체가 중심이 되고 연구자나 NPO가 가세한 프로젝트나 정책 연구가 전개되기 시작했다(傘本 2001; 環境創造みなまた実行委員会 1995; 永井 1999; 寺西 2001; 永井 等 編 2002 等).

둘째, 지나친 인구 감소 및 저출산 고령화가 진행되고 있는 농·산·어촌에서 환경 보전적인 발전 모델과 삼림 등 황폐한 사회적 공유재 재생 방안을 어떻게 고민할 것인가 하는 문맥이다.[*16] 구체적으로 보면, 주민이 지역 환경을 어떻게 이용해 왔는지(또는 하는지)와 현지 주민과 '외지인'과의 관계나 상호작용을 구체적인 현장조사에 기초해서 탐구하는 환경사회학적인 접근법부터 지역의 내재적 발전 모델을 정책론으로 제기하려는 지역경제학적인 접근법에 이르기까지 다채로운 연구가 존재한다.

셋째, 지진이나 화산폭발 등 자연재해 피해지역의 '공동체 재건'을 들 수 있다. 한신阪神·아와지淡路 대지진3 재해가 그 전형인데, 지금까지 연구의 중심이 되고 있는 것은 외부의 돌발적인 힘에 의해 지역 생활에 급격한 변화를 피할 수 없게 된 피해지역의 생활 재편 과정이나 거기에서 발생하는 분쟁에 관한 분석이다(岩崎 等 編 1999; 横田·浦野 1997).

---

3 한국에서는 통상 고베 대지진으로 알려져 있다. 공식적으로는 '한신·아와지 대지진'으로 불린다.

이 세 번째 논점은 다른 논점과 생각을 달리하고 있는데, 앞의 두 가지는 모두 전후의 개발 정책이나 경제성장 지상주의의 결과로 생긴 생활환경 및 자연환경 파괴나 악화를 어떻게 회복시킬 것인가가 향후 지역사회의 유지·발전을 생각하는 데 긴요한 과제가 된다는 것을 보여주고 있다. '지역재생'이나 '환경재생'에 관해서는 이미 유럽에서 선구적인 대응이 이루어지고 있고(小山 1999; 宮本 2000 等), 향후의 환경문제 연구에 있어서 더욱 그 중요성이 증대될 영역으로 판단된다. 이것은 다음의 네 번째 논점에도 적용된다.

넷째, 대형 공공사업 계획이 중지된 이후의 해당 지역사회 재생이다. 이 책이 분석 대상으로 하는 댐 건설 계획을 대표적인 예로 들 수 있는데, 고도경제성장기를 중심으로 책정된 대형 공공사업 계획은 공공사업 재평가 제도 도입을 기점으로 정부나 지자체의 정책 전환에 따라 1990년대 후반 이후 사업 재검토가 이루어지게 되었다. 특히 재검토 대상이 된 사업계획 대부분은 입지점의 지역주민과 개발 주체 사이의 대립이 계속되어 장기간 계획이 진척되지 않은 사업이다.

이 같은 사업계획의 태반이 계획 단계에 그치고 있기 때문에, 첫 번째 논점처럼 피해가 환경 파괴 등의 형태로 나타난 것은 아니지만, 건설 예정 지역에서는 계획 수용을 둘러싼 지역사회의 분단과 인간관계 악화, 사회기반 정비 지연 등 여러 가지 형태로 '부(負)'의 사회적·경제적 영향이 존재한다. 계획 중지 후의 해당 지역에 대한 각종 시책 시행을 비롯해 "댐 등의 대형 공공사업에 요동쳐 온 지역을 어떻게 재생해 나갈 것인지가 중요하다"(山田 2000; 52)고 지적되는 이유는 바로 그런 점에 있다.

특히 댐 문제의 경우, 건설 예정지 대부분이 산간지역에 위치하는 것은 물론이고 수십 년이라는 장기간에 걸친 지역 분쟁이 존재한다는 점에서 어려운 과제를 많이 안고 있다. 야마다(山田)가 주장하는 것처럼 이 네 번째 논점도 개발문제 연구에 관한 뛰어난 사회과학적 연구과제이기는 하지만, 현실적으로는 (환경)사회학을 포함한 사회과학 분야에서 이제 막 연구를 시작한 단계에 있어, 정책론을 세운다고 해도 그 기초가 되는 현장조사에 근거한 자료 축적이 거의 없는 상태에 그치고 있다고 할 수밖에 없다. 따라서 사례에 맞추어 가면서 먼저 그 현상과 과제, 가능성을 탐색해 가는 조사연구가 필요하다.

분석의 대상과 방법

댐 건설 계획을 둘러싸고 특히 1960년대 이후 수몰 예정 지역(입지점)을 중심으로 격렬한 지역 분쟁이 전국 각지에서 수없이 발생되었다. 더욱이 오늘에 이르는 시간의 경과 속에서는 다양한 형태의 운동이 일어나 발전 내지 소멸되고 있다. 한편, 댐 건설을 중심으로 전개된 전후 일본의 하천 정책도 운동과의 상호작용을 통해서 항상 변화해 왔다. 환경운동과 정책의 상호 변모 과정은 어떻게 파악할 수 있을까?

하천정책 및 법 제도에 관해서는 지금까지 단편적으로 다루어진 일은 있어도 통시적이면서 1990년대 후반의 커다란 정책 전환을 바탕으로 한 사회(과)학 연구는 거의 전무하다. 게다가 댐 건설 계획에 대한 환경운동에 관해서도 오늘에 이르기까지 50년 이상의 역사를 가지고 있으면서, 극히 일부의 연구를 제외하고는 치쿠코 강筑後川 상류지역의 마츠바라松原·시모우케下筌 댐 건설을 둘러싼 〈하치노스 성蜂の巣城 투쟁〉[벌집성 투쟁]처럼 '환경운동'이라는 거대 담론 속에서 화젯거리로 언급되거나 나가라 강長良川 하구언 건설·운용에 대한 반대운동으로 대표되는 것처럼 개별 사례로 다루는 데 그치고 있다. 그리고 앞에서 언급한 것처럼 댐 계획 중지 후 지역재생에 관한 논의에 대해서는 기초적인 1차 자료조차 갖추어져 있지 않은 것이 현실이다.

그래서 이 책에서는 댐 건설 계획을 둘러싼 분쟁 및 환경운동에 관한

표 0-1 각 사례의 주요 특징

사업명	니이츠키 댐	야다 댐	호소고치 댐
입지 예정지	미야기 현 게센누마 시	오이타 현 오노 정	도쿠시마 현 기토 촌
개발 주체	미야기 현	건설성	건설성
계획 발표	1974년	1969년	1969년
계획 휴지*(일시 휴지)	1997년	1997년	1997년
계획 중지	2000년	2000년	2000년
분쟁 종류	(b)	(a)	(b)
대안 지향 운동의 특징	하류지역 어민들이 주체가 된 조림운동	지역주민 주도의 지역 만들기	지자체 주도의 '댐에 의지하지 않는 마을 만들기'

* 휴지(休止)란 사업의 긴급성이나 지역 상황 등에 따라 차기년도의 예산을 요구하지 않고, 계획을 재검토하는 것으로 검토 결과에 따라 '중지', '계속', '변경'의 선택지가 있다.

사례 분석을 중심으로 오늘에 이르기까지 하천정책과 운동의 전개 과정을 검토해, 21세기 일본 사회의 하천 관리와 정책 결정 과정, 분쟁지역의 지역재생에 관한 전망과 과제를 도출해 내는 것을 주요 과제로 삼겠다. 구체적으로는 관계자 대상 인터뷰를 중심으로 하는 현지조사와 각종 문헌자료에 의거했다.*17

주요 분석 대상은 ①니이츠키新月 댐 건설 계획(미야기 현宮城県 게센누마 시気仙沼市) ②야다矢田 댐 건설 계획(오이타 현 오노 정大野町) ③호소고치細川内 댐 건설 계획(도쿠시마 현德島県 기토 촌木頭村)의 세 가지 사례다(표 0-1). 제1장에서 검토하겠지만 댐 건설 계획에 관한 환경운동은 1990년대에 들어서면서 기존의 대결형·작위作為 저지형4 운동에 환경창조·환경재생을 지향하는 운동이 더해져서 운동 산업5이 크게 변화한다. 더욱이 기존의 댐 건설 계획 자

4 전후 일본에서 벌어진 각종 주민운동을 쟁점 차원에서 유형화한 개념이다. 법률이나 행정학에서 '작위'란 의도가 반영된 적극적 행위를 말한다. 뒤의 제2장에서 다시 언급되지만, 일본의 정치학자이자 행정학자인 니시오 마사루(西尾勝)는 주민운동을 '작위 요구형'과 '작위 저지형'으로 나눈다. 공공사업이나 교육·복지 시책 등의 확충을 바라는 게 '작위 요구형'이고, 공해나 생활환경의 악화가 우려되는 개발에 저항하는 것이 '작위 저지형'이다.

5 '사회운동 산업'을 말한다. 한 사회의 사회적 구조나 자원 배분의 문제, 제도와 정책 등에 맞서 변화

체도 1990년대 후반 대폭적인 정책전환에 의해 재검토되면서 강을 둘러싼 운동 및 정책은 오늘날 중요한 전환기를 맞이했다고 할 수 있다.

세 가지 사례는 개발 주체나 계획의 규모, 운동의 전개 과정 등에서 각각 차이점이 있지만, 모두 (1)전국적으로 댐 계획 수가 대폭 증가한 1970년 전후에 계획된 점 (2)1997년에 건설성의 공공사업 재검토 정책에 의해 처음으로 사업의 휴지(休止)가 결정된, 소위 선구적인 사례라는 점에서 공통분모를 갖고 있다. 재검토 대상이 된 사업으로는 크게 나누어서 (a)1990년대 중반 시점에서 사업이 실질적으로 휴지된 상태에 있던 것 (b)착수하기 위해서 움직이고 있었지만 주민을 비롯한 강력한 반대운동과 재정상황 변화 등에 의해 정책적으로 재검토할 수밖에 없게 된 것이 있다. 따라서 휴지에 이르게 된 분쟁 과정과 운동 과정을 검토하는 데는 이 두 가지 종류의 사례를 분석할 필요가 있다. ②의 사례가 (a)형이고, ①과 ③ 사례는 (b)형에 해당한다.

그리고 앞에서 언급한 것처럼 환경운동이 전국 각지에서 새롭게 전개되는 가운데 세 가지 사례에서는 유역의 환경 보전과 지역재생을 주목적으로 하는 새로운 대안 지향의 운동이 생성·전개되었다.

모든 사례가 계획 발표로부터 30년 전후에 걸친 기간 동안 분쟁 과정을 내포하고 있다. 따라서 분석을 하는 데 있어, 이미 검토한 것처럼 댐 계획에 대한 의미 부여나 위험을 둘러싸고 정의를 어떻게 내리는지 그에 대한 활동과 행위자 간에 벌어진 프레임 논쟁에 주목하는 한편, 문제가 어떻게 구축되었는지 그리고 운동이나 행위자 사이의 상호작용을 통해 어떤 식으로 계획의 의미 부여와 대립 도식이 변모했는지를 살펴보는 구축주의의 관점이 필요하게 된다.

와 구조 등에 대한 선호를 광범위하게 성취하는 것을 목표 삼은 사회운동 조직들을 총체적으로 아우르는 개념이 사회운동 산업이다. 특히 사회운동에 동반되는 자원과 시설, 노동 등 사회운동 조직에 필요한 경제적 요소를 고려하고 조직 간의 상호작용 및 관계성에 주목해 규정된 개념이다.

하나야마는 "정당한 보상 제도를 확립함으로써 빈발하는 댐 반대운동 발생을 억제할 수 있다"(華山 1969)는 가설을 세우고 댐 건설에 의한 보상 제도를 확립하려 했으나, 오늘날의 분쟁은 단순히 '보상 제도의 확립'만으로는 해결·설명할 수 없는 문제를 안고 있다. 예를 들면, 댐 건설 계획을 둘러싸고 본래 '이익을 얻어야 할' 하류지역의 '수익지(권)' 주민이 주체가 된 운동이 각지에서 전개되고 있는 것이 그 전형적인 사례다. 제3장에서 고찰하겠지만, 이는 기능주의를 배후 가설로 하는 수익권·수고권론을 재검토할 필요는 물론, 문제를 둘러싸고 어떤 행위자가 관여하고 어떤 프레임이 구축되는지 분석할 필요가 있다는 것을 의미한다.

*1 나중에 언급하겠지만 환경사회학 연구에는 다양한 입장이 있고, '환경사회학'의 접근 방식도 입장에 따라 조금씩 차이가 있다. 예를 들면, 이지마 노부코는 "자연적 환경(= 물리적·생물적·화학적 환경)과 인간사회의 상호관계를 그 사회적 측면에 주목해 실증적이며 이론적으로 연구하는 사회학 분야"(飯島 1998: 1-2)라고 정의한다. 한편 생활환경주의(후술)에 입각한 도리고에 히로유키(鳥越皓之)는 "어떤 환경 하에서 생활하는 사람들의 사회조직과 사고방식, 가치관 등을 사회학적 수법에 의해 분석하는 학문"(鳥越 1997: 4)으로 파악한다.

*2 미국에서도 환경사회학 연구가 활발하게 이루어진 것은 1970년대다. 단, 미국의 경우는 일본의 연구 동향과는 달리 "많은 사회학자는 인간중심주의적인 인간특례주의 패러다임(HEP)을 전제로 하고 있다"고 비판하면서 "신생태주의 패러다임(NEP)을 채용해야 한다"고 주장한 라일리 던랩(Riley E. Dunlap) 등과 여기에 반대하는 프레더릭 버틀(Frederick H. Buttel) 등과의 패러다임 논쟁(HEP/NEP논쟁)으로부터 시작되었는데(Catton and Dunlap 1978; Buttel 1978), 당초에는 자원의 고갈 문제에 주로 관심을 두었다. 패러다임 논쟁을 중심으로 한 미국 환경사회학의 연구사에 대해서는 미츠타(滿田 1995) 및 다니구치(谷口 1998)가 면밀히 정리하였다. 한편, 패러다임 논쟁의 중심에 있던 던랩도 최근 "이제 HEP/NEP를 구별해서 논할 의미가 없어졌다"고 스스로 이 논쟁에 종지부를 찍었다(Dunlap 1997 等). 던랩 등이 제기한 HEP/NEP 논쟁이 미국 내외의 환경사회학의 방법론적인 발전에 실질적으로 어느 정도의 의미가 있었는지, 메타 이론[어떤 이론의 구조나 그 이론 속에 담긴 용어, 개념 따위를 연구 대상으로 삼는 이론] 수준의 논의와 실증 분석과의 정합성은 어떤지 등 새롭게 검토하는 작업이 필요하다.

*3 이지마는 1960년대 이후 구미에서 번성한 '새로운 사회운동'으로서의 자연보호운동이나 생태운동을 가리키는 '환경운동'과 산업공해를 고발한 일본의 '반공해운동'과는 질적인 차이가 있다고 의식해 '환경운동' 개념을 사용하는 것에 위화감을 표명했지만(飯島 1996), 후에 "반공해 피해자 운동과 주민운동, 반개발 주민운동과 시민운동, 건강 피해가 많이 발생한 노동현장에서의 노동자운동, 공해·산재·약해·유해식품의 피해자가 제기한 재판 투쟁, 그리고 자연환경 보전을 위한 전국적 또는 지역적인 수많은 운동을 일괄적으로 표현하는 데는 환경운동이라는 표현이 적절하다"(飯島 2000: 140)고 하면서 사실상 그것을 철회하였다.

*4 예를 들어 《주간 금요일》 편집부(週刊金曜日編集部 1997)가 낸 책, 《가호쿠신보》 편집국에서 발간한 책(河北新報社編集局 1998)과 이시카와의 저술(石川 1999) 등이 있다.

*5 스에히로 아키라(末廣昭)는 공업화 추진을 축으로 개인, 가족, 지역사회가 아닌 국가나 민족 같은 거시적 단위의 이해를 최우선시하고, 그것을 위해 물적, 인적자원을 집중적으로 동원하고 관리하려는 이데올로기를 '개발주의'로 규정한다(末廣 1998).

*6 도호쿠(東北) 대학 연구자 그룹(간사: 다케우치 도시미(竹內利美))이 중심이 돼서 기타카미 강(北上川) 종합개발을 조사 분석한 일본인문과학회의 책에는 현장과 조사자 관계를 생각하게 하는 표기가 있다. "'하나야마(花山) 댐 완성에 따라 상류지역의 사

회변동을 파악하기 위한' 전혀 기대하지 않았던 대규모의 실험적 관찰 기회를 우연히 포착할 수 있었다"(日本人文科学会 1960: 381).

*7 그 일련의 조사연구에 대해서는 "지역개발 정책은 직접적으로 '한 지역에서 이루어지는 국가적 정책'으로 파악할 수 있고, 개발계획을 지방에서 앞서 시행하는 것은 '지방자치단체에게 위험 부담을 안게 하고' '주민의 협력'을 얻기 위해서 '착각을 일으키게 하는 분위기 만들기'라고 배척한다. 그 결과 지역개발의 초점인 지역 산업구조 개혁을 둘러싼 문제 분석이 경시되고 있다"(宮本 編 1977: 99)는 나카무라 코지로(中村剛治郎)에 의한 비판이 있다.

*8 주민운동에 주목한 재정학자 미야모토 켄이치 그룹의 공해·개발 문제에 관한 초기 연구도 1960년대부터 70년대에 집중되어 있다(庄司·宮本 1964; 宮本 1973; 宮本 編 1977 等).

*9 사회운동론에서 프레이밍 개념이 도입·형성된 과정에 대해서는 혼고의 저술(本郷 2002)을 참고하기 바란다.

*10 '극단적 구축주의'에 대해서는 구축주의를 채용하는 미국과 캐나다의 연구자 사이에서도 부정적인 의견이 있다(Hannigan 1995 等).

*11 사회계획론은 크게 계획 결정론, 계획 기술론, 계획 가치론으로 나뉜다(金子勇·長谷川 1993). 이 책에서 특히 주목하는 것은 계획 결정론이다.

*12 중앙 부처의 정책 형성 과정을 총망라해서 분석한 시로야마(城山) 등의 책(城山·鈴木·細野 編 1999) 등을 제외하고, 일본에서 개별 정책과 계획 결정 과정에 관한 사회과학 연구가 적은 이유 중 하나는 조사 및 행정당국 내부 자료 수집의 어려움이 관련되어 있다. 필자의 경우, 댐 건설 문제에 관해서 어느 현의 토목부서 간부에게 인터뷰를 요청했지만, 재직 중에는 개별 댐 건설 계획에 관한 취재에 응하기 곤란하다는 이유로 거부된 일이 있다.

*13 '강'을 매개로 한 향토사 연구로는 지방사연구협의회가 낸 책(地方史研究協議会 1993)과 다누시마루 정지 편집위원회가 발간한 자료(田主丸町誌編集委員会 1996)가 있다.

*14 예를 들면, 사회과학을 중심으로 하는 각 분야의 연구자, 변호사, 시민단체의 관계자 등으로 구성된 일본환경회의는 2000년 4월 "환경파괴로부터 환경재생의 세기를 향해서"를 주제로 하는 심포지엄을 개최하였고, 2001년 5월부터는 '환경재생정책연구회'를 통한 연구 프로젝트를 주제별로 시작하였다.

*15 상세한 내용은 이가라시(五十嵐)와 오가와(小川)가 쓴 책(五十嵐·小川 2003)을 참고하기 바란다.

*16 다의적으로 사용되고 있는 사회적 공유재의 정의에 관해서는 이노우에 마코토가 포괄적인 논의를 검토하고 정리(井上真 2001)하였다. 이노우에는 사회적 공유재를 "자연자원의 공동관리 제도 및 공동관리 대상인 자원 그 자체"라고 정의하고, 자원 소유 형태에 집착하지 않고 실질적인 관리와 이용이 공동으로 이루어지는 것이 사회적 공유재의 존재 요건이라고 지적한다.

*17 인터뷰한 것은 연인원 175명이었다.

일본의 하천정책과 환경운동의 전개

건설이 진행 중인 오카야마 현
오쿠츠 정의 도마타 댐 (제1장)
● 사진 제공 : 기모토 고이치 씨

댐 건설 반대를 외치는
주민들이 실력 투쟁을
벌이기 위해 산 중턱에
만든 요새, ‘하치노스
성’[벌집성] (제2장)
● 사진 제공 : 국토교통성

제1장

하천정책의 변천과 댐 건설

본 장에서는 일본 하천정책의 변천과 그 사회적 배경을 검토하고, 댐 건설에 대한 계획 결정 과정의 특징을 고찰하고자 한다. 국가의 개발정책 속에 강은 어떻게 자리매김되어 있는 것일까. 전후부터 오늘에 이르기까지 강의 개발과 이용, 보전이라는 하천 관리에 관한 정책과 제도를 통시적으로 검토하는 일은 사례 분석을 하는 데 각 사례의 위치 정립과 특징을 보다 넓은 문맥에서 이해하기 위해 필요한 기초 작업이다.

먼저 전후 일본의 개발정책의 역사와 그 내용을 확인해 보자(제1절). 다음으로는 강을 대상으로 한 관여 주체의 변화, 기술의 근대화, 라이프 스타일의 변모라는 관점에서 강과 사회의 관계성이 어떻게 변화해 왔는 지를 정리하도록 하겠다(제2절). 그 위에 홍수 제어라는 '치수'와 수자원의 개발·이용이 목적인 '이수'를 중요 과제로 삼은 근대 하천정책과 법 제도가 어떻게 구축되어 왔는지를 검토하고, 이들 중요 과제의 결절점에 위치한 댐 건설의 특징을 고찰한다(제3절). 그리고 댐 건설을 예로, 공공사업의 계획 결정 과정을 검토해서 기존의 제도에서는 지역주민이 계획 결정에 참여하는 경로가 형식적으로도 실질적으로도 폐쇄되어 있었다는 점을 지적해 보도록 하겠다(제4절).

1. 전후 일본의 개발정책과 댐 건설

특정지역종합개발계획

제2차 세계대전 후의 일본 개발정책사에서 초기에 개발의 주역으로 등장한 것이 대규모 수력발전사업(전원 개발)을 중심으로 한 하천 개발이었다. 전후의 혼란기를 벗어나 정부가 자원 개발과 식량 증산을 주목적으로 한 국토종합개발법을 제정한 것이 1950년의 일이다. 이 법은 전후 개발정책의 기본법으로 위치, "국토를 종합적으로 이용, 개발 및 보전하고 산업 입지의 적정화를 도모해서 사회복지 향상에 이바지한다"(제1조)는 것을 목적으로 하고 있다. 단, 여기에서는 '개발'에 덧붙여 국토의 '보전'을 언급하기는 했으나, 오늘날의 의미에서 환경 보전에 대한 구체적인 방안은 전혀 없었다.

이 법은 전국종합개발계획, 지방종합개발계획, 도도부현都道府県종합개발계획, 특정지역종합개발계획이라는 4개의 기둥으로 구성되어 있었다. 그렇더라도 전국종합개발계획은 관할 관청 사이의 주도권 쟁탈전 등으로 인해 1962년까지 계획이 결정되지 않았고, 결국 실제 착수할 수 있었던 것은 주요 하천을 중심으로 한 특정지역종합개발계획뿐이었다(福武 編 1965a). 이 계획은 미국의 TVATennessee Valley Authority(테네시 강 유역개발공사) 사업을 모방해서 댐 건설을 중심으로 전원 개발, 농산물 증산, 치산치수 등의 하천 종합개발을 목적으로 한 것으로, 농촌지역의 소득수준 향상, 전기 공급에 의한 생활 개선, 지역격차 시정을 이념으로 내걸고 있었다(宮本 1973).

지자체로부터 계획 지정 신청이 제출된 것은 51개 지역(42개 도·부·현)에 달하고, 최종 지정 지역은 22개였다. 사쿠마佐久間 댐(텐류히가시미카와天竜東三河 지역)[1]과 기타카미 강北上川(이와테 현岩手県·미야기 현宮城県), 그리고 제8장에서 다루는 나카 강那賀川(도쿠시마 현德島県)도 지정 지역에 포함되어 있었다. 그 중에서도 기타카미 강 종합개발은 '일본판 TVA 제1호'로 불리며, 공업화에 뒤처진 도호쿠東北 지방 개발의 중심이 되었다.

그러면 특정지역종합개발의 '현실'은 어떠했을까? 이미 언급한 것처럼, 지정된 지역이 22개에 이르기 때문에 결과적으로 전국의 약 1/3에 해당하는 엄청난 면적이 지정 지역이 되어, '특정지역'의 의미가 전혀 없게 되어 버렸다. 그리고 한국전쟁 발발 등 경제상황의 급격한 변화를 배경으로, 당초 계획의 이념이었던 식량 증산과 자원 개발보다 오히려 공업 에너지원으로서의 전원 개발에 관심이 집중되어 "종합개발이라고 하면서도 노림수는 발전용 댐 건설이 되고 말았다"(福武 編 1965a: 7). 미야모토 켄이치宮本憲─는 특정지역종합개발을 전력 자본에 의한 "수자원의 독점적 이용의 완성"이라고 지적하는 한편, 개발 대상이 된 지역은 "이제 거대한 댐을 남기고 과소過疎 농촌이 되었다. …… 일본 경제 부흥을 이끈 부모라고 해야 할 특정지역의 원주민은, 기른 아이라고 불러야 마땅한 재계로부터 버림받았다"(宮本 1973: 25-6)고 총괄했다.

전국종합개발계획

특정지역종합개발계획에 이어 개발정책의 간판이 된 것이 1962년에 내각회의에서 결정된 전국종합개발계획이다. 이후 이 계획은 대략 10년을 주기로 갱신되어, 현재는 제5차 계획까지 책정된 상태다.

제1차 전국종합개발계획의 특징은 '거점 개발 방식'이었다. 거점 개발 방식이란 대도시 이외의 지역에 몇 개의 대규모 개발 거점을 설정하고, 이 개발 거점 주변에 중규모, 소규모 개발 거점을 염주 모양으로 설치·연결시켜 연쇄반응이 일어나는 것처럼 경제를 발전시키는 것을 의도한

---

1 텐류는 텐류 강 유역을, 히가시미카와는 아이치 현(愛知県)의 동부를 가리키며, 이 두 지역을 합해 이렇게 부른다.

개발 방식을 말한다. 구체적으로는 신산업도시건설촉진법(1962년)에 근거한 신산업도시, 즉 중화학공업을 중심으로 하는 공업도시를 각지에 건설하는 것을 큰 목적으로 하고 있었다. 이 법의 지역 지정을 둘러싸고서는 '공전의 진정 대회'가 펼쳐져, 전국에서 13개 지역이 지정된다. 제7장에서 다루는 오이타 현人分県 오노 강人野川 야다矢田 댐 건설 계획은 하류지역인 오이타 시가 신산업도시로 지정되었기 때문에 결정된 것이다.

신산업도시계획은 주로 중화학 콤비나트를 인구가 집중하는 도시 근교에 건설하는 것을 지향하고 있었기 때문에 주민이 주체가 된 강력한 반대운동이 각지에서 전개되는 결과를 가져왔다.[*1]

미야모토 등의 그룹이 행한 연구에서 분명히 밝혀진 것처럼, 석유나 철강 등을 주로 취급하는 중화학공업 콤비나트는 거점 개발 방식의 이념과는 반대로 대기오염과 수질오염 등 해당 지역에 심각한 산업공해를 일으켜 지역사회에 외부불경제外部不經濟[2]를 초래하는 한편, 해당 지역과의 산업적 연관성이나 경제적인 연결고리가 희박했기 때문에 기반정비 투자에 걸맞을 만한 세수도 없었다. 그 결과 지자체 재정이 열악해져 복지나 교육 분야의 서비스 저하가 발생하는 가혹한 '현실'이 기다리고 있었다(그림 1-1). 예를 들면, 4대 공해의 하나가 발생한 욧카이치 시四日市市는 당초의 개발 '이념'과는 크게 동떨어져, 해당 지역이 공업도시라기보다는 '공업용지 도시'화한, 외래형 개발의 전형적인 실패 사례라고 할 수 있다(宮本 編 1977).

지역 간 격차 시정에 실패한 1차 종합개발계획 대신 등장한 것이 신전국종합개발계획(1969년)이다. 대규모 개발 방식을 핵심으로 하는 신전국종합개발계획은 국토를 마치 하나의 거대한 도시로 보고 그 효율적 이용

2 경제 행위에 있어서 기업 등의 경제 주체가 자신이 속해 있는 산업 분야의 일반적 발전에 의존하여 성장하는 등 외부로부터 긍정적 영향을 받는 것을 외부경제, 반대로 나쁜 영향을 받는 것을 외부불경제라고 한다. 외부불경제의 대표적인 예가 바로 공해다.

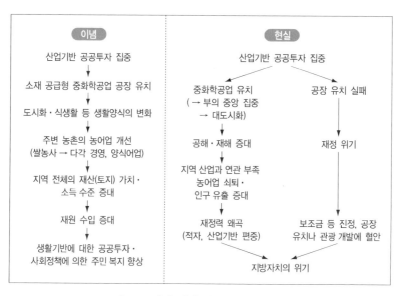

그림 1-1 거점 개발 정책의 이념과 현실

* 출처 : 宮本 編(1977), 내용 보충

을 위해 지역분업을 철저히 하도록 한다는 것이었다. '일본열도 개조론' (田中 1972)도 이 틀의 연장선상에 있다. 그렇지만 계획 예정 지역인 무츠 오가와라むつ小川原(아오모리 현青森県), 시부시志布志(가고시마 현鹿児島県) 등지에서 는 주민에 의한 강력한 반대운동이 발생·전개되어, 고도경제성장의 종언 이라는 경제 상황의 변화와 맞물려 계획은 좌절을 피할 수 없게 된다.

지역격차 시정, 주민복지 향상, 환경 보전, 지방자치의 발전이라는 목 표에서 보면, 이와 같은 전후 일련의 개발정책은 모두 실패한 것이었다(宮 本 編 1977). 그 요인으로 결정적이었던 것이 '개발 주체 책임소재의 모호 함'과 '주민 참여의 결여'다. 특히 후자에 있어서는 제도적으로 주민 참여 의 통로가 막혀 있었기 때문에 많은 경우 주민은 '조상 대대로 이어온 땅 을 지키자' 같은 운동 구호를 내걸고 토지소유권(경우에 따라서는 어업권)을 '거부권'으로 행사함으로써 개발 주체에 대항하는 수밖에 없었다. 그래서 운동 형태는 그곳에 사는 주민이 주체가 된 고발형·대결형이 중심이 되고, 자원 동원력이 제한된 가운데 힘든 투쟁을 할 수밖에 없게 된다.[*2]

1960년대 후반부터의 전국적인 주민운동 고양기와 1970년의 '공해 국회'를 거친 후, 정부는 1977년에 제3차 전국종합개발계획을 책정한다. 이 계획에서는 정주 환경 중시와 유역권 구상 제시 등 기존의 산업개발 일변도로부터 노선이 전환된 것을 볼 수 있지만, 이런 구상을 실현하기 위한 구체적인 시책이 거의 갖추어지지 않았기 때문에 일종의 '구호'에 그치고 말았다.

그리고 1980년대 후반에는 고속도로와 대형 교량 같은 각지를 잇는 대규모 교통 네트워크 정비에 중점을 둔, 개발 중시형의 제4차 전국종합개발계획(1987년)이 책정되고, '다축형 국토 구조 형성' 및 '참여와 제휴'를 내세운 제5차 전국종합개발계획(1998년)에 이르게 된다. 제3차 전국종합개발계획 이후, 댐 건설을 비롯한 하천 개발은 국토개발계획의 주요 과제로부터 모습을 감추고 있지만, 치수와 이수가 각종 개발정책을 계속 뒷받침해 온 것은 틀림없다.

이상과 같이 전후 일본의 개발정책에서는, 특히 그 초기 단계에 있어서 하천 개발이 매우 중요한 위치를 차지, 사쿠마 댐 건설로 대표되는 대규모 수력발전 댐 개발(전원 개발)에 중점을 두었다. 1960년대에 들어와서 전국종합개발계획이 세워져 도시지역으로의 인구와 자본 집중에 박차가 가해지자, 하천 개발은 '전원 개발'로부터 하류지역의 홍수 제어(치수)와 도시용수 개발(이수)로 중점이 옮겨진다.

분명히 국토개발의 '핵심'이 시대 상황에 따라 변한다고 하나, 토목공학 등의 근대 기술을 구사해서 어떻게 하천을 개조하고 그 이용 가능성을 높일 것인지가 도시화와 공업화가 급속하게 진행된, 전후 일본의 일관된 정책 과제였다. 1964년, 메이지明治 시대 이래의 구하천법을 개정해 '치수'와 '이수'를 정책의 주요 축으로 삼는 하천법을 제정한 것이 그 상징이다.

2. 강과 사회와의 관계 변모

강의 근대화와 사회적 공유재의 붕괴

구하천법(1896년) 제정 이후 강은 국가가 소유하는 '공물公物'로서, 그 관리를 국가 및 지방자치단체에 위임하게 된다. 국가나 행정당국이 강을 일원적으로 관리하게 됨에 따라 물 이용에 있어 근대적인 질서가 형성되어, 이전에는 주로 마을끼리 알아서 해결하게 맡겨졌던 물을 둘러싼 '다툼'과 분쟁이 점차 해소되었다(大熊 1988).

한편 마을과 주민을 실질적으로 배제하고 강을 오로지 '수자원'이나 '배수로' 같은 단일적인 기능면에서 취급하는 구미 기원의 하천 관리 정책에는 뒤에서 언급하는 것과 같은 폐해가 존재한다. 특히 근대의 치수·이수 정책이 본격화하는 1950년대 이후, 하천법을 근거로 압도적인 자원을 가지고 관리권을 독점하는 행정당국(건설성)과 지역주민의 대립이 드러나면서 각지에서 심각한 분쟁이 일어나는 일이 많아진다. 그 대표적인 예가 댐 건설 문제였다. 동시에 강과 인간사회의 관계는 급속히 변질되어 가게 된다.

> (강은) 인간이 살아가는 데 정말 커다란 역할을 하고 있다. 논밭을 축여주고, 음료수를 공급하고, 교통로가 되며 어패류를 우리들에게 제공했다. 해안지방 문화가 산간 오지까지 들어간 것도 강줄기를 따라간 것이 적지 않고, 산간의 물자가 해안지방에 보내진 것도 강을 이용한 경우가 아주 많았다(宮本 編 1987: 12).

민속학자나 역사학자가 지적해 온 강과 인간의 다면적인 관계성[3]은 근대화 과정에서 강이 홍수 제어와 수자원 개발의 대상, 즉 치수와 이수의 대상이라는 측면이 과도하게 부각되어 중앙 행정당국(건설성)으로 그 관리 담당자가 일원화되어 가는 것에 마치 반비례하듯이 급격하게 쇠퇴되어 갔다.[4] 미야우치 다이스케宮內泰介는 사회적 공유재共有財 commons로서의 '강'이 붕괴한 요인으로 다음의 세 가지를 지적한다(宮內 2001).

첫째, 주민의 생업이나 생활과 직접적인 관계성이 희박해지거나 소멸한 것이다. 다양한 형태로 강과 밀접하게 관계를 맺어 온 주민은 상하수도의 정비나 자동차 대중화의 진전 같은 생활양식의 변화에 따라 그 결합도가 떨어지게 되었고, 강은 배수로로 바뀌었다.

둘째, 소유와 관리 주체의 변화다. 강의 경우는 하천법에 의해 국가 소유물(공물)로 되었고, 주민과의 거리가 멀어졌다.

셋째, 지역사회로서의 결집이 붕괴된 것이다. 지역주민의 공동적 관계와 움직임이 없어지면 강이 공물인지 아닌지에 상관없이 사회적 공유재는 붕괴한다.

이 지적을 참고하면서, 다음으로 강과 인간의 관계성이 변모해 가는 배경을 ①강에 대한 관여 주체의 변화 ②하천에 관한 기술의 근대화 및 생활양식의 변모라는 관점에서 검토해 보자.

관여 주체의 변화와 관리의 일원화

메이지 시대[1868~1912년]에 들어오면서 새로이 '수력발전용수'가 강의 이용 형태에 더해진다. 그 결과 기존의 농업용수를 둘러싼 지역 간 '물 분쟁'에 더해서 발전과 농업용수, 발전과 어업, 발전과 임업 등 이해관계의 대립이 발생, 물 이용을 둘러싼 다툼이 심각한 양상을 띠게 된다.

게다가 대도시 인구집중과 산업 활동 전개에 따른 '도시용수'도 새로운 물 수요로 등장한다. 이미 다이쇼大正 시대[1912~1926년] 말기에 강을 둘러싸고 각종 물 이용 관계가 복잡하게 뒤엉키면서 주체 간 경합이 격화일로를 걷게 되었다는 지적도 있다(全国河川総合開発促進期成同盟会 1980). 또 치수 면에서 보자면, 하류지역의 도시화는 구불구불한 물길의 정비와 홍수 제어를 긴급히 요구하고 있었다. 철도망의 발전과 주운의 쇠퇴를 배경으로, 수송로 확보와 관개용수의 취수를 위해 강의 유로를 안정시키는 것을 목적으로 하는 메이지 시대 초기의 저수공사로부터 제방을 구축하여 강이 범람하는 것을 방지하는 고수공사로의 전환이 필요하게 되었다.

이상과 같은 하천 이용을 둘러싼 혼란과 치수 및 이수에 관한 모든 과제를 해결하기 위한 방안으로 등장한 것이 국가에 의한 하천 관리 일원화와 다목적댐 건설을 중심으로 하는 '강물 통제'였다. 이후 하천정책의 골자가 되는 이 구상은 이미 1920년대 중반에 당시의 하천 관할 관청이었던 내무성 안에서 부상되었다고 하는데, ①치수와 관개, 발전의 다목적댐 건설을 상류부터 하류까지 효율 좋게 배치한다 ②그 유기적인 운용은 공평한 입장에 서는 하천 관리자에 의해 통제한다, 이 두 가지 개념으로 구성되어 있다(全国河川総合開発促進期成同盟会 1980: 24). 이런 구상이 부상한 배경으로는 19세기 후반부터 20세기 초에 걸친 미국의 TVA를 포함한 구미의 댐 건설에 관한 토목기술의 진전이 있다.

'강물 통제 사업'을 1930년대 후반에 착수하기는 했지만, 무엇보다 전쟁의 격화를 배경으로 몇 개의 하천 조사를 중심으로 한 소규모 사업에 그쳤고, 전후까지 방치된다. 국가정책으로서 재정 등의 제도적인 뒷받침이 따르는 본격적인 개발 사업의 전개는 1950년대의 하천종합개발사업 때까지 기다리지 않으면 안 되었다. 그 후 1964년 하천법 제정에 의해 수계를 일관하는 일원적 관리(수계주의)가 가능하게 되었고, 건설성을 정점으로 하는 하천 관리의 중앙집권화가 완성된다(田中 2001).

기술의 근대화와 생활양식의 변화

한편, 하천 기술의 근대화와 생활양식의 변모도 강과 지역사회의 관계성에 커다란 변화를 가져왔다. 여기서 말하는 하천 기술이란 강을 개변시키기 위한 토목기술 같은 협의의 근대 기술뿐만 아니라, 강에 대한 접근성에 관해서 주민이나 지역사회가 가지고 있던 생활지식을 포함하는 광의의 기술이다. 하천공학자인 오쿠마 다카시大熊孝는 하천 기술의 담당자를 개인(가정), 지역공동체(마을), 국가(또는 위정자)의 3단계로 구분하고, 근세와 근대의 차이를 이 기술 담당자에서 찾는 관점으로 설명하고 있다(大熊 編 1994).

오쿠마에 따르면 근세에는 홍수 때를 대비해서 고상식 수상가옥을 짓든지 피난용 배를 준비한다든지 가정 단위에서 이루어지는 대응과, 수방활동이나 강 준설 등을 하는 지역공동체(마을)의 대응이 그 중심에 있었다. 다시 말해 이 시점의 홍수 대책은 재해나 피해를 미연에 '방지'한다기보다 '연성 기술(대응책)'로 재해·피해를 가능한 한 완화·경감하는 것을 주목적으로 한 것이었다. 국가에 의한 하천정비라든지 대규모 공사는 기술 수단의 미숙함이나 재정난 때문에 충분하게 시행될 수도 없었다.

그 결과, 에도江戸 시대[1603~1867년]까지의 근세에는 자연에 대해 인간이 수동적인 입장에 설 수밖에 없었고, 지역 간 '물 분쟁' 등의 모순도 기술적으로 해결하는 일이 거의 불가능했다. 따라서 농업용수를 둘러싼 분쟁은 마을 상호 간의 역학관계에 의해 결정되거나 영주가 중재나 자신의 판단을 통해 사태를 수습했다(大野 1975). 한편 천연재료를 사용한 치수나 이수 공법이 수없이 나온 것도 이 시기였다.

그런데 메이지 시대에 들어와서 압도적인 자원 동원 능력을 가진 중앙집권국가가 수립되고, 자연의 모습을 대규모로 변화시킬 수 있는 근대적인 기술수단('경성 기술')이 네덜란드를 비롯한 유럽 각국으로부터 도입되면서, 그때까지 발생하던 수많은 상습적인 수해와 가뭄 피해를 차례차례 극복하게 된다. 동시에 마을의 '물 분쟁' 등 직접적인 지역 간 대립도 해소되었다.

반면 다양한 역할자가 갖고 있던 하천 기술 가운데 개인이나 지역공동체의 '연성 기술(대응책)'은 쇠퇴했다.

원래 유럽 기원의 근대 토목기술은 치수와 이수에 편중되고, 보편성을 중시하기 때문에 획일적이고 몰개성적이었다.*5 하천에 관한 다양하고 지역적인 기술이나 지식이 뒤로 밀려나면서 점차 하천에 관한 기술은 '하천공학'이나 '토목공학' 같은 근대 과학을 취급하는 행정 조직과 전문기관이 사실상 독점하게 된다.

이와 같이 근대 이전의 자연 생태계 친화적인 연성 기술이나 지역 지식이 파기 또는 쇠퇴하는 것과 병행해, 압도적인 힘으로 자연을 정복하고 변형시키는 것이 '근대화'의 상징으로 여겨졌다. 예를 들어 흰 콘크리트로 만들어진 거대한 댐의 위용은 '근대화'와 '발전'의 표상이 되면서, 하천공학이나 토목공학을 구사한 근대 기술의 결정체인 댐은 기술자 사이에서 '토목의 꽃', '토목 중의 토목' 또는 '남자의 로망'으로 불렸다(竹林 1996). 간사이 전력関西電力이 개발 주체가 된 구로베黒部 제4댐(1963년 준공)의 건설 과정이 〈구로베의 태양〉이라는 제목으로 영화화되고, 전원 개발에 따른 사쿠마 댐의 난공사가 "이윽고 피도 땀도 절규도 잊혀지고, 사쿠마는 지구 예술의 명작 중 하나가 될 것이다"(長谷部 [1956] 1978: 259)라고 표현된 것도 그 상징이라고 할 수 있다.

한편 자동차 대중화가 진전되고 상하수도가 정비되어 '수도꼭지 문화'나 '일회용 문화'라고 불리는 서구 기원의 근대적 생활양식이 일본 각지로 퍼져 갔다. 이런 문화가 가장 두드러지게 나타난 것이 고도경제성장기 때다. 도쿄東京 23구를 예로 들면, 1955년부터 1970년의 불과 15년 사이에 1인당 1일 평균 수돗물 사용량이 약 200리터나 증가한 것을 알 수 있다(그림 1-2). 물 소비량이 많은 것이 '문화적'이라고 생각하던 이 시기에, 주민들의 계속적인 활동에 의해 유지·관리되어 왔던 취락지역 내 소하천까지도 바닥과 벽면을 콘크리트로 덮는 '3면 씌우기' 공법으로

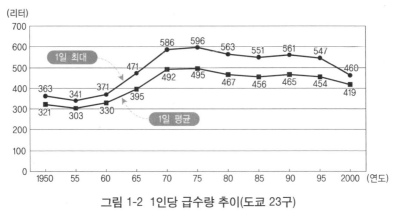

그림 1-2 1인당 급수량 추이(도쿄 23구)

* 출처 : 도쿄 도 수도국 자료(東京都水道局 1981, 2003)에 의거 작성

직강화하고, 강은 하수와 빗물을 흘려보내는 '배수로'로 변했다.

이처럼 하천에 관한 기술의 전문화와 독점화, 지역사회의 변화와 해체, 생활양식의 변화 등이 상호 관련을 맺는 과정에서 주민과 강의 다면적인 관계성이 약해지고(三木 1984), 사람들에게 강은 '가까운 물'에서 '먼 물'로 의식이 크게 바뀌어 갔다(嘉田 2002).

다음으로는 하천 관리의 담당자 일원화를 뒷받침한 하천정책 관련 법제도와 그 변천을 검토해 보기로 하겠다.*6

3. 하천정책과 댐 건설

하천 행정과 법 제도

일본의 하천 행정에 관한 법체계는 하천법을 중심으로 하여, 계획·정책·실시·관련과 연관된 부처 및 관련법으로 구분할 수 있다(그림 1-3). 치수를 주목적으로 한 구하천법(1896년 제정)을 대체하여 이수를 하천 관리 목적에 추가한 새로운 하천법이 1964년에 제정되는 등, 관련법 대부분

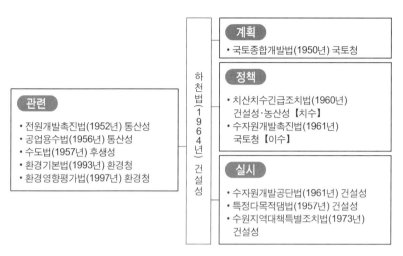

계획
• 국토종합개발법(1950년) 국토청

정책
• 치산치수긴급조치법(1960년)
  건설성·농산성【치수】
• 수자원개발촉진법(1961년)
  국토청【이수】

관련
• 전원개발촉진법(1952년) 통산성
• 공업용수법(1956년) 통산성
• 수도법(1957년) 후생성
• 환경기본법(1993년) 환경청
• 환경영향평가법(1997년) 환경청

하천법(1964년) 건설성

실시
• 수자원개발공단법(1961년) 건설성
• 특정다목적댐법(1957년) 건설성
• 수원지역대책특별조치법(1973년)
  건설성

그림 1-3 하천정책과 관련된 법체계
* 출처 : 이가라시와 오가와의 저술(五十嵐·小川 1997)을 참고해 작성

이 전후의 개발정책이 본격화하는 1950년대부터 60년대에 걸쳐서 제정된 것을 알 수 있다.

앞에서 언급한 것처럼 전후 하천정책의 근간을 이루는 것은 홍수 제어를 목적으로 하는 치수와 도시용수 개발을 목표로 하는 이수였다. 계획 결정 과정에 관한 구체적인 분석은 다음 절에서 논하도록 하고, 밑에서는 다목적댐 건설을 주요 축으로 하는 전후 하천정책이 어떻게 성립되어 왔는지를 확인하도록 한다.

제2차 세계대전 발발에 의해 전쟁 전의 강물 통제 사업은 중단될 수밖에 없었지만, 종전 직후 연이어 발생한 태풍으로 인해 대규모 수해와 식량 부족 및 자원의 결핍에 직면한 일본 사회의 상황과 미국의 TVA '성공'은 정책당국으로 하여금 다목적댐의 필요성과 우위성을 재인식하게 만든다. 구체적으로 보자면, 1949년 치수조사회에서 도네 강利根川이나 요도가와 강淀川, 기타카미 강北上川, 기소 강木曾川, 치쿠코 강筑後川, 요시노 강吉野川을 비롯한 중요 수계의 정비계획에 "물 이용은 다목적이어야 한다"는 방침을 세우고 다목적댐 방식에 의한 하천 관리를 실시할 것을 결정한다. 이를 계기로 일본의 하천정책은 상당한 변화가 일고, 이수를 중시하는 다목적댐 건설이 그 중심을 차지하게 된다. 그리고 1950년의 대충자금[3] 방출과 국토종합개발법 제정에 따라 강물 통제 사업이 하천종합개발사업으로 이어져 사업이 본격적으로 시작된다.

1940년대 중반부터 50년대 중반까지가 주로 '전원 개발 시대'였고, 50년대 후반 이후는 급속하게 진행되는 공업화와 도시화를 배경으로 하는 '수자원 개발 시대'였다. 공업용수법, 다목적댐법, 수도법, 치산치수긴급조치법, 수자원개발촉진법, 수자원개발공단법이 50년대를 중심으로 계속해서 제정되었다.

위에서 언급한 것처럼 하천정책의 근간을 이루는 것은 하천법이지만, 전쟁 전부터 개정되지 않고 존재하던 구하천법에서는 하천 관리를 부·현 지사가 담당하도록 되어 있었기 때문에 복수의 부·현을 흐르는 대규모 하천의 경우, 개발을 둘러싸고 상·하류 사이의 이해 대립이 발생해도 그것을 조정하는 제도가 존재하지 않았다. 그래서 새로운 하천법이 1964년 제정되었고, 그때까지의 '구간 관리주의'로부터 상류에서 하류까지 수계 단위로 하천을 관리하는 '수계 관리주의'로 전환한 것은 물론, 주요 하천 (1급 하천)은 건설장관이 직접 관리하게 되었다.

이 법에서 하천은 그 중요도에 따라 1급과 2급으로 구분되고, 2급 하천은 도·도·부·현지사가 하천 관리자로 지정되어 있지만, 그것은 어디까지나 건설장관의 기관위임 사무에 지나지 않는다. 바로 이 시기에 하천 관리의 중앙집권화가 하천 기술뿐만 아니라 법 제도 측면에서도 완성되었다고 할 수 있다. 그렇지만 이 관리 제도는 '모든 하천은 국가가 소유하는 것으로 보는 사고방식'이며, 강의 지역성이나 개별성을 무시한 획일적인 것

---

3 對充資金(見返り資金). 제2차 세계대전 후, 미국의 대일 원조물자를 일본 국내에서 매각한 대금을 일본 정부가 경제 부흥에 사용한 자금이다.

이었다(武藤 1994). 따라서 하천 개발이나 하천 관리를 둘러싸고 관리 주체인 행정당국과 주민 간의 첨예한 분쟁이 각지에서 발생하게 된다.

댐 건설의 특성과 양적 추이

댐 건설을 둘러싸고 발생한 지역 분쟁이 자주 첨예화하고 장기화하는 배경에는 ①계획 과정의 폐쇄성과 ②사업계획의 재검토 체계 결여 같은 제도적인 문제에 덧붙여 ③댐 그 자체가 갖는 구조적인 문제가 많은 상관성을 가지고 있다. ①및 ②의 논점에 대해서는 다음 절에서 고찰하도록 하고, ③의 논점에 대해서 검토하도록 하자.

댐 건설이 가지는 구조적인 문제로는 다목적댐의 물리적 특성과 그것을 둘러싼 사회적 영향이 있다. 우선 전자에 대해서 살펴보기로 하겠다.

다목적댐의 물리적 특성으로는 첫째, 댐의 저수지가 평면적으로 확대된다는 점을 들 수 있다. 도로나 철도가 선적인 개발인데 비해 댐은 100ha 규모의 공간을 통째로 수몰시켜 버린다.

둘째, 댐의 기능적인 모순이다. 치수와 이수라는 정책 과제를 효율적으로 양립시키려는 게 다목적댐이다. 그렇지만 이수를 위해서는 가능한 한 저수량을 늘려놓지 않으면 안 되는데, 이는 홍수를 제어하려는 치수 목적과 상반된다. 역으로 치수를 위해 저수량을 줄이면 수자원 확보 측면에서 불리하게 된다. 따라서 이런 모순을 토목공학적으로 해결하려고 하면, 필연적으로 댐을 높게 만들어서 저수지 용량을 크게 할 수밖에 없고, 그 결과 수몰 면적이 확대된다.

셋째, 강은 물뿐만 아니라 각종 물질이나 생물의 순환계 일부를 담당하고 있다. 그 흐름을 콘크리트 구조물로 분단시키는 게 댐이고, 그에 따라 상류에서는 토사 퇴적과 수질 악화, 회유 어종의 소멸 등의 환경문제, 하류에서는 모래사장의 소실이나 수량 저하, 생태계 변화와 같은 환경문제를 발생시킨다.

한편 사회적 영향으로는 우선, 평면적 개발 형태에 의한 공동체 해체나 분단을 들 수 있다. 특히 일본의 경우는 산간 오지까지 생활공간이 확대되어 있다. 따라서 수몰 예정 지역 주민은 생활수단뿐만 아니라 생활거점까지 잃어 다른 지역으로 이주할 수밖에 없게 되어, 주민 생활은 근본적인 변화를 피할 수 없게 된다. 1960년대부터 70년대에 걸쳐서 댐 건설에 따른 보상 제도 확립이 정책 과제가 된 것은 이 때문이다.

다음으로 댐 건설로 인해 이익을 얻는 수익受益 주체와 피해를 입는 수고受苦 주체가 기본적으로 분리된다는 점이다. 말하자면 도시(하류)와 농촌(상류)의 2항 대립적인 관계가 댐 건설에 응축되어 있어, 그 둘 사이의 이해 조정이나 합의 형성은 원리적으로 어렵다.

무엇보다 댐에는 농업용수를 비롯해서, 에도 시대에 거의 확립되었던 각 하천의 관행적인 수리권에 대해서 '저류貯留'라는 방법으로 도시용수 등의 신규 취수를 가능하게 한다는 기능이 있고, "에도 시대 이후 하천의 물 이용 질서를 근대적인 물 이용 질서로 바꿔가는 수단이기도 했다"(大熊 1988: 183)는 지적이 있다. 그리고 이수 목적의 댐 건설이 희소 수자원을 둘러싸고 대립해 온 농촌사회에 물 이용의 자유를 확대하고 지역적 긴장 관계를 완화시켜 준 것도 사실이다(玉城 1984).

댐은 전국의 주요 하천 수계 거의 대부분에 건설되어 있는데, 그 수가 건설성 하천종합개발사업에 의한 다목적댐만 해도 391개(2003년 3월말 현재)에 달한다.*7 그런 의미에서 댐 건설에 관해 앞에서 언급한 제반 문제가 아주 한정된 지역에서만 발생하는 특수한 경우라고는 결코 말할 수 없을 것이다.

그러면 하천 관리에 관한 법 제도가 확립되는 과정에서 실제로 댐 건설은 어떻게 추진되어 왔을까? 그림 1-4 및 그림 1-5는 건설성 하천종합개발사업 자료에 기초해서 다목적댐의 계획 건수와 준공 건수 추이를

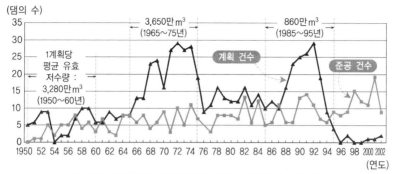

그림 1-4 하천종합개발사업에 의한 다목적댐 건설 추이

* 출처 : 일본 댐 협회 자료(日本ダム協会 1998, 2004)를 토대로 작성

밝히기 위해서 작성한 것이다.[8]

준공 건수 추이가 거의 일정한 수준인데 비해 계획 건수는 1960년대 중반부터 1970년대 전반에 걸쳐서 급격하게 신장한 것을 알 수 있다. 최근까지 계속되는 댐 건설을 둘러싼 분쟁의 대부분이 이 시기에 계획된 댐에서 발생한 일이다. 이 시기가 일본의 고도경제성장기와 맞물려 도시 용수 등 대규모 수자원 개발이 요구되었다는 점에 덧붙여 제도적으로도 치수특별회계법(1960년)에 근거한 특별회계제도가 수립됨으로써 도로 정비와 마찬가지로 다목적댐 건설이 일반회계로부터 분리되어 재원 측면에서 사업의 제도화를 도모했다는 점에 유의할 필요가 있다.

약 10년 동안의 이 기간에 연간 20~30개 전후의 댐 건설이 새로 계획되는 높은 수준의 추이를 보이고, 그 후 다시 1980년대 중반부터 90년대 전반에 걸쳐서 계획 건수가 증가한다. 다만 댐 규모를 나타내는 유효 저수량을 기준으로 1계획당 평균 유효 저수량을 보면, 하천종합개발사업을 시작한 1950년부터 60년이 3,280만 톤, 계획 건수가 급격하게 증가하는 1965년부터 75년이 3,650만 톤인데 비해, 1985년부터 95년은 860만 톤으로 약 4분의 1 규모에 그치고 있다. 그것은 하천 개발 대상이 대규모 주요 하천으로부터 도·도·부·현이 관리하는 중소 규모의 하천으로 이

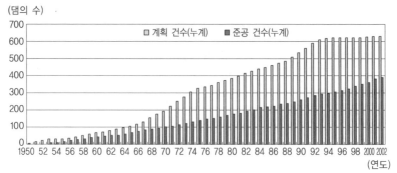

(댐의 수)

그림 1-5 하천종합개발사업에 의한 다목적댐 건설 추이(누계)

* 출처 : 일본 댐 협회 자료(日本ダム協会 1998, 2004)를 토대로 작성

동되었기 때문이다.

댐 건설을 비롯한 공공사업이 사회문제화하는 1990년대 중반 이후, 신규 계획된 댐 사업은 거의 0에 가까운 수준으로 떨어졌다. 기존 계획에서 1997년 이후 중지되는 계획이 나오고 있다는 점을 고려해도 과거 50년 동안의 추이에서 보면, 최근의 계획 건수 동향은 상당히 특징적이라고 이해할 수 있다.

4. 하천정책의 변화

공공사업 재검토 제도의 도입

기존의 일본 하천정책에 큰 변화가 인 것은 1990년대에 접어든 이후다.[9] 상세한 내용은 제5장과 마지막 장에서 다루도록 하고, 여기에서는 세 가지 점을 지적하도록 한다.

첫째, 댐을 비롯한 공공사업 재검토 제도의 도입이다. 1995년 건설성에 의해 '댐 등 사업심의위원회'(이하, 댐 심의위)가 설치된 게 그 효시다.

1980년대 후반부터 나가라 강長良川 하구언과 호소고치細川內 댐을 발단으로 댐 건설 사업에 대한 반대운동이 전국적인 차원으로 확대되고, 사회적 쟁점의 하나를 형성하게 된다. 나가라 강 하구언 운용을 둘러싸고는 1995년 3월 관계 지자체의 수장과 건설성, 운용 개시를 반대하는 시민단체로 구성된 '원탁회의'가 설치되었지만 명확한 결론이 나지 않은 채 회의가 해산되었고, 그해 5월 건설성이 운용 개시 결정을 내린다. 그 결과 건설성은 강한 비판에 직면하고, 대중매체가 공개한 하구언 영상은 '쓸모없는 공공사업'과 '억지 건설성'의 상징으로 의미를 부여받게 되었다.

댐 심의위는 그때까지의 건설성의 정책과 행정에 대한 비판에 응하는 형태로 그해 여름에 설치된 것이다. 무엇보다 나가라 강 하구언을 둘러싼 일련의 분쟁이 댐 심의위 설치라는 건설성의 정책 전환에 직접적인 계기가 되기는 했지만, 그 배경에는 전국 각지에서 고양된 댐 건설 반대운동이 있었다는 점을 놓쳐서는 안 된다.

댐 심의위는 "특히 댐 등 사업 …… 에 대해서는 그 건설에 장기간이 필요하고, 또 지역에 미치는 영향이 큰데도 불구하고 …… 지역주민의 의견을 청취하는 도시계획과 같은 절차가 제도상 충분하지 않았다는 지적을 바탕으로, 사업자가 해당 댐·보 사업의 목적·내용 등에 대해서 지역 의견을 적확하게 청취하는 것을 목적"(建設省河川法研究会 1997: 148)으로 하고 있었다. 그 결과 건설성 직할 사업 중에서 요시노 강 가동보 계획(도쿠시마 현), 호소고치 댐 계획(도쿠시마 현), 가와베 강川辺川 댐 계획(구마모토 현熊本県) 등 11개 사업이 대상으로 선정되었다.[*10]

그러나 거기에는 다음의 세 가지 문제점이 존재하고 있었다. ①위원 선정은 대부분의 경우 사업을 추진해 온 지사가 한다는 것이고, ②실제로 설치된 10개 심의위원회 가운데 8개 위원회가 비공개로 심의가 이루어지며(그 중 2개는 중간부터 공개), ③6개 위원회에서는 전문적인 견지에서 계획의 타당성을 검토하는 전문위원회조차 설치되지 않았다. 공공사업 재평가 시스템 시행 단계였다고는 해도 댐 심의위는 이와 같이 많은 부분에서 내재적 한계를 갖고 있었다. 결국 각 심의위의 최종 답신에서 현행 계획의 중지 또는 재검토 결론을 내린 것은 오가와라 호_{小川原湖} 종합개발사업, 야하기 강_{矢作川} 하구언 건설 사업, 아스와 강_{足羽川} 댐 건설 사업, 3개에 불과했다.

그 후 '건설성소관공공사업재평가실시요령'(1998년 3월 책정)에 근거해 사업 재평가 제도가 운용되고 있고, 도·도·부·현 차원에서도 동일한 재평가 제도가 도입되었다.*11 1990년대 후반 이후 중지된 건설성 소관 댐 계획은 93개 사업에 달한다(2003년 12월말 기준). 다만 이 구조는 사업자에 의한 자기평가제도의 성격이 강하고, 학식 있는 경험자는 재평가위원회 위원으로 들어가 있지만 주민이나 NPO 관계자는 배제되고 있어 객관적인 평가 시스템이 만들어진 것인지 의문시 된다는 지적이 있다(磯野 2001).

특히 문제는 해당 사업과 관련된 주민이 결정 과정에 관여할 수 없다는 점이다. 즉 주민 입장에서는 어느 날 갑자기 사업이 계획되고, 어느 날 갑자기 중지가 결정되는 사태를 맞이할 수도 있다. 뒤에서 언급할 하천법 개정 취지에 비춰 봐도, 지역주민의 참여는 사업계획을 책정하는 계획 결정 과정뿐만 아니라 재평가 결정 과정에서도 제도화되어야 하며, 이 두 가지는 본래 표리일체의 과정으로 다루어져야 하는 것이다.

환경영향평가법의 제정

두 번째는 환경영향평가법의 제정(1997년)이다. 환경영향평가만 놓고 보자면, 1972년 내각회의에서 양해한 '영향평가요강'에 근거한 건설사무차관 통지(1978년)에 따라 건설성 소관 공공사업에 도입하기는 했었다. 그러나 그 대상이 1급 하천이면서 담수면적이 200ha 이상인 대형 댐에 한정되어 있고, 2급 하천의 댐에 대해서는 애초부터 영향평가 대상에서 제외되어 있는 등 불충분한 상태에 머물러 있었다.

그러면 환경영향평가법 제정에 의해 무엇이 변화되었을까? 우선 환경청장(현 환경장관)의 의견을 반드시 제출하도록 되었다는 점이다. 기존의 내각회의 영향평가에서는 어디까지나 주무 장관이 필요에 따라 환경청 장의 의견을 구할 수 있다는 임의 규정에 지나지 않았다. 다음으로 영향 평가 대상 사업이 2급 하천의 댐 사업까지 확대됨과 동시에 규모도 담수 면적 75ha 이상 사업까지 확장된 점과 절차의 초기단계부터 주민의 의 견(의견서) 제출이 가능하게 된 점이 있다. 그리고 기존의 요강에서는 의 견 제출자가 관계지역 주민에 한정되어 있었지만, 환경영향평가법에서 는 그 범위를 한정하지 않은 점이 특징적이다(原科 編 2000).[12]

하천법 개정

하천정책의 커다란 변화의 세 번째 포인트로 잊어서는 안 되는 것이 1997 년에 실시된 하천법 개정이다. 댐 사업계획 결정 과정의 변경에 대해서는 다음 절에서 검토하도록 하고, 여기서는 요점만 살펴보자. 하천법 개정은 하천심의회의 1995년 3월 답신과 1996년 6월의 답신, 그해 12월의 제언 에 근거한 형태로 이루어졌다(建設省河川法研究会 1997). 예를 들면, 1995 년 3월 답신에서는 주로 ①생물의 다양한 서식 환경의 확보와 물 순환의 확보, ②강과 지역주민과의 관계 재구축이 제시되고, 1996년 6월 답신에 서는 ③홍수 및 갈수 같은 이상 시기의 하천을 대상으로 한 하천정책으 로부터 평상시의 하천을 염두에 둔 '강 365일' 정책으로의 전환과 ④지 역주민과 지방자치단체의 연계 강화가 제시되었다.[13]

  하천법 개정의 요점은 우선 하천법의 목적(제1조)에 기존의 치수와 이 수 두 가지 과제에 추가해서 '하천 환경의 정비와 보전'을 명문화한 것을 들 수 있다.[14] 또 그때까지 하천별로 책정되었던 '공사실시 기본계획서' 를 '하천정비기본방침'과 '하천정비계획'으로 구분한 것은 물론 '하천정 비계획' 책정에 있어서는 주민 의견을 반영하기 위한 주민 대상 공청회 개최와 시·정·촌장의 의견 청취를 의무로 규정하였다.

물론 하천법이 개정되었다고는 하지만, 하천 관리는 여전히 건설성을 정점으로 하는 중앙집권체제로 이루어지고 있는 점, 기본 고수유량高水流量[4]과 계획 고수유량을 포함하는 '하천정비 기본계획'이 건설성 관할 사항인 점, 앞에서 살펴본 경직된 특별회계 제도가 존속하고 있는 점 등 제도면의 과제도 여전히 많이 남아 있다. 그렇지만 기존의 사업절차와 비교하면, 참여의 기회가 제도화되는 등 계획 결정 과정 자체에 일정한 변화가 일어난 것은 분명하다.

그러면 하천정책, 특히 치수와 이수에 관한 계획 결정 과정은 기본적으로 어떤 것이며, 하천법 개정에 의해 어떻게 변한 것인가? 1960년대 이후 현재에 이르기까지 댐 건설을 둘러싼 지역 분쟁의 장기화와 첨예화, 운동의 특징·전략과 전개 과정을 이해하기 위해서는 특히 계획 결정 과정의 기제를 파악해 둘 필요가 있다.

5. 댐 건설 계획의 결정 과정과 그 변화

계획의 세 가지 수준

여기에서 중점적으로 정리·검토하려는 것은 댐 건설이 어떤 행위자의 관여 아래 어떤 과정으로 계획되고 결정되는가 하는 점이다. 그리고 지역주민과 입지점의 지자체가 가지는 참여의 기회에 대해서도 검토가 필요하다.[*15] 계획 결정 과정 검토에 들어가기 전에, 우선 이 절에서의 논의 대상을 다양한 행위자에 의해 이루어지는 환경정책으로 한정하겠다. 하천 개발에 관련된 정책은 계획 대상에 따라 주로 세 가지 수준으로 구

---

4 토목공학에서 사용하는 용어로 하천이 넘칠 정도의 많은 수량을 말한다. 홍수 유량으로 볼 수도 있다.

표 1-1 하천 개발에 관련된 세 가지 계획 수준

단계	정책(계획)	근거 법	제도상의 행위자
최고 수준	국토종합개발계획	국토종합개발법	국토심의회→총리(각의 결정)
성·청 수준	치수5개년계획	치산치수긴급조치법	하천심의회→건설장관(각의 양해)
	전국종합수자원계획	없음(지침적 위치)	국토청(수자원부의 사적 자문기관 =수자원기본문제연구회)
수계 수준	공사기본계획	하천법	하천심의회→건설장관
	댐 기본계획	특정다목적댐법	하천심의회, 도·도·부·현지사 →건설장관
	수자원개발기본계획	수자원개발촉진법	수자원개발심의회 →총리(각의 결정)

분해서 생각할 수 있다(표 1-1).

첫째, 최고 수준의 정책(계획)이다. 하천정책을 담당하는 곳은 주로 건설성이지만, 국토 전체의 거시적이고 장기적인 개발·정비 계획을 기획하는 곳은 국토청이다(2001년 성·청 재편에 의해 국토교통성 소관). 그 가운데 하천정책과 관련성이 높은 것은 국토종합개발법에 근거한 국토종합개발계획이다. 국토심의회의 답신에 기초해서 책정되는 해당 계획이 바로 하천정책(치수, 이수)을 구속하는 것은 아니지만, 뒤에서 언급할 치수5개년계획이나 수자원개발기본계획 책정에 있어서는 국토청과의 사전협의가 요구되고, 이 두 계획은 연동되어 있다.

둘째, 성·청 수준이다. 하천정책의 큰 방향성에 대해서는 하천심의회의 답신이나 제언이 영향을 미치고 있지만, 치수의 구체적인 계획화·수치화가 이루어지는 것은 치산치수긴급조치법에 기초한 치수5개년계획(현행 7개년계획)이며, 이수(수자원 개발)에 대해서는 전국종합수자원계획(Water Plan)이 있다.

특히 전자는 "사회주의 계획경제보다 계획적"(五十嵐·小川 1999: 68)이라는 야유를 받는 것처럼 도로정비계획과 나란히 일본의 장기 공공사업계획의 대표적인 사례로서, 1960년대 이후 하천종합개발사업을 제도적으로 뒷받침해 온 계획이다. 제9차 치수사업7개년계획(1997년~2003년)에서는 총 24조엔 규모의 투자가 예정되었다.

반복 지적돼 온 대로 이 장기 사업계획 책정에 입법부(국회)는 거의 관여할 수 없는 구조로 되어 있다. 계획 책정에 있어서는 건설장관이 하천심의회의 의견을 듣고, 그 의견을 토대로 내각회의에서 결정하도록 되어 있는데(치산치수긴급조치법 제3조), 실질적으로는 행정 내부 절차만으로 계획을 책정할 수 있다.[16]

밑에서 언급할 수자원개발기본계획도 같은 방식이 적용된다. 계획 책정에 있어 개별사업은 이 계획에는 표기되지 않기 때문에 각 사업의 타당성에 대해서 국회에서 논의할 여지가 없다. 입법부의 관여 없이 건설성 등 사업 관청 내의 '우선순위'에 따라 개별 사업 채택과 사업비 배분이 이루어진다는 것이며, 이 점은 1997년의 하천법 개정 이후에도 변한 것이 없다. 게다가 이러한 최고 수준 및 성·청 수준의 계획 결정 과정에는 여전히 일반 시민이 참여·관여할 기회가 없는 상태다.

한편, 전국종합수자원계획은 국토종합개발계획의 인구 프레임을 이용해 산출하는 것으로 전국 차원의 수자원 수요 예측을 하는 이수 장기계획이다. 법적 구속력이 없는 국토청의 지침이기는 하지만, 지자체 등수도 사업자가 장기계획을 책정할 때 참고 수치로 사용하는 게 일반적이다. 나중에 언급할 도네 강·요도가와 강·치쿠코 강·기소 강·요시노강·아라카와 강荒川·도요카와 강豊川의 특정 7개 수계를 대상으로 한 수자원개발기본계획(통칭 Full Plan)과 마찬가지로 이 장기계획은 이전부터 실적치와 예측치 사이의 괴리가 지적돼 왔다(嶋津 1991 等). 예를 들면, 나가라 강 하구언 건설·운용을 둘러싼 분쟁에서도 기소 강 수계의 이수 계획(Full Plan)과 실적치의 커다란 괴리가 쟁점이 되었다.

그림 1-6은 지금까지 책정된 국가의 수자원 수요에 관한 장기 예측과 실적치를 나타낸 것이다.[17] 고도경제성장기처럼 수요가 지속적으로 늘

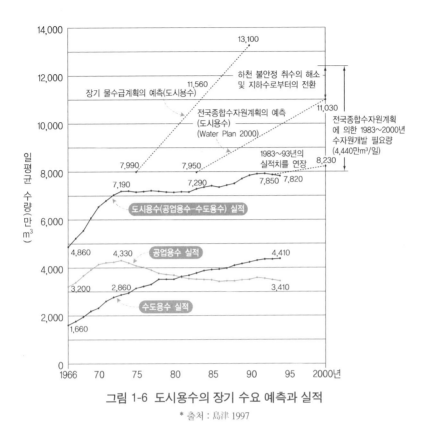

그림 1-6 도시용수의 장기 수요 예측과 실적

* 출처 : 島津 1997

어난다는 전제에서 책정된 계획치와 1978년 이후 거의 게걸음 추이를 보이는 실적치 사이에 커다란 차이가 있다는 것을 한눈에 알 수 있다. 특정 7개 수계의 수자원개발기본계획도 기본적으로는 같은 문제점을 안고 있는데, 21세기에 들어와서야 비로소 재검토 작업이 이루어졌다(일부는 미책정).

그리고 제3수준으로서 수계 수준의 계획이 있다. 여기에는 해당 수계 전체의 정비계획을 제시하는 '공사기본계획', 개별 댐 사업에 관한 '댐 기본계획'으로 이루어진 치수 계획, 수자원개발촉진법에 의한 수자원개발기본계획(Full Plan, 특정 7개 수계)이 포함되어 있다. 그래서 다음으로는 댐 건설을 둘러싼 분쟁과 직접 관계가 있는 수계 수준 치수 계획의 계획 결정 과정으로 좁혀서 검토하기로 하겠다.

치수 계획의 결정 과정과 참여의 기회

1급 하천의 사업계획 결정 과정은 그림 1-7처럼 정리할 수 있다. 개정 전의 하천법에서는 수계마다 하천 관리자가 수계 전체의 공사실시 기본계획을 작성하는 것이 의무이고,*18 하천심의회의 의견을 청취한 다음 계획을 책정하게 되어 있었다(하천법 제16조). 그러나 시·정·촌장이나 지역 주민의 의견이 반영되는 제도적인 기회는 설정되어 있지 않다. 주목하고 싶은 것은 이 계획에서 댐을 포함한 주요 하천 공사 리스트와 개요가 결정되었다는 점이다.

　다목적댐을 건설하는 경우에는 특정다목적댐법 적용을 받기 때문에 개별 '댐 기본계획'을 책정할 것이 요구된다. 이 계획에서 댐의 목적, 규모, 형식, 공기 등 상세한 내용이 결정되는데, 계획 책정에 있어 필요한 것이 현지조사다. 조사는 예비조사(실행 가능성 조사)와 실시계획조사(본격 조사)로 나누어지는데, 주민(토지소유권자)이 댐 계획의 존재를 알게 되는 것은 시험 굴착 예비조사에 해당하는 '현장조사에 관한 협의와 협정'(설명회) 단계에서다. 일반적으로 위에서 말한 공사실시 기본계획 책정 작업에 앞서 예비조사가 이루어진다.

　실시계획조사에서는 '댐 계획의 기본 구상 설명과 세부조사 신청'이 이루어지고, 용지 측량과 담수선 측량 등을 놓고 주민 측과 진행하는 '기본협정에 관한 협의와 협정'이 필요하게 된다. 그 후 조사가 종료되고 기본계획이 책정되는 경우, 의회 의결을 근거로 도·도·부·현지사가 의견을 제시할 수 있다. 사업이 채택되면 보상 교섭과 병행해서 부대공사 및 본 공사를 개시하게 된다.

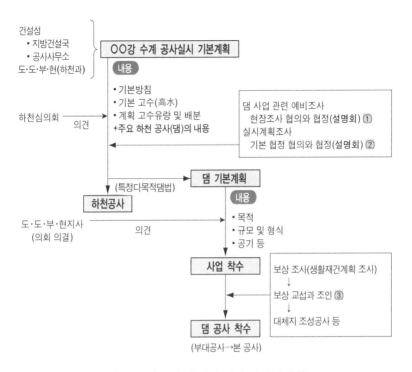

그림 1-7 기존의 댐 계획 결정 과정의 흐름

* 출처 : 건설성하천법연구회 자료(建設省河川法研究会 1997)와 이가라시와 오가와가 공동 저술한 책
 (五十嵐·小川 1999)을 토대로 작성

그러면 주민에게 주어진 제도적인 참여의 기회는 어땠을까? 그림 1-7
에 제시한 것처럼 ①~③이 참여 기회에 해당한다고 할 수 있다. 다만 ③의
보상 교섭 단계에서는 이미 '조건 투쟁'의 의미밖에 없으므로 실질적으로
주민이 해당 계획에 대해 이의를 신청할 수 있는 것은 ①과 ②, 두 차례에
국한된다. 또한 이미 어느 정도 구상이 완성된 단계에서 해당 계획의 존재
를 처음으로 알게 되기 때문에, 주민에게 댐 계획은 그야말로 '아닌 밤중
에 홍두깨'가 된다. 따라서 주민이 우선 거절이나 항의의 태도부터 보이는
데는 계획 제시의 돌발성 이외에 다른 이유가 없다. 게다가 제도상 입지점
의 시·정·촌장이 의견을 말할 수 있는 기회도 주어지지 않았다.

즉 댐 건설을 둘러싸고 지금까지 주로 ①의 단계에서 계획 철회를 요구하는 주민운동이 발생하고, 거기에다 주민 측의 행정에 대한 불신감 때문에 양자의 대화가 어렵게 되어 계획이 교착 상태에 빠지는 경우가 적지 않았다. 그리고 사업계획 재검토가 제도화되지 않았기 때문에 실제로 계획 실시 과정을 담당하는 각 공사사무소의 담당자는 사업을 추진하는 수밖에 없어, 운동 와해를 유발해 계획을 강행하는 일이 많았다. 오카야마 현岡山県 오쿠츠 정奧津町에서 건설되고 있는 도마타苫田 댐은 그 전형적인 사례다(岡山県自治体問題研究所 1988; 苫田ダム記念誌編纂委員会 1997).

계획 결정 과정에 환경영향평가제도도 주민 참여의 기회도 없었던 당시*19 예정지 주민은 비제도적인 '운동'이라는 수단에 호소할 수밖에 없었다. 물론 입지점인 시·정·촌의 수장이나 의회가 반대하는 한 실질적으로 댐 건설이 불가능하지만, 시·정·촌의 수장이나 의회가 반대를 끝까지 밀어붙이는 경우는 현실적으로 거의 없다고 해도 틀림없다. 각종 보조금의 교부나 사업 인허가 판단권은 중앙 성·청이나 도·도·부·현이 장악하고 있는 기존 행정체계 속에서, 지자체의 수장이 절대 반대를 공약으로 내세워 당선되었다고 가정해도 재정력이 취약한 배경 때문에 그 후의 과정에서 어쩔 수 없이 방침을 전환하지 않을 수 없었던 사례는 일일이 열거할 수 없을 정도다.

도마타 댐의 경우, 정町과의 협정을 파기하고 토지소유권자와 개별 교섭을 하는 건설성과 현의 강행책에 의해 불과 3년 동안 계속해서 3명의 정장이 임기 도중에 사임할 수밖에 없었고, 최종적으로 댐 건설을 받아들이지 않을 수 없게 되었다.*20 국토종합개발계획의 거점 개발 정책에 대해 "현재의 지역개발 계획에는 주민 참여의 장이 없다"(宮本 編 1977: 344)는 지적은 기존의 하천 개발 사업에도 그대로 해당하는 것이었다.

계획 결정 과정의 변화

그러면 1997년의 하천법 개정, 거기에다 환경영향평가법 시행에 따라 계획 결정 과정에는 어떤 변화가 일어난 것일까? 핵심은 그림 1-8에 제시한 것처럼 밑의 네 가지로 요약할 수 있다.[*21]

첫째, 하천 공사의 내용을 큰 틀에서 결정하는 '하천정비계획'이 '하천정비기본방침'으로부터 분리되어 그 책정 과정에서 지역주민이 의견을 제시할 수 있게 되었다.

둘째, 환경영향평가법에 근거한 환경영향평가제도 도입에 의해 조사 단계에서도 주민이 의견서를 제출할 수 있고, 심의 과정에서는 대안의 비교 검토가 이루어진다.

셋째, 하천법 개정 전에는 제도화되지 않았던 시·정·촌장의 의견을 청취하게끔 되었다.

넷째, 가장 중요한 점으로 이제까지 비공개로 행정 내부 절차에 의해 책정되었던 계획이 '하천정비계획' 책정 과정(심의 과정)을 공개함으로써 개별 사업계획의 근거를 명시하도록 바뀌었다.

물론, 제도적으로 참여의 기회가 주어졌다고 해서 그것이 곧바로 실질적인 주민 참여로 연결된다고 할 수는 없다. "시민 참여에는 많든 적든 '행정에 포위'되는 위험성이 항상 따라다니는 것이어서, 운동을 제도화하는 반면에 제도를 운동화하는, 이를테면 운동으로 회귀하는 자세를 항상 염두에 두는 것이 필요"(篠原 1973: 26-7)하다는 참여의 제도화에 관한 고전적인 테제가 제시하는 것처럼, 그것은 오히려 향후 제도를 어떻게 운용해 나가느냐에 관련되어 있다. 하지만 적어도 참여의 기회가 확충되고 심의가 공개됨에 따라 사회적 감시 기능이 작용하여 하천 관리자는 필연적으로 보다 치밀하고 논리적이며 합리적인 계획안을 책정하게 될 것이다. 따라서 주민이나 환경 NPO 등 모든 주체가 실질적으로

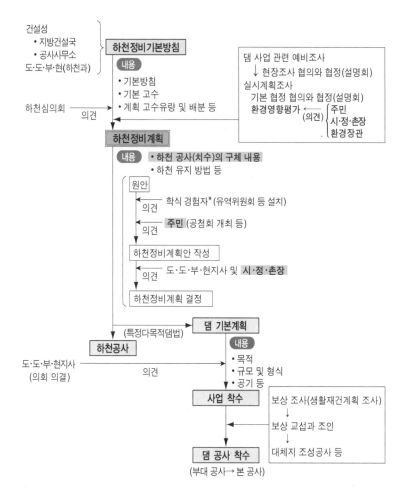

그림 1-8 하천법 개정 후의 계획 결정 과정 흐름

* 출처 : 건설성하천법연구회 자료(建設省河川法研究会 1997)와 이가라시와 오가와의 저술(五十嵐·
  小川 1999), 하천법 등을 토대로 작성
* 학식 경험자란 전문지식과 높은 식견을 갖고 있으며 생활 경험이 풍부하다고 사회적으로 인정받
  는 사람을 말한다.

얼마나 계획의 작성과 재평가에 관여할 수 있는가가 새로운 과제다.

　이상과 같이 전후부터 오늘날에 이르기까지 하천정책과 법 제도의 변천을 살펴보면, 하천 행정을 "건설성에 의한 '공공성의 독점'"이라고 하는 비판(田中 2000, 2001)은 분명히 타당한 주장이다. 그렇지만 한편으로는 단순히 정책이나 법 제도적인 측면에만 근거한 비판에는 한계가 있는 것도 분명하다. 그것은 이미 언급한 것처럼 근대화 과정에서의 하천 관리에 관한 기술이나 지식의 변모와 담당자의 한 축이었던 주민의 의식과 생활양식, 지역사회의 변화를 동시에 염두에 두지 않으면, 예를 들어 주민 참여를 제도화했다 해도, 그것이 형식적인 참여에 그치고 말 우려가 충분히 있기 때문이다. 이 점에 대해서는 하천 관리에 관한 기술과 전문지식, 전문성에 관한 논의와 함께 마지막 장에서 다시 언급하도록 하겠다.

본 장에서는 하천정책의 변천 과정과 계획 결정 과정의 특성에 대해 여러 가지 검토를 해 왔다. 메이지 이후의 근대화 과정에서는 강의 이용 주체가 다양해지고, 그 이해 대립이 겉으로 드러난 것을 배경으로 강의 관리를 일원화할 필요성을 인식하게 된다. 특히, 대규모로 자연을 바꾸는 일을 가능하게 하는 서구 기원의 근대 토목기술의 도입과 그 전문화·제도화, 근세와는 비교할 수도 없는 자원 동원 능력을 가진 중앙집권체제의 확립, 하천법을 중심으로 한 법 제도의 확립에 의해 강 관리는 건설성(당시)에 집중되어*22 산업화·도시화를 배경으로 치수와 이수를 주목적으로 하는 하천정책이 수행되었다. 한쪽에서는 폐쇄적인 계획 결정 과정에 의해 지역주민의 참여 기회가 봉쇄되는 한편, 다목적댐 건설로 대표되는 치수와 이수에 편중된 하천정책이 각 지역에서 격렬한 지역 분쟁을 낳게 된다(표 1-2).

1990년대 중반 이후, 1997년의 하천법 개정을 기점으로 치수·이수에 편중된 정책의 전환과 참여 기회의 확대가 점차 시도되고 있지만, 그것은 환경운동의 발생·전개에 의해 기존 형태의 공공사업이나 하천정책이 '사회문제'로 구축되어 댐 건설이 사회적 쟁점이 된 데서 나온 결과다. 다음 장에서는 지금까지 발생한 일본의 주요 댐 건설 문제와 환경운동을 검토하도록 한다.

표 1-2 하천정책·법 제도의 변천과 주요 운동의 전개

연도	치수	이수	환경	기타(관련법이나 운동·분쟁)
1896년	구하천법 성립			
1940년	강물 통제 사업 성립			오제 보존 기성동맹 설립(1949년) 국토종합개발법 제정(1950년)
1951년	하천종합개발사업 개시			
1952년		전원개발촉진법 제정		
1957년	특정다목적댐법			시모우케·마츠바라 댐 건설 반대운동 도마타 댐 반대운동(1957년~)
1960년	치산치수긴급조치법			시모우케 댐 반대운동 법정투쟁 돌입
1961년		수자원개발촉진법		〈공공용지 취득에 따른 손실보상기준 요강〉 각의 결정(1962년)
1964년		하천법 제정		
				가와베 강 댐 건설 반대운동(1967년~) 제1차 호소고치 댐 건설 반대운동(1971년~)
1974년		수원지역대책특별조치법		제1차 나가라 강 하구언 건설 반대운동 (=금지 소송 : 1973년~)
1978년			건설성 소관 사업에 환경영향평가 도입	
				제2차 나가라 강 하구언 건설 반대운동 (1988년~) 〈숲은 바다의 연인〉 운동 개시(1989년)
1993년			환경기본법 제정	수원개발문제전국연락회 결성, 제2차 호소고치 댐 반대운동 개시, 도쿠시마 현 기토 촌에서 〈기토 촌 댐 저지 조례〉 제정(1994년)
1995년		댐 등 사업심의위원회 설치		나가라 강 하구언 본격 운동 개시, 미국 내무부 개간국장 다니엘 비어드 일본 방문해 "댐 건설 시대는 끝났다"고 강연
1996년	하천심의회 〈강 365일〉으로의 정책 전환 요구 답신			
1997년	하천법 개정 댐 계획 재검토 개시(12개 사업 휴·중지)		환경영향평가법	홋카이도에서 선구적으로 '시기 평가'제도 도입
1998년	건설성 소관 공공사업에 재평가기준 제도 도입			
2000년	여3당이 주도, 댐을 포함한 공공사업 233개의 중지를 권고			요시노 강 가동보 건설 가부를 묻는 주민투표 실시(도쿠시마 시) 가와베 강 댐 건설과 관련 국토교통성에서 어업권 수용 절차 개시(2001년)

*1 오이타 신산업도시계획에 관한 산업공해와 주민운동에 대해서는 가와나 히데유키 (川名英之)의 저서(川名 1992)를 참고하기 바란다.

*2 이런 상황 아래 주민이 어떤 운동 전략을 취했는가에 대해서는, 예를 들면 브로드벤트 (J. Broadbent)가 오이타 신산업도시계획을 사례로 상세한 분석을 하고 있다(Broadbent 1998).

*3 역사학자인 기타미 토시오(北見俊夫)는 강에는 '차단성'과 '결합성'이라는 2개의 기능이 있다는 것을 지적하고 있다(北見 1981). 예를 들어 '강 건너'는 '별세계'를 의미하는 한편, 주운 등 물자나 인간의 왕래에 의해 강 유역에는 하나의 문화권이 형성되었다. 그리고 강은 근대 이전부터 '물 분쟁'이나 '홍수 시 제방 허물기' 등 지역 분쟁의 근원이기도 했다.

*4 강과 인간과의 관계성 변화를 단적으로 보여주는 게 '유역 사회'의 변화다. '유역 사회'란 하나의 강에 의해 연결된 경제적·문화적인 사회적 단위이며, 강과 주민의 관계가 다면적인 점이 특징이다(秋津 1993). 강의 기능이 '수자원'처럼 단순화되고 관리 주체가 일원화됨에 따라 에도 시대에 정점에 달했던 '유역 사회'는 메이지 이후의 근대화 과정에서 쇠퇴해 전후의 고도경제성장에 의해 주운도 사라져 버린 결과 완전히 그 모습을 감추게 된다(三井 1997).

*5 야나기타 구니오(柳田国男)는 수많은 기행문을 남겼는데, 그 중에는 강에 관한 풍경론이 있다. 야나기타는 강을 '천연의 가장 일본적인 것'(柳田 [1941] 1968: 397)이라고 표현하고, 획일화된 근대 토목기술에 의거한 직선적인 제방 공사로 인해, 토착 재료와 식물을 사용해서 만들어지고 굽이굽이 흘러가던 강의 풍경과 개성이 급속히 사라지는 것을 안타까워했다.

*6 전쟁 이전부터 전후에 걸친 하천정책과 법 제도의 변천은 전국하천종합개발촉진기성동맹회가 펴낸 책(全国河川総合開発促進期成同盟会 1980)에 자세히 나온다.

*7 건설성 소관으로 완공된 다목적댐의 수로, 공사 중이거나 계획 단계의 댐은 제외했다. 그리고 농업용 댐(대부분이 소규모 저수지), 발전용 댐, 상수도용 댐, 공업용수용 댐 등 이수 전용 댐 및 치수 전용 댐은 포함하지 않았다(전부 포함시키면 총계 약 2,800개).

*8 여기서 '계획 건수'란 해당 연도에 '실시계획조사'에 착수한 사업 건수를 말한다. 그리고 계획 건수의 누계치에는 공사 중(준공 전)인 사업도 포함되어 있다.

*9 댐 건설을 중심으로 하는 미국의 하천정책 전환에 대해서는, 예를 들어 공공사업검토기구를 실현하는 의원모임이 낸 책(公共事業チェック機構を実現する議員の会 1996)을 참고하기 바란다.

*10 호소고치 댐 계획에 대해서는 위원 선정을 둘러싸고 건설 예정지인 기토 촌(촌장, 촌의회)과 도쿠시마 현 현지사가 대립했기 때문에 심의위 설치까지는 가지 않았다(2000년 10월 사업 중지). 제8장을 참고하기 바란다.

*11 건설성의 93개 사업 이외에 농수산성 소관의 19개 사업도 중지되었다. 다만, 모두 생활저수지 등 비교적 소규모 사업이 많고, 73개 사업은 보조 사업이었다.

*12 하라시나 유키히코(原科幸彦)는 이외에도 영향평가법의 규정에 따른 개선점으로 대안과의 비교 검토 의무화와 사후영향조사 등 8가지를 지적하고 있다.

*13 오쿠마 다카시(大熊孝)는 이 전 단계로서, 1987년의 하천심의회 답신에서는 강이 가지는 문화적 가치나 도시환경에 있어서 수변 공간의 중요성이 지적되어 기존의 '홍수 방지'라는 근대적 치수 사상으로부터의 전환을 엿볼 수 있다고 지적하고 있다(大熊 1988).

*14 개정 하천법 제1조 "이 법률은 하천에 대해서 홍수, 해일 등에 의한 재해의 발생을 방지하고, 하천이 적정하게 이용되고 유수의 정상적인 기능이 유지되고, 하천 환경의 정비와 보전이 이루어지도록, 이것을 종합적으로 관리함으로써 국토의 보전과 개발에 기여하고, 그에 따라 공공의 안전을 유지하는 한편 공공의 복지를 증진하는 것을 목적으로 한다."

*15 도시계획 사업을 예로 계획 결정 과정에서 참여의 기회와 주민운동의 역할을 논한 것으로는 정치학자인 니시오 마사루(西尾勝)에 의한 선구적 연구가 있다(西尾 1975). 그리고 하세가와 고이치(長谷川公一)와 다쿠보 유코(田窪裕子)는 운동과 정책의 관계에 주목하면서 원자력 정책을 둘러싼 참여의 기회를 상세히 검토하였다(長谷川 2003; 田窪 2001).

*16 현재 환경 NPO와 시민활동단체 관계자는 하천심의회 멤버에 들어가 있지 않다. 건설성이 지명하는 대학 연구자, 문화인, 언론 관계자, 지방자치단체장 등으로 구성되어 있다.

*17 '장기 물수급계획'은 1978년, '전국종합수자원계획(Water Plan 2000)'은 1987년에 책정되었다. 다만 1999년에 책정된 '신전국종합수자원계획(Water Plan 21)'에서는 2015년의 수요 예측량이 1995년의 실적치와 거의 비슷한 수준으로 되어 있다.

*18 1급 하천인 경우, 하류부의 인구집중 지역은 '지정 구간 외'로서 건설성의 직할관리 구간, 상·중류부는 도·도·부·현지사의 관리 구간으로 되어 있는 일이 많지만, 하천법 제16조에 따라 수계의 공사실시 기본계획은 건설장관이 통일적으로 작성하도록 되어 있다. 실무적으로는 건설성의 하부기관인 각 공사사무소가 도·도·부·현의 토목부(하천과)와 연계해서 건설성 지방건설국 하천부의 지도를 받아가면서 계획안을 책정하게 된다.

*19 1978년, 건설성 소관 사업에 대해 일정 규모를 넘는 사업(1급 하천으로 담수면적 200ha 이상)을 대상으로 사업 평가가 도입되었다. 하지만 그림 1-4에 제시한 것처럼, 댐 사업에 관해서는 규모가 큰 댐의 계획 건수가 정점을 지난 후의 도입이며, 게다가 사업을 시행하지 않는다는 선택지까지 포함한 대체안 검토가 없어 예정된 계획에 정당성을 부여하기 위한 절차의 일부에 지나지 않는다는 비판이 강하게 제기되었다. 자주 '환경 맞추기 평가'['환경 어세스먼트(assessment)'를 '꿰어 맞춘다'는 뜻의 일본말 '아와스'를 써서 '환경 아와스먼트'라고 패러디한 것으로 한국에서도 형식적인 환경영향평가가 문제가 되고 있다]라고 야유를 받는 이유다.

*20 이외에도 군마 현(群馬県) 나가노하라 정(長野原町)에 계획된 얀바(八ッ場) 댐의 사례가 있다(萩原 1996).

*21 그림 1-7 및 그림 1-8을 작성하는 데 건설성 오이타 공사사무소의 도움을 받았다.

*22 무엇보다 지역공동체가 관여할 수 있는 취락이나 마을 안으로 흐르는 작은 강의 관리

에 주목했을 경우에는 도리고에(鳥越) 등이 제창하는 생활환경주의에 입각한 별도의 이론이 성립될 것이다(鳥越·嘉田 編 1984 等). 그런 곳에서는 지역에 밀착한 시·정·촌이 하천 관리를 담당하는 경우가 많고, 주민의 주체성이 상대적으로 발휘되기 쉽기 때문이다. 다만 대규모 댐 건설 계획에서 기인하는 분쟁을 주요 분석 대상으로 삼는 다음 장부터는 그것이 주요 관심사에서 벗어나는 일이기 때문에 여기에서는 그런 별도의 논의의 여지도 있다고 하는 점을 지적하는 데 그치기로 한다.

제2장

일본의 댐 건설 문제와 환경운동

이번 장에서는 일본의 주요 댐 건설 문제 및 그와 관련한 환경운동의 특징을 검토하고 유형화를 시도한다.[*1] 댐이나 하구언, 도로, 공항의 건설, 대규모 간척으로 대표되는 대형 공공사업은 해당 지역 주민의 생활과 자연환경에 미치는 영향이 막대하기 때문에 자주 커다란 사회적 쟁점이 되어 다양한 운동이 생성·전개되어 왔다. 최근으로 한정해도 나가라 강長良川 하구언과 요시노 강吉野川 가동보, 가와베 강川辺川 댐을 발단으로 환경운동은 대중매체와 함께 공공사업을 둘러싼 문제점을 보여주고, 중앙 및 지방정치에서의 어젠다(의제) 설정, 여론 환기와 같은 중요한 역할을 다해 왔다.

기존의 경직된 하천 행정과 폐쇄적인 계획 결정 과정을 배경으로 환경운동은 어떻게 만들어지고, 어떻게 변화되어 왔을까? 그리고 대형 공공사업에 대해서 어떠한 이의 제기의 주장과 논리를 만들어 왔을까? 밑에서는 외부 지원자 등 운동 네트워크를 포함하는 '운동의 담당자'와 정책과 계획에 대한 '운동의 지향성', '운동의 프레이밍framing' 세 가지 점에 주목하면서 '쇼와昭和[1] 초기~1950년대', '1960년대~80년대 중반', '1980년대 후반 이후' '1990년대 후반 이후'의 4개 시기로 구분해 검토하기로 하겠다.

1 일본의 시대 구분에 따른 연호 가운데 하나인 쇼와는 1926년이 원년이다. 쇼와 시대는 쇼와 천왕 (히로히토)의 재위 기간인 1926년 12월 25일부터 1989년 1월 7일까지다.

1. 생활보전운동과 자연보호운동의 두 가지 조류
— 쇼와 초기(1930년대)~1950년대

환경운동이란 생활환경 및 자연환경의 보전과 창조, 재생에 관한 집합행위로서, 현대 사회운동에 일익을 담당하고 있다. 일본의 환경운동을 보면,[2] 주민이나 피해자가 공해나 개발 피해로부터 스스로 생활을 지키려고 하는 '생활보전운동'으로부터 시작되어, 그 후 1970년대 중반부터 80년대에 걸쳐 귀중한 자연환경 보호를 주목적으로 한 '자연보호운동'이 대두하면서 환경운동이 다양하게 펼쳐졌다는 지적이 있다(飯島 1995 等). 이 사실을 염두에 두고, 우선 쇼와 초기부터 1950년대까지 댐 건설 계획과 관련된 환경운동의 특징을 살펴보도록 하자.

생활보전운동의 전개

일본에서의 댐 건설 반대운동의 역사 속에서 운동의 주요한 담당자는 수몰 예정 지역(입지점)의 주민이었다. 왜냐하면 댐 건설 계획에 의해 생활 거점과 재산의 상실이라는 직접적인 영향을 받는 것은 해당 지역 주민에 다름없기 때문이다. 이 시기의 자료는 그다지 남아 있지 않지만, 오고치小河內 댐(도쿄 도東京都)과 하나야마花山 댐(미야기 현宮城県), 사쿠마佐久間 댐(시즈오카 현靜岡県)의 3개 사례를 검토하겠다.

다마 강多摩川 상류지역에 위치하는 오고치 댐은 도쿄 시(당시)의 상수도 수원지로서 1932년 건설 계획이 발표되었다.[3] 계획 발표에 앞서 개발 주체인 도쿄 시와 수몰지역인 오고치 촌 사이에 비공식적으로 교섭이 이루어져, 토지 매수에 응한다는 촌 측의 승낙을 받았다. 1937년 도쿄 시가 보상 단가를 발표하지만, 보상 대상의 범위가 좁고 단가도 억제되어 있었기 때문에 오고치 촌은 저수지대책임시위원회를 조직하여 여러 차례 주민대회를 개최하는 등 보상증액 요구 운동을 전개한다.

그렇지만 여러 요구 항목 대부분을 도쿄 시 측이 거부했기 때문에 생활갱생자금 교부와 이주지 알선으로 교섭 내용이 좁혀졌는데, 전자에 대해서는 도쿄 시가 50만엔을 추렴하고 후자에 대해서는 도쿄 시의 '노력 항목'으로 한다는 조건으로 1938년 시와 촌 사이에 협의가 성립한다. 그렇다고 해도 이주지에 관한 요구가 실현되는 일은 없었고 주민은 독자적으로 이주할 곳을 찾지 않으면 안 됐다.

미야기 현의 하나야마 댐은 이치하사마 강迫川 종합개발계획(당초 하사마카와 강迫川 강물 통제 사업)의 일부로서 현이 책정한 사업이다.*4 1947년 현 당국 내부에서 구상이 이루어져 지역주민은 차치하고, 당초에는 입지점의 하나야마 촌 당국에게조차 계획이 알려지지 않은 채 조사가 진행되었다. 계획에 관한 정보가 누출되면서 소문이 도는 가운데 촌 당국이 계획실시의 중대함을 알고 현 당국에 청원서를 제출하는 등 구체적인 행동을 취한 것이 1949년에 들어서였다. 일반 주민 대부분이 댐 계획 소식을 접하는 것은 그 다음 해의 일이 된다.

촌내에서는 촌 당국의 주도 아래 건설 반대 촌민대회가 개최되고, 촌장을 비롯한 촌의 간부와 각종 단체의 대표에 의한 '하나야마 촌 댐 건설 대책위원회'가 결성된다. 하지만 촌장 및 촌의장이 제출한 댐 건설 반대와 건설 위치 변경에 관한 청원은 모두 현 의회에서 채택이 되지 않는다. 이 결정을 계기로 현 당국이 댐 건설을 향한 준비를 활발히 하고, 부대공사를 서서히 진행시키는 동안 촌과 주민의 관심은 점차 보상 문제로 옮겨 간다.

동 사업은 1952년 4월부터 국고보조 종합개발사업에 편입되었지만, 그 시점에서 현은 이미 댐 지점의 지질조사를 비롯하여 수몰보상 안건에 대해서도 가옥을 제외하고 거의 모든 조사와 측량을 완료하였다. 이후 보상 조건을 둘러싸고 대립이 발생, 촌 측이 일시적으로 강경한 태도를 보이면서 댐 건설 절대 반대를 결의하지만, 그것은 어디까지나 조건 투쟁의 성격을 가지는 것에 지나지 않았다. 공사가 진행되고 주민 이주도 진행되는 가운데 1955년 현과 촌 사이에 교섭이 타결된다. 댐은 그로부터 3년 후인 1958년에 완성되었다. 하나야마 댐의 경우도 운동을 주도한 것은 개인 보상보다 오히려 충실한 공공 보상을 염두에 둔 촌 당국이었다.[*5]

끝으로 사쿠마 댐의 경우를 살펴보자. 사쿠마 댐은 위의 두 가지 사례와는 특징이 다르다. 그 이유는 현지의 사쿠마 촌이 열심히 유치 활동을 펼친 사업이었기 때문이다. 사쿠마 댐 건설은 1950년대 초에 대규모 전원개발을 목적으로 계획된, 전후 국가 차원에서 이루어진 개발정책 '특정지역종합개발계획'의 주요사업 가운데 하나였다. 전원개발촉진법(1952년)에 근거해서 설치된 전원개발주식회사가 처음으로 시작한 이 사업은 텐류강天竜川 본류를 막는, 문자 그대로 대규모 개발이었다.

사쿠마 촌이 유치 운동을 전개한 것은 취약한 촌의 재정을 배경으로 댐 건설과 조업에 의한 막대한 고정자산세를 획득하기 위한 것이었다고 되어 있다(日本人文科学会 1958). 이 사례는 전국종합개발계획 이후 활발하게 전개되는 '외래형 개발' 계획에 대한 지자체 유치 활동의 선구이기도 하다. 그 후, 건설공사 진척에 따라 운동은 공공 보상을 중심으로 하는 '보상 요구 운동'으로 변해 간다. 촌내 각 단체로부터는 댐에 의한 피해 최소화를 요청하는 진정이 제출되지만, 특히 계획 자체에 반대하는 조직적·집합적 의사 표시는 볼 수 없었다. 공사 개시와 함께 노동자의 대량 유입과 대형 중장비를 이용한 대규모 공사로 인해 개발로부터 뒤처져 있던 산촌의 모습이 크게 바뀌고, 급작스런 '댐 붐'에 의해 일시적인 활황을 맞는다.

'공기 3년'이라는 제약 아래 강행 공사로 건설이 진행되는 한편, 개인 보상에 관한 교섭은 부락별로 이루어진다. 공기가 한정되어 있는 점도 있어 보상 교섭은 주민과 현지 지자체의 요구 수준에 가까운 형태로 타결되었다. 내각회의에서 양해한 '전원 개발에 따른 수몰 및 기타 손실보상요강'(1953년 4월)을 벗어난 '사쿠마 단가'로 중앙 정계에서 문제가 될 정도였다.

지금까지의 논의를 정리하면, 이 시기의 댐 건설에 대한 운동은 ①주민보다 수몰 예정 지역의 지자체 당국과 촌의 유지가 주도한 운동으로 ② 생활을 지키기 위한 개인 보상과 공공 보상에 관한 조건 투쟁, 다시 말하면 작위作爲 요구라고 하는 지향성이 강했다. 역으로 말하면, 그것은 각지에서의 댐 건설로 인한 폐해나 피해가 아직 '사회문제'로 알려지지 않았고, 비록 개인적으로 이의가 있어도 그것을 집합행위로 연결하여 국가 차원의 개발 사업에 대해 강력하게 대항해 나가기 위한 논리나 권리의식이 주민들에게는 아직 충분하지 않았기 때문이라고도 할 수 있다. 또한 만약에 반대운동이 일어났다고 해도 사업자 측의 강압적인 태도와 압도적인 자원 동원력, 단기간에 쌓여가는 기성 실적을 앞에 두고는 운동이 시작된 후 얼마 지나지 않아 보상 요구 운동으로 전환하지 않을 수 없었다. 운동의 횟수도 이후의 시기에 비하면 산발적인 것에 그치고 있다.

사쿠마 댐의 사례에서 전형적으로 볼 수 있는 것처럼, 특히 1950년 이후 각지에서 댐 건설이 본격화하면서 수리권 획득을 둘러싸고 전력회사 등 사업자 사이의 경쟁이 치열해졌고, 그에 따라 입지점에서는 '댐 보상 붐'이 일어나는 경우도 발생했다. 보상 가격의 급등을 두고 '긴자銀座 수준의 가격'이니 '바위보다도 단단한 욕망'(長谷部 [1956] 1978)이니 했던 것도 이 시기로, 정책당국에게는 '보상 기준의 통일'이라는 정형화한 절차의 정비가 중요한 정책 과제가 되었다.

자연보호운동의 탄생

1950년대를 전후로 한 거의 같은 시기에, 위에서 살펴본 생활보전과 전혀 다른 논리로 댐 건설 계획을 둘러싸고 환경운동이 발생한다. 그것이 자연보호운동이었다. 자연 본래의 모습을 가능한 한 그 상태로 보호한다는 '자연보호' 사상은 19세기 후반 미국에 기원을 두고 있다. 미국의 환경보호 사상 및 환경운동은 다양한 계보를 가지고 있는데, 그 중에서도 대표적인 것이 20세기 초에 벌어진 '보전conservation'과 '보존preservation'에 관한 기포드 핀쇼Gifford Pinchot와 존 뮤어John Muir의 논쟁이었다(Dunlap and Mertig 1992=1993).

핀쇼가 자연을 '자원'으로 파악, 인간을 위해 자연을 지속적으로 이용하고 현명한 관리를 해야 한다고 생각한 데 대해, 뮤어는 자연은 그 자체로 가치가 있으므로 인간이 완전하게 보호해야 한다고 주장했다. 자연 그대로의 신비성을 중시하는 뮤어의 사상은 시에라 클럽Sierra Club으로 대표되는 고전적인 미국 환경운동의 이념이 되었고, 그 후 아르네 네스Arne Naess 등의 심층생태학 사상으로 이어진다. 본 장의 과제는 환경 사상을 상세하게 검토하는 것이 아니기 때문에 이 이상 심도 있는 논의는 하지 않지만, 여기서 확인해 두고 싶은 것은 '보존'을 전면에 내세운 미국의 자연보호 사상이 국립공원에 관한 제도와 정책과 함께 일본의 초기 자연보호운동과 자연보호 행정에 커다란 영향을 끼쳤다는 점이다.

일본의 자연보호운동에서 중심적인 역할을 담당해 온 행위자의 하나가 일본자연보호협회(1951년~)다.*6 이 협회는 나가라 강 하구언과 요시노 강 제10보, 가와베 강 댐을 비롯한 댐 건설이나 시라카미白神 산지의 임도 건설과 같은 대형 공공사업 계획을 둘러싼 최근의 환경운동에서도 중요한 키 플레이어 역할을 하였다. 이 자연보호협의의 전신이 1949년에 결성되어 오제가하라尾瀬ヶ原를 수력발전 댐 건설로부터 지키려 한 '오제尾瀬 보존 기성동맹'이다(日本自然保護協会 2002a; 沼田 1994).

다다미 강只見川 상류지역에 위치하는 오제가하라에 수력발전용 댐 건설 구상이 부상한 것은 1903년으로 거슬러 올라간다. 이후, 개발 구상의 수립과 소멸이 반복되던 중 1935년에 발표된 도쿄 전등(도쿄 전력의 전신)의 오제가하라 댐 계획에 의해 개발계획이 구체화된다. 한편 문부성은 '천연기념물 지정'이라는 입장에서 1930년부터 오제 학술조사를 개시하여 오제 개발에 대해서 반대하는 입장을 취한다.

개발 주체가 여러 차례 바뀌고 전쟁 격화와 함께 개발계획은 일시 중단되지만, 1948년에 들어서자 당시의 상공성이 '오제 다다미 도네利根 종합개발조사협의회'를 설치하여 오제가하라를 대규모 저수지로 만들어 발전에 이용하려는 댐 건설 계획을 다시 현재화顯在化시켰다. 이 협의회는 1947년 정부의 경제안정본부가 계획한 '하천종합개발조사'에 근거하여 설치된 것으로 전후 일본의 개발 정책(전원 개발)의 일환이었다. 이와 같은 계획 진행에 대해서 '지금 여기서 개발을 중지시키지 않으면 오제를 영원히 잃어버린다'는 강한 위기감을 느낀 사람들이 '오제 보존 기성동맹'을 결성하고 국회에 청원서를 제출하는 등 각종 전술을 이용한 반대운동을 전개하였다.

그러면 이 운동 조직은 어떤 사람들에 의해서 움직여 왔을까? 동맹이 설립된 1949년 당시의 멤버 25명 중 농학, 이학, 임학 등 자연과학계의 연구자가 13명, 사진가와 화가 등 문화인이 8명이었다. 도시지역에 거주하는 고학력 계층이 주요한 역할자였는데, 이런 점에서 이는 이후에 말하는 '시민운동'의 선구였다. 여기에 문부성(사회교육국장, 사회교육국 문화재보존과장)과 후생성(국립공원부장, 국립공원부 관리과장, 국립공원부 계획과장)의 간부 및 담당자가 참가하였다. 그 후 운동은 재단법인으로 발족한 국립공원협회(1950년)와 일본자연보호협회로 인계되었다.

이 운동은 '오제 보존 기성동맹'이라는 조직명이 단적으로 보여주는 것처럼 원시적인 자연환경을 있는 그대로의 상태로 보존하는 것을 지향한 자연보호운동이었다. 예를 들면, 동맹의 제2회 모임(1949년 11월)에서 채택된 '오제 보존 기성동맹 요강'에는 다음과 같이 기술되어 있다.

닛코日光 국립공원 오제가하라 일대의 땅은 비교할 수 없는 자연경관 속에 귀중한 학술적 자료를 간직한 세계적인 존재임을 천명하고, 이 것을 수력 개발 계획 실시에 의한 파괴로부터 구해서 후손들을 위해 영구히 보존하여 국립공원의 중요한 사명인 자연존중 정신의 보급 및 학술자료 보존에 이바지하고, 이와 병행하여 관광자원 확보를 도 모한다(日本自然保護協会 2002a: 27).

즉 학술적·경관적인 가치가 아주 높기 때문에 보존하지 않으면 안 된 다는 주장으로 '경제적 발전'을 전면에 내세운 국가적 개발정책에 대항 하는 논리이기도 했다.

미국의 자연보호운동은 전미 오듀본 협회National Audubon Society와 시에라 클럽으로 대표되는 것처럼, 특히 그 초기에 자연 애호가와 지식인, 상류 층 사람들이 역할을 하여 아름다운 경관과 원시적 자연지역을 사람들이 향유할 수 있도록 자연환경 보호를 강조한 것인데, 오제 보호운동에서도 그와 같은 구도를 볼 수 있다. 거기에다 미국의 고전적 주류파의 환경운 동이 공동체 차원의 생활환경 파괴와 공해문제에 대해서 비교적 냉담했 던(Dunlap and Mertig 1992=1993) 것처럼 일본의 자연보호운동도 학술적 가치를 전면에 내세운 운동으로 기우는 경향이 있었다.

개발정책이 전후부터 60년대에 걸쳐 국가적 차원에서 강력하게 추진 되는 분위기에서 '개발논리'에 대항하기 위해서는 "국민 보건, 휴양을 목 적으로 한 국립공원에서조차 보건을 위한 논리만으로는 …… 대항할 수 없고 …… 가장 오래된, 가장 큰, 가장 작은, 최후의 '자연'이며, 학술상 무엇과도 바꿀 수 없기 때문에 보호해야 한다고 주장하지 않으면 보호 조차도 상당히 어려웠다"(日本自然保護協会 2002a: 87-88).

오제가하라나 구로베黒部 계곡처럼 국립공원으로 지정되는 지역은 별 도로 하고, 이 시기의 자연보호운동은 도시지역의 공해반대운동은 물론이고 입지점의 주민이 주체가 된 댐 건설 반대운동과 연대하는 일이 거의 없었다. 자연보호의 논리로 보자면, 오히려 오제가하라나 구로베 계곡에는 사람이 살지 않았기 때문에 귀중한 자연환경으로서 보존할 가치가 있는 것이고, 그렇기 때문에 자연보호운동을 강력하게 전개할 수 있었다고 할 수 있다.

이 시기 다른 지향성을 가진 두 가지 형태의 환경운동은 개별적으로 병존한 것에 불과해서 댐 건설이나 하천 행정에 대한 사회적 세력이라는 측면에서 볼 경우, 운동의 영향력은 아주 제한적이었다. 그 후 자연보호협회에 의한 운동은 호수·늪·하천을 포함한 산악지역의 자연보호를 중심으로 전개되어 간다. 댐 건설 문제에 대해서 자연보호단체가 유력한 행위자로서 기능하는 것은 운동 및 쟁점의 다양화가 진행되는 1980년대 후반까지 기다려야만 했다.

2. 권리 방어와 '공공성' 재검토 − 1960년대~80년대 중반

마츠바라·시모우케 댐 건설과 하치노스 성 투쟁

제1장에서 검토한 것처럼 1960년대에 들어서면서 댐 건설 계획이 급격하게 증가한다. 각지에서 첨예한 댐 건설 반대운동이 탄생하는 것도 이 시기다.

그 중에서도 후발 운동에, 더 나아가 이후의 건설성(당시) 하천정책에 커다란 영향을 준 것이 치쿠코 강筑後川 상류지역에 계획된 마츠바라松原 댐·시모우케下筌 댐 반대운동인 이른바 〈하치노스 성蜂の巣城 투쟁〉[벌집성 투쟁]이었다(이하, 시모우케 댐 반대운동). 이 운동에는 제1기의 운동과는 확실히 다른 몇 가지 주목할 만한 특징이 있어 이 시기 운동의 선구적 존재로 생각된다. 시모우케 댐 반대운동의 개요와 특징을 검토해 보자.*7

치쿠코 강은 1896년 구하천법 시행 직후에 요도가와 강淀川, 기소 강木曽川과 함께 내무성 최초의 직할 하천으로 지정되어 이곳에 제방 정비 등의 치수 공사가 진행되었다. 번번이 홍수 피해를 입었기 때문에 정비 계획이 책정되어 공사가 개시되기는 하지만, 바로 그것을 파괴하는 홍수가 발생할 정도로 치수 효과는 그다지 없었다. 그리고 제2차 세계대전 발발에 의해 치수 공사 자체도 지체되었다.

이런 상황 하에서 전후 얼마 지나지 않은 1949년과 1953년에 연이어 대홍수가 발생했다. 특히 '[쇼와] 28년 재해'라고 불리는 1953년의 홍수는 사망 147명, 유출 가옥 4,400채를 헤아리는 막대한 피해를 하류지역의 치쿠코 평야에 안겨 주었다. 이 일을 계기로 건설성은 치쿠코 강 상류지역 10개소에 일군의 댐을 구축해 홍수를 조절한다는 대규모 치수 계획을 세운다. 그 중 하나가 마츠바라 댐 계획이었다. 그런데 토지소유권자나 지역 출신 정치인의 반대 등으로 인해 다른 후보지가 모두 단념되는 바람에 새롭게 추가된 것이 바로 마츠바라 댐 상류의 시모우케 댐 계획이었다. 이 2개의 댐 계획은 모두 전원 개발(수력발전)을 겸한 다목적 댐 건설 사업이다.

1957년 8월, 시모우케 댐 부지의 바로 아래 지점인 구마모토 현熊本県 오구니 정小国町 시야志屋 부락에서 댐 계획에 관한 설명회가 개최된다. 상세한 경위는 시모우케·마츠바라 댐 문제연구회가 발표한 자료(下筌·松原ダム問題研究会 1972)에 나와 있는데, 설명회 다음 달에는 '건설성 및 그 관계자 면접 사절'이라는 나무판이 각 가옥에 붙었고, 이후 14년에 달하는 반대운동이 시작되었다.

부락의 대지주(산림지주)였던 무로하라 도모유키室原知幸가 주도한 이 운동은 크게 두 가지 전략을 취한다. 하나는 하치노스 산 중턱에 요새를 만들어 주민이 농성하면서 댐 계획의 측량을 위한 현지조사 및 토지 명도를 막는다는 실력 투쟁이었다(사진 2-1). 〈하치노스 성 투쟁〉이라는 호칭

사진 2-1 댐 예정지 부근에 건설된 하치노스 성
* 제공 : 국토교통성 시모우케 댐 관리지소

도 여기에서 유래한다. '농성'으로 계속 저항하는 주민과 강제 돌입 및 주민 배제를 시도하는 건설성 및 경찰대와의 사이에서 충돌이 발생하고 체포당한 사람도 나왔다. 농성은 처음부터 마지막까지 대중매체의 주목을 끌며 커다란 사회적 영향을 끼쳤다.

두 번째는 1960년부터 시작한 재판투쟁이다. 건설성이 무로하라 등 토지소유권자를 상대로 시굴권 등 방해 배제 가처분 명령을 구마모토 지방법원에 신청한 것을 계기로, 무로하라 등은 '폭력에는 폭력, 법에는 법'이라며 국가를 상대로 80건에 달하는 소송을 제기한다.

시모우케 댐 반대운동에서 가장 특징적이었던 것은 건설성(국가)이 책정한 댐 건설 계획의 '공공성'에 대한 의문을 소송을 통해 강하게 던졌다는 점이다. 1959년, 마츠바라·시모우케 댐 시행자인 건설성 규슈九州 지방 건설국장이 토지수용법에 근거해 건설장관에게 제출한 사업인정신청을 두고 무로하라 등이 이해관계자의 의견으로 건설장관에게 제출한 '의견서'가 그 사실을 단적으로 보여주고 있다.

그 의견서는 16개 항목으로 이루어져 있는데, 요점은 ①해당 댐 건설 계획이 치쿠코 강 전체적인 치수에서 구체적으로 어느 정도의 효과를 가지는 것인가? ②홍수조절용 다목적댐이라면서 사실은 전력 자본에 이익을 주는 사업이 아닌가? ③구제바타久世畑 등 다른 지점에 댐을 구축하는 것이나 댐 이외의 대안과의 비교는 구체적으로 어떻게 되었는가? 하는 세 가지로 정리된다.

의견서 제출에도 불구하고 1960년 5월 건설장관이 사업인가를 했기 때문에 무로하라 등은 사업인가 무효 확인 행정소송을 제기한다. 하나야마華山가 비판(華山 1969)한 것처럼 1심 도쿄 지원은 규슈 지방 건설국장의 신청서를 불완전하다며 절차상의 하자를 인정하면서도 토지수용법에 의한 사업인정 자체는 유효하다고 판단했기 때문에 개발문제에서 재판 투쟁의 한계를 노정하는 결과가 되었다(1964년 12월 판결 확정). 시모우케 댐을 둘러싼 분쟁은 운동 지도자인 무로하라가 사망함으로써 1971년에 종결되고, 표면적으로는 국가권력에 대항한 산촌 부락의 명망가가 패한 구도로 끝난다.

운동의 사회적 영향

한편, 이 일련의 분쟁은 운동과 정책에 다음과 같은 변화를 가져왔다.

우선 운동 측면의 변화로 첫째, 본 운동이 보상 요구를 염두에 둔 운동은 아니었다는 점이다. 제1기의 운동이 충분한 보상이나 보상액 인상을 지향한 '작위 요구형' 운동인 데 반해, 시모우케 댐 반대운동은 계획 자체의 중지와 생활 거점 방어를 명확하게 지향한 '작위 저지형' 주민운동(西尾 1975)이었다.

둘째, 계획의 공공성과 타당성을 묻는다는 구체적인 대항 논리를 가지고 있었다는 점이다. 이는 1960년대에 발생한 주민운동을 포함, 사회운동의 전반적인 고양이라는 운동 섹터 내의 상황 변화 및 그 역할자인 사람들의 권리의식 고양과도 겹쳐진다. 댐 건설 반대운동에 관해서도 '지방자치'와 '기본적 인권의 존중' 같은 권리 방어를 전면에 내건 운동이 태어나는 것은 주로 1960년대 후반이다.

셋째, 운동의 주요 역할자가 입지점의 토지소유권자 주민이라는 점에서는 제1기와 같지만, 제한적이기는 해도 노동조합이나 혁신정당 등 외부의 특정 행위자와 연대를 시도했다는 것이다. 물론 오카야마 현岡山県 도마타苫田 댐 사례처럼 '마을 일은 마을의 힘으로'라는 지역공동체의 생활규범으로 인해 초기 단계에서 외부로 운동의 외연을 확대하지 않았던 운동체가 존재했던 것도 사실이지만, 외부 행위자와의 네트워크 형성은 1990년대 이후에 두드러지게 되는 운동 전략의 전조였다.

나중에 소설의 주제가 되기도 했지만, "이 사건이 발생하자 각지의 댐 분쟁은 단순한 보상 문제로부터 적어도 공공성을 문제시하는 경향을 띠고, 분쟁도 양적으로 많아졌으며, 분쟁의 지속기간도 장기화하기 시작한다"(礒部·佐藤 1962: 28-29)고 지적된 것처럼, 시모우케 댐 반대운동은 후발 분쟁이나 운동에 큰 영향을 끼쳤다. 특히 규슈 지구에서는 댐 계획이 책정된 지역의 주민이 마츠바라·시모우케 댐 주변지역을 빠짐없이 견학하고, 댐 분쟁의 실제 사례를 구체적으로 학습하게 된다.

한편 이 운동은 건설성의 행정 수법이나 정책, 법 제도에 대해서도 커다란 변화를 가져다주었다. 특히 80여 건의 소송으로 건설성 입장에서는 하천 행정에 관한 기존 법 제도의 미비를 철저하게 추궁당한 꼴이었다. 다만, 일련의 분쟁에 의한 '학습효과'가 주민 참여의 제도화 등 계획 결정 과정을 보다 공개적으로 만드는 방향으로 작용한 것은 아니었다. 1964년의 하천법 제정이 여실히 보여주는 것처럼, 오히려 건설성은 1급

하천 및 2급 하천의 관리권을 건설장관이 장악하도록 하고 중요 하천을 직접 관리하는 등, 기존의 폐쇄적인 계획 결정 과정에 덧붙여 하천 행정의 중앙집권화를 강력하게 추진해 나가게 된다. 따라서 개발계획을 둘러싼 분쟁이 발생하는 사회적 기제는 그대로 온존해 각지에서 동일한 양상의 작위 저지형 주민운동이 계속 발생하게 된다.

3. 다양한 운동의 교차와 네트워크 형성 – 1980년대 후반 이후

나가라 강 하구언 문제의 현재화

1980년대 후반에 들어서면 각지에서 다양한 환경운동이 발생·전개되고, 다양한 주체가 운동에 관여하게 된다. 여기에서는 특히 커다란 사회적 영향력을 발휘하는 한편, 제2기와는 다른 이 시기의 운동 특성을 잘 보여준 나가라 강 하구언 건설·운용을 둘러싼 운동을 사례로 검토하도록 한다. 단, 댐과 하구언(가동보)은 다음과 같은 차이점이 존재한다는 점에 주의할 필요가 있다.

우선 '하구언'은 산간지역에 입지하는 댐과 달리 새로운 수몰지역이 발생하지 않기 때문에 토지나 가옥을 잃고 이주를 강요당하는 주민이 구체적으로 존재하지 않는다. 다시 말하면, 토지소유권이라는 강력한 거부권을 가진 '주민'이란 유력한 행위자가 대립구도 속에 존재하지 않고, 대신 '어업권'을 가진 담수어협의 동향이 해당 계획이나 분쟁 전개의 열쇠를 쥐게 된다. 그리고 입지점이 하류지역에 위치하고 도시지역에 가까운 하구언과 건설지역이 산간지역인 댐은, 일반적으로 운동체가 동원 가능한 각종 자원에 있어서도 큰 차이가 있다는 점을 부정할 수 없다. 그렇다 해도 운동의 지향성이나 그 역할자에 있어서는 이 책에서 중심적으로 다루는 댐 건설 반대운동과 밑에서 언급할 나가라 강 하구언, 그리고 다음 절에서 검토하는 요시노 강 하구언에 관한 운동에서 공통적인 새로운 특징을 분명히 찾아볼 수 있다.

건설성이 나가라 강 하구에 '나가라 강 하구 댐' 건설 구상을 발표한 것은 고도경제성장기의 출발점에 해당하는 1960년이었다. 당초에는 공업용수와 상수도인 '도시용수' 확보라는 이수 목적의 댐 계획이었지만, 대규모 저수지로 인한 홍수 우려가 지역에서 제기되어 1966년에 댐의 높이를 낮춘 '하구언' 계획으로 변경된다. 계획에 홍수 제어(치수)가 목적으로 추가된 것도 이 때였다.

1973년 3월 가네마루 신金丸信 건설장관(당시)이 사업을 인가하자 이에 대해 기후岐阜와 미에三重 유역의 7개 어협을 중심으로 원고 2만 6,598명이 '나가라 강 하구언 건설 금지 소송'을 제기했다. 나가라 강 하구언을 둘러싼 운동(이하, 하구언 운동)은 건설 금지를 목표로 하는 제1차 운동과 운용 저지를 목표로 한 제2차 운동으로 나눌 수 있다. 소송 중심의 제1차 운동은 그 운동 과정에서 점차 어업 보상을 중심으로 한 교섭으로 전환되고, 마지막까지 반대를 했던 3개 어협도 1988년에 사업 개시에 동의, 수자원개발공단에 의한 하구언 건설이 시작된다.

'그곳에 살지 않는' 운동의 역할자 등장

그런데 이 제1차 운동의 쇠퇴와 하구언 건설 개시에 위기감을 느낀 도시 지역의 아웃도어 라이터outdoor writer 등이 중심이 되어 새로운 운동(제2차 운동)을 전개한다. 대중매체를 활용해 여론에 호소하는 리더들의 운동 전략은 때마침 환경의식 고양과 잘 맞아떨어져 널리 여론을 환기시킨다.

1만 4,000명이 회원인 '나가라 강 하구언 건설을 반대하는 모임' 등 새로운 운동 행위자가 탄생하는 한편, 일본야조野鳥회 및 일본자연보호협회 같은 자연보호단체(환경 NPO)도 '의견서'를 건설장관과 공사를 담당하는 수자원개발공단 총재에게 제출, 운동에 관여하게 된다. 그리고 학계에서는 일본육수陸水학회가 건설 반대 의견을 표명하고, 도카이東海 3현2의 대학 연구자 약 2,000명이 건설의 일시 중지와 환경영향평가 실시를 요구하는 요망서를 3현의 지사 앞으로 제출하는 등, 제1차 운동에 비해서 운동 역할자의 다양화와 규모 확대, 네트워크 형성이 빠르게 진행된다.

국회에서도 집권여당인 자민당을 포함, 초당파 국회의원들이 '나가라 강 하구언을 이야기하는 모임'을 1989년에 설립하고, 1990년에는 공사 중지를 요구하는 의원 259명의 결의문을 총리에게 제출하는 등 중앙 차원의 정치 무대에 '나가라 강 하구언 문제'가 구축되었다. 더욱이 그해 말에는 기타가와 이시마츠北川石松 환경청장관(당시)이 현지를 시찰한 후에 '생태적으로 문제가 있다'는 환경청 견해를 발표하면서 건설성에 환경영향평가를 추가할 것을 요청하는 한편, 건설 목적의 하나인 이수의 근거가 되는 물수요 계획(Full Plan) 재검토를 국토청에 요구했다. 이러한 움직임과 병행해 하구언 운용에 반대하는 시민단체는 시위와 심포지엄, 단식투쟁 등을 하지만, 건설 금지 소송의 1심 판결에서 원고가 패소한다 (1994년 7월).

1995년 2월에는 일본변호사연합회 주최의 심포지엄 '강과 개발을 생각한다'가 개최되었다. 이 심포지엄에서는 하천정책의 전환을 이룬 미국 [내무부] 개간국Bureau of Reclamation 국장의 강연이 있었고, 이어서 건설성 하천국의 담당 과장, 일본자연보호협회의 담당자, 국회의원, 언론인, 대학 연구자가 패널리스트로 참가, 댐 건설 결정 과정과 환경 보전을 주제로 한 공개토론이 이루어졌다(日本弁護士連合会公害対策・環境保全委員会 1995).

이 심포지엄의 의의는 개별 운동체가 아닌 일본변호사연합회라고 하는 공적인 행위자가 하천정책을 주제로 심포지엄을 주최한 점, 운동 관

---

2 아이치 현(愛知県), 기후 현(岐阜県), 미에 현(三重県)을 말한다.

계자뿐만 아니라 사업을 추진하는 건설성 하천국의 담당 과장이 참가한 점, 공개의 장에서 댐 건설의 제반 문제를 제시했다는 점에 있다. 1990년대 후반의 댐 건설을 포함한 하천정책 변화로 연결되는, 환경운동에 있어서 엄청나게 획기적인 사건이었다(日本自然保護協会 2002b).

원탁회의 설치와 하구언 운용 개시

하구언에 대한 여론의 관심이 높아짐에 따라 건설성은 '원탁회의' 설치를 결정한다. 1995년 3월에 설치된 원탁회의에는 아웃도어 라이터 등 반대운동의 구성원, 해당 지자체의 수장, 건설성이 참여하여 약 1개월 반 동안 총 8회의 회의가 개최된다. 회의에서는 사업계획의 타당성, 과학적 근거, 환경과 어업에 미치는 영향 등 많은 항목에 대해서 의문점이 제시됐지만, '대화'가 아닌 어디까지나 사업 의도를 '설명'하는 것을 원론적으로 정하고 있던 건설성 측과 사업 재검토를 요구하는 운동 진영 사이에 논의가 맞물리는 일 없이,[*8] 그해 5월 건설장관이 원탁회의의 중단과 함께 하구언의 본격적인 운용 개시를 결정했다(사진 2-2). 하구언 운용 이후에는 은어나 재첩 등 생태계에 대한 영향을 어떻게 평가할 것인가를 놓고 건설성 측과 운동 진영 사이에 논쟁이 계속되고 있다.

하구언 운동은 직접적인 이해관계자인 어민들에 더해서 도시지역의 연구자와 환경 NPO, 문화인, 일반 시민 등 다양한 주체(역할자)가 관여했다는 의미에서 그때까지의 입지점 주민 중심의 운동과는 분명한 선을 긋고 있었다. 게다가 자연과학 및 사회과학 연구자와 전문가가 생태계 조사, 비용편익 분석, 하천공학(치수) 등 다양한 접근법으로 사업계획의 과학적 타당성과 필요성을 물은 전략은 분명히 기존의 저항형 운동과 지향성을 달리하는 것이다. 자주 지적되듯이 1964년에 발생한 콤비나트 진출 저지에 성공한 누마즈 시沼津市·미시마 시三島市·시미즈 정清水町의 주민

사진 2-2 나가라 강 하구언

* 2004년 4월 28일 필자 촬영

운동은 역할자의 다양성을 비롯해 오늘날의 환경운동에 선구적인 존재였지만(飯島 2000), 적어도 그 특성이 댐 건설 반대운동에서 두드러지게 나타나는 것은 1980년대 후반 이후의 이 시기다.

다만, 나가라 강 하구언 운동에 있어 제2차 운동이 활발했던 것은 대항적인 거부권을 가진 어협이 건설에 동의해 공사가 시작된 다음의 일이었기 때문에, 사업을 금지시키는 방법으로는 이미 현실적으로 소송하는 길밖에 남아 있지 않았다. 게다가 1990년대 전반에 활발했던 제2차 운동은 그곳에 살지 않는 다른 지역의 행위자가 중심이 된 운동이었다. 그 때문에 운동이 활발했음에도 불구하고 사법 소극주의 재판 제도 아래에서는 하구언의 운용을 저지할 수 없었다.

그렇지만 앞서 지적한 것처럼, 이 운동은 댐 심의위원회 설치와 하천법 개정 등 건설성의 그 후의 하천정책에 큰 영향을 끼친 것과 함께 후속 운동에도 커다란 경험과 운동 전략을 가져다주었다. 그 대표적인 사례가 도쿠시마 현德島県에 계획된 요시노 강 가동보 건설을 둘러싼 운동이었다.

4. 대안의 제시·실천과 지역재생 — 1990년대 후반 이후

요시노 강 가동보 문제의 발생

1990년대 중반에 들어가면, 그때까지의 대결형·작위 저지형 운동에 그치지 않고 스스로 대체 안이나 대항 안을 적극적으로 제시하고 실천한다는, 대안 지향이 강한 운동이 특히 두드러진다. 그 전형이 요시노 강 가동보 건설 계획을 둘러싼 일련의 운동이다.*9

도쿠시마 현을 흐르는 요시노 강 하구로부터 14km 떨어진 지점에 에도江戸 시대 중기에 쌓아올린 석축 고정보(제10보)가 있다. 본류의 물길이 나뉘지 않게 하면서 해수의 역류를 막아 담수를 확보하는 것을 목적으로 세운 이 고정보를 허물고, 그곳에서 1.2km 하류에 철근 콘크리트 가동보를 건설하는 계획(이하, 가동보 계획)이 구체화된 것은 1983년이었다. 대규모 저수지에 의한 수자원 개발을 도모한 이 계획은 1982년에 건설성이 책정한 요시노 강 수계공사실시 기본계획 속에서 처음으로 명기되어 1988년 사업계획 조사가 개시되었다. 가동보 계획은 치수와 이수를 목적으로 하고 있어 1991년에는 특정다목적댐법에 의거한 개발 사업으로 지정된다.

나가라 강 하구언을 둘러싼 분쟁이 고조되는 것을 배경으로, 총사업비가 1,030억엔에 달하는 대형 공공사업 계획이 주민이 알지 못하는 곳에서 진행되는 것에 위기감을 느낀 도쿠시마 시 주민들이 중심이 되어 1993년 계획에 대한 문제제기와 여론 환기를 목적으로 '요시노 강 심포지엄 위원회'가 결성된다. 이 위원회는 결성 직후부터 가동보의 가부를 묻는 심포지엄을 수 없이 개최한다. 심포지엄에는 전문가와 연구자뿐만 아니라 개발 주체인 건설성의 담당자도 초청하여 공개토론을 하는 방식으로 진행되었다. 이것이 본 운동의 원칙이었으며, 이러한 운동 이념이 일관되게 견지된다.

"건설성이 건설 중인 하구언 건설 사업에 의해 요시노 강의 풍요로운 자연환경이 파괴될 우려가 크기 때문에 이 계획의 근본적인 재검토를 요구함과 동시에 240여 년 동안 자연과 어우러진 제10보의 역사적, 문화적 가치를 인정하고, 그 보존을 목표 삼아 단순한 반대운동에 머물지 않는 인간과 강의 새로운 관계 설정을 생각해 보자"(日本弁護士連合会公害対策・環境保全委員会 1995: 244)며 고민하던 '요시노 강 심포지엄 위원회'의 운동은 그 후 2000년 1월 실시한 도쿠시마 시 주민투표에 이르기까지 크게 전개된다.

앞에서 다룬 나가라 강 하구언 문제가 사회문제로 대두함에 따라 건설성이 댐 심의위원회 설치를 결정한 것은 1995년 7월이다. 당시 가동보 계획을 둘러싼 정치적 상황을 보면, 현지사가 기토 촌木頭村에 계획된 호소고치細川内 댐 계획과 함께 '현 행정 최우선 사항'으로 사업 추진을 강력하게 내세웠고, 도쿠시마 시장도 인근 지자체와 함께 구성된 제10보 건설촉진기성동맹회의 회장으로서 사업의 선두에 서는 등, 현의회와 시의회를 포함해서 사업 추진 일색이었다.

운동의 새로운 전략과 특성

건설성이 댐 심의위원회 설치를 발표한 것과 거의 동시에 도쿠시마 현 자치문제연구소가 중심이 된 '댐·보에 우리 의견을 반영시키는 현민 모임'이 발족한다. 이 모임은 공개 심포지엄 개최 등을 통해서 댐 심의위 설치의 대상이 되었던 호소고치 댐 계획과 요시노 강 가동보 계획에 글자 그대로 시민 의견을 반영시키고자 만든 것이다.

호소고치 댐 계획에 대해서는 현지의 기토 촌이 처음부터 끝까지 '심의위원회 참가를 거부한다'는 거부 전술로 일관했지만, 요시노 강의 경우는 심의위를 감시하면서 거기서부터 문제점을 제시해 나가는 전술을 취했다. 운동 측면에서 보자면 일단 '상대 진영에 들어가는' 전략을 선택한 것이다.

이미 건설성을 위해 '문서로 보증하는 기관'이라는 기존의 평판이 있었던 댐 심의위에 대해서 운동 진영은 그 심의 과정에 적극적으로 관여했다. 예를 들면 대중매체를 통해 일반 시민에게 '방청하러 가자'는 홍보를 하고, 동시에 당초 비공개로 시작된 심의를 공개로 변경시키는 등 구체적인 개선 방법을 제시하는 비판적 제언을 통해 가동보에 관한 공론 형성을 목표로 삼아 나간다. 그와 병행해 도쿠시마 대학의 연구자와 시민운동단체 등 다양한 행위자가 학습회나 심포지엄을 개최하였다.

1997에는 댐 심의위의 심의가 진행되고 있는데도 불구하고 건설성이 애초의 주요 목적 가운데 하나였던 수원 개발(이수)을 사업목적에서 제외하기로 결정하면서 가동보 계획 그 자체의 필요성에 대한 의문이 한층 더 커졌다. 그런데 댐 심의위는 14회의 위원회, 3회의 공청회, 2회의 기술평가보고회를 거치면서 건설성이 제출한 대안 자료를 토대로 1998년 7월, '가동보가 최선'이라며 최종 답신을 정리한다. 공청회에서는 가동보 건설에 반대하는 주민의 목소리가 많았는데도 말이다. 그 결과 운동 진영의 대응에 일대 전환이 일어난다. '처음부터 가동보를 전제로 결론을 내렸다'고 공동으로 답신을 비판하는 성명을 발표한 주민단체는 그 후 다양하게 운동을 전개한다. 그 중 하나가 주민투표 운동이었다.

각종 언론이 실시한 여론조사에서도 가동보 계획에 대한 반대가 찬성을 크게 웃돈 것이나 1996년에 연이어 실시된 니가타 현新潟県 마키 정巻町

과 오키나와 현沖縄県 나고 시名護市를 시작점으로 하는 주민투표 운동의 전국적인 확산을 배경으로, 처음부터 운동을 주도해 온 리더들은 도쿠시마 시에서의 주민투표 실시를 이후의 운동 전략으로 선택한다.

요시노 강은 도쿠시마 현민의 보물, 이것을 마음대로 주무를 생각입니까? 그렇지 않다면, 좋은 것이든 나쁜 것이든 모든 정보를 공개한 다음 주민을 납득시켜 주세요. 그것 없이는 지역의 요망이 있었다고 하는 말은 절대로 통하지 않습니다. 건설성에는 계속 그렇게 얘기했습니다. 우리들, 요시노 강변에서 자랐고, 강이 놀이터였으며, 물이 흐르고 바람이 산들거리는 그 넓은 곳에 가면 언제나 마음이 깨끗해졌습니다. 우리를 길러준 이 강의 운명이 우리 손이 닿지 않는 곳에서 결정되는 것에 견딜 수 없었습니다. 그래서 이렇게 해서라도 시민의 손으로 결정하려고 합니다(今井 2000: 157).

주민투표 운동의 이념과 특징은 주민에 의한 자기결정을 요구하는 리더의 이 문장에 모든 것이 응축되어 있다. 1998년 9월 '제10보 주민투표 모임'이 결성되고, 유권자의 약 1/3에 해당하는 7만 명의 서명 획득을 목표로 주민투표 운동이 시작된다. 주민의 자기결정을 전면에 내세운 새로운 운동의 시작이었다.

이 운동은 아주 참신한 전술을 취한다. '우리가 결정하자! 제10보'를 슬로건으로 찻집, 슈퍼마켓, 서점, 주유소, 병원 등 노란색 깃발을 세운 250개소 이상의 '서명 장소'를 시내 각지에 설치해 시민이 쉽게 서명을 할 수 있도록 고안했다. 또 노조와 정당, 자연보호단체 등 기존의 조직은 어디까지나 후원자 역할만 하고 운동의 중심적인 역할을 하는 것은 개인으로 제한했다. 그 결과, 약 3개월 사이에 시내 총유권자의 약 49%에 해당하는 10만 1,535명의 서명을 획득한다. 다만 실제로 주민투표가 실

그림 2-1 도쿠시마 시민에게 투표를 호소하는 포스터

시되기까지는 1년 이상의 시간이 더 필요하게 된다.

도쿠시마 시에서는 시장은 물론 시의회의 과반수를 가동보 사업을 찬성하는 의원이 차지하고 있어, 주민투표 조례설치 안은 일단 의회에서 부결된다. 1999년 4월의 시의회 선거를 거치고, 6월에 건설 추진파인 공명당의 '실시 기일을 설정하지 않는다'는 조례 안에 주민투표 실시파 의원들이 '타협'해 찬성으로 돌아서면서, 급전직하 주민투표 조례가 성립했다. 그 후 주민투표 실시파는 '투표율이 50%를 밑돌면 개표하지 않고 바로 소각 처분한다'는 '50% 룰'을 받아들이고, 그해 12월 '2000년 1월 23일을 투표일로 한다'는 기일 조례 안이 시의회에서 만장일치로 가결되었다.

여기에서 주민투표 운동은 제2막을 맞이하게 되는데, 운동 진영은 여기에서도 독특한 전술을 구사한다. 예를 들면, 주민투표 운동 진영의 구성원이기도 한 그래픽 디자이너와 지역소식지 편집자가 구심점이 되어서 앞의 운동 슬로건 '우리가 결정하자! 제10보' 스티커와 전단지, 포스터(그림 2-1)를 만들어서 협력 점포에 배포하는 한편, 투표일인 1월 23일에 착안해 '123'이라고 쓴 현수막을 든 멤버가 주요 도로변에 나란히 서서 운전자에게 투표를 호소하는 등, 사안을 강하게 표출하면서도 유연한 운동 형태를 구사했다. 그 모습이 텔레비전을 비롯한 대중매체를 통해 전국적으로 알려지게 된다.

사업 추진파에 의한 투표 보이콧 활동과 나카야마(中山) 건설장관(당시)의 '주민투표는 민주주의의 오작동' 발언에도 불구하고, 주민투표 투표율은 55.0%로 개표 작업의 분수령이었던 50%를 상회하였다. 게다가 반대표는 전체 유권자의 49.6%, 총투표수의 91.6%에 해당하는 10만 2,759표를 헤아렸다. 이에 따라 관계 지자체 중에서 가장 큰 지자체인 도쿠시마 시의 고이케(小池) 시장(당시)이 '압도적 다수가 반대 의사를 표명한 이상, 가동보 건설 반대 입장을 건설성과 도쿠시마 현에 표명한다'고 밝히고 사업추진 깃발을 내린다. 더욱이 그해 8월, 연립여당이 제출한 200건이 넘는 공공사업 중지 권고를 통해서는 가동보 사업을 백지화하고 새로운 계획을 책정하도록 요구받았다. 하지만 운동 진영은 어디까지나 가동보 계획을 완전히 철회할 것을 주장, 현재 계획은 공중에 뜬 휴지(休止) 상태로 되어 있다.

본 운동의 특징을 정리해 보자. 앞에서 언급한 대로 이 운동은 기존의 폐쇄적인 정책(계획) 결정 과정에 대해서 ①주민투표의 실시라는 새로운 주민의 의사표시 방법을 제기한 점 ②게다가 운동의 취지에 찬동하는 연구자나 전문가와 연대해서 현행의 제10보 보존이나 새로운 치수 안을 제시하는 등 스스로 대항 안이나 대안을 제시하고 있는 점이 큰 특징이라고 할 수 있다. 나가라 강 하구언 운동은 행위자 사이의 네트워크를 확대하는 한편, 건설성과 전면 대결한다는 모양새로 시종일관 대결형·저지형 운동 형태를 모색하지 않을 수 없었다. 덧붙여서 그곳에 살지 않는 도시지역의 행위자가 주도한 운동이기도 했다. 한편, 이 시기의 운동이 입지점 주민이 중심이 되어 네트워크 형성을 통한 운동 확대를 도모하면서 스스로 대안을 제시하고, 지역 환경 보전 방안이나 지역재생을 주목적으로 한 지역 만들기를 주도적으로 실천한 것처럼, 이 지점에 이르러서는 운동이 다시 지역의 관점에 뿌리를 둔 운동으로 구성되었다.

5. 운동의 유형화와 그 특징

이 장에서 검토해 온, 댐 건설 계획과 관련된 환경운동의 특징은 어떻게 정리할 수 있을까. 각 시기의 운동을 역할자와 운동의 지향성, 프레이밍 이라는 특징에 주목해서 유형화한 것이 표 2-1이다. 실제로는 각 시기의 다양한 개별 운동으로 구성되는 운동 산업은, 그 이전 시기의 주류 운동 이 함께 존재한, 중층적인 구조로 되어 있는 점에 주의할 필요가 있다.

제1기에 입지점의 주민과 지자체를 중심으로 시작된 운동은 주로 생활 을 지키기 위해 충분한 보상을 요구한다는 작위 요구형 운동이었다. 이 시 기에는 계획 자체의 타당성이나 공공성을 묻는 것과 같은 운동은 아직 발 생하지 않았다. 한편, 미국의 환경보호 사상과 국립공원 제도에 영향 받은 자연보호운동이 등장한다. 학술적인 가치를 개발계획에 대한 대항 논리 로 내세운 이 운동은 역할자와 지향성이라는 점에서 보상 요구 운동과는 전혀 다른 것으로, 두 가지는 말하자면 별개의 상태로 병존했다.

댐 계획이 전국적으로 수없이 책정되는 1960년대에 들어서면 계획에 대해 절대 반대를 외치는 작위 저지형 주민운동이 각지에서 활발하게 발생한다(제2기). 권리 방어를 지향한 운동은 주로 입지점의 주민에 의해 이루어지고, 그 중에는 노조나 사회당·공산당 같은 혁신계 정당 등 도시 지역의 행위자와 연대를 도모하는 운동도 있었지만, 역할자의 다양성이 나 운동의 공간적 확대라는 점에서는 제한적인 것이었다. 한편, 보상 요 구와 그 충분한 보상을 원하는 작위 요구형 운동도 같이 존재하여, 입지 점에서는 자주 운동의 방향성을 둘러싸고 주민 사이의 대립이나 지역사 회의 분단이 발생했다. 그것은 오늘에 이르기까지 해당 지역사회의 재건 에 큰 영향을 남기게 된다.

1980년대 후반에 들어서면, 입지점의 주민은 물론 도시지역의 환경 NPO나 연구자, 일반 시민 등 타 지역의 다양한 주체가 운동의 역할자가 되어 관여하게 된다(제3기). 이른바 네트워크형 운동의 등장이다. 계획의 타당성이나 과학적 근거에 대한 이의 제기를 대중매체나 인터넷 등 다양한 매체를 이용해 여론에 호소해 나가는 전략은, 공공사업의 의미나 한번 계획되면 변경이 쉽지 않은 경직된 사업 과정에 대한 비판을 통해 여론을 환기시키게 된다.

그리고 1990년대 후반이 되면 새로운 특성을 지닌 운동이 현재화된다. 본 장에서 다룬 요시노 강 하구언 운동에서 분명하게 볼 수 있듯이 '우리 모두의 요시노 강', '우리가 결정하자'는 슬로건(운동의 프레이밍)은 건설성을 비롯한 하천 관리자(행정)가 배타적으로 담당하던 종래의 '공공성'에 대해 새로운 '시민적 공공성'을 제기한 것으로, 주민의 자기결정을 중시하고 강이라는 '공공 공간'의 의미 전환을 시도하는 운동의 지향성이 응축되어 있다. 이는 본래 강은 도대체 누구의 것인가? 더 나아가, 행정당국이 주민을 배제한 채 반밀실 상태에서 계획을 결정하는 근거나 정당성은 어디에 있는가? 하는 기존의 계획 결정 과정 자체에 대한 근본적인 물음을 던지는 것이었다.

덧붙여서 대학의 연구자나 전문가와 연대한 독자적인 치수 안의 책정·제시, 혹은 유역이라는 관점에서 조림운동을 비롯한 상류지역에서의 환경 보전 활동 개시 등, 대안을 제시·실천하는 운동이 최근에 특히 두드러진다. 오늘날의 환경운동은 운동의 역할자나 전략이라는 측면에서는 나가라 강 하구언 운동으로 대표되는, 1980년대 후반부터 발생한 제3기의 운동 특성을 계승하는 한편, 새로운 단계(제4기)를 맞이하고 있다고 할 수 있을 것이다.

1997년의 하천법 개정에서 볼 수 있듯이 종래의 폐쇄적인 하천정책 결정 과정은 부분적이기는 하지만, 점차 변모하고 있다. 향후의 정책 방향은 물론, 환경운동이 어떻게 변화해 나가는지, 향후 한층 더 연구되어야 할 과제다.

표 2-1 각 시기의 운동 유형과 특징

구분	운동의 유형	역할자	지향성(쟁점)	프레이밍	대표 사례
제1기 (1930년대 ~50년대)	생활보전운동 (권익 요구형)	임지점 주민이나 지자체	충실한 보상	생활 재건을 위한 충분한 보상을	사쿠마 댐 하나야마 댐 등
	자연보호운동	도시지역의 연구자나 문화인, 행정관계자	학술적으로 귀중한 자연환경의 보존	비교할 수 없는 자연경관	오제 보존 가상동맹
제2기 (1960년대 ~80년대 중반)	지역환경형 (좌우 지자행과 좌우 요구형 혼재)	임지점 주민(운동에 따라서는 지역 노조 등 노조나 혁신계 정당, 연구자, 변호사	계획의 타당성이나 공공성에 대한 이의 제기, 권리 방어	조상 대대로 이어온 땅을 지키자 기본적 인권·지방자치 존중 댐이 들어서는 마을은 망한다	시모우케 댐 아다니 댐 등 다수
			충실한 보상	댐 건설은 도에 따라	도마타 댐
제3기 (1980년대 후반 이후)	네트워크형, 유역연대형 (다양한 운동의 합류)	임지점 주민(운동이 쇠퇴, 소멸한 지역도 있음), 도시지역이나 하류지역 등지의 타 지역 행위자 (환경 NPO, 연구자, 전문가, 문화인, 일반시민 등)	계획의 과학적 타당성과 위험성, 자연환경 보호, 다양한 연론을 통한 시민적 공공영역 형성	쓸모없는 공공사업 댐은 무용지물 댐 건설 시대는 끝났다 마지막 맑은 물을 지키자	나가라 강 하구언 가와베 강 댐
제4기 (1990년대 후반 이후)	대안 지향형 (又석 환경과 공동체의 재생 ·창조)		대안 제시와 실천(지수·이수의 대체 안 작성, 조림활동, 공공사업에 의자하지 않는 마을 만들기 등), 자기결정	숲은 바다의 연인 녹색 댐 중요한 일은 우리가 결정하자	나이즈가 댐 호소고지 댐 요시노 강 제10부

*1 다나카는 '정서(상실)·논리(위험 회피)'와 '(역할자에 관해) 내·외부'라는 2개의 구분 축을 토대로 댐 건설 반대운동을 "고향 상실형", "위험 회피형", "내재적 발전형", "자연환경 보호형" 네 가지로 구분한다(田中 2001). 하지만 예를 들어 '고향 상실형' 운동, 즉 '정서적'이라고 자리매김되고 있는 반대운동을 보더라도 주민이 댐 계획에 반대하는 것은 사라질 전통적 생활에 대한 애수뿐만 아니라, 전답 등 생활수단인 토지가 수몰돼 이주함에 따라 커다란 생활 재편을 피할 수 없게 되는 위험(곧, 논리) 때문이기도 하다. 그래서 보상 문제가 처음부터 큰 쟁점이 된 게 아닐까?

*2 일본 환경운동의 역사는 복수의 연구자에 의해 정리된 바 있다(飯島 1995; 飯島 1996; 飯島 2000; 長谷川 2003 등). 이 장의 논의도 이러한 실적에 의존한 부분이 많다.

*3 오고치 댐에 관해서는 하나야마가 쓴 책(華山 1969)을 참고하기 바란다.

*4 하나야마 댐에 관해서는 일본인문과학회의 책(日本人文科学会 1960)을 참고하기 바란다.

*5 보상 교섭을 둘러싸고, 충실한 개인 보상을 요구하는 수몰지역의 주민과, 댐 건설을 계기로 사회자본의 충실을 도모하려고 공공 보상을 우선시하기 십상인 시·정·촌 당국 간에는 자주 대립이 벌어지는 것을 볼 수 있었다. 나루코(鳴子) 댐이 그 일례다(東北地方建設局鳴子ダム工事事務所 1959).

*6 조직 형태는 재단법인(1960년 이래)으로, 재원은 주로 일반 회원으로부터 들어오는 회비 수입과 기부에 의존하고 있다. 회원 수는 개인이 약 17,000명, 단체가 약 500개다(2002년 5월 현재).

*7 시모우케 댐 반대운동에 대해서는 이소베와 사토가 함께 저술한 책(礒部·佐藤 1962)과 시모우케·마츠바라 댐 문제 연구회가 내놓은 책(下筌·松原ダム問題研究会 1972), 하나야마가 쓴 책(華山 1969)을 참고했다. 특히 시모우케·마츠바라 댐 문제 연구회의 책은 주로 행정적으로 작성한 것이어서 건설성 담당자의 회고록을 포함해 정보가 망라돼 있다. 그 밖에 간사이 대학의 연구자가 중심이 된 조사보고서(関西大学下筌·松原ダム総合学術調査団 1983)가 있어 이 운동의 사회적 영향력의 일단을 엿볼 수 있다.

*8 아다치는 '원탁회의'의 첨예한 대립상황 하에서 벌어진 건설성과 운동 진영의 커뮤니케이션 과정을 회화 분석 수법으로 고찰(足立 2001)하고 있다.

*9 요시노 강 가동보 건설 계획을 둘러싼 문제의 경과에 대해서는 일본변호사연합회 공해대책·환경보전위원회 자료(日本弁護士連合会公害対策·環境保全委員会 1995)와 도쿠시마 자치체연구소 자료(德島自治体研究所 1999), 이마이(今井 2000), 스와의 저술(諏訪 2001)과 함께 《도쿠시마신문》 등 각종 신문 기사를 참고했다.

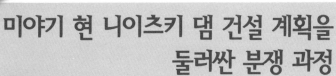

제2부

미야기 현 니이츠키 댐 건설 계획을 둘러싼 분쟁 과정

매년 6월 개최되는
〈숲은 바다의 연인〉 운동의
나무심기 축제
(제3장·제4장)

니이츠키 댐 건설 계획을
논의하는 오카와 강
치수이수검토위원회
(제5장)

제3장

댐 건설 계획을 둘러싼 대립 구도와 그 변모
― 운동·네트워크의 형성과 수익·수고의 변화

이번 장에서는 미야기 현宮城県이 책정한 니이츠키新月 댐 건설 계획을 둘러싼 지역사회의 대립 구도와 그 변모 과정을 환경운동의 전개에 주목하면서 분석한다. 1974년의 계획 발표부터 사업 중지가 결정되는 2000년까지, 약 25년에 걸쳐 댐 계획에 직면해 온 해당 지역에서는 다양한 행위자 사이의 대립을 그 과정에서 경험했다. 댐 계획을 둘러싼 분쟁 과정의 역동성dynamism은 어떻게 파악할 수 있을까?

먼저, 니이츠키 댐 건설 문제의 경과와 게센누마 시気仙沼市의 지역 특성을 확인한다(제1절). 다음, 이 장의 분석 관점으로서 환경사회학의 분석틀 가운데 하나인 수익권受益圏·수고권受苦圏론과 사회운동의 네트워크론을 검토한다(제2절). 그 후에 댐 계획에 대한 주민의 인식 및 의미 부여, 그리고 계획을 둘러싼 행위자 간의 네트워크 변화에 주목해서 분쟁 과정을 분석한다(제3절·제4절). 분석을 통해 '외지인'의 관점을 가지는 주요 행위자를 결절점으로 한 운동 네트워크의 확대가 주민의 수익·수고 인식 변화를 가져오고, 그 결과 이해 대립의 구도가 변모해 가는 것을 지적해 보기로 하겠다.

1. 니이츠키 댐 건설 문제와 지역사회

니이츠키 댐 건설 문제의 경과

하천유역 개발을 둘러싸고 고전적으로는 지역 간 '물 다툼'이 존재하고, 근대 이후에는 보 운용 등에 따른 상·하류 간 대립이 발생했다(富山 1980; 玉城 1984). 고도경제성장기에 들어서면서 하천은 수자원의 공급원과 배수로 역할로 특화하고, 각지에서 댐 건설이 빠르게 추진되었다(三井 1997).

한편, 댐 건설은 지역주민의 생활에 큰 변화를 가져오기 때문에 각지에서 수많은 반대운동이 전개되었다. 이미 검토한 대로 1960년대 이후 다목적댐 건설 계획이 꾸준히 증가하는 한편, 계획 발표 이후 지역주민의 끈질긴 반대운동에 직면하여 장기간에 걸쳐 사업이 교착 상태에 빠진 사례도 상당히 많다. 특히 1980년대 후반 이후 나가라 강長良川 하구언 건설과 운용을 둘러싼 일련의 분쟁으로 대표되듯이 공공사업의 존재 방식 전반이 하나의 사회적 쟁점으로 대두하고, 그 결과 계획 재검토나 중지에 이르는 사업도 볼 수 있게 되었다. 여기서 다루는 니이츠키 댐 건설 계획도 그 일례다.

니이츠키 댐 건설 계획은 1974년 2월 미야기 현이 '오카와 강大川 종합개발사업'의 일환으로 발표한 것으로, 오카와 강 중류지역에 치수·이수용 다목적댐을 건설하는 구상이었다(그림 3-1). 계획에는 수몰지역 주변부 지역 개발도 포함되어 있었다. 계획 대상인 총길이 약 26km의 오카와 강은 상류지역을 이와테 현岩手県, 중하류지역을 미야기 현이 관리하는 2급 하천으로, 유역에는 이와테 현 무로네 촌室根村과 미야기 현 게센누마 시가 위치한다. 게센누마 만으로 흘러드는 4개 하천 가운데 오카와 강이 가장 유량이 많고, 게센누마 시 도시용수의 거의 100%를 오카와 강에 의존하고 있다.

현은 계획 발표에 앞서 1973년 8월 '댐 건설이 가능한지 먼저 조사하고 싶다'면서 토지소유권자 일부의 양해를 얻어 시굴 조사에 착수하였

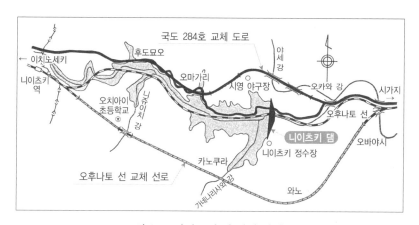

그림 3-1 니이츠키 댐 건설 예정지

* 출처 : 気仙沼市建設部開発対策課 1987

다. 1986년 12월에는 저수 규모를 확대한 수정계획안이 발표되어, 가옥 23채를 비롯한 수몰 대상과 그 규모가 드러났다. 당초 인접한 4개 정에 물을 공급하는 구상도 포함했던 댐 계획은 유효 저수량 1,250만톤, 담수 면적 0.9km^{2}로서 전국적으로 보자면 중규모의 댐이었다(표 3-1).

계획은 오카와 강 본류에 댐을 건설함으로써 홍수 시 유량을 조절, 기준점이 되는 하류지역의 아케보노 다리 지점의 최대 유량(계획 고수유량)을 800톤/초로 제어하도록 되어 있었다(그림 3-2). 그리고 인구 증가와 산업발전에 따른 도시용수(상수도·공업용수)의 수요 증가를 예측해서, 다시 하루 6만 7천톤의 용수 개발을 상정하고 있었다. 댐 본체 사업비만 300억엔을 넘고, 주변지역 정비 사업까지 합하면 500억엔 규모에 달한다고 했던 니이츠키 댐 건설 계획은 "우리 시로서는 최대의 과제이자 가장 중요한 사업"(気仙沼市建設部開発対策課 1987)으로서 게센누마 시 시정의 중요 과제로 자리매김되고 있었다.

니이츠키 댐 건설 문제의 주요 경과는 표 3-2에 제시한 것과 같지만, 개략 정리하면 다음과 같다. 1974년 2월 계획이 발표되자, 수몰지역 중

표 3-1 니이츠키 댐 건설 계획 개요

입지점	미야기 현 게센누마 시 니이츠키 지구
개발 주체	미야기 현(건설성 보조사업)
계획 발표 연도	1974년(=실시계획조사 개시) ; 1986년에 수정
목적	홍수 조절·도시용수
형식	중력식 콘크리트댐
댐 높이	66.0m
수몰 면적	0.9km^2
유효 저수량	1,250만톤
홍수 조정량	470톤/초
수몰 대상	가옥 23채, 산림·전답 100ha, 국도 2.7km, 철도 5.3km
사업비	340억엔

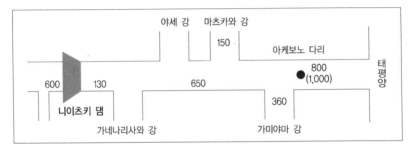

그림 3-2 오카와 강 고수유량 계획

* (주) 단위는 톤/초, 괄호 안은 홍수 조절 시설이 없는 경우의 최대 유량(기본 고수유량)
* 출처 : 오카와 강 치수이수검토위원회 자료를 토대로 작성

심부에 해당하는 3지구의 토지소유권자 주민 거의 모두가 참여한 주민 조직 '니이츠키 댐 건설반대기성동맹'(68명, 이하 반대동맹)이 그 다음 달에 결성된다.

'절대반대'를 주장하는 반대동맹과 '댐 건설이 최적'이라는 현·시 당국 사이에서 교착 상태에 빠졌던 댐 계획이 1980년대 중반에 움직이기 시작한다.

1986년이 되면, 현이 발표한 댐 수정계획에 의해 사업규모와 수몰 대상이 밝혀지고, 이것을 계기로 수몰 예정지 및 그 주변지역 주민의 움직임이 현재화顯在化한다. 게다가 1988년 4월, 계획이 건설성 보조사업으로 채택된 것을 이어받아 현지사와 시장은 댐 건설에 관한 '기본협정서'를 체결, 공사 착공이 결정되었다.

1989년에는 댐 건설에 따르는 주변지역 진흥계획 '니이츠키 지구 새로운 고향 만들기 계획'이 공표된다. 이 계획은 수원지역대책특별조치법 등 관련 법 제도를 활용해서 도로 건설과 상하수도 부설 등 생활기반을 정비하는 동시에 쇼핑몰과 아웃도어 시설을 건설함으로써 동 지구에 상업지와 관광지 기능을 부여하려는 것이었다. 즉 댐 건설이라는 대형 공공사업을 기폭제로 '지역개발'을 순식간에 진행시키려는 계획이라고 할 수 있다.

주민 반대와 더불어 운동의 분열과 주민 간 대립이 계속되고 계획이 교착 상태에 빠지는 와중에, 뒤에서 언급하겠지만 오카와 강 유역의 환경운동이 고조되고 정부의 공공사업 재검토 방침이 수립됨에 따라 1997년 8월, 계획의 '휴지休止'가 발표된다. 그 후 연구자와 반대동맹의 리더, 일반 시민 등 11명으로 구성되는 '오카와 강 치수이수검토위원회'가 지사의 자문기관으로 설치되어 인구 예측과 기준 고수유량을 비롯해 기초 수치를 재검토하고 대체 안을 검토하였다. 2000년 5월, 10회의 심의를 거쳐서 동 위원회는 당초의 댐 계획을 중지하라는 최종 답신을 지사에게 제출하였고, 그해 11월에 사업 중지 결정이 건설성으로부터 발표되었다.

이 사례의 요점은 다음 두 가지로 정리할 수 있다.

본 사례는 2000년 계획 중지가 최종 결정되기까지 약 25년에 걸친 분쟁 과정에서 이해 대립의 다양한 변화를 경험해 왔다. 단지 댐 건설에 의해 직접적인 피해를 입는 상류지역(수몰 예정 지역)과 그 혜택을 보는 하류지역의 '상·하류 대립'이라는 고전적이면서 일반적인 도식으로는 그 내용을 설명할 길이 없다. 이렇게 말할 수 있는 것은 시간 경과와 함께 계획을 둘러싸고 다양한 행위자가 네트워크를 형성, 계획에 대해 다양하게 의미를 부여한 결과 이해 대립의 구도가 변했기 때문이다. 이것이 이 사례의 첫 번째 특징이다.

표 3-2 니이츠키 댐 건설 계획을 둘러싼 주요 사건

연월	주요 사건
1972. 7.	미야기 현, 국도 284호선 교체 공사 개시.
1973. 8.	현, 니이츠키 댐 건설 계획 시굴 조사 개시. 다음 해, 국도 교체 공사 중단.
1974. 2.	현, 관련 주민을 대상으로 댐 건설 계획 발표.
3.	토지소유권자 주민들의 '니이츠키 댐 건설반대기성동맹'(68명) 발족.
1975. 1.	게센누마 시가 시종합계획(1975~85년)을 책정, 다목적댐 건설을 포함시킴. 그 해 시의회에서 가결.
3.	반대동맹, 약 1,000명의 서명을 첨부, 댐 계획 중지를 요구하는 청원서 제출. 같은 달, 시의회에 '니이츠키 댐 건설조사특별위원회'(10명) 설치.
4.	현, 댐 건설조사비를 신년도 예산에 계상.
6.	반대동맹, 시장에게 의견서(질문서)를 제출.
1976. 1.	반대동맹, 지역 선출 현의원이 제시한 '조사위원회를 설치, 치수·이수 대책을 재검토한다'는 중재안을 수용.
1977. 4.	시, '치수·이수대책협의회'를 설치하여 독자적으로 치수·이수 대책을 검토하기 시작. 반대동맹도 위원으로 참여.
1978. 2.	전문위원 인선을 놓고 대립, 반대동맹이 대책협의회를 탈퇴.
1979. 2.	대책협의회 밑에 '오카와 강 조사전문위원회' 설치(학식 경험자 3명으로 구성).
10.	태풍 20호의 영향으로 오카와 강 범람(피해 총액 48억엔). 극심재해대책특별긴급사업으로 지정.
1980. 2.	대책협의회가 열린 자리에서 오카와 강 조사전문위원회가 '댐 건설과 하도 정비가 최선'이라고 최종 보고.
4.	시가 현에 니이츠키 댐 건설을 정식으로 요청.
6.	오고세 스나오 교수(와코 대학교), 시·현에 의견서 '니이츠키 댐 건설 계획에 대한 이의'를 제출(→회신 없음).
1981. 6.	반대동맹, 약 300명의 서명을 받아 건설성에 반대 진정.
12.	시내의 경제단체, '국도 284호선 니이츠키 지구 우회로건설촉진기성동맹회' 결성.
1983. 7.	반대동맹, 자연보호단체와 학자들에게 호소하는 심포지엄 개최. 행정당국에서도 시장과 현의 토목사무소장들이 출석.
1984. 8.	반대동맹, '만약 댐이 만들어졌다면'을 지역신문에 며칠간 연재. 9월에는 소책자를 제작, 시내 모든 가정에 배포.
12.	시와 현, 홍보지 '니이츠키 댐 건설의 이해를 바라며'를 제작, 모든 가구에 배포. 같은 달, '니이츠키 댐 대책협의회' 발족.
1985. 7.	시의회에 '니이츠키 댐 조사특별위원회'를 설치('88년에 '니이츠키 댐 긴실촉진특별위원회'로 바뀜).
1986.12.	현, 댐 계획 개정판을 발표. 수몰 대상이 제시됨(국도 284호선 약 3km와 일본철도(JR) 오후나토 선 약 5km, 가옥 23채).
1987. 6.	현, '니이츠키 댐 조사출장소'를 개설(1988년 4월 '건설출장소'로 격상).

연월	주요 사건
1987. 8.	'니이츠키 댐 건설촉진 기성동맹회'(65단체) 발족. 지역의 민간단체를 비롯, 가라쿠와 정을 포함한 인접 지자체도 가맹.
9.	반대동맹, '댐 및 국도 현장 조사에 관한 행정당국과의 교섭을 일절 거부한다'는 성명서를 현과 시에 제출.
12.	댐 건설 사업비 1억 5,000만엔이 다음 연도 대장성 원안에 포함됨.
1988. 3.	현, 댐 건설 총사업비가 약 340억엔에 달한다고 발표.
4.	건설성, 니이츠키 댐 건설 사업 정식 채택.
5.	시와 현, '오카와 강 종합개발사업 니이츠키 댐 건설 공사에 관한 기본협정서'를 체결. 공사 착공 결정.
1989. 5.	반대동맹의 사무국장이 시의원 선거에 출마, 첫 당선.
8.	가라쿠와 정 어민이 중심이 된 〈숲은 바다의 연인〉 운동 개시. 대중매체의 주목을 받아 운동이 확대. 같은 달, 시와 현 '니이츠키 지구 새 고향 만들기 계획' 발표.
1990. 3.	댐의 담수선 측량 개시.
4.	반대동맹, 공유지 운동 개시. 같은 달, 추진파의 토지소유권자가 '니이츠키 댐 관계 토지소유권자회' 결성.
5.	반대동맹이 분열, A 지구의 주민이 'A 지구 반대동맹'으로 독립.
1993.12.	국도 교체 공사에 시내의 대형 건설회사 3사가 낙찰. 같은 달, 공사 개시.
1994. 6.	〈숲은 바다의 연인〉 운동의 운동 주체인 '굴의 숲을 그리워하는 모임'이 아사히 삼림문화상 수상.
1995.10.	반대동맹 측의 토지소유권자가 국도 교체 공사를 댐과 나누어서 시행하는 것을 조건으로 현과 용지 매매 최종 합의.
1997. 3.	하시모토 내각(당시), 재정구조개혁 지침을 발표, 공공사업 재검토 및 삭감.
8.	현, 댐 계획 동결 발표. 정부, 공공사업 삭감 방침에 따라 전국의 댐 계획을 재검토(중지 8, 휴지 10, 일시 휴지 1).
12.	신년도 정부예산 내시(內示)에서 니이츠키 댐 사업 휴지 정식 결정.
1998. 2.	현, 지사의 자문기관으로 '오카와 강 치수이수검토위원회' 설치.
3.	현, 니이츠키 댐 건설출장소 철거.
1999.11.	제7회 검토위원회 개최. 반대동맹이 추천하는 전문가(시마즈 테루유키 등)가 참고인으로 의견 진술. 같은 달, '시민 의견 공청회' 개최.
2000. 5.	제10회 검토위원회 개최. 다목적댐 건설 중지하라는 의견서 답신.
11.	건설성, 니이츠키 댐 건설 사업에 대한 국고 보조 중지 최종 결정.
2001. 2.	반대동맹 해산.
8.	토지소유권자회가 요구한 손해배상 지불에 대해, 현과 시가 '손해배상은 할 수 없지만, 진흥 대책을 마련하겠다'고 회답.
2002. 7.	토지소유권자회 해산.

* 출처 : 오노 데라시의 책(小野寺 1999)과 각 신문(《산리쿠신보(三陸新報)》, 《가호쿠신보(河北新報)》, 《아사히신문(朝日新聞)》 등)을 토대로 작성.

또한 기존의 댐 건설 계획을 둘러싼 운동에 대해 운동이 계속되기 어려운 점이나 운동 확대의 한정성이 사례 분석을 토대로 지적되고 있다 (木原 2000; 田中 2000). 사회운동론적으로 설명하면, 당초 불만이나 분노 같은, 사람들의 박탈감에 의해 고양된 운동은 많은 경우 역할자의 고령화나 지속적인 운동에 따른 비용 부담, 나아가서는 운동의 방향성을 둘러싼 운동 진영의 분열과 같은 내적 요인과 함께 외부로부터의 지원 상황 등 외적 요인에 의해 대항력이 떨어져 운동을 계속하는 데 필요한 자원 동원력이 쇠퇴해 가게 된다. 그럼에도 불구하고 운동이 지속되었을 뿐만 아니라 더 확대된 것이 이 사례의 두 번째 특징이라고 할 수 있다.

게센누마 시 개요

미야기 현 북동부에 위치한 게센누마 시는 1953년 게센누마 정과 시시오리 정鹿折町, 마츠이와 촌松岩村이 합병되어 탄생했다. 그리고 1955년에는 하시카미 촌階上村과 오시마 촌大島村, 니이츠키 촌이 편입되는 형태로 제2차 합병이 실시되어 오늘에 이르고 있다(気仙沼市史編さん委員会 1993).

이 시는 산리쿠三陸[1] 리아스식 해안으로 열린 '천혜의 항구'인 게센누마 만을 끼고 있어, 어업 및 그 관련 산업이 주요 산업으로 발전하였다. 게센누마 항의 어획량(금액 기준)은 현 내 1위, 전국에서도 7위의 규모다.[*1] 한편, 리아스식 해안이라는 지리적 특성 때문에 평지는 하구 주변에 한정되어 있고 산림이 시 면적의 약 57%를 차지하고 있다. 현재의 게센누마 시는 어업과 수산가공업 등의 관련 산업[*2]을 중심으로 하는 해안의 도시지역과 전통적으로 농림업이 중심이었던 농산촌지역이라는, 두 가지 서로 다른 사회경제적인 배경을 가지는 지역이 조합된 형태로 이루어져 있다.

---

1 일본 동북지방의 지역 명으로 아오모리 현, 이와테 현, 미야기 현이 이에 해당한다.

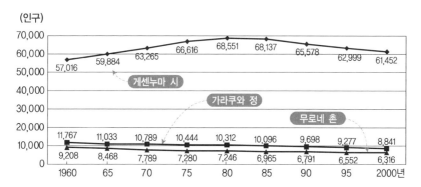

그림 3-3 게센누마 시 및 인접 지자체의 인구 추이

* 출처 : 총무청(성) 통계국(매년) 자료를 토대로 작성.

표 3-3 산업별 순생산액 추이(게센누마 시)

(단위 : 100만엔)

구 분	1975년		1980년		1985년		1990년		1995년		1999년		1999년
	금액	%	금액	%	금액	%	금액	%	금액	%	금액	%	/1975년
총 계	65,467	100.0	117,323	100.0	144,730	100.0	162,221	100.0	163,422	100.0	166,354	100.0	254.1%
제1차	15,642	23.9	22,362	19.1	34,404	23.8	25,115	15.5	21,906	13.4	19,233	11.6	123.0%
농업	1,609	2.5	779	0.7	1,415	1.0	1,259	0.8	855	0.5	685	0.4	42.6%
임업	663	1.0	750	0.6	384	0.3	488	0.3	381	0.2	150	0.1	22.6%
어업	13,369	20.4	20,833	17.8	32,604	22.5	23,368	14.4	20,671	12.6	18,398	11.1	137.6%
제2차	15,376	23.5	29,113	24.8	31,013	21.4	40,113	24.7	43,689	26.7	45,254	27.2	294.3%
광업	115	0.2	67	0.1	125	0.1	60	0.0	56	0.0	64	0.0	55.7%
건설업	4,180	6.4	9,878	8.4	10,646	7.4	13,663	8.4	16,938	10.4	17,026	10.2	407.3%
제조업	11,082	16.9	19,168	16.3	20,243	14.0	26,390	16.3	26,695	16.3	28,163	16.9	254.1%
제3차	34,450	52.6	65,848	56.1	79,313	54.8	96,994	59.8	97,826	59.9	101,867	61.2	295.7%
도소매	10,686	16.3	22,552	19.2	26,912	18.6	29,158	18.0	28,058	17.2	27,884	16.8	260.9%
서비스	9,052	13.8	21,642	18.4	23,287	16.1	31,493	19.4	31,372	19.2	35,528	21.4	392.5%
공무	2,616	4.0	4,263	3.6	4,577	3.2	6,042	3.7	7,536	4.6	8,235	5.0	314.8%
기타	12,095	18.5	17,391	14.8	24,537	17.0	30,299	18.7	30,860	18.9	30,220	18.2	249.9%

* 출처 : 미야기 현 기획부 통계과(매년) 자료를 토대로 작성.

　　인근의 가라쿠와 정唐桑町이나 무로네 촌室根村의 인구가 계속해서 감소
한 데 비해 미야기 현 북부 상권의 핵심을 이루는 게센누마 시는 1980년
무렵까지 인구가 계속 증가하는 모습을 보였다(그림 3-3). 그런데 정점에

표 3-4 산업별 종사 인구 추이(게센누마 시)

구 분	1960년		1970년		1980년		1990년		2000년		2000년 /1960년
	인구	%	인구	%	인구	%	인구	%	인구	%	
총 계	26,746	100.0	32,024	100.0	33,233	100.0	33,059	100.0	30,252	100.0	113.1%
제1차	11,031	41.2	10,665	33.3	7,251	21.8	5,916	17.9	3,354	11.1	30.4%
농업	7,113	26.6	5,175	16.2	2,153	6.5	1,676	5.1	1,026	3.4	14.4%
임업	233	0.9	134	0.4	139	0.4	71	0.2	51	0.2	21.9%
어업	3,685	13.8	5,356	16.7	4,959	14.9	4,169	12.6	2,277	7.5	61.8%
제2차	5,492	20.5	6,656	20.8	8,427	25.4	9,136	27.6	8,906	29.4	162.2%
광업	78	0.3	42	0.1	19	0.1	3	0.0	21	0.1	26.9%
건설업	1,295	4.8	2,120	6.6	3,049	9.2	2,603	7.9	2,762	9.1	213.3%
제조업	4,119	15.4	4,494	14.0	5,359	16.1	6,530	19.8	6,123	20.2	148.7%
제3차	10,224	38.2	14,703	45.9	17,555	52.8	18,007	54.5	17,992	59.5	176.0%
도소매	4,787	17.9	6,938	21.7	8,255	24.8	7,747	23.4	7,306	24.2	152.6%
서비스	3,556	13.3	4,655	14.5	5,763	17.3	6,554	19.8	7,035	23.3	197.8%
공무	562	2.1	685	2.1	831	2.5	792	2.4	798	2.6	142.0%
기타	1,319	4.9	2,425	7.6	2,706	8.1	2,914	8.8	2,853	9.4	216.3%

* 출처 : 총무청(성) 통계국(매년) 자료를 토대로 작성.

이르렀을 때는 7만명에 가까웠던 인구가 시의 기간산업이라고 해야 할 어업, 특히 원양어업의 쇠퇴와 동조하는 형태로 1985년 이후 크게 감소한다(표 3-3, 표 3-4).

인구 감소에 박차를 가하고 있는 요소는 주요 산업의 쇠퇴에 따른 젊은 층의 고용기회 결여다. 예를 들면, (1985년 당시) 10~14세의 연령층이 10년 후인 1995년 시점에서는 51.0%나 줄어들어 시의 젊은 층 2명 가운데 1명이 외부로 유출된 것으로 계산된다. 미야기 현 군지역의 평균(29.6% 감소)과 비교해도 그 감소율이 월등하게 높다. 그 결과 시의 65세 이상의 고령화율이 빠르게 증가하여, 2000년 시점에서는 미야기 현 군지역의 고령화율(22.2%)과 거의 같은 수준에 이르렀다.

수몰 예정 지구의 개요

다음으로 댐 건설이 예정된 니이츠키 지구(구舊니이츠키 촌)의 지역 특성을 확인해 보자. 이와테 현 무로네 촌과 현 경계에서 접하고 있는 니이츠키 지구는 오카와 강의 중류지역에 위치한 중산간 지역이다. 에도 시대에는 다테한伊達藩[2] 직할의 산림이 많고, 염전과 '풀무 제철'용 신탄 공급지로서 번영했던 역사를 갖고 있다. 1955년 합병에 따라 게센누마 시로 편입된 이 지구는 병합 후에, 일찍이 '세금 없는 마을'을 목표로 조림되었다는 구니이츠키 촌의 촌유림이 연이어 벌목되면서 지역 내에서는 '시청사 개축비로 충당된다'는 소문이 난무했다. 나이 든 사람 중에는 큰 목재를 가득 싣고 산을 내려가는 트럭을 괘씸하게 바라보던 사람도 있었다고 한다.[*3]

21개 행정구로 구성된 니이츠키 지구 중에서 댐 건설 계획에 따라 영향을 크게 받는 것은 3개 지구(행정구)였다(표 3-5).[*4] 댐 건설 계획이 발표된 1974년 당시와 2001년 시점의 인구를 비교하면, 세대수는 1974년 131세대, 2001년 134세대로 거의 변화가 없지만 인구는 628명에서 513명으로 18.3% 감소하였다(시 평균은 6.2% 감소). 고령화율은 29.4%로 이 시의 평균치 21.6%를 8% 포인트 정도 상회한다.

게센누마 시가 원양어업의 발전과 쇠퇴에 호응하는 형태로, 1980년대를 경계로 인구가 증가하다가 감소세로 전환되면서, 농림업을 주요 산업으로 하던 니이츠키 지구는 그림 3-3에 제시한 인근의 무로네 촌 등 다른 중산간지역과 비슷한 인구 특성을 보인다.

이상과 같이 게센누마 시 및 니이츠키 지구의 지역 특성은 댐 계획에 대한 주민의 의미 부여를 검토할 때 사회적 맥락으로서 대단히 중요하다. 다음 절에서는 이 장의 분석 관점인 수익권·수고권론과 사회운동의 네트워크론을 검토하도록 하겠다.

2 미야기 현의 현청 소재지인 센다이(仙台)를 중심으로 한 세력권을 지칭한다.

표 3-5 수몰 예정 지역의 구성과 특징(1974년 당시)

구분	세대수	수몰 가구수	관계 가구수	특징
A 지구	48	23	3	수몰지역의 중심부. 특히 댐 예정지 직상류에 위치한 Y 부락에서는 전체 20세대가 수몰 예정. 면적의 대부분을 산림이 차지.
B 지구	42	0	24	A 지구 상류 쪽에 위치, 계단식 밭이 많고 경지면적은 작음. 대부분의 세대가 영농을 하고 있는데 모두 겸업. 전답과 산림만 수몰 예정.
C 지구	41	0	22	오카와 강 지류 니유이치 강변의 넓은 지역으로 비교적 경지가 풍부해서 전통적으로 농림업이 성함. 전답과 산림만 수몰 예정.
합계	131	23	49	

2. 개발문제의 두 가지 위상과 수익권·수고권론

개발문제와 수익권·수고권론

고도경제성장기를 중심으로 일본 각지에서 실시된 대규모 개발 사업은 그 수익성의 한편에서 대규모 시설의 건설 단계 및 건설 후의 운용 단계에서 각종 사회적 영향(수고와 피해)을 발생시켜 왔다. 이것을 「개발문제」로 표현하자. 예를 들어 공항이나 신칸센新幹線 주변지역의 소음공해가 그 전형이다.

한편, 사업의 계획 결정 단계부터 해당 사업계획의 수용을 둘러싸고 해당 지역사회에서는 다양한 이해 대립과 분쟁이 발생한다. 이것을 〈개발문제〉라고 부르고, 주로 건설 후에 발생하는 「개발문제」와 구별해 둔다. 대규모 시설의 건설이 넘쳐나던 1960년대부터 1980년대에는 특히 「개발문제」의 발생 기제와 문제 구조를 해명하는 일이 커다란 과제였다(日本人文科学会 1958, 1959, 1960 等).

그 결과 몇 가지 뛰어난 연구 성과가 나타났다. 그 중에서도 수익권·

수고권론(舩橋 外 1985; 舩橋 外 1988; 梶田 1988)은 구미의 사회학 이론을 수입한 게 아니라, 1970년대부터 1980년대 일본 사회의 구체적인 현실 분석을 통해서 구성된 '중범위中範圍 이론'으로, 환경사회학의 대표적인 분석틀 가운데 하나다. 주로 1990년대 이후 장기화한 공공사업 계획에 대한 재검토가 이어지고, 장기간 계획 단계에 머물러 있는 〈개발문제〉의 존재가 부각되고 있는 오늘날, 실제의 사건과 현상에 이 분석틀은 어느 정도나 타당한 것일까? 좀 더 가다듬기 위해서 비판적으로 검토하는 것이 필요하겠다.[5]

'수익권', '수고권'이란 ①'욕구'의 충족·불충족 또는 해당 체계에 있어서 '기능 요건'의 충족·불충족 ②일정하게 공간적으로 확대된 범위를 가진 '지역적 집합체', 이 두 가지에 의해 정의된다(梶田 1988). 수익권·수고권론에서는 어떤 욕구(기능 요건)의 충족과 별도의 욕구(기능 요건)의 불충족이 동일 주체에 의해서 공유되는지 그렇지 않은지, 수익권과 수고권이 지역적으로 겹치는지 분리되어 있는지에 따라서 환경문제의 해결 가능성이 달라지는 것을 지적하고 있다.

일반적으로 어떤 사업에 의해서 이익을 향유하는 지역(수익권)과 불이익을 당하는 지역(수고권)이 겹쳐지는 경우, 구성원에게는 문제 해결을 위해 환경에 부하가 걸리는 행동을 억제하려는 동기부여가 쉽고 합의 형성도 상대적으로 쉽지만, 수익권과 수고권이 공간적으로 분리된 경우에는 합의 형성이 상당히 어렵고 문제 해결도 쉽지 않다. 댐 건설 사업의 경우는 후자의 패턴, 즉 '상류지역=농산촌=수고권'과 '하류지역=도시=수익권'의 대립 구도로 파악하는 것이 통례다(奥田 1980 等).

'수익권 확대와 수고권 국지화'라는 테제로 대표되듯이, 분명히 수익권·수고권론은 주로 고도경제성장기 이후의 환경문제(「개발문제」)의 구조적 특성을 거시적 차원에서 파악할 때 예리함을 발하는 개념이다. 그러나 이 분석틀은 그 논리 구성상 분석에 앞서 수익과 수고가 명확한 실체를 가지고 존재한다는 것을 전제로 하고 있다(脇田 2001).

여기서 한 가지 과제가 부상한다. 즉 수익과 수고를 어떤 관점에서 파악할 것이냐는 문제다.

가지타(梶田) 등이 이론을 정립한 데는 욕구나 기능 요건의 충족·불충족이라는 관점에서 수익과 수고는 공간적 범위로, 외부에서 객관적으로 관찰이 가능하다는 기능주의적인 배후 가설이 있었다. 하지만, 이를테면 주민의 수고를 예로 들어 봐도 공해병같이 신체적으로 나타나는 것이 있는가하면,*6 주민의 불안이나 정신적 고통처럼 당사자의 주관성에 귀속되는 것도 존재하기 때문에 그 범위는 다방면에 걸친다. 특히 장기간에 걸쳐 사업이 착공되지 않고 계획 단계에 머물러 있던 지역 분쟁, 즉 〈개발문제〉를 분석할 때는 피해가 지역사회의 분단과 인간관계의 파괴라는 형태로 진행되고 있다고 할 수 있지만, 자연환경의 파괴와 같은 형태로는 첨예화하지 않은 상태이기 때문에 무언가 새로운 관점과 분석틀이 필요하다.

그래서 여기서는 댐 건설 계획을 둘러싼 수익과 수고가 어떻게 주민에게 인식되고 있었는지에 주목해서 운동 조직을 비롯한 주요 행위자에게 초점을 맞춰 대립 구도의 변화 과정을 검토해 나간다. 구체적으로는 치수·이수라고 하는 표면적으로 기대되는 댐의 기능뿐만 아니라, 댐이라는 '공공사업' 그 자체에 대한 주민의 다양한 접근 방식과 인식을 각각의 이해관계와 가치 관심에 따라 규정되고 조건 지어질 수 있었던 것으로 다루고자 한다.

이슈를 둘러싼 행위자 사이의 네트워크

또 하나의 분석 관점으로서 주목하고 싶은 것이 댐 건설 계획에 있어서 이슈(쟁점)를 둘러싼 행위자 사이의 네트워크의 존재다. 주목하는 이유는 다음의 세 가지 때문이다.

우선, 여기서 다룬 사례인 댐 반대운동은 왜 와해되지 않았을까? 하는 사회운동론적인 물음이 있다. 댐 건설 계획에 대한 주민운동이 처한 곤란한 상황에 관해서는 이미 언급한 바와 같다.[*7]

운동의 성쇠에 있어서 행위자 간 네트워크의 존재는 중요한 변수다. 이렇게 말할 수 있는 것은 네트워크는 그 자체가 자원인 동시에 정보 자원과 물적 자원의 공급(전달) 회로라는 기능을 갖고 있기 때문이다(Keck and Sikkink 1998 等). 예를 들어 프랭클린 로스맨Franklin D. Rothman과 파멜라 올리버Pamela E. Oliver는 브라질에서의 댐 건설 반대운동이 지역적, 국가적, 국제적으로 점차 확대하는 과정을 분석, 국내 및 국제적인 행위자 사이의 네트워크가 운동의 프레이밍framing과 자원 동원에서 중요한 역할을 하고 있는 것을 지적한다(Rothman and Oliver 1999). 특히 개발 예정지가 인구가 희박한 산간지역에 위치하는 일이 많은 댐 건설 계획의 경우, 고려해야 할 중요한 논점이다.

그러면 어떤 행위자가 그 네트워크의 매개(결절점)가 될 수 있을까? 그리고 〈개발문제〉에 있어서 행위자 사이의 네트워크 형성은 위에서 다룬 수익·수고 및 대립 구도와 어떤 관계에 있을까? 이것이 제2, 제3의 물음이다.

수익권·수고권과 환경운동의 관련성에 대해서 처음으로 초점을 맞춘 것이 하세가와長谷川 등의 논고다. 신칸센 공해에서 명확한 실체를 가진 수고권과 기존 지역주민 조직의 범위 관계가 운동의 형태나 조직화를 규정한다는 관점(舩橋 外 1985)은 특히 「개발문제」를 검토하는 데 유효한 열쇠를 제공해 준다. 이에 대해서 계획 단계에서의 〈개발문제〉를 검토하는 본 장에서는 수익·수고와 운동 간의 상호작용, 특히 운동의 형태나 네트워크가 어떻게 주민의 수익·수고 인식에 영향을 미치는가 하는 논점을 주제화한다.

다음 절 이하에서는 니이츠키 댐 건설 계획을 둘러싼 분쟁 과정을 ① 계획 발표 시점부터 1980년대 중반까지 ②1980년대 중반 이후, 두 시기로 구분해 분석하기로 하겠다.

3. 댐 건설 계획을 둘러싼 대립의 기본구도

주민의 인식과 대응

1974년 2월 현지의 공민관3에 모인 니이츠키 지구 관계 주민 대부분은 현에서 나온 담당자가 도면을 펼쳐 댐 건설 설명을 시작하자 이에 항의해 퇴장했다. 이 계획 발표를 계기로 3지구 68명의 토지소유권자가 그 다음 달 반대동맹을 결성한다. '조상 대대로 이어온 토지를 지키자!'는 주장 아래 운동을 시작한 구성원 대부분은 농림업을 하고 있어 생활기반인 토지를 잃게 된다는 것에 강한 반발과 위기의식을 갖고 있었다. 게다가 주민이 '이번에는 아궁이 재까지 가져가는가?'라고 절규한 배경에는 다음과 같은 사회적 요인이 존재하고 있었다.[8]

첫째, 이미 언급한 것처럼 1955년의 제2차 합병에 의해 니이츠키 지구 (구니이츠키 촌)가 게센누마 시에 편입되었다는 점을 들 수 있다. 제2차 세계대전 전 '세금 없는 마을'을 목표로 조림된 촌유림이 합병 후 연이어 벌목되었기 때문에 나이 든 주민을 중심으로 강한 불만이 생겨났다.

둘째, 1970년대 초반에 시작된 국도 교체 공사로 인해 남아 있는 '한(恨)' 때문이다. 댐 예정지 토지소유권자 중에는 국도 공사와 관련해 소유지를 제공했지만, 보상비가 가옥 이전 비용에 턱없이 부족했고, 사전 교섭에서 이루어진 현의 담당자와의 구두약속도 휴지조각이 되어버린 사람이 있었다.[9]

이처럼 시 및 현이라는 '행정당국'에 대한 복잡한 주민 감정 위에 당돌한 댐 계획 발표, 게다가 댐 계획으로 인해 경로 변경이 필요하기는 했지만, 씁쓸한 마음으로 토지를 제공했던 국도 교체 공사가 관계주민에게는 아무런 직접석인 설명도 없이 중단된 일로 인해 행정에 대한 주민의 불

---

3 지자체 등에서 세운 주민들을 위한 사회교육 시설이다. 한국의 주민자치센터, 시민회관, 구민회관 등이 이에 해당한다.

신감과 불만이 증폭되어 운동 에너지로 바뀌어 간다.

이 시기, 반대동맹은 주로 의견서나 성명서를 통해 계획을 추진하는 현과 시에 댐 건설 관련 이의 신청을 하고, 행정당국이 주최한 설명회를 보이콧하는 전술을 구사한다. 그러나 인구가 밀집한 시 중심부(하류지역)에서 떨어져 있는 이 지구의 공간적·사회적 거리로 인해 수몰 예정 지역에 거주하는 운동 구성원들은 점차 고립감이 심화되어 간다. 더욱이 시 중심부에 비해 이 지구의 사회기반 정비가 뒤쳐져 있는 것이 작용, '왜 우리들만 하류를 위해 희생하지 않으면 안 되나?'라고 행정당국뿐만 아니라 하류지역 주민에 대해서도 비판의 눈길을 보내고 있었다.

그러나 운동 개시 후 몇 년이 경과하자 리더 A 씨 등은 '산촌으로서 고립된 운동을 어떻게 확장해 나갈 것인가?'라는 운동의 새로운 과제를 인식하기 시작한다. 그래서 그들이 우선 모색한 것이 자신들의 주장을 이론화하기 위한 전문가나 연구자와의 연대였다. 협력관계를 구축한 대표적인 사례가 오고세 스나오生越忠(와코和光 대학, 지질학)와 시마즈 테루유키嶋津暉之(도쿄 도 환경과학연구소)다. 오고세 교수는 주로 댐 예정지의 지질에 대해, 시마즈는 이수(상수도)와 댐 수질 악화의 관점에서 댐 계획의 문제점을 지적했고, 이런 문제점들은 운동의 주장(반대 논리)으로 결실을 맺어 간다.[10]

예를 들면, 1980년대 중반 반대동맹이 시내 모든 가옥에 배포한 소책자에는 ①댐의 수질 악화 ②현행 상수도의 높은 누수율 ③과장된 인구 예측과 급수량 예측 ④퇴적 토사 ⑤하구부의 해안 침식 등 만 내에 미치는 영향 ⑥댐 예정지의 암반, 이 6개 항목에 대해서 댐 계획이 갖는 문제점을 열거한 다음, 대형 댐 건설을 대체할 수 있는 소규모 보 방식을 제시해 논리적이면서도 다면적으로 계획에 반대하는 주장을 펼치고 있다(新月ダム建設反対期成同盟 1984).[11]

분명히 지리적으로는 고립되어 있었지만, 이와 같이 반대동맹은 1980년 전후부터 외부 행위자와 네트워크 형성을 모색하기 시작해 '조상 대대로 이어온 땅을 지키자!'는 구호를 내건 당초의 생활·재산 방어적 운동에 그치지 않고 지역 외부에도 통하는 논리를 만들어내는 방향으로 큰 변화를 보였다.

시 당국의 대응

한편, 댐 건설 계획으로 인해 수몰이 예정된 지역을 안고 있는 게센누마 시 당국은 어떻게 대응하고 있었을까? 1976년 시장은 주민들의 강력한 항의운동을 수용하는 형태로 "현의회 의장의 알선을 받아들여 백지상태에서 전문 학자에게 조사를 의뢰하고 싶다"는 문서를 현지사에게 제출한다. 다음 해 4월, 시는 오카와 강 치수·이수대책협의회를 설치하고 독자적으로 대응책 검토를 시작했다.

협의회에는 당초 반대동맹의 멤버도 참여했다. 그러나 조사를 담당하는 전문위원 인선을 놓고 대립, 반대동맹은 협의회에서 탈퇴한다. 결국 협의회의 하부조직으로 설치된 '오카와 강 조사전문위원회'에는 시 당국이 주도적으로 인선한 연구자 3명이 위원으로 취임한다. 약 1년간의 검토를 거쳐서 제출된 위원회의 '다목적댐 건설이 가장 좋음'이라는 답신을 받아,*12 시장은 즉시 '댐 건설 촉진'을 표명하고 현에 댐 건설을 다시 요청한다.

여기에서 주의를 환기하고 싶은 것은, 시 당국은 수몰지역을 끌어안는 지자체이자 수도사업의 주체이기도 했다는 점이다. 즉 도시용수 신규개발이 목적 가운데 하나인 해당 댐 사업에 관해서 시는 현과 지역주민 사이에 위치하는 조정기관이면서 동시에 개발 주체로서의 성격이 강했다. 너욱이 인구가 집중하는 하류지역의 홍수대책을 원래 현에 요청했다는 경위도 있다.

당시는 쇠퇴하는 지역 산업과 인구 유출을 배경으로, 건설업계를 비

롯한 시의 경제계에는 강력한 '댐 대망론'이 존재했다. 게센누마-오시마
人島 가교 건설 계획을 비롯해 현이 관계하는 다른 대형 공공사업 구상을
하고 있는 시 간부에게는 현이 주체가 된 댐 건설 계획을 그대로 지지하
면서 토지소유권자를 '설득'해 보는 것이야말로 '현명한 선택'이었다. 따
라서 적어도 형식적으로는 오카와 강 치수·이수대책협의회를 설치해 치
수·이수 대책을 검토한 것처럼 되어 있지만, 실제로는 현이 책정한 다목
적댐 계획을 파기하고 시가 독자적으로 다른 선택지를 설정할 여지는
없었다고 보지 않으면 안 된다.

계획에 이의를 제기하는 주민 조직과 행정당국 사이에 '공론 형성의
장'이 마련된 적은 거의 없었다. 억지로 꼽아 봐야 1983년에 반대동맹이
주최한 '오카와 강 수계와 니이츠키 댐 문제를 생각하는 심포지엄'을 들
수 있다. 심포지엄에는 반대동맹의 리더와 이 문제를 지원하는 연구자
및 전문가가 참가했고, 행정당국 쪽에서도 토론자로 당시의 시장, 시 건
설부장, 시 개발대책실장, 현의 토목사무소장이 참가했다. 실질적으로
이것이 처음이자 마지막인 공개토론의 장이었지만, 행정당국 측은 반대
동맹의 멤버와 연구자들이 하는 질문에 제대로 답을 내놓지 못했고, 특
히 토론회 후반에는 거의 규탄대회 양상을 띠고 있었다.[13]

이후 행정당국 측이 주장하는 댐 계획 근거에 대해 한층 더 불신감을 갖
게 된 반대동맹은 대화 자체를 거부하고 '3불 운동'(만나지 않는다, 듣지 않는
다, 측량조사를 못하게 한다)을 전개한다. 공식적인 교섭 통로를 잃어버린 시
와 현이 직원의 개별 방문을 통해 설득하는 작업을 비공식적으로 시작했
기 때문에 운동 진영으로부터 더 강한 반발을 부르는 결과를 가져왔다. 동
시에, 위에 언급한 반대동맹의 대응자세가, '이데올로기적인 반대'로 운동
을 보는 행정당국 쪽의 인식을 증폭시켜 양자의 대립은 첨예화한다.

여기까지 검토해 온 것처럼, 댐 건설 사업에 관해서는 수몰 당하는 상
류지역과 치수와 이수의 혜택을 입는 하류지역의 대립으로 파악하는 게

종래의 통례였는데, 본 사례에서도 적어도 초기 단계에서는 수익권과 수고권이 일정한 공간적 범위를 따라 나타나 분리되고 대립하는 관계에 있었다.

4. 운동·네트워크의 형성과 수익·수고의 변화

변모하는 생활조건과 생활기회를 둘러싼 대립

댐 건설 예정지에서는 시간 경과와 함께 주민들의 새로운 움직임이 겉으로 나타난다. 그러면 구체적으로 어떻게 주민의 인식 변화가 생긴 것일까?

1980년대 후반에 들어와 사업이 건설공사 착공을 향해 움직이기 시작한 시기를 전후해 반대동맹에 가입하지 않은 토지소유권자가 중심이 된 '니이츠키 댐 대책협의회'가 결성되었다. 1984년 발족한 이 협의회는 각지의 댐을 시찰하고 연수를 실시하는 한편 '댐 건설 추진'을 내걸고 댐 건설을 이용한 지역 진흥을 지향한다. 더 나아가 1990년에는 '니이츠키 댐 관계 토지소유권자회'(이하, 토지소유권자회)로 발전, 댐 건설 계획을 추진하는 행정당국과 협력관계를 강화한다.

토지소유권자회에는 운동 과정에서 반대동맹을 탈퇴한 일부의 토지소유권자와 댐으로 인해 수몰되는 국도 및 철도 교체 공사와 관련된 토지소유권자도 다수 포함되어 있어 최종적으로는 약 100명에 달했다. 이 토지소유권자회를 두고 '댐이 건설돼도 생활에 큰 영향을 받지 않는 사람들의 모임'이라고 하는 주민들도 있다. 건설 예정지의 약 80%의 토지를 반대동맹 멤버가 갖고 있었던 점과 복수의 주민에게서 들은 얘기에 근거하자면, 농사짓는 데 적합하지 않은 토지를 소유한 사람이 토지소유권자회에 가입해 추진파 쪽에 섰다는, 전반적으로 그런 경향이 있었다.

이처럼 댐 예정지에는 새로운 수익 인식을 가진 주민이 나타난다. 그렇지만 댐 건설을 '지역 활성화'로 파악해 여기에 기대를 거는 게 토지소유권자회 멤버에게게만 한정된 얘기는 아니었다. 댐 예정지에 토지를 소유하고 있지 않은 주민 중에도 비슷한 생각을 가진 사람이 있었다. 그들은 같은 지역에 거주하는 반대동맹의 구성원 앞에서는 '댐 찬성'을 드러내놓고 표명하지는 않았지만, '행정당국이 계획한 이상 어차피 댐은 설 테니까 이를 활용해 지역발전으로 연결시켜야 한다'는 강한 기대를 품고 있었다.

이 같은 현상을 어떤 주민은 '도너츠화 현상'이라고 표현한다. 즉, 한마디로 댐 건설 예정 지역이라고 해도 생활의 재편을 강요당하는 수몰지역과 그 주변지역과는 기본적으로 계획에 대한 주민 인식의 차이가 크다는 것인데, 이런 점만 보면 분명히 공간적인 범위에 따라 주민의 대응을 어느 정도 구분할 수 있을 것으로 생각된다. 그러나 지역생활에 커다란 영향을 받을 수밖에 없는 수몰지역 안에서도 주민 사이에 첨예한 대립이 발생하고 있었다. 다음으로 반대동맹의 움직임을 살펴보자.

1990년 3월, 현이 댐 건설의 전제가 되는 담수선 측량을 시작한 것을 계기로 반대동맹은 새로운 운동 전술로서 '공유지 운동'을 전개한다. 공유지 운동이란 건설 예정지의 토지를 복수의 개인 명의의 '공유지'로 등기함으로써 소유자 전원의 동의가 없는 한 해당 토지의 전매가 불가능하게 되기 때문에 '입목 트러스트Tree trust'4와 함께 개발계획을 저지하기 위해서 자주 사용되는 환경운동 전술 가운데 하나다.

약 800m²의 산림을 대상으로 현 외부의 자연보호단체 관계자 등 82명이 참가한 이 운동은 현지의 각 지역신문에서도 "반대운동에 탄력" 등 머리기사로 크게 보도되어 현·시 당국과 시의회에 충격을 가함과 동시

4 개발 예정지의 토지소유권자로부터 그 토지의 수목만을 구입, 각각의 수목에 명찰을 달아주는 등 '입목권'을 주장해서 개발을 저지하는 운동이다. 일본에서 그 법적 근거는 '입목에 관한 법률'(1909)에 있고, 개별 수목의 입목권 소유자의 동의가 없으면 수목의 벌채가 불가능하기 때문에 결과적으로 개발에 착수할 수 없게 된다. 소송 등과 달리 다수의 시민이 쉽게 참여할 수 있어서 골프장 및 댐 개발 반대운동 등에 유효한 수단으로 활용, 일본 전국으로 확대되었다.

에 반대동맹 내에도 적지 않은 동요를 불러일으켰다. 그것은 수몰 예정 지역 중 A 지구의 운동 간부가 '운동의 방향성이 다르다'고 반발, 이 지구의 주민 전원(20명)이 반대동맹을 탈퇴해 'A 지구 반대기성동맹'을 결성하게 되었기 때문이다. '부락으로서의 일체성을 지키고 싶다'는 관점에서 해당 부락 전원이 이탈했지만, 결과적으로 공유지 운동은 반대동맹 내에서 이전부터 '절대 반대'라는 운동 방침을 바꾸고 싶어 하던 '조건투쟁파' 주민의 태도를 겉으로 드러나게 하는 계기가 되었다.

이는 '생활기회life chance'를 둘러싼 지역 내 대립의 현재화라는 관점에서도 파악할 수 있을 것이다. 본래 생활기회라는 개념을 적극적으로 제시한 것은 랄프 다렌도르프Ralf Dahrendorf였다. 그는 생활기회를 옵션(행위의 선택지)과 리거추어ligature(인적 연결고리)의 상호관계로부터 발생하는 '개인의 행동 기회'로 정의하고 있다(Dahrendorf 1979=1987). 그렇지만 여기에서는 도다 기요시戸田清를 따라 다렌도르프의 정의보다 좁은 '생활조건의 선택지'라는 의미(戸田 1994)로 사용하기로 하겠다.

A 부락에 사는 C 씨는 다음과 같이 말한다. "댐은 지역 활성화의 기폭제가 된다고 생각했다. 댐을 '마지막 기회'라고⋯⋯." 계획이 장기화하고 수몰 예정 지역에 대한 공공투자가 억제되는 가운데 인구 과소화의 진행과 상하수도 등 사회자본 정비의 지체가 주민에게 강하게 인식되었다. 일찍이 농림업이 활발했던 이 지역에서는 세대교체가 진행되고 직업 형태가 변화하는 과정에서 점차 댐 계획에 대한 의미를 전과 다르게 부여했던 사람들도 적지 않았다. 지역생활 방어를 주목적으로 시작한 댐 반대운동이기는 하지만, 자신의 생활을 지키려고 하는 의도는 짓궂게도 생활기회의 유지·증대를 둘러싸고 주민 대립을 현재적·잠재적으로 낳게 되었다.

나만, 댐 계획을 '지역 활성화'와 관련지어 파악하는 사람들을 단순히 '수익자'로 볼 수 있느냐고 하면, 그렇지는 않을 것이다. 자연환경의 파괴와 지역공동체의 상실 등 엄청난 폐해가 한쪽에 존재하기 때문에 "반드시 '장밋빛'이라고는 생각하지 않았다"고 해도, 현실적으로는 해당 개발 사업을 기대할 수밖에 없는 상황에 처해 있었기 때문이다.

스나다 이치로砂田一郎는 원자력발전소 건설 계획에 관한 조사를 토대로 건설 예정 지역 내의 이해 대립 구도를 "수고권 속의 '유사 수익권' 대 '순 수고권'"(砂田 1980)으로 지적했지만, 입지점에서 현재화한 위의 현상을 보면 수몰지역 주민의 수익·수고 인식을 '권역'으로 파악하는 일은 이제 곤란하다. 게다가 댐 건설 부수 사업으로 '니이츠키 지구 새로운 고향 만들기 계획'이라는 '지역개발' 청사진을 행정당국이 제시함으로써 건설 예정지 내외부에 새로운 과실을 기대하는 주민 활동이 생겨나고, 그 결과 수익권·수고권론에서 '수고권'으로 분류되는 수몰 예정 지역에도 다양한 의미가 부여되면서 중층적인 이해관계가 발생했던 것이다.

한편, 반대동맹은 분열을 경험하지만 운동이 와해되지는 않았고, 오히려 공간적인 확산을 보여 준다. 다음으로 '수익권'으로 분류되는 하류 지역의 동향을 아울러 검토해 보자.

위험·결정을 둘러싼 대립과 당사자성

앞에서 언급한 대로 개발계획에 기인하는 분쟁이 장기화함에 따라 주민 운동은 고립되고 어쩔 수 없이 쇠퇴하게 되는 일반적인 경향이 있다. 그럼에도 불구하고 이 사례에서는 운동 조직의 분열을 비롯하여 몇 가지 어려움에 직면하면서도 운동이 지속되고 확대되어 간다.

여기서 주목하고 싶은 것은 수몰 예정 지역 외부와의 관계, 특히 댐 건설로 인해 이익을 얻게 되는 하류지역 행위자와의 네트워크다. 1987년 게센누마 시 당국과 경제계가 중심이 된 '니이츠키 댐 건설촉진기성동맹회'가 창설되고 시의회에도 '니이츠키 댐 건설촉진특별위원회'(1988년~)가 설치되는 등, 해당 지역의 행정당국 및 의회, 경제계가 댐 추진 일색으로 사태가 진행되는 동안 하류지역에서는 주로 두 가지 행위자가 움직이기 시작한다. 여기에서는 시내의 상공업자와 행정 직원이 중심을 이룬 마을 만들기 그룹과 하구부의 게센누마 만에서 양식어업을 하는 어민 그룹, 특히 중요 인물 3명의 인식과 그 역할에 주목해서 살펴보기로 한다.

고교 및 대학시절을 센다이仙台와 도쿄에서 지낸 D 씨는 게센누마 시로 돌아와 가업인 원양어업을 이어받아 살고 있었다. 현재 상공회의소 간부이기도 한 그는 댐 계획을 돌아보면서 다음과 같이 말한다.[14]

'대형 프로젝트'로 댐이 추진되고, '반대'를 외치는 사람은 그야말로 어떻게 될지 모르는 상황이었어요. 다른 지역에서는 이미 댐의 폐해가 드러나고 있고, 그걸 알고 있으면서도 이 지역에서는 댐을 만들려고 합니다. 게다가 댐을 의문시하는 사람은 목소리를 낼 수 없는 상황으로……. 이래서는 마을 만들기고 뭐고 아무런 의미가 없는 거죠.

당초 '반대를 위한 반대이지 않은가?'라고 생각해서 반대동맹의 운동에 회의적이었던 D 씨는 비공식적으로 반대동맹과 접촉 기회를 가지고 대화를 이어 나가는 과정에서 인식이 바뀌어 운동을 지원하는 쪽으로 선회한다.

예를 들면, 1986년에는 독자적으로 지역신문에 기고하여 댐 건설 계획에 대한 시장의 자세에 이의를 제기하는 한편 '댐 건설과 국도 개수 공사는 함께 시행한다'는 현의 방침에 대해서도 날카롭게 비판했다.[15] 공론의 장에서 시내의 유지가 댐 건설에 대한 이의 제기를 대대적으로 표명한 것은 이것이 처음이었다. 더욱이 그는 반대동맹이 주최한 심포지엄 비용을 부담하는 등 운동 조직을 지원한다. 특히 중요한 것은 '시내의 유력한 명사'였던 그가 '고립감을 느끼고 있던' 반대동맹에 대해 다양한 형태로 역량강화empowerment를 꾀했다는 사실일 것이다. 그는 반대동맹에 결여돼 있던 '각종 자원의 제공자'라는 형태로 운동에 관여한다.

이 D 씨 등과 함께 마을 만들기 그룹을 구성한 것은 시 공무원 E 씨다*16. 도쿄의 대학을 졸업한 후, 지역으로 돌아온 E 씨는 청년회의소 유지들과 그룹을 결성해 마을 만들기에 관한 연구모임을 정기적으로 진행하고 있었다. 댐 계획에 관해서 시 간부의 방향성에 의문을 품고 있던 E 씨 등은 시내의 상공업자들을 중심으로 결성된 마을 만들기 단체의 사무국을 맡아, D 씨 등과 네트워크를 구축한다. 나아가서 E 씨는 나중에 언급하는 〈숲은 바다의 연인〉 운동을 일으키는 데도 깊이 관여하는 한편 반대동맹의 리더들과 연대를 추진해 나간다. 반대동맹이 전개한 '공유지 운동'에서 전국의 자연보호단체와의 가교 역할을 한 것도 E 씨였다.

오카와 강 하구부의 게센누마 만에서 양식어업을 하는 F 씨는 부모 대부터 굴을 양식하고 판매해 왔다. 반대동맹의 A 씨의 시의원 선거(1989년) 선거운동을 통해서 A 씨와 알게 된 F 씨는 댐 건설이 만 내 어업에 미치는 영향에 대해서 깊이 인식하게 된다. 그래서 그는 동료 어민들과 함께 미래세대를 위한 유역 환경 보전의 필요성을 널리 알릴 목적에서 오카와 강 상류지역 무로네 산에 조림을 하는 〈숲은 바다의 연인〉 운동을 시작했다. 상류지역 무로네 촌과의 연대로 시작한 이 운동은 정교한 프레이밍과 독특한 전략에 힘입어 바로 대중매체의 주목을 끌면서 발전, 전국 차원으로 운동이 파급되는 등 커다란 사회적 영향력을 갖기에 이른다. 이 운동의 생성·전개 과정에 대해서는 다음 장에서 상세히 다룰 것이다.

중요한 것은 위의 그룹은 모두 기존의 제도적인 정책 결정 체계에서 배제되어 있으면서 댐 건설 문제에 대한 '당사자성'을 획득하기 위해 어필했다는 점이다. 특히 어민에 의한 운동은 정책 결정 체계와 생태계가 어긋난 데서 오는 폐해의 부산물이라고 할 수 있다. 이렇게 말할 수 있는 것은 어민 그룹 구성원 대부분이 행정구역상으로는 게센누마 시 밖(인접한 가라쿠와 정)에 거주하는 한편, 만에서 양식어업을 하고 있다는 점에서는 오카와 강에 계획된 댐 건설의 영향을 받을 가능성이 있기 때문이다.

지역신문에 "댐이 만들어지면 굴의 생명선이 끊어지기 때문에, 그렇게 되면 자식이 양식업을 이을 수 없다"[17]고 보도된 F 씨의 발언에서 단적으로 드러난 것처럼, 그들은 댐 건설이 '생태계 위험'[18]을 가져오는 것으로 명확하게 인식하고 있었다. 그러나 종래의 댐 건설 절차에는 그들이 이의신청이나 구제를 요구할 수 있는 제도적 통로가 존재하지 않았다. 기존 정책 결정 체계 외부에 놓여 있는 어민들이 위험 존재를 강조하는 한편, 숲과 바다는 강을 매개로 하나의 생태계에 연결되어 있다는 것을 프레이밍해서 '이의신청 자격'(中河 1999) 즉 '당사자성'을 표현한 것이 조림운동을 중심으로 하는 일련의 활동이었다.

댐 건설의 정책 결정 체계로부터 소외된 '주변인'이라는 점에서는 마을 만들기 그룹도 마찬가지 상황이었다. 인구가 감소하는 등 사업계획 수립 시의 전제조건이 변해 그 합리성이 의심스러워지고 있는데도 불구하고, 여전히 당초의 '외래형 개발' 계획을 추진하려던 시 당국이나 지역 정계·경제계의 태도에 대해 그들은 '지역의 정책 결정 체계에 대한 비판'과 '자발적 마을 만들기'라는 관점에서 중류지역의 토지소유권자가 중심을 이루었던 이의신청 운동에 합류한 것이다.

그렇지만 유의해 두고 싶은 것은 현실에서는 어민 그룹, 마을 만들기 그룹 모두 지역에서 상당히 미묘한 입장에 있었다고 하는 점이다. E 씨가 말하는 것처럼 "당시, 공공사업에 이의를 제기하는 것은 '윗분에게 활을 당기는 일'이었다." 그와 같은 해당 지역의 상황 하에서 드러내 놓고 계획에 대한 이의신청을 하는 것은 지역 생활을 하는 일반 주민에게는 곤란한 일이었고, 위의 네트워크도 어디까지나 비공식적인 것이었다.

운동·네트워크의 결절점과 수익·수고 인식의 연관

여기에서 주목하고 싶은 것은 네트워크 형성에 있어서 결절점으로서의

'외지인'이나 '외시인적 관점'의 역할이다. 기토 슈이치鬼頭秀一는 '외지인'의 활동에 의해 주민이 지역 환경과의 관계를 자각하는 계기가 마련된다는 점에 주목하고, '외지인'론을 제기하였다(鬼頭 1996, 1998). 기토는 '외지인'이 갖는 의의로 다음의 두 가지를 지적한다. 하나는 운동 확대에 관한 의의고, 두 번째는 해당 지역주민에 대한 새로운 관점의 도입이다.

하류지역에서 핵심인물이 된 D 씨와 E 씨는 일단 지역을 떠났다가 다시 돌아옴으로써 '고향의 좋은 점'을 재인식하는 '외지인적 관점'을 체득하였다. 예를 들어 D 씨는 학생시절 고향집에 데리고 온 친구가 감격하는 모습을 몇 번이나 보고서 '고향의 좋은 점'을 인식하였다. 그는 일을 하면서 해외 출장이 잦아 밖에서 해당 지역을 바라볼 수 있는 기회도 많았다.

마찬가지로 어업을 하는 F 씨도 청년시절부터 자주 국내외를 여행하면서 '고향 바다의 가치'를 깊이 인식하였다. 한편, 반대동맹의 리더 A 씨는 도쿄 출신으로 결혼과 동시에 배우자의 부모가 살고 있는 니이츠키 지구로 이사 온, 문자 그대로 '외지인'이다. 지방 생활에 녹아들어 지역적인 관점을 체득해 가는 과정에서 그는 지역 운동 멤버와 신뢰관계를 구축하고, 댐 계획에 대한 각지의 주민운동을 지원하고 있던 '수원개발문제전국연락회'와 대학교수 등 외부의 유력한 행위자와의 결절점으로서의 역할을 수행한다.

중요한 것은 이러한 핵심인물을 결절점으로 하는 네트워크가 한편으로는 이른바 '무관심층'을 포함한 주민들의 수익·수고에 관한 인식의 생성·전환을 가져왔다는 점이다. 예를 들면, F 씨와 같은 일을 하는 어민 그룹의 한 사람 G 씨는 "댐에 관해서는 F 씨에게 이야기를 듣기 전까지 그다지 의식하지 않았다. 오히려 댐은 좋은 것이라고 생각하고 있었다"고 한다.[19]

어민들은 양식어업에 있어서 강에서 흘러드는 물이 중요하다는 것을 경험적으로 체득하고 있다. 그러나 지식으로 알고 있는 것과 문제로 인식하는 게 반드시 같은 의미를 가지는 건 아니다. 특히 사방 수 킬로미터에 달하는 만 내에서는 날마다 일정한 범위에서 생업에 종사하는 그들의 생활 세계와 댐 건설 계획을 구체적으로 연결하는 매개체가 필요하게 된다. 위의 일화에서는 F 씨가 마침 그 역할을 수행했다고 할 수 있다. 마을 만들기 그룹에 있어서도 산리쿠 리아스식 해안에 위치한 지역성 인식을 배경으로, 댐을 건설하여 유역의 자연환경을 엄청나게 변화시켜 버리면 '어업 마을'의 미래가 돌이킬 수 없게 된다는 수고 인식을 구축해 간다.

이와 같이 댐 계획에 대한 환경운동이 중류지역의 '토지소유권자 중심의 운동'에서 하구부의 어민까지 참여하는 '유역 연대형 운동'으로 전개됨에 따라, 〈개발문제〉는 게센누마 시라는 협의의 1개 행정구역만의 문제가 아니라, 유역 생태계의 근본적인 문제로 확대, 변모하게 된 것이다. 한편, 과거 빈번하게 오카와 강의 홍수 위험에 노출되어 온 강변 시 중심부에 거주하는 H 씨는 다음과 같이 이야기한다.[20]

난 처음에는 말이지, 댐 일변도였어요. 댐이 건설되면 모든 게 잘될 거라고 생각했지. 그래도 점차 만 내의 귀중한 생태계, 특히 양식어업에 미치는 영향이 말이야, 내가 전문가는 아니라 잘 모르지만, 역시 영향이 있는 게 아닌가 하고. 거기까지 생각하니 두 손 들고 찬성할 순 없게 되었어. 댐을 만들어도 내용연수가 한정돼 있는데 많은 비용을 들일 의미가 있을까……. 그것보다는 제방을 높인다든지 하천을 개수하는 게 좋지 않겠어요?

H 씨의 얘기를 보면 대중매체를 매개로 한 운동의 영향력을 강하게 느낄 수 있지만, 그 배후에는 언제 홍수가 날지 모른다는, 비록 댐을 만든다고 해도 지금까지의 경위를 생각하면 몇 년이 안 가 또 홍수를 겪을지 알 수 없다는 현실적인 판단이 존재한다. H 씨로 대표되는 것처럼 비

록 적극적으로 운동에 참여하지는 않아도 하류지역에 거주하면서 그 수익 인식을 바꾼 주민의 존재는 수익·수고 구도를 분석할 때 중요하다.

대립 구도의 변모와 상호 연관 모델

이 장에서 검토해 온 니이츠키 댐 건설 계획을 둘러싼 이해 대립의 구도는 그 과정에서 어떻게 변모한 것일까? 그것을 도식화한 것이 그림 3-4다. 당초의 고전적인 상·하류 대립(수익권과 수고권의 분리)이라는 공간적인 이해의 포치布置연관5은 행위자 사이의 네트워크 형성을 기축으로 한 '지역발전의 방향성', 즉 생활기회의 해석을 둘러싼 중층적인 대립 구도로 변모했다.

게다가 이러한 지역적인 이해관계 대립의 배후에는 1990년대에 들어와 해당 지역에 새롭게 부상한 '외부조건'이 더해진다. 구체적으로는 주로 현 측이 정치 환경 변화를 배경으로 행한 조치로, '국도 교체 공사' 선행 착공을 중심으로 한 댐 계획 방침 전환이 그것이다.*21 이 국도는 산리쿠三陸 해안지역에서 도호쿠東北 고속도로를 탈 때 이용하는 도로로서 지역 생활에 있어서는 대동맥이나 다름없지만, 구불구불 돌아가는 비좁은 길은 지역에서 '잔혹도'라고 야유를 받았다. 상공업자와 주민들에게는 댐 계획 발표 후 교체 도로 일부가 수몰 예정지에 속해 있다는 이유로 중단했던 공사를 하루 빨리 재개하기를 절실하게 바라는 마음이 뿌리 깊게 자리하고 있었다.

"국도를 어떻게든 해 주었으면 했다. (댐 계획 찬성은) 어쩔 수 없었지만, 본심을 말하자면 댐 자체의 필요성은 그다지 느끼지 못했었다. 그러니까

---

5 일반 학술적 용어로는 외적 세계의 사물과 사상이 어떤 특정한 배치를 가지고 나타나는 것을 포치(독일어 konstellation)라 한다. 여기서는 서로 연결된 이해관계가 작용하는 상태, 또는 그런 상태가 구도화한 것을 말한다.

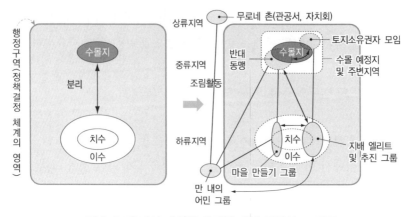

그림 3-4 댐 건설 계획을 둘러싼 대립 구도와 그 변모

* (주) 화살표는 이해(대립)관계, 실선은 네트워크를 의미

국도가 착공되고 나서는 '댐은 어떻게 되든 상관없어' 하고 생각했다"*22 는 하류지역 주민 I 씨의 얘기에서 단적으로 드러나듯이 '댐 건설과 국도 개수를 하나로'를 내세운 그때까지의 정책은 결과적으로, 1970년대 초부터 중단된 상태로 있던 국도 공사 재개를 요구하기 위해 댐 건설에 찬성하지 않을 수 없는, 또는 반대의 목소리를 표출할 수 없는 상황을 낳고 있었다. 댐 건설 예정지로 결정된 중류지역의 '지역정비'에 관해서도 같은 상황이었다고 할 수 있다.

즉 주민의 수고 인식이 다양해지는 한편, 그 현실적인 선택지인 생활 기회가 구조적으로 제약되어 있었기 때문에 댐 건설 계획을 둘러싸고 치수·이수라는 표면적으로 기대되는 기능에 더해 국도 개수나 지역 정비에 대한 중층적인 수익 인식이 형성되고 있었다. 그리고 이것이야말로 지역 분쟁을 복잡하게 만들고, 특히 개발 예정 지역 주민 사이의 대립을 심각하게 만든 커다란 요인이었다.

본 장의 논의를 정리하면 다음과 같다. 댐 건설 계획이 떠오른 당시, 분명히 수몰 예정지 주민은 '수고자'로서 반대운동을 전개하였고, 시 중심부가 위치하는 하류지역과 대립하고 있었다. 당초에는 '상·하류 대립' 이라는 고전적인 구도였다. 그러나 해당 지역의 경제구조의 변모와 함께 수몰 예정지 및 그 주변에서 댐 계획에 대한 주민들의 의미 부여가 다양하게 변했기 때문에, 생활기회를 둘러싸고 지역 내에서 새로운 이해관계의 대립이 발생하고, 수익·수고 인식이 중층화했다.

한편, 하류지역에서는 시 간부와 건설업계가 수백억엔 규모의 댐 사업을 "게센누마가 엄청나게 비약할 수 있는 절호의 기회"(河北新報社編集局 1998: 150)로 인식, 찬성파 주민으로 결성된 토지소유권자회에 대한 지원까지 행해졌다. 이러한 개발 주체의 동향은 자주 관찰되는 것이지만, 사례 분석을 통해 찾아낸 것은 그런 '결정자'에 대한 '주변인'의 움직임이었다. 어민 그룹과 마을 만들기 그룹은 중류지역의 반대동맹과 네트워크를 형성하였고, '수익권'으로 분류되는 하류지역에서도 생태계 위험이나 의사 결정 행태를 두고 지역 내 대립이 현재화했다. 특히 강조하고 싶은 것은 '외지인적 관점'을 가지는 핵심인물을 결절점으로 한 네트워크의 형성과 운동 전개가 주민의 수익·수고 인식을 새로이 만들어내고 변모시켜 간다는 점이다.

계획이 장기화함에 따라 사업계획에 대한 유역 주민의 수익·수고 인식이 변모하고, 대립 구도와 운동이 변화하는 것은 본 장에서 다룬 사례에 국한된 것이 아니다. 구마모토 현熊本県 가와베 강川辺川 댐과 제8장에서 검토할 도쿠시마 현德島県 기토 촌木頭村에 계획된 호소고치細川內 댐 사례를 비롯해 〈개발문제〉에 직면하는 다른 지역의 사례에서도 오늘날 광범위하게 볼 수 있는 사회현상이다.[23] 중요한 것은 댐 건설을 둘러싼 상·하류 대립이라는 원리적인 이해관계가 근본 요인으로 작용하면서도, 특히 최근에는 주민의 수익·수고 인식이 다양화하고 중층화하고 있다는 점이다. 지금까지 '수익권'으로 상정되어 온 하류지역의 주민에 의한 이의신청 운동이 각지에서 현재화하고 있는 것은, 주민의 위험 인식이 크게 변모하고 있음을 나타내는 것에 다름 아니다.

그림 3-5는 본 장의 논의를 토대로 개발 사업을 둘러싼 수익·수고와 운동·네트워크의 관계를 정리한 것이다. 둘 사이의 관계에 대해서 살펴보자면, 앞에서 검토한 후나바시(松橋) 및 하세가와의 명제로 대표되는 것처럼, 「개발문제」에 있어서 수익권·수고권의 형태가 운동이나 문제 해결 과정을 규정한다는 점이 이미 지적되었다(기능주의 모델). 이에 대해 본 장에서 〈개발문제〉 분석을 통해서 찾아낸 것은 운동과 네트워크가 주민의 수익·수고 인식을 형성하는 데 영향을 주고, 그것이 나아가서 운동 형태를 규정한다는, 둘 사이의 상호 연관성을 나타내는 관계 도식(상호 연관 모델)이었다.

그림 3-5 수익·수고와 운동·네트워크의 관계

댐 건설 사업에 그치지 않고 원자력발전소나 대규모 간척사업 등 대규모 개발 프로젝트가 가져오는 폐해나 효과가 점점 더 가시권에 들어오지 않고 있는 현대의 '위험사회'에 있어서는 계획 단계에서의 지역 분쟁, 즉 〈개발문제〉가 많이 발생하고 첨예화하는 경향을 보인다. 본 장의 논의는, 사회의 객관적인 구조를 전제한 다음 주민의 수익·수고가 어떻게 구성되어 운동과 네트워크로 규정되면서 변모하는지 살피는 구축주의 관점이 불가결하게 되어 있는 것을 구체적으로 제시한 것이라 할 수 있을 것이다.

*1 2000년 시점의 수치. 게센누마 항의 어획고는 298억엔으로, 도호쿠 지방에서는 하치노헤(八戸)[아오모리 현에 있는 시]에 이어서 2위였다.

*2 게센누마 시의 제2차 산업의 순 생산액을 살펴보면, 약 60%를 제조업이 점하고 있는데 그 중에서 80% 가까이는 수산가공업 등의 식료품 제조업이다.

*3 1999년 8월 5일, A 씨로부터 들은 얘기다. 니이츠키 촌지에도 무세 촌에 관한 것으로 짐작되는 내용이 나온다(新月村誌編纂委員会 1957).

*4 표에 올린 수치 외에 부재지주와 부대 공사(국도 교체·JR선 교체)에 관련된 토지소유권자도 존재한다. 계획 초기, 이들 토지소유권자를 포함시킨 총 토지소유권자수는 얼추 잡아 약 175명(댐 자체의 토지소유권자는 75명 전후. 단, 추정치)이다. 한편 1993년 시점에서는 총토지소유권자수가 약 258명(공유지 운동에 따른 토지소유권자 83명 포함)이었다.

*5 단, 그렇다고 해서 현대 일본에서는 「개발문제」가 종식되고, 〈개발문제〉가 그것을 대체하고 있다고 주장하는 건 아니라는 점에 주의를 환기해 두고 싶다. 대체하고 있는 게 아니라, 특히 1990년대 이후에는 장기간에 걸쳐 계획 단계에 머무르고 있는 〈개발문제〉가 부각된 결과, 양자가 함께 존재하는 상태에 있다고 생각하는 것이 타당하다.

*6 공해병의 경우, '인정' 여부라는 커다란 논점이 별도로 존재하는 점에 주의가 필요하다.

*7 하세가와는 자신의 책(長谷川 2003)에서 일본의 개발계획 전반에 대한 운동의 어려움과 쇠퇴 기제에 대해서, 자원 동원론과 정치적 기회구조론의 관점에서 설명하고 있다.

*8 이하의 기술은 A 씨에게 들은 얘기를 토대로 한다(1999년 8월 5일).

*9 1999년 6월 24일, B 씨에게 들은 얘기다.

*10 시마즈의 주장에 대해서는 그의 책(嶋津 1991)을 참고하기 바란다.

*11 무엇보다 반대동맹의 주장이 다른 주민, 특히 인구가 집중된 하류지역의 주민에게 어떻게 인식되고 있었는지는 다른 차원의 문제다. 상세한 것은 다음 장을 참고하기 바란다.

*12 전문위원회의 답신에 대해서는 오카와 강 전문조사위원회 자료(大川専門調査委員会 1980)를 참고하기 바란다.

*13 오고세가 엮은 책(生越 編 1983)을 참고하기 바란다.

*14 2000년 5월 6일, D 씨에게 들은 말이다.

*15 구체적으로는 '시장에게 보내는 공개서한'이라는 형태로 1986년 1월 1일부터 연속 5회 《산리쿠신보》에 게재되었다. 좁고 험한 국도를 교체하는 공사는 1970년에 시작되었지만, 교체 도로의 일부가 댐 계획으로 인해 수몰이 예정되었기 때문에 공사가 중단된 채로 있었다.

*16 엄밀하게 이야기하면 마을 만들기 단체 속에서 댐 건설 반대의 입장에서 운동에 협력한 것은 D 씨와 E 씨 등 한정된 멤버였다. 이러한 멤버를 통칭해서 본 장에서는 '마을 만들기 그룹'이라고 부른다.

*17 마을 만들기 단체와의 연구모임에서 한 발언이다. 이 발언을 포함해 당일 연구모임의 모습이 5단 기사로 지역지에 보도되었다(《산리쿠신보》 1989년 6월 22일).

*18 위험사회론의 주요 논자 가운데 한 사람인 울리히 벡(Ulrich Beck)은 '위험은 항상 결정에 의존한다'고 한 다음, 산업사회의 위험과 다른 현대의 위험을 ①시간과 공간을 초월할 수 있다 ②기존의 인과관계나 책임, 의무에 관한 법칙으로는 설명할 수 없다 ③금전이나 보험으로는 보상할 수 없다고 하는 세 가지 특징으로 규정한다(Beck 1996: 31). 한편, 이 사례에서는 상류지역의 삼림과 바다와의 유기적인 관련성이나 댐의 영향 같은 생태계 위험을 둘러싸고 전문가들 사이에 논쟁도 있었다.

*19 1999년 4월 25일, 들은 얘기다.

*20 2000년 10월 13일, 들은 얘기다.

*21 구체적으로는 '댐 건설과 국도 개수를 하나로'라는 기본 원칙을 계속 유지한 자민당계 현지사(5선, 20년)가 1989년에 물러나고, 1993년에 '정보공개'를 전면에 내건 비자민당계 지사가 취임한 일과, 건설성에서 댐 건설을 실질적으로 주도했던 토목부장이 센다이 시 부시장으로 전출된(나중에 뇌물죄로 체포) 일을 들 수 있다. 특히 후자에 관해서 현 토목부의 어느 직원은 반대운동의 리더에게 "이것으로 댐의 '진원지'가 사라졌기 때문에 어찌되었건 댐을 추진할 필요가 없어졌습니다"라고 이야기했다 한다.

*22 2001년 2월 7일에 들은 말이다.

*23 가와베 강 댐 건설 계획을 둘러싼 갈등 과정에 대해서는 후쿠오카의 책(福岡 1994)을 참고하기 바란다.

제4장

〈숲은 바다의 연인〉 운동의 발생과 전개
― 운동 전략으로서의 조림 활동의 행방

이번 장은 니이츠키新月 댐 건설 계획에 대한 위기감을 배경으로 미야기현宮城県 가라쿠와 정唐桑町에 거주하는 양식어민들이 시작한 〈숲은 바다의 연인〉 운동의 전개 과정을 검토한다. 이 조림운동은 1990년대에 들어와 활발해진 환경 자원봉사에 의한 조림 활동과 삼림보전 활동의 선구가 된 운동이다. '풍어기旗를 올리고 나무를 심는다'는 행위를 통해 유역이라는 관점에서의 환경 보전의 필요성을 호소한 이 운동은 대중매체의 주목과 다양한 지지층을 확보하는 데 성공했다. 미야기 현 최북단의 '주변지역'을 무대로 처음에는 몇 안 되는 사람들로 시작된 어민운동이 발전하여 커다란 사회적 영향력을 가지게 된 배경에는 어떤 요인이 있는 것일까.

밑에서는 우선, 사례의 개요와 지역의 특징을 확인하고, 본 장의 분석 관점을 제시하기로 하겠다(제1절). 다음으로 운동의 발생에 이르기까지의 과정을 운동 리더의 생활 경험에 주목해서 검토한다(제2절). 그리고 운동 주체의 자원 및 전략, 외부 행위자와의 관계, 운동의 프레이밍framing을 중점적으로 검토해 운동의 전개 과정을 분석한다(제3절, 제4절). 마지막으로 환경운동으로서의 의의를 지적하기로 한다.

1. 사례의 개요와 분석 관점

전국적인 조림 활동의 활성화

최근 환경 자원봉사에 의한 조림 활동과 삼림보전 활동이 각지에서 주목받고 있다. 한마디로 조림 활동이라 해도 다양한 활동 형태가 있고, 그역할자도 다양하다. 그렇지만 이런 활동이 활발해진 배경에는 자연환경과의 관계를 추구하는 도시지역과 인구 과소화에 직면한 농산촌지역 간에 지자체나 주민 차원의 교류가 활발해진 것, 임업 부진에 의한 삼림 황폐나 역할자 부족, 지구 환경문제의 현재화顯在化로 대표되는 환경문제에대한 사람들의 관심이 높아진 것이 공통 요인으로 존재한다.

1990년대 중반 이후, 자주 사용하게 된 '환경 자원봉사'나 '삼림 자원봉사' 같은 말은 사람들이 삼림을 비롯한 환경의 보전이나 창조에 능동적·주체적으로 관여하게 되었다는 것을 보여주는 하나의 예다. 예를 들어 임야청 조사에 따르면, '삼림 관계 자원봉사 단체'는 1995년 시점에약 200개가 있었지만, 매년 증가하여 2003년에는 1,165개 단체에 달하게 되었다.*1 이외에도 사회공헌활동의 일환으로 민간기업이 만든 단체라든지 수원지 숲의 보호 등의 목적으로 하류지역의 지자체가 주도한조림 활동도 두드러지게 되었다.

조림 활동이 많은 사람들의 관심을 끄는 것은 분쟁 상황 하에서 특정이슈에 관련된 문제의 해결을 지향하는 고발형·대결형 운동과는 달리, '누구든지 참가할 수 있다'는 개방성과 '나무를 심는다'는 행위의 실천성·구체성·표출성, '미래세대를 위해서'라고 하는 미래지향성이 거기에포함되어 있기 때문일 것이다.

1980년대 후반 홋카이도北海道와 미야기 현에서 어민이 중심이 된 대규모 조림운동이 연이어 시작되었고, 1990년대 들어오면 전국 규모로 운동이 확대되었다.[*2] 삼림의 다양한 기능과 물질의 '순환'에 주목한 하류 지역의 어민이 강의 상류지역에 조림을 하고, 유역의 환경을 지키려 한 이 운동은 산부터 바다까지 하나로 보는 '유역 관리' 이념이 뒷받침된 것이었다. 이 운동은 각지에 비슷한 형태의 운동이 파급되는 운동 측면뿐만 아니라, 농림수산성(수산청)이나 환경성 같은 중앙부처의 정책에 미친 영향 등 다방면에서 영향력을 갖게 된다.

사례의 개요

여기서 분석 대상으로 삼은 〈숲은 바다의 연인〉 운동(이하, 〈숲·바다〉 운동)은 미야기 현 가라쿠와 정의 굴 양식업에 종사하는 어민 그룹 '굴의 숲을 그리워하는 모임'(약 60명, 이하, 그리워하는 모임)이 주체가 된 조림 운동이다. 본 운동은 전국에서 선구적으로 1989년에 시작한 운동으로 같은 종류 운동의 대명사격인 존재가 되었다.[*3] 오카와 강人川 상류지역 이와테 현岩手県 무로네 촌室根村에 '풍어기를 올리고 나무를 심는다'는 행위를 통해 유역 단위 환경 보전의 필요성을 호소한 〈숲·바다〉 운동은 지역을 뛰어넘어 광범위한 지지층을 얻었고, 매년 개최되는 식수제 참가자는 약 500명에 달한다. 심은 나무만 해도 2만 그루를 넘었다. 초중학교의 여러 교과서에도 운동이 소개되는 등 사회적 영향도 적지 않다.

한편, 이 점이 지적되는 일은 거의 없지만, 앞 장에서 언급한 대로 이 운동은 원래 니이츠키 댐 건설 계획에 대한 어민의 위기감이 배경이 돼서 시작된 것이다. 현과 시가 댐 건설에 관한 '기본협정서'를 체결하고, 담수선 측량이 개시되는 등 1980년대 후반은 수몰 예정 지역 주민에 의한 반대운동이 운동을 시작한 이래 최대의 위기에 직면한 시기였다.

〈숲·바다〉 운동의 역할자가 된 어민 대부분은 게센누마 시気仙沼市와 인접한 가라쿠와 정에 거주하면서 굴이나 가리비 양식을 하고 있다(그림 4-1).

그림 4-1 오카와 강 유역 개요

미야기 현 최북동단에 위치한 가라쿠와 정은 남북 약 18km 길이를 가진 반도 모양의 정으로 해안을 따라 12개 부락이 산재한다.

전통적으로 어업이 지역 기간 사업이었던 가라쿠와 정은 근대 어업의 발전에 따라 원양어업 선원을 다수 배출해 온 역사를 가지고 있다. 1975년에는 주민 1인당 소득이 현 내 74개 시·정·촌(당시) 중에서 4위에 달한 일도 있다. 그러나 1980년대 이후, 특히 연안어업과 원양어업의 생산액이 큰 폭으로 감소해 탈어업이 진행되는 과정에서 인구 유출과 고령화율 상승에 박차가 가해졌다(표 4-1, 표 4-2). 그 같은 상황 속에서도 양식어업의 생산액은 조금씩 증가하는 추이를 보였다.

분석 관점

게센누마 만에서 굴 등의 양식어업을 하는 어민들이 주체가 된 〈숲·바다〉 운동은 대중매체 등에서 활동의 개요가 표면적으로 소개되는 일은 있어도, 그 내막이 사회(과)학적 현지조사에 기초해서 해명된 일은 없었다. 양식어업을 하는 소수의 어민운동이 활발해지고 발전해서 댐 건설 계획에 커다란 충격까지 주게 된 배경에는 어떤 요인이 있는 것일까? 더 나아가 이 운동이 가지는 환경운동으로서의 의의는 무엇일까?

미야기 현 최북단이라는 주변부에 위치한 가라쿠와 정에서는 '선장'으로 불리는 원양어업의 어로장이 되어 '빨간 기와 저택'을 짓는 것이 과

표 4-1 연령 계층별 인구 추이(가라쿠와 정)

구 분	1960년	1970년	1980년	1990년	2000년	2000년/1960년
총 계	11,767	10,789	10,312	9,698	8,841	75.1%
(%)	(100.0)	(100.0)	(100.0)	(100.0)	(100.0)	(−)
0~14세	3,756	2,695	2,161	1,682	1,255	33.4%
(%)	(31.9)	(25.0)	(21.0)	(17.3)	(14.2)	(−)
15~64세	7,181	7,085	6,943	6,400	5,335	74.3%
(%)	(61.0)	(65.7)	(67.3)	(66.0)	(60.3)	(−)
65세~	830	1,009	1,208	1,616	2,251	271.2%
(%)	(7.1)	(9.4)	(11.7)	(16.7)	(25.5)	(−)

* 출처 : 총무청(성) 통계국(매년) 자료를 토대로 작성.

표 4-2 산업별 종사 인구 추이(가라쿠와 정)

구 분	1960년		1970년		1980년		1990년		2000년		2000년/1960년
	인구	%	인구	%	인구	%	인구	%	인구	%	
총 계	6,223	100.0	5,488	100.0	4,759	100.0	4,663	100.0	4,043	100.0	65.0%
제1차	5,089	81.8	3,929	71.6	2,632	55.3	1,977	42.4	997	24.7	19.6%
농업	1,555	25.0	1,091	19.9	291	6.1	231	5.0	73	1.8	4.7%
임업	46	0.7	24	0.4	11	0.2	11	0.2	2	0.0	4.3%
어업	3,488	56.1	2,814	51.3	2,330	49.0	1,735	37.2	922	22.8	26.4%
제2차	459	7.4	480	8.7	761	16.0	1,101	23.6	1,162	28.7	253.2%
광업	73	1.2	17	0.3	2	0.0	2	0.0	1	0.0	1.4%
건설업	159	2.6	242	4.4	208	4.4	180	3.9	228	5.6	143.4%
제조업	227	3.6	221	4.0	551	11.6	919	19.7	933	23.1	411.0%
제3차	675	10.8	1,079	19.7	1,366	28.7	1,585	34.0	1,884	46.6	279.1%
도소매	235	3.8	403	7.3	525	11.0	598	12.8	634	15.7	269.8%
서비스	280	4.5	410	7.5	523	11.0	610	13.1	778	19.2	277.9%
공무	58	0.9	112	2.0	123	2.6	134	2.9	133	3.3	229.3%
기타	102	1.6	154	2.8	195	4.1	243	5.2	339	8.4	332.4%

* 출처 : 총무청(성) 통계국(매년) 자료를 토대로 작성.

거 어린이들의 꿈이었다. 원양어업은 전통적으로 화려한 산업인데 반해, 양식어업은 지금까지 사회적으로도 경제적으로도 가라쿠와 정 내에서는 주변적인 존재에 지나지 않았다.*4 이러한 배경을 토대로 상기의 과제가 명확하게 밝혀질 필요가 있다.

여기서는 다양한 논점을 가진 본 사례 중에서도 특히 운동의 발생 및 전개 과정을 해명해 보기로 하겠다. 분석 관점으로는 사회운동론에 있어서 운동 주체(운동 조직)의 자원과 운동 전략, 다른 행위자와의 관계에 주목하는 '자원 동원론' 투시법을 사용한다(長谷川 1985; Jenkins 1983; 片桐 1995; 塩原 編 1989 等). 왜냐하면 자원 동원론은 "상대적으로 얼마 안 되는 세력밖에 없는 운동이 왜 고양돼 목표를 달성할 수 있는 것인가?"(長谷川 1985: 128)라는 설명 과제를 갖고 있어 사례 분석에 적합하다고 생각할 수 있기 때문이다.

물론 "행위가 단순한 데이터로 환원되기 때문에 그 운동이 가지는 의미와 기원에 관한 충분한 검토는 이루어지지 않는다"(Melucci 1989=1997: 11)는 비판이 되풀이되어 온 데서 충분히 알 수 있듯이, 자원 동원론 그것만 갖고 운동의 전개 과정을 해명할 수 있는 이론틀을 완성할 수 있는 건 아니다. 따라서 여기에서는 미시적 차원에서 운동 리더의 생활 경험과 인식에도 주목하는 동시에 프레이밍 개념을 원용, 운동의 기원과 역사적 변모를 분석하고, 그 성격의 변화를 질적으로 돋을새김하는 것을 시도한다.

2. 운동 리더의 생활 경험과 인식

리더의 생활 경험

'그리워하는 모임'의 리더인 F 씨는 1943년 가라쿠와 정에서 출생, 약 60년 동안 그곳에서 생활을 영위해 왔다. 학창시절에는 배낭을 메고 전국을 여행, 히로시마広島와 아오모리青森의 양식어민 집에서 장기간 기거하면서 양식 노하우를 배운 적도 있었다.[*5] 그러나 가업인 굴 양식업을 정식으로 이어받은 후에는 집을 떠난 일이 거의 없었다. 가족 중에서 남성 일꾼이라고는 자신이 유일했으니 일의 특성상 장기간 집을 비우는 것은 불가능에 가까웠기 때문이다.

그의 생활에 커다란 전기가 마련된 것은 1980년대에 들어와서다. 가라쿠와 정 모우네舞根 지구에는 재단법인인 굴 연구소가 있는데, F 씨는 어릴 적부터 재단 직원과 그곳에 출입하는 연구자들과 교분이 있었다. 1984년, 연구소를 방문했던 프랑스 연구원의 초청으로 연구소 연구원과 함께 프랑스 연안지역의 굴 산지를 약 1개월 동안 시찰하게 되었다.

각지를 방문하면서 F 씨는 프랑스에서 가장 긴 강인 루아르 강Loire River 하구부에서 충격을 받는다. 굴을 강 하구부에 '직파'해 양식하고 있는 광경을 보고, 고향 바다와의 생산력 차이를 통감한 것이다. 유소년 시절부터 생물을 특히 좋아해서 고향의 강과 바다를 매일 쏘다녔다는 F 씨는 일상 생활 경험 속에서 자연환경에 대한 풍부한 지식을 체득하고 있었다.[6] 그리고 루아르 강 하구부를 방문한 날 점심식사로 먹은 향토요리에 실뱀장어가 오른 것을 보고 강이 풍요로운 것을 직감, 강을 따라 상류지역으로 이동해 나간다. 루아르 강을 거슬러 오르면서 F 씨는 상류지역에 울창한 활엽수 삼림이 펼쳐져 있는 것을 확인하고, 굴을 포함한 하구부 생물의 생육과 상류지역의 삼림이 생태계로서 밀접하게 연관되어 있는 것을 새롭게 인식한다.

학창시절 고향의 강에서 잡은 뱀장어를 게센누마 시 요리점에 팔아 학비를 번 일이 있던 F 씨는 그 후 한동안 뱀장어의 자취를 전혀 찾아볼 수 없어 게센누마 만의 '바다의 변화'를 느끼면서도 그 원인이 무엇인지 확실히 알지 못했다고 한다. 그런데 그 루아르 강 경험이 그때까지의 생활 경험과 유기적으로 결합하여 "지금까지 강과 상류에 관해서 생각하지 않고 바다만 봐왔다"는 F 씨에게 커다란 인식틀의 전환을 가져오게 했다.

F 씨는 1970년대 후반부터 그때까지 해 왔던 양식어업에 더해 도쿄 등 도시지역 시장과 고객을 대상으로 판매에 공을 들여왔다. 그와 20년 동안 교분이 있었다는 수산업계 신문의 전 편집장은 이런 얘기를 한다.[7]

F 씨는 당시(〈숲·바다〉 운동을 시작하기 전)부터 산리쿠三陸에서 좋은 굴을 생산하는 양식업자로 치쿠지築地[1]에서도 평판이 자자했다. …… 당시부터 '(가라쿠와는) 교통신호도 없고 공중전화도 없다'는 말이 입버릇으로, 그 만큼 좋은 환경에 있는 걸 의식하고 있었다. 도 내 유명 레스토랑의 주방장들과 거래를 통한 교분이 있는데, 그들은 좋은 식재료, 안전한 식재료에 대한 요망이 강해서, 생산자로서 자극받는 것과 동시에 위기감 비슷한 것도 있었을 것이다. 즉, 좋은 굴이나 가리비를 생산하는 데 좋은 환경이 필요하다고.

F 씨는 고객인 레스토랑과 호텔의 요리사들을 자택이 있는 가라쿠와 정에 자주 초빙해서 실제로 양식하고 있는 바다를 보여주고, 그 자연환경의 풍요로움을 강조했다. 그는 생업을 통해 소비자의 요구에 아주 민감해져 있었다고 할 수 있다.

여기에서 중요한 것은 대부분의 양식어민은 똑같은 1차 산업인 농업과 마찬가지로 기존 유통시스템으로 인해 소비자와 얼굴을 마주할 일이 없고, 그렇기 때문에 소비자의 동향이나 기호를 파악하기 어려운 상황에 놓여있(었)다는 것이다. 대조적으로 F 씨는 직접 판매를 함으로써 '좋은 물건을 생산하지 않으면 판로가 없어져 버린다'는 긴장감을 항상 갖고 있으면서, '품질관리'를 중요시하는 관점에 눈을 뜨게 되었다. 이는 앞으로 운동의 생성에 중요한 의미를 갖게 된다. 이처럼 F 씨의 자연환경에 대한 인식은 풍부한 생활 경험을 통해서 점차 높아져 갔다.

'니이츠키 댐 건설 문제'의 인식

---

1 도쿄에 있는 일본 최대의 어시장을 말한다. 본래는 '치쿠지 시장'으로 불린다.

그러면 구체적인 운동의 계기가 어떻게 형성된 것일까? 앞에서 언급한 것처럼, 〈숲·바다〉 운동이 시작되는 1980년 후반에는 니이츠키 댐 건설 계획에 반대하는 운동을 전개하던 반대동맹이 '커다란 위기'를 맞고 있었다. 반대동맹 사무국장으로서 운동을 실질적으로 이끌고 있던 A 씨는 댐 계획에 관한 논의를 게센누마 시의회라는 정치의 장으로 들고 가려는 생각에서 시의원 선거에 입후보한다.

A 씨는 이전에 참가했던 심포지엄에서 어민이 '상류에 댐이 만들어진 결과, 정어리도 가다랑어[참치류]도 잡을 수 없게 되었다'고 호소하던 일을 잊을 수 없었다고 한다. 시내의 주요 단체 대부분이 '니이츠키 댐 추진 기성동맹회'에 가맹해서 '댐 추진' 쪽으로 기울어진 상태에서 A 씨는 댐이 완성되면 적지 않은 영향을 받을 것으로 생각되는 연안지역의 어민을 선거운동의 협력자로 찾고 있었다. 거기서 지인을 통해 소개받은 사람이 F 씨였다. 반대동맹의 운동이념에 찬성한 F 씨는 선거기간 중의 '찬조연설'을 맡기로 한다.*8 그 과정에서 댐 건설 계획에 대한 F 씨의 위기의식이 무르익게 된다. 이 점에 대해서 F 씨는 다음과 같이 이야기한다.*9

댐 문제에 대해서는 …… 그때까지는 잘 모르고 있었으니까요. 반대운동을 하는 사람들로부터 여러 얘기를 듣고, 프랑스에서 경험한 일도 떠올려 봤더니, 이건 큰일이구나. …… 친척도 거기(게센누마 시 니이츠키 지구)에 살고 있었으니까, 물론 이전에도 (댐에 대해) 듣기는 했었지요. 단지 그때까지는 그다지 관심을 두지 않았기 때문에. 어디까지나 '남의 문제'일 거라고.

이와 같이 A 씨 등 운동 관계자와의 만남이나 대화를 통해 F 씨는 게센누마 만으로 흘러드는 2급 하천 중 하나인 오카와 강 중류지역에 댐 건설이 계획된 것의 '의미'를 새롭게 인식해 나갔다. 다시 말해 당초에는 F 씨 자신을 포함한 어민은 댐 문제를 '알고 있기는 해도 남의 문제'로 보고 있었던 것이다. 그것이 '니이츠키 댐'은 자신뿐만 아니라 자식과 손자 세대까지도 위협하는 존재로, 구체적인 '자신의 문제'로 의미가 변모해 간다. 그리고 이 의식은 즉각적으로 구체적인 운동이라는 행위로 표출하게 된다.

3. 조림운동의 시작과 전개

초기 자원과 전략

운동을 시작하는 데 있어서 운동의 중심 역할을 한 F씨 등 어민 그룹에게는 어떤 자원이 존재하고 있었던 것일까? 사회운동에 관한 자원은 일반적으로 '운동 조직이 이용 가능한 일체의 속성, 환경, 소유물'로 정의할 수 있지만, 여기에서는 조 프리먼Jo Freeman의 구분을 참고로 금전이나 장소 등 '물적(유형) 자원'과 네트워크나 전문가 등 '인적(무형) 자원'으로 크게 나누도록 한다(Freeman 1979).

주목해야 할 것은 유형 자원은 말할 것도 없고, 풍부한 인적 네트워크다(표 4-3). 이 풍부한 인적 자원은 F 씨가 양식어업의 '생산자'로서 뿐만 아니라, '판매자'로서의 얼굴도 가지고 있었기 때문에 형성된 것이다. 즉 영업상의 연결고리를 통해서 가라쿠와 정 안팎의 행위자와 네트워크가 형성되어 있었던 것이다.

나아가서 운동 시작 다음 해(1990년)에는 홋카이도 대학 수산학부 마츠나가 가츠히코松永勝彦 교수(수산해양화학)가 바다의 갯녹음磯燒け 현상[2] 원인이 강 원류부의 부엽토에서 나오는 철분과 관련이 있는데, 댐이 [갯녹

---

2 연안에 해조류 군락이 사라지고 흰색의 무절석회조류(無節石灰藻類)가 이상 증식해 암반지역이 온통 흰색으로 뒤덮이는 현상이다. 백화현상(白化現象)이라고도 한다. 갯녹음이 생기면 해조류를 먹는 어패류도 사라져 어장이 황폐화된다.

표 4-3 운동 시작 당시의 주요 자원

구 분	자원의 종류	내 용
물적 자원	①금전	약간 있음(심포지엄 개최 비용 등 운동 비용)
	②장소	굴 처리 작업장(사무소) = '합의 형성의 장'
인적 자원	③매출상의 네트워크	부락 내외의 양식어민 도쿄 도 내 요리점, 시장 관계자 업계(수산) 신문 편집장
	④타 지역(유역) 인맥	상류지역 : 무로네 촌 농림과 직원 중류지역 : '반대동맹' 리더 하류지역 : 시청 직원과 시내 유력 자영업자
	⑤지연	지역 부락의 어민 등
	⑥전문가의 협력	홋카이도 대학 수산학부 연구자 등

음을 줄여주는] 철분을 막아버린다는 내용의 기조 보고를 심포지엄에서 발표하는 한편, F씨 등과 공동으로 게센누마 만에 미치는 오카와 강의 영향도에 관한 수질조사를 개시한다. 여기에서 새로이 운동의 인적·정보적 자원으로서 '전문가의 협력'이 더해졌다.

가라쿠와 정 안팎의 네트워크를 기반으로 F 씨는 마을의 사업동료인 굴 양식업자에게 댐 건설 계획의 문제점들을 설파해 나간다. 오랜 세월 바다와 관계를 맺으며 생활을 영위해 온 양식업자는 '눈이나 비가 많은 해에는 굴과 가리비의 성장이 좋다'는 것을 생활지식으로서 경험적으로 익혀서 알고 있었다.[10] 따라서 그들에게는 '댐으로 인해 강의 흐름이 바뀌어 만 내 양식어업에 커다란 위협이 된다'는 이야기를 현실성 있는 것으로 받아들일 소지가 있었다. 그런 그들의 생활지식과 '댐 계획'을 연결한 것이 F 씨였다.

이런 제반 자원을 배경으로 F 씨는 구체적으로 어떤 운동 전략을 선택한 것일까? 그는 다음과 같이 이야기한다.[11]

댐 문제에 관해서는 행정당국과 대결하는 모양이 되기 때문에. ……

(인근 정에 살고 있는) 어부가 게센누마 시의 댐 문제에 말참견하는 것은 이제 엄청난 일입니다. …… 그런 상황에서 강 유역에 사는 사람 전부에게 공통적인 게 무엇인지 생각하면, 그건 숲이에요. '산에 나무를 심는' 일이라고 한다면, 우리들도 할 수 있는 일이지요? 그렇게 정치색을 띠지 않고. 그래서 (유역) 전체 사람들의 마음을 휘어잡을 수단으로 '나무를 심는' 일을 고른 것입니다.

〈숲·바다〉 운동은 이렇게 해서 '풍어기를 올리고 산에 나무를 심는다'는 운동 전략 하에 시작하게 된다. 뒤에서 언급하겠지만, 반대동맹의 리더 등 이념을 공유하는 조직 외 구성원의 강력한 지지를 받으면서 '식수제라고 해도 호소하지 않으면 안 된다'는 생각 아래, 애초에는 연 1회의 '식수제'와 거기에 부대행사로 열리는 '심포지엄'을 중심으로 운동을 전개해 간다.

심포지엄은 '숲은 바다의 연인 모임'으로 불렸고, 식수제가 끝난 후에 개최되었다. 제1회 심포지엄에는 현지 대중매체를 통한 사전 예고도 있고 해서 예상을 뛰어넘는 약 250명의 인원이 모였다.[*12] 심포지엄 장소에 다 못 들어가 통로에서 듣는 사람이 있을 정도로 성황이었다. 다음 날 《산리쿠신보》와 《게센누마가호쿠》 등 각종 지역신문은 '산·강·바다의 환경 보전을'이라는 제목으로 심포지엄의 모습을 머리기사로 보도하였다. 이와 같이 처음부터 대중매체의 굉장한 주목을 받는 가운데 운동이 전개된다.

자원의 획득

그러면 운동의 초기 전략, 즉 상류지역에 '나무를 심는다'는 행위는 운동 주체에게 어떤 효과를 가져다준 것일까? 여기에서는 운동 전략에 의해 획득한 인적 자원 및 물적 자원에 대해서 다음의 네 가지를 지적하고자 한다.

첫째, 무로네 촌 당국의 협력을 들 수 있다. '이 운동은 촌 장래에 상당한 플러스를 가져다준다'고 직감한 무로네 촌 농림과 직원 L 씨의 지원을 받아 F 씨 등은 '상류가 준 혜택에 감사해서 나무를 심고 싶다'고 당시의 촌장에게 협력을 요청했다. L 씨는 무로네 촌 출신으로 현립 농업단기대학을 졸업한 후, 촌사무소에 취직, 농정분야에서만 계속해서 일해온 행정 직원이었다. L 씨는 '산'까지 염두에 둔 F 씨의 발상에 놀라 그때까지 갖고 있던 '어민상'을 수정하게 된다. 이 L 씨의 적극적인 지원도 있고 해서 촌장은 어민들에게 무로네 산의 촌유지를 조림 용지로 무상제공할 것을 결단하였다. 이외에도 식수제의 여러 잡무를 촌사무소 직원들이 지원해 준 일, 나중에 체험학습을 시작하는 데 있어서 촌내 초등학교와의 절충 등 L 씨가 한 역할이 적지 않았다.

이와 같은 촌의 협력을 얻을 수 있었던 배경에는, 역설적이지만 인위적인 행정구역으로서 '현 경계'라는 존재가 있다. 1989년 당시 게센누마 시에서는 '정·관·재' 모두 댐 건설 추진 일색으로, 이 운동에 대해 비판적으로 보고 있었다. 한편, 현 경계에서 떨어져 있는 이와테 현 무로네 촌에는 댐 건설로 인한 직접적인 이해관계가 존재하지 않았고, 댐 반대를 외치지 않는 이 운동에 협력하기 쉬웠다는 점에 유의할 필요가 있다. 즉 운동이 현 경계를 넘어 조림함으로써 결과적으로 행정당국 등에 의한 사회통제를 회피할 수 있었다고 할 수 있다.

둘째, 지역 시인의 현실참여가 있다. 반대동맹 리더의 배우자이기도 한 그녀의 협력으로 이 운동을 전국적으로 확대시키는 커다란 요인이 되는 기발한 문구가 탄생했다. 이 운동은 기존의 '댐 반대'나 '조상 대대로 이어온 토지를 지키자'와는 다른 '숲은 바다의 연인'이라는 아주 새로운 운동 프레임을 구축하게 되었고, '풍어기를 내걸고 어민이 산에 나무를 심는다'는 행위 양식과 더불어 대중매체의 주목을 끌었다.

셋째, 반대동맹의 멤버이기도 한 오카와 강 중류지역 농림업인의 협력이다. 조림을 하는 데는 풀베기와 땅고르기 등의 작업이 필요하게 되는데, '아마추어'인 어민이 조림운동을 전개·계속해 나가기 위해서는 그들과 같은 '산의 프로'의 지원이 필수적이었다. 전략상 그 사람들은 절대로 겉으로 드러나는 일이 없었지만, '구로코黑子'[3]로서 운동을 지탱하게 되었다.

넷째, 대중매체의 호의적인 보도를 지적해 두고 싶다. 이 운동은 '풍어기를 내건 조림운동'으로서 매체의 상당한 관심을 끌었다. 그 배경에는 운동이 신기한 것에 더해, '댐 반대'를 전면에 내세우지 않은 운동 전략과 지구 환경문제의 현재화 등에서 비롯한 당시의 환경문제에 관한 여론의 고양이 있다. 게다가 F 씨나 이 운동을 지원하는 E 씨 등도 일을 통해서 대중매체가 운동의 이미지 형성에 얼마나 중요한 기능을 하는지 숙지하고 있었다. 그 예로, 그들은 운동 시작 전에 시청에서 기자회견을 열고 운동 내용을 어필한다. 위에서 언급한 대로 '숲은 바다의 연인'이라는 절묘한 프레임은 대중매체의 호의적인 보도에 의해 확산되었고, 지지층을 확대해 나가게 된다.

행위 양식·운동 프레이밍 파급과 외부 행위자와의 연계

한편, 이 운동이 다른 지역에 끼친 영향에는 어떤 것들이 있었을까? 구체적으로는 운동의 행위 양식 그 자체가 파급시킨 형태와 운동의 프레임이 보급된 형태로 나눌 수 있다.

전자의 전형적인 예로서는 미야기 현 시즈카와 정志津川町의 '시즈카와 정

3 일본의 가부키 등 공연이 있을 때 무대에서 검은 옷차림을 하고 배우를 거들어 주는 사람을 말한다. 이 사람의 도움 없이는 무대 진행이 불가능하다고 할 수 있다. 이런 비유를 통해 그 정도의 중요성을 가지고 운동에 관여했다는 의견을 제시하고 있다.

어협'과 '시즈카와 정 도구라戸倉 어협'의 청년부가 주체가 된 '바다 사나이 들의 식수활동'(1995년~)과 구마모토 현熊本県 요카쿠 만羊角湾의 진주 양식업 자가 중심이 된 '구마모토 현 펄 청년회'에 의한 '숲은 바다의 연인 IN 아마 쿠사天草'(1996년~)가 있다. 두 운동 모두 지역의 해양 수질오염에 직면한 리더들이 F 씨의 운동 이념에 공감해서 시작한 어민의 조림운동이었다.

후자의 대표적인 사례로는 제2장에서 다룬 것처럼, 1990년대 전반부터 중반에 걸쳐서 활발했던 나가라 강長良川 하구언 건설·운용을 둘러싼 환경 운동을 들 수 있다. 그 운동에서 리더들이 구사한 것은 '숲은 바다의 연인, 강은 그 중매인'이라는 문구였다.

'그리워하는 모임'은 운동의 초기에 해당하는 이 시기에 무로네 촌(L 씨) 과 게센누마 시(E 씨)와 같은 외부의 주체와 연대하는 한편, 대중매체와 우 호적인 관계를 구축하면서 운동을 전개하였다. 특히 제3장에서 언급한 대 로 '댐 반대' 이념을 공유하는 반대동맹 멤버와의 연대·협동은 주목할 만 한 가치가 있다. F 씨 등의 '그리워하는 모임'이 '나무를 심는다'는 것으로 유연하게 유역의 연관성을 호소하는 한편, '반대'를 전면에 내거는 반대동 맹의 멤버는 〈숲·바다〉 운동에 협력하면서 구로코 역할을 충실히 수행함 으로써 거시적으로는 하나의 환경운동으로 커다란 사회적 세력을 형성해 나간다.

여기까지의 논의를 정리하면, 이 운동의 운동 초기의 성격은 어민의 생 활 방어로부터 시작된, '댐 계획 저지'를 주목적으로 하는 '유역 주민의 교 육·계몽운동'이라고 할 수 있다. 실제로 이 시기의 운동은 심은 나무 수가 적고 '기념식수'적인 색채가 강해서 조림에 의한 '직접 효과'는 제한적이 라고 할 수밖에 없다. F 씨 등도 그것을 알고 있어서 오히려 역점을 둔 것 은 식수제 후의 심포지엄 쪽이었다.

4. 운동의 발전과 성격 변모

무로네 촌의 변화

〈숲·바다〉운동은 1993년부터 조림 지역인 무로네 촌과의 협동에 의해 규모를 확대하고 지지층을 넓혀 간다. 동시에, 운동 과정에서 무로네 촌의 후계자 세대인 농민 등 주민 각층의 문제의식을 환기시켜 나간다. 그 대표적인 예가 무로네 촌 12구 자치회의 젊은 간부였다. 농민인 M 씨를 비롯한 젊은 층의 주민은 처음부터 〈숲·바다〉운동 식수제에 참가하고 있었는데, '나무를 심어 산을 풍요롭게 만드는 일은 농민인 자신들의 문제이기도 하다'는 의식으로 점차 변화되어 갔다고 한다.*13

자치회 간부의 의식 변화는 그때까지 자치회에서 화제가 되고 있던 '물레방앗간 복원' 계획과 겹치는 모양으로, '물레방앗간이 있는 부락 만들기 구상'으로 전개된다. 1992년 가을에 작성된 이 구상은 부락의 상징으로서 '물레방앗간 복원', '수원 함양을 위한 활엽수 숲 만들기', '환경 보전형 농업 추진' 세 가지를 축으로 구성되었다. 구상에는 청정에너지의 상징인 물레방앗간을 활엽수 숲에 저장된 풍부한 물을 이용해 가동, 유기재배 메밀이나 수수 등을 상품화해서 지역 활성화를 도모하는 내용이 담겨 있다.

특히 '수원 함양 숲 만들기'에 관해서는 이미 운동을 시작한 '그리워하는 모임'과 협동해 조림할 것을 M 씨 등이 제안한다. 그 결과 〈숲·바다〉운동은 1993년 이후, 하류지역의 '그리워하는 모임'에다가 상류지역의 12구 자치회가 운동 주체로 가세하는 모양새를 띠며 더욱 확대되었다.

이는 운동의 이후 전개를 가름하는 데 있어서 중요한 의미를 갖고 있었다고 할 수 있다. 즉 12구 자치회라는 지역주민 조직이 조림운동의 역할자로 참가한 일은, 무로네 촌 당국으로서도 보다 적극적인 지원을 펼쳐나가는 데 정당성을 부여받았다는 것을 의미하기 때문이다. 그 후, 촌 사무소는 12구 자치회와 분수림分收林4 계약을 맺는 형태로, 12구 자치회 지역에 위치한 야고시 산矢越山 촌유지를 조림 용지로 새로 제공하였다. 나중에 언급하겠지만, 조림 용지 확대에 따라 대규모 조림이 가능하게 된 일은 운동의 성격에 상당한 영향을 미친다.

위와 같이, F 씨 등 '그리워하는 모임'의 운동이 12구 자치회의 새로운 활동 계기를 제공하고, 그 결과 촌 당국이 운동을 한층 더 지원해 가는 과정을 살펴봤다. 그렇지만 그 과정이 순풍에 돛단 듯 마냥 순탄한 것만은 아니었다. 촌내에는 경제림으로서 침엽수림을 조성한 임업가도 존재하기 때문에 활엽수의 효용을 강조하는 이 운동에 대해서 비판적으로 보는 눈도 있었고, 자치회 안에서도 '왜 바다 사람들을 위해서 상류의 우리들이 봉사하지 않으면 안 되나?' 혹은 '무슨 바보 같은 일을 하고 있냐?' 등과 같은 의구심과 반발도 적지 않게 있었다. 특히 공동 개최 초기에는 식수제 당일 협력한 집이 자치회 103가구 중에서 겨우 20~30가구 정도에 지나지 않았다. 그러나 운동이 외부에 알려져 반향이 커지고, 다른 지역으로부터 참가자가 늘어남에 따라 지역주민의 반응도 점차 바뀌어 갔다고 한다.[*14]

새로운 획득 자원과 전략 전개

제12구 자치회의 '협동'이 성립, 식수제가 공동 개최되기에 이르렀을 때는 어떤 구체적인 성과(자원)를 얻게 되었을까? 표 4-4는 운동 주체의 새로운 획득 자원을 정리한 것이다. 우선, 앞에서 언급한 것처럼 조림 용지로 새로운 촌유지(약 5ha)가 확보되었다. 그리고 운동이 사회적으로 인지됨에 따라 민간단체로부터 조림용 묘목이 제공되는 등, 외부 행위자에

---

4 토지소유자와 산림관리자가 다른 조림지를 말한다. 산림의 소유주와 나무를 심어 기른 사람이 서로 달라, 그 수확을 일정한 비율로 나누어 갖기로 하고 조림한다.

표 4-4 새로운 획득 자원

종 류	획득 자원의 내용	제공자
유형 자원	①조림 용지(촌유지 약 5ha)	무로네 촌
	②임도	무로네 촌
	③금전(약 1,500만엔)	복수의 민간 재단
	④묘목(매년 3,000그루 정도)	복수의 민간 재단
인적 자원	⑤양심적 구성원(12구 자치회 주민)	12구 자치회
	⑥식수제의 준비 및 당일 노동력	무로네 촌

의한 자원 제공이 활발해진다. 특히 주목해야 할 것은 묘목 이외에도 적지 않은 금전의 제공이 있었다는 점이다.[15]

인적 측면에서는 12구 자치회의 간부를 중심으로 한 무로네 촌 주민이 양심적 구성원으로서 운동에 관여하게 된다. 더욱이 촌사무소 직원이 참가해 식수제 당일의 잡무를 맡았다.

이즈음 F 씨 등은 새롭게 환경교육의 전개를 구상하고 있었다. F 씨는 다음과 같이 말한다.[16]

(운동 과정에서) 어른들만으로는 안 된다고 알게 된 거지요. 다시 말해, 아이들 교육이 필요하다고. …… 오카와 강 상류 무로네 촌의, 바다에서 십 수 킬로밖에 떨어져 있지 않은 곳조차도 …… 일상생활 속에서 바다를 의식할 기회가 거의 없습니다. 이건 곤란하지요. 그 사람들의 생활은 전부 바다와 연결되어 있으니까.

F 씨가 구상하는 아이들 환경교육을 본격적으로 실행하기 위해서는 교실과 각종 설비 등 물적 자원이 필요했다. 1991년 시험적으로 체험학습을 실시, 무로네 촌의 초등학생을 바다로 초대해 그 '유효성'을 실감했던 F 씨 등은 위에서 말한 자원 획득에 의해 본격적으로 초중학생 체험학습을 펼쳐 나갈 수 있었다.

운동 과정에 있어서 대중매체가 한 역할과 그 중요성에 대해서는 사회운동 연구 분야에서 자주 지적되어 왔지만, '식수제'라는 이벤트 방식을 운동 전략으로 취한 이 운동에 있어서도 일반 시민 등 운동 지지층을 획득하기 위해서는 그야말로 대중매체의 힘이 필수적이었다(片桐 1995; Zald 1996).

무엇보다 대중매체의 기능은 단순히 운동 외부 사람들에게 운동의 존재와 활동 내용을 인지시키는 것만이 아니다. 대중매체는 동시에 운동 내부에 대해서도 다양한 영향을 줄 수 있다(長谷川 1985). 예를 들어 무로네 촌의 M 씨가 말하는 것처럼, 지역 안에서 적지 않게 존재했던 의구심과 반발의 목소리는 "매스컴에 대대적으로 보도되고 외부의 반향이 점점 커짐에 따라 상당히 변화"되고, 당사자들에게 "이대로는 내가 뒤처지고 만다"는 위기감이 생겨났다. 그야말로 "운동 참가자의 눈으로 보면, 매스컴의 보도는 운동이라는 존재가 사회적으로 인지되고 있는 것을 인식할 기회"(長谷川 1985: 149)였다.

한편, 대중매체는 그 성질상 항상 신기한 대상을 요구한다(Jenkins 1983). 그런 의미에서 환경교육 실시는 대중매체의 주목을 단속적으로 환기시키는 데 중요한 의의를 가지고 있다. 다시 말해, 위에서 언급한 새로운 자원을 획득함으로써 환경교육이라는 것을 할 수 있었고, 결과적으로는 새로운 운동 전략을 만들어가는 계기가 되었던 것이다.

그림 4-2는 운동을 둘러싼 자원과 전략의 관계를 나타낸 것이다. 특히 1993년 식수제 공동 개최 이후, 운동의 '전략'과 '자원 동원'에는 '선순환'이 생기고 있었다. 그 배경으로는 위에서 보았듯이 대중매체가 순환의 원동력으로 기능했다고 할 수 있다. 주요 신문을 예로 들면, 1992년 정점에 올랐을 때는 '환경'에 관한 기사 건수가 1988년 대비 약 7배로 급증했다(環境庁 1997). 그 같은 사회적인 맥락에서 본다면, 이 운동은 아주 좋은 취재 대상이기도 해서 특히 1994년 이후에는 연간 기사 수가 15~20건으로 대폭 증가했다.[17]

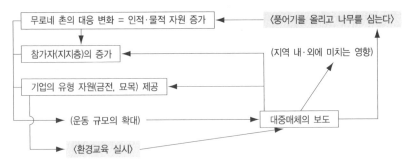

그림 4-2 〈숲은 바다의 연인〉 운동에서 자원과 전략의 관계

* (주) 〈 〉는 전략. ▭은 자원.( )는 주로 그 결과를 나타냄.

환경·자원 창조 운동으로

체험학습 시작을 하나의 전환점으로 해서 〈숲·바다〉 운동은 아이들을 중심으로 한 환경교육에 중점을 두면서, 자신의 생활 경험을 기반으로 한 F 씨의 운동 이념을 반영하여 보다 유연한 운동 스타일로 전환해 간다. F 씨는 말한다. "(아이들이) 놀면서 느끼는 것이 가장 중요하지 않을까요?"[18]

이미 살펴본 것처럼, 1993년 이후 무로네 촌에서는 촌사무소를 비롯, 마을 전체 체제로 운동에 관여하게 되었다. 특히 새로운 운동 주체로 참가한 12구 자치회는 1995년부터 식수제에 맞춰 지역 특산품과 어민의 협력을 받은 굴 등의 해산물을 판매하는 한편, 지역의 어린이들이 향토 예능을 보여주는 '물레방아 축제'를 전개하고 있다(사진 4-1).

이 시기의 운동은 심는 나무 수가 천 그루 단위로 증가함과 동시에, 참가자도 운동 초기의 100명 규모에서 500명 규모로 확대되어 간다. 그리고 매년 개최되었던 식수제 후의 '심포지엄'은 1993년을 마지막으로 자취를 감춘다. 대신 1995년부터는 위의 '물레방아 축제'라는 이벤트가 개최되어 오늘에 이르고 있다.

사진 4-1 '물레방아 축제'의 모습

* 2001년 6월 3일 필자 촬영

　이는 운동의 성격 변화를 생각하는 데 있어서 놓칠 수 없는 중요한 요소다. 다시 말해, 그때까지 개최되었던 '심포지엄'은 유역 주민 계몽을 주 목적으로 하고 있었기 때문에 거기에는 '그리워하는 모임'의 '댐 건설'에 대한 의문점과 메시지가 담겨 있었다. 그것이 다른 지역에서 참가하는 사람이 크게 늘고 '물레방아 축제'를 개최하게 됨으로써 이 운동은 무로 네 촌의 '지역축제'로서의 성격을 강하게 띠게 된다. 물론, 댐 문제가 여 전히 중요한 주제라는 건 틀림없는 사실이다. 그러나 운동 리더들이 그 문제에만 매달리지 않고 보다 보편적인 '환경 보전'과 '지역 만들기'라는 지향성을 '환경교육 실시'를 포함한 운동의 실천 속에서, 특히 무로네 촌 과 협동을 통해서 강화시켜 나간 것을 엿볼 수 있다.

　이 시기, 운동이 어느 정도 궤도에 올라 게센누마 시내에서 그때까지 개 최되었던 식수제 후의 '심포지엄'도 없어짐으로써, 운동 초기 기획과 운영 에 중요한 역할을 한 E 씨 등은 운동에 일반 참가자로 참여하게 된다. 게

사진 4-2 나무 심는 초등학생들
* 2001년 6월 3일 필자 촬영

다가 당초 구로코 역할로 〈숲·바다〉 운동에 관여, 이 운동과 긴밀하게 연대했던 반대동맹의 유지 멤버는, 12구 자치회가 운동당사자로서 전면에 나서 조림에 관한 기초 작업 등에 필요한 인적 자원을 제공하게 된 1990년대 중반쯤부터 직접적인 관계가 엷어진다. 즉 어민의 생활 방어에서 출발, '댐 계획 저지'를 주목적으로 하는 '유역 주민의 교육·계몽'이라는 성격이 후퇴하는 한편, 참가자가 수천 그루의 묘목을 실제로 심고 '물레방아 축제'를 즐긴다고 하는 '참가형·체험형 이벤트' 및 '지역 만들기'와 '어린이들의 환경교육'이 운동의 전면에 나온 셈이 된다(사진 4-2).

이를 토대로 운동의 성격 변화를 정리하면, 이 운동은 당초 댐 건설로부터 유역 환경을 지킨다고 하는 의미에서 환경보전운동이었다. 그러나 80년대 이전 주류였던 생활 방어를 위한 고발형·저항형 운동이 아니라, '나무를 심는' 행위를 통해 새로운 유역 환경을 창조할 것을 호소하고,

운동 과정에서 상류지역 무로네 촌의 지명도를 높여 이 마을의 지역 만들기를 촉발한다는 '환경·자원 창조 운동'으로 전개되어 갔다. 제2장의 논의를 토대로 역사적인 관점에서 본 경우, 〈숲·바다〉 운동은 제3기, 나아가서는 제4기의 특성을 체현하는 환경운동으로 자리매김할 수 있을 것이다.

지금까지 언급해 온 것처럼 운동의 지지층이 지역을 뛰어넘어 확대되는 한편, 운동 초기에 볼 수 있었던 〈숲·바다〉 운동과 반대동맹 간 주로 조직 차원에서 이루어진 연대·협동은 운동 주체의 변화와 1997년 댐 건설 휴지 결정 등을 배경으로 점차 리더 사이의 완만한 개인 차원의 교류로 변질되어 간다.*19

본 장의 논의를 정리해 두자. 댐 건설이 추진되는 '역풍' 속에서 '주변지역'에 위치하는 소수의 어민운동이 크게 발전한 요인은 '나무를 심는다'라는 자원봉사 행위의 실천성·미래지향성과, 누구나 참가할 수 있다는 운동의 개방성을 겸비한 행위 특성에 더해, 반대동맹을 비롯한 다양한 외부 주체와의 연대를 기반으로 '숲은 바다의 연인'이라는 새로운 운동 프레임을 구축한 점에 있다. 이처럼 뛰어난 프레임 구축과 '풍어기를 올리고 나무를 심는다'는 표출적이고 독특한 전략은 '지역 만들기'라는 무로네 촌 주민의 요구와 결합함으로써 운동의 새로운 전개·확대를 가져왔고, '매체의 주목이라는 희소 자원'(田崔 1997: 142)을 획득했다. 그 결과, 반대동맹 운동이 동원할 수 없었던 광범위한 계층의 사회적 지지를 획득해 자원과 전략의 '선순환'으로 이어진 것이다.

환경운동으로서의 의의

그러면 이와 같은 자원 동원 과정을 거쳐 활발해졌던 〈숲·바다〉 운동의 환경운동으로서의 의의는 어디에 있는 것일까? 댐 건설 계획을 둘러싼 분쟁 과정 분석이라는 이 책의 관점에 비춰 보면, 그 하나는 '수몰 예정지 토지소유권자를 중심으로 하는 지역주민' 대 '사업 주체'라는 그때까지의 해당 개발계획을 둘러싼 폐쇄적인 문제 구도를, 지역 내외를 불문하고 일반 사람들이 광범위하게 공통적으로 관심을 가질 수 있는 문제로 바꾼 점에 있다.

분명 수몰 예정 지역 주민이 주체가 된 반대운동은 제3장에서 검토한 것처럼 인구가 집중된 하류지역의 지지층을 획득하려고 시내의 각 가구를 대상으로 한 소책자 배포와 전문가를 초빙한 '심포지엄' 개최를 통해 댐 필요성에 대한 의문점과 하류 주민에게 불리한 점을 호소해 왔다. 그렇지만 수몰지역 주민으로 구성되는 '반대동맹'만으로는 '토지소유권자의 이기심'이나 '이데올로기적인 운동' 같은, 다른 지역 주민들의 선입관을 불식하는 것이 쉽지 않았고, 지지층 확대가 어려웠다. 하류지역의 어떤 주민은 반대동맹에 대한 인상을 "'토지소유권자가 반대하고 있다'는 정도였고, 운동 확대는 전혀 없었다"고 회상한다.[20]

거기에 전혀 다른 행위 양식과 운동 프레임을 내세운 운동이 일어난 결과, 오카와 강 유역에는 수몰 예정 지역 주민에 의한 반대운동과 〈숲·바다〉 운동이 함께 존재하는 모양새를 띠게 된다. 상호 보완적인 성격을 갖는 두 가지 운동의 전개를 통해 오카와 강 유역의 환경운동은 커다란 사회적 세력을 형성하였다.

다음 장에서 검토하겠지만, 댐 계획 휴지 결정으로 이후의 치수·이수 방안이 현으로부터 위탁 받은 '오카와 강 치수이수검토위원회'에서 심의되었다. 1999년 11월에는 게센누마 시민을 대상으로 한 자유응모 공청회(시민 의견을 듣는 행사)가 검토위원회 주최로 개최되었다. 공청회에서 하류지역 시가지에 사는 어떤 자치회장이 "F 씨 등이 운동을 통해서 주장하고 있는 것에 신뢰성이 없다고 하는 사람도 (현 내부에) 있지만, 그것이 허구라는 게 입증되지 않는 한, 댐 건설 강행은 피해야 한다"고 한 발언은 이 운동이 지역사회에서 역할을 충분히 했다는 것을 단적으로 보여주는 예일 것이다.

개발 행위로 인해 자신의 생활환경에 직접·간접의 영향이 발생할 것이 예상되지만, 개발 예정지의 토지소유권자 주민이 갖고 있는 토지소유권 같은 유효한 대항력이 없는 '주변 주민'을 다양한 장면에서 볼 수 있다. 그런 의미에서 단순히 '어민에 의한 조림운동'이라는 틀에 머물지 않은 〈숲·바다〉 운동은 직접적인 대항력을 갖지 못한 주민이 벌인 환경운동의 하나의 성공 모델을 보여주고 있다.

*1 임야청 자료(林野庁 各年)를 참고했다. 그리고 일본의 삼림 자원봉사의 역사와 현황에 대해서는 일본임업조사회에서 발간한 책(日本林業調査会 1998)과 야마모토 신지가 엮은 책(山本信次 編 2003)에 상세히 나와 있다.

*2 어민에 의한 조림 활동에 대해서는 전국어업협동조합연합회 회지(全国漁業協同組合連合会 1998)를 참고하기 바란다.

*3 홋카이도에서는 1988년에 지도어업협동조합이 주도, 홋카이도 전체 규모로 '물고기를 늘리는 식수운동'이 개시되었다.

*4 복수의 주민이 이를 깨닫게 해 주었다. 또한 통계적으로 봐도 지역의 가라쿠와 어협에 소속된 조합원 약 1,300명 가운데 양식어업을 영위하는 사람은 140명 정도(1998년 시점)에 불과했다.

*5 밑의 얘기는 1999년 1월 16일과 2월 15일에 수행한 F 씨 대면 조사를 정리한 내용이다.

*6 이 점에 관한 구체적인 일화는 도미야마의 책(畠山 1999)에 자세히 나온다.

*7 1999년 3월 21일, J 씨 대면 조사에 의거한 기록이다.

*8 1999년 4월 4일, A 씨 대면 조사에 의거한 기록이다.

*9 1999년 2월 15일, F씨 대면 조사에 의거했다.

*10 이 점에 관해서는 K 씨(1999년 3월 19일)와 G 씨(1999년 4월 25일) 등 복수의 어민으로부터 지도를 받았다.

*11 1999년 1월 6일, F씨 대면 조사에 의거했다.

*12 패널로서 아메리카 원주민 운동에 종사하는 데니스 뱅크스 씨와 '나가라 강을 사랑하는 모임'의 도코로 히데오(所秀雄) 씨 외에 도 내 프랑스 요리점의 요리장, 이시마키(石巻) 전수대학의 연구자가 참가했다. 제2회 이후에도 마츠나가 가츠히코(松永勝彦)(홋카이도 대학 수산학부 교수), 호보 다케히코(保母武彦)(시마네 대학 법문학부 교수), 우치야마 셰츠(内山節)(철학자) 등이 심포지엄에서 강연을 했다.

*13 M 씨 대면 조사에 의거했다. 그리고 12구 자치회 회장은 필자에게 당초 식수제에 거의 관심이 없었지만, 젊은 간부가 열심히 해서 점차 자신도 그 인식이 바뀌었다고 말했다(1999년 3월 18일, N 씨 대면 조사에 의함).

*14 1999년 4월 4일, M 씨 대면 조사에 의거했다. 필자가 참여 관찰한 1999년과 2001년의 식수제에서는 축제가 끝난 후, 지역의 상징이 된 물레방앗간 주변에서 마을의 특산품이나 음식물을 판매하는 지역주민의 모습을 많이 볼 수 있었다.

*15 예를 들면, 후지필름 그린펀드와 도요 환경기금(도요 타이어) 등 민간기업이 설립한 재단으로부터 1,000만엔 이상의 자금이 제공되었다.

*16 1999년 1월 16일, F 씨 대면 조사에 의거했다.

*17 《아사히신문》의 전국판 및 미야기 현판, 이와테 현판의 합계다. 그리고 1992년 이전에는 연간 기사수가 2~3건이었다.

*18 〈텔레비전 도쿄〉의 「네비게이터 '96 굴의 숲을 만든다 — 풍어기를 내건 조림」(1996년 7월 16일 방송)에서 인용했다.

*19 1990년대 중반 이후, 반대동맹의 주요 멤버 중에서 〈숲·바다〉 운동의 방향성에 의문

을 가진 사람도 나왔다. 거기에는 ①이 운동이 전개됨에 따라, 지역주민의 단결에 의지해 25년 가까이 행정당국과 대치해 온 그들의 운동 스타일과 차이가 두드러진 점 ②'식수제'가 정례화되고 '이벤트'적인 색채가 강해진 점 ③더 나아가 댐 계획의 당사자였던 현지사 등 현의 간부가 식수제에 참가하게 되었고, 상류지역의 무로네 촌과 가라쿠와 정 어민만 주목받는 한편, 해당 댐 계획으로 피폐해진 중류지역의 니이츠키 지구는 그 그늘에 감추어져 버린 점 등을 요인으로 생각할 수 있다.

*20 1999년 8월 4일, E 씨 대면 조사에 의거했다. 그 외에도 O 씨(2001년 2월 7일) 등 복수의 주민으로부터 같은 얘기를 들었다.

제5장

댐 건설 계획 재검토를 둘러싼 심의 과정
— '중지'는 어떻게 결정되었나

1997년 8월 니이츠키新月 댐 건설 계획 '휴지休止'*1가 발표된 후, 미야기 현
宮城県은 사업계획을 재검토하기 위해서 오카와 강人川 치수이수검토위원회
를 발족시켰다. 검토위원회는 2년 이상 심의를 거친 후, '치수 계획에 대
해서는 하도 개수가 적당, 이수 계획에 대해서는 다목적댐을 선택하는
것이 현시점에서는 적당하다고 할 수 없다'는 최종 답신을 지사에게 제
출한다. 이 답신을 받아들이는 모양새를 갖춰 2000년 11월 건설성은 댐
사업에 대한 국고 보조를 중지할 것을 결정, 니이츠키 댐 건설 계획은 중
지되었다.

계획 재검토에 있어 중요한 역할을 맡은 검토위원회에서는 어떤 논의
가 이루어졌던 것일까? 더 나아가, 첨예하게 대립하는 가운데 어떻게 해
서 '계획 중지'라는 합의가 형성되었던 것일까?

이번 장에서는 1990년대 중반 이후의 정부의 공공사업 재검토 정책의
동향을 살펴보고(제1절), 최종 답신에 이르기까지 검토위원회 심의에 초
점을 맞춰 심의회 참관과 관계자 대면 조사, 위원회 의사록 및 신문기사
를 활용해서 합의 형성 과정을 검토한다(제2절). 아울러, 건설성이 1995
년 설치한 '댐 등 사업심의위원회'(이하, 댐 심의위)와 비교하는 형태로,
검토위원회가 가진 의의와 과제를 지적한다(제3절).

1. 공공사업 재검토 정책의 전개

공공사업 재검토 정책의 3단계

나가라 강長良川 하구언과 이사하야 만諫早湾 간척 사업으로 대표되는 것처럼, 1990년대 들어 대형 공공사업에 대해 전국적 규모로 환경운동이 활성화되고 사회적 비판이 비등하면서 이는 그 후 정부나 지자체가 공공사업 재검토 정책을 실시하는 하나의 요인으로 작용했다. 특히 하천 행정에 있어서 나가라 강 하구언을 둘러싼 일련의 분쟁은 건설성이 '하천 환경 중시'나 '소통형 행정' 같은 새로운 정책을 전개하는 전환점이 되었다.

여기에서 말하는 공공사업 재검토 정책이란 장기화한 개별 사업계획의 재검토는 물론, 사업을 재검토하는 '재평가 제도'의 체계 구축을 포함하고 있다. 댐 건설 계획을 중심으로 한 공공사업 재검토 정책에는 크게 나누어 다음의 세 가지 단계가 있었다고 생각된다.

제1단계는 1995년에 설치된 '댐 등 사업심의위원회'(댐 심의위)다. 댐 심의위 설치에 이르게 된 배경을 간단히 설명해 두자. 나가라 강 하구언 운용 개시에 반대하는 항의운동이 고조되자 이에 밀리는 형태로 1995년 3월 건설성은 나가라 강 하구언 '원탁회의'를 설치한다. 이 원탁회의에는 반대운동 관계자도 멤버로 참여했다.

그러나 원탁회의 설치로부터 불과 2개월이 경과한 시점에 건설장관이 하구언 운용 개시를 결정해 건설성은 운동 단체와 대중매체로부터 엄청난 비판을 받게 된다. 사업 주체인 건설성이 애당초 원탁회의를 계획 재검토를 논하는 장으로 위상을 부여한 게 아니라, 원탁회의란 어디까지나 계획의 목적을 '이해시키기' 위한 '설명의 장'에 불과했다. 따라서 원탁회의는 '주민 참여'를 체현한 것이 아니라, '정중하게 사업내용을 설명한다'는 기존 행정의 '홍보활동'의 연장선상에 있었다고 할 수 있다.

비판이 쏟아지는 가운데 하구언 운용 개시를 결정한 당시의 건설장관이 "장관이 고독한 결단을 내리는 이런 시스템은 여기서 끝내고 싶다. 공공사업을 검토하는 구조를 만들 수 없는가"라고 지시, 건설성 내부의 검토를 거쳐서 새로 설치된 것이 위의 댐 심의위였다(諏訪 2001). 댐 심의위는 계획이 교착 상태에 빠진 건설성 직할사업 중에서 '화제가 될 만한 것'으로 고른 11개 사업에 대해서, 해당 계획의 타당성을 심의하는 것을 목적으로 한 일종의 '정책 실험'이었다. '실험'이라고 부르는 이유는 당시 기존의 사업 과정에는 계획을 재검토하는 재평가 제도가 존재하지 않았기 때문이다. 그러나 실제로는 설치된 댐 심의위 대부분이 계획의 타당성을 추인하는 답신을 제출했기 때문에 댐 심의위는 '문서로 보증하는 기관'이라는 비판을 받게 된다.

제2단계는 1997년에 실시된 댐 사업 재검토 작업이다. '재정구조 개혁'을 최우선 정책 과제로 내건 당시의 하시모토橋本 내각은 공공사업비에 대해 전년 대비 7% 삭감 방침을 내걸고, 홋카이도北海道 도청이 독자적으로 개시한 공공사업 재평가 제도('시기 평가')를 따라가는 모양새로 공공사업 재검토를 시행했다. 그 결과, 발표된 것이 12개 댐 사업이었다.

이 단계에서 재검토 대상이 된 것이 니이츠키 댐이다. 12개 사업 중 호소고치細川內 댐은 원래 댐 심의위 심의 대상 사업이었는데도 불구하고 심의위원회 참여 여부를 놓고 입지점인 기토 촌木頭村(촌장·촌의회)의 동의를 얻을 수 없었기 때문에, 냉각기간의 의미를 담아서 '일시 휴지'로 다루게 된 것이다. 따라서 이것을 제외하면 댐 계획 태반은 이미 휴지 상태에 있거나 사업규모가 작은 것이었다. 그리고 2000년 8월에는 그해 6월의 중의원 선거에서 자민당이 도시지역에서 참패한 것을 배경으로, 연립여당이 정부에게 200개가 넘는 공공사업을 중지할 것을 권고한다. 이같이 집권 여당의 정책 '애드벌룬'으로서 개별 사업의 재검토가 실시된 것이 제

2단계다.

제3단계는 1998년도부터 도입된 공공사업 재평가 제도다. 1998년 3월 건설성이 책정한 '건설성 소관 공공사업 재평가실시요령'에 따라 ①실시 계획조사 단계에서 5년을 경과한 사업 ②건설 단계 사업 및 댐 주변 환경 정비 사업으로 5년을 경과한 후에도 미착수 상태인 사업 ③10년을 경과한 시점에도 계속 중인 사업들은 모두 재평가 대상이 되었다.

다시 말해, 이전의 공공사업 재검토 정책은 모두 '재정구조 개혁' 등 그 시기마다 상위 정책이나 정치 환경에 의해 규정되어 개별적으로 재검토 대상 사업이 선정되어 온 데 반해, 이 단계에 이르러서는 그 운용 상황은 차치하고 위와 같은 일률적인 기준을 설정함으로써 사업 재평가를 위한 하나의 제도를 구축했다고 생각할 수 있다. 건설성의 공공사업 재평가 제도 도입과 병행해서 각 도·도·부·현에서도 독자적으로 조례를 제정하여 '공공사업평가감시위원회' 등의 심의위원회를 설치해 재평가 제도를 도입하고 있다.

2003년 12월까지 중지가 결정된 댐 사업은 전국적으로 112개를 헤아리는데, 그 대부분은 도·도·부·현이 개발 주체가 된 보조 사업으로, 소규모 사업 중심이다.*2 한편, 댐 심의위 심의 대상 사업이 된 가와베 강川辺川 댐, 도마타苫田 댐, 도쿠야마德山 댐 등, 대규모 댐 건설 사업은 모두 심의위에서 '사업 추진' 결론이 내려졌다고 해서, 운동 진영의 강력한 비판에도 불구하고 공사가 추진되어 왔다.*3

니이츠키 댐 건설 계획을 둘러싼 논점과 대립점

이미 언급한 대로, 1974년 미야기 현이 계획을 발표하고 1988년 건설성의 보조 사업으로 채택된 니이츠키 댐 건설 계획은, 1997년 8월에 사업 휴지가 결정되었다. 정부의 공공사업 재검토 방침을 받아들이는 모양새

표 5-1 재검토 대상 댐 사업 일람(1997년 8월 건설성 결정분)

댐 사업	구분	입지 예정지	유효 저수량	실시조사 개시 연도	비 고
시라오이 댐(보조)	휴지	홋카이도 시라오이 정	19.9	1976	1998년에 '중지' 취급
토마무 생활저수지 (보조)	휴지	홋카이도 시무카푸 촌	0.4	1992	1998년에 '중지' 취급
마츠쿠라 댐(보조)	휴지	홋카이도 하코다테 시	11.5	1993	'시기 평가'에 따라 도가 1998년에 '중지' 결정
마루모리 댐(보조)	휴지	미야기 현 마루모리 정	8.0	1992	1998년에 '중지' 취급
니이츠키 댐(보조)	**휴지**	**미야기 현 게센누마 시**	**12.5**	**1974**	**검토위의 답신을 받아 2000년에 중지 결정**
고모리 강 댐(보조)	휴지	사이타마 현 료카미 촌	19.9	1990	현의 공공사업평가위원회를 거쳐 2000년에 중지 결정
마에 강 댐(직할)	휴지	가가와 현 고토나미 정	–	1991	국토교통성의 사업평가감시위원회에서 2003년 중지 결정
야다 댐(직할)	휴지	오이타 현 오노 정	54.0	1972	2000년에 '중지' 취급
우메즈 생활저수지 (보조)	휴지	나가사키 현 고우노우라 정	0.2	1990	1998년에 '중지' 취급
나나츠와리 생활 저수지(보조)	휴지	구마모토 현 오야노 정	0.1	1991	1998년에 '중지' 취급
하쿠스이 댐(보조)	휴지	오키나와 현 이시가키 시	2.0	1989	현의 공공사업평가위원회를 거쳐 2000년에 중지 결정
호소고치 댐(직할)	일시 휴지	도쿠시마 현 기토 촌	53.0	1972	댐 심의위 설치까지 안 가고, 2000년에 '중지' 취급

* (주) 유효 저수량의 단위는 백만톤. 실시조사 개시 연도란 댐 건설의 전제가 되는 실시계획조사 개시 시기를 의미. (직할)은 건설성 직할사업, (보조)는 보조 사업을 의미.
* 출처 : 매년 발간되는 '일본 댐 협회' 자료와 21세기환경위원회 자료(21世紀環境委員会, 1999)를 참고해 작성.

로 건설성이 추진한 댐 사업 재검토에 의해 최초로 휴지 대상이 된 댐 사업 중 하나였다.

니이츠키 댐 사업 '휴지'의 이유는 무엇이었을까? 1997년 11월 19일자 《관보》에 따르면 사업을 휴지한 것은 "댐으로 인해 수몰되는 구역의 토지소유권자의 반대 등에 의해 장기간 댐 사업의 진척을 도모할 수 없는 상황이어서 …… 계획에 관해 다시 다각적으로 검토할 필요가 있다고 생각했기 때문"이라고 한다. 즉 댐 입지점 주민의 강력한 반대로 주민 합의를 얻지 못한 것이 공식적인 휴지의 주요인이 된 것이다.

표 5-2 니이츠키 댐 건설 계획을 둘러싼 주요 논점과 대립점(1980년대 후반)

논점	개발 주체(미야기 현·게센누마 시)	반대동맹
치수	• 오카와 강은 예부터 홍수가 끊이지 않고, 도시화가 진행되는 하류 지역을 지키는 방법은 댐 건설과 하천 개수밖에 없음.	• 계획고수유량을 낮추기(1,000톤/초→800톤/초) 위해 댐이 필요하다는데, 이에 따른 수위 차는 약 50cm에 불과, 댐의 효과는 그렇게 크지 않음. 제방 높이를 높이는 것으로 충분함. • 산림 보전이나 홍수조절용 저수지의 설치 등 다면적 대응이 필요함.
이수	• 오카와 강에서 취수 가능한 최대량은 36,000톤/일로, 그 중 11,000톤이 잠정 수리 범위. 시의 수요예측으로는 2010년경 상수도 수원으로 45,000톤 필요, 댐이 필수적임.	• 인구 감소 경향에 있고, 급수량도 감소하고 있음. 예측만큼 수요가 증가하지 않아, 댐을 건설하면 일반 가정의 수도요금이 대폭 상승함. • 높은 누수율(26.6%; 1986년 시점)을 해결하는 것이 선결 과제임. 나아가 절수 화장실의 보급 등 절수 시책을 철저히 시행할 것.
환경에 미치는 영향	• 댐으로 유수를 안정시키고, 강의 정상적인 기능을 유지, 게센누마 만의 연안어업을 활성화시킴. • 수질은 건설 전과 후에 BOD 등의 수치에 큰 변화가 발생하지 않음. 곰팡이 냄새도 공기 양수기 설치로 방지 가능.	• 댐은 오카와 강 유역의 자연환경을 파괴, 시민의 휴식공간이 영원히 사라짐. 해안침식이 진행되고, 수질 악화로 인한 어업 피해도 큼. • 상류지역에 무로네 촌이 있어, 대량의 영양염류가 댐 호수로 흘러들기 때문에, 조류의 이상 증식이 진행됨. 공기 양수기는 가마후사 댐 등 다른 댐에서도 별로 효과가 없음.
국도 교체	• 댐과 분리한 건설은 곤란. 예산 측면에서도 현 단독으로 사업을 하려면 10년 이상 걸림.	• 국도 단독 개수에 법적 규제의 근거가 없고, 국도와 댐을 분리해서 늦어지고 있는 국도 개수야말로 서둘러야 할 사안임.
시민적 합의	• 일부 토지소유권자로부터 아직 이해를 구하지 못했으나, 대부분의 시민들이 찬성하고 있음.	• 댐 예정지의 80%에 해당하는 토지소유권자가 반대하고 있음. 시 당국이 말하는 '시민적 합의'에는 아무런 근거가 없음.

계획의 휴지 결정을 접수해 1998년 2월 지사의 자문기관으로 발족한 것이 '오카와 강 치수이수검토위원회'(이하, 검토위)였다. 학식 경험자와 주민대표 등 위원 11명으로 구성된 검토위에서는 2000년 5월 최종 답신을 내기에 이르기까지 10회의 심의를 하게 된다. 표 5-1에 제시한 휴지 사업 가운데 심의위와 공공사업평가감시위원회 등 제3자 기관의 논의를 거쳐 중지라는 결론에 도달한 것은 니이츠키 댐, 고모리 강小森川 댐, 하쿠스이白水 댐, 3개 사업 뿐이며, 게다가 해당 사업계획의 재검토만 집중적으로 심의하는 별도의 위원회가 설치된 것은 니이츠키 댐뿐이었다. 나머

지 사업은 모두 지자체 또는 국가의 내부 절차에 의해 중지가 결정되었다. 따라서 니이츠키 댐 계획을 심의한 검토위의 심의 과정은, 휴지 결정후, 대체 안이 어떻게 검토되고 결론에 이르게 되었는지 합의 형성 과정을 검토하는 데 있어 희소 사례라고 할 수 있다.

니이츠키 댐 건설 계획을 둘러싸고 개발 주체인 현이나 시의 말과 반대동맹의 주장이 정면에서 대립, 각각의 논리가 평행 상태를 달리면서 분쟁이 장기화했다는 경위가 있다(표 5-2). 각 논점 가운데, 특히 치수와 이수는 댐 계획의 주요 목적이며 검토위에서도 이 두 가지 논점을 중심으로 논의가 계속되었다. 다음 절에서는 검토위의 개요와 심의의 흐름을 확인한 다음, 심의 과정에 어떤 행위자가 관여했는지 주목하면서, 특히 심의 과정에 있어서 세 가지 사항(기초수치 재검토, 참고인 초치, 시민 의견을 듣는 회의)을 중심으로 검토해 보겠다.

2. 오카와 강 치수이수검토위원회의 심의 과정

검토위원회 개요

"쇼와昭和 49년[1974년]의 댐 계획으로부터 24년이 경과, 경제·사회 정세가 엄청나게 변화했습니다. 오카와 강 치수·이수를 어떻게 해야 할지 모든 각도에서 검토해 주십시오."[4] 현 토목부장의 이런 인사말로 시작된 검토위원회는 우선, 위원회 설치 요강에 기록된 "미야기 현 및 게센누마 시気仙沼市는 위원회가 결정한 계획을 존중한다"는 것과 2년을 목표로 결론을 내린다는 것을 심의의 전제조건으로 확인했다.

검토위원회의 특징은 주로 다음의 두 가지였다.

첫째, 미야기 현의 '심의회 등 회의 공개에 관한 지침'(1995년 3월)에 근거해 심의가 공개로 이루어졌다는 점이다.[5] 동시에 위원회 자료는 방청인에게도 배포됐고, 의사록(의사 요지)도 위원회 종료 후 전부 공개됐다. 또한 게센누마 시민들에게는 시 홍보지 《홍보 게센누마》를 통해서 위원회의 심의 요점이 바로바로 보고되었다.

둘째, 위원의 과반수가 게센누마 시민이었다는 점이다(표 5-3). 검토위원회는 '학식 경험자' 4명, 현지 지자체 대표자인 게센누마 시장, '일반 시민' 6명 등 합계 11명의 위원으로 구성됐다. '일반 시민'에는 반대동맹의 사무국장 A 씨도 포함돼 있었다. 개발 주체와 반대운동 측의 '대화' 그 자체를 목적으로 하는 원탁회의의 경우나 공청회에서 의견을 진술하는 '참고인' 위치일 때를 제외하면, 분쟁의 당사자이기도 한 운동체의 실질적인 리더가 대체 안을 검토하는 위원회의 위원으로 참여하는 것은 극히 이례적인 일이었다.

위원을 직접 인선한 것은 사무국인 현의 토목부(사방砂防수자원과)이지만, 검토위원회 위원장이었던 P 씨는 그 경위를 다음과 같이 말한다. "(사무국으로부터 위원 인선에 관한 상담을 요청받았을 때) 데이터를 숨기지 말고 전부 내놓고 논의하면 좋고, 그리고 반대파 사람들도 위원으로 넣으라고, 그렇게 말했다. 반대파 사람들이 납득할 수 없는 계획은 이제 더 이상 만들어서는 안 된다고."*6

사실 P 씨는 1970년대 후반에도 니이츠키 댐 계획에 관한 오카와 강 조사전문위원회의 위원 취임을 요청받은 일이 있었다. 주민들의 강력한 반대운동으로 시가 1977년 '치수·이수대책협의회'를 설치하는데, 그때 치수·이수 방안을 전문적인 견지에서 검토하기 위해 협의회의 하부 조직으로 설치한 것이 오카와 강 조사전문위원회였다. 그러나 "너무나도 (당초 계획의) 내용이 허술했기 때문에 도망갔다"고, P 씨는 당시 위원 취임 요청을 거절했다.

그래서 이번에 검토위원회 위원으로 취임하는 조건으로 사무국에 제시한 것이 위에서 말한 '반대파 주민들을 넣을 것'과 '처음부터 데이터를

표 5-3 검토위원회 위원 구성과 발언 수

구 분	주요 직책(당시)	발언 수
학식 경험자	도호쿠 대학 공학부 교수(방재공학, 하천공학) 【위원장】	154
	도호쿠 대학 농학부 교수(수권회복생태학)	0
	이와테 대학 공학부 교수(수역환경공학)	4
	이시마키 전수대학 경영학부 교수(정보시스템론)	3
일반 시민	마을 만들기 협의회 게센누마21 대표, 자영업	20
	시종합계획전문조사위원회 기반분과 회장	12
	시산업진흥심의회 회장, 게센누마 어협 조합장	12
	시지역부인회연락협의회 회장	9
	시종합계획심의회 산업부 회장, 전 상공회의소 의장	12
	반대동맹 사무국장, 전 시의원	60
시	시장	50

* (주) 발언 수는 의사록 및 참관을 토대로 계수(위원장 발언 수의 경우, 의사진행에 관한 형식적인 것은 제외).

재검토해 계획을 다시 만들어야 한다는 것'이었다. 이 두 가지 조건은 검토위원회의 심의 방향을 크게 가름 짓게 된다.

제1회 위원회가 열리기에 앞서 위원 전원이 댐 건설 예정지를 포함한 현지 시찰을 갔다. 그 직후에 개최된 위원회 자리에서는 그때까지 댐 계획에 찬성했다고 스스로 밝힌 여러 명의 위원(일반 시민)으로부터 "오늘 처음으로 댐 예정지를 봤는데, 그 규모가 큰 것에 놀랐다", "댐의 물 일부를 수산가공업의 공업용수로 싸게 공급한다는 설명이 있었기 때문에 댐에 찬성했는데, 인구도 상당히 줄어들었고 물 소비량도 줄어들었다. 오늘 처음으로 현지를 보고 나서 이렇게 큰 것은 필요 없다고 생각했다"는 등, 기존 계획의 재검토가 당연하다는 발언이 이어졌다.[*7] 그 결과, 댐 계획의 규모가 위원 전원에게 알려진 것을 배경으로, 계획을 근본부터 다시 검토할 필요가 있다는 데 전체 위원의 의견이 일치한다.

댐 계획의 근거가 된 기초수치(기본 고수유량, 인구 예측, 물 수요계획)의 전면적인 재검토가 위원회 최초의 합의 사항이 됨으로써 심의의 초점은 현행 계획의 추진 여부가 아니라, 어떤 종류와 규모로 대체시설을 생각

표 5-4 검토위원회 심의의 흐름

위원회	출석률	방청객 수	심의사항 및 논의의 요점
제1회 (1998. 2. 17.)	11/11	8	현지 견학 후, 댐 계획에 관한 의문점, 각 위원의 질문·요망 사항 확인.
제2회 (1998. 7. 24.)	11/11	–	오카와 강 조사전문위원회가 쓴 『조사위탁보고서』(1980년)에 관한 질의와 **기본 고수유량 재검토**.
제3회 (1998. 9. 3.)	9/11	–	제2회에 이어 **인구 예측(계획 급수인구) 및 물 수요계획 재검토**.
제4회 (1999. 1. 25.)	11/11	–	제3회에 이어 유량 데이터 재계측·재검토에 기초한 하천 유지 유량 재검토. 위원 추천에 의한 참고인 초치 제안(A 위원).
제5회 (1999. 3. 30.)	7/11	90	**기본 고수유량 타당성을 둘러싼 논의**. 사무국(현)의 **대체 안 제시**.
제6회 (1999. 8. 10.)	10/11	50	유량 데이터, 사무국 안(대체 안) 검토와 엄선 작업. 참고인 초치에 대한 논의.
제7회 (1999. 11. 2.)	8/11	40	**참고인 3명**(시마즈 씨, 엔도 씨=수원개발문제전국연락회 사무국, 기타 1명)의 **의견 진술 및 질의응답**. 엄선된 5개 안에 대한 논의.
시민 공청회 (1999. 11. 25.)	–	110	응모한 25명 중 추첨으로 선발된 8명이 현이 제시한 치수·이수에 관한 대체 안에 대해 의견 발표.
제8회 (2000. 2. 1.)	9/11	불명	시민 공청회를 토대로 3개 안으로 좁힘. 치수·이수 대책에 관한 A 위원의 개인 제안. 다음 회의까지 각 위원의 의견 서면 제출 결정.
제9회 (2000. 3. 22.)	8/11	불명	각 위원이 제출한 의견 모음. '위원장 조정안' 제시.
제10회 (2000. 5. 15.)	8/11	40	'위원장 조정안'을 기초로 위원회 최종 답신 결정. '다목적댐'을 미는 위원이 있음을 부기해 '치수는 신속한 하도 개수로, 이수는 계속해서 어떤 저수시설이든 검토 필요'로 하는 내용. 다목적댐은 건설 중지.

할 것인지로 옮겨간다.

심의는 대략 ①유량 데이터와 물 수요계획 등 치수·이수 계획의 전제가 되는 '기초수치의 재검토' ②'복수의 대체 안 검토와 엄선' ③'외부 전문가·참고인 초치와 의견 진술' ④'게센누마 시민을 대상으로 한 공청회(시민 의견을 듣는 회의) 개최' ⑤'답신 내용의 조정·결정'이라는 흐름으로 전개되었다(표 5-4). 그 중에서 특히 나중에 논의의 행방을 좌우하는 항목은 ①기초수치 재검토 ③참고인 초치 ④공청회였다.

기초수치 재검토의 무대 이면과 대체 안

특히 ①기초수치 재검토에 대해 살펴보면, 댐 계획 책정 이후의 강우와 유량 데이터를 고려할 필요가 있는 점, 인구 감소 등으로 인해 상수도 수요가 당초 계획만큼 증가하지 않은 점, 더욱이 구획 정리 사업 등으로 인해 토지 이용이 변화하여 관개용수의 필요량이 감소한 점 등, 약 20년 동안 계획의 전제조건에 커다란 변화가 생긴 것을 토대로 기초수치를 결정할 필요가 있었다. 이 기초수치 산정은 대체 안을 검토하는 데 출발점이 되는 것으로서 가장 중요하고 어려운 작업이었다.

검토위원회는 전반기 심의의 대부분을 기초수치 재검토에 투자하게 된다. 예를 들면, 제2회와 제4회 위원회는 각각 직전 위원회로부터 회의가 개최되기까지 약 5개월이 걸렸는데, 이는 특히 과거의 강우량을 토대로 산출하는 '기본 고수유량'[8]을 비롯한 유량 데이터 산정에 사무국이 시간을 필요로 했기 때문이다. 그 배경을 위원장이었던 P 씨는 다음과 같이 이야기한다.[9]

쓸 수 있는 관측 데이터가 원래 갖추어져 있지 않았기 때문에 상당히 힘들었습니다. 게다가 실제 유량을 측정해도 수치란 게 아주 사소한 일로도 크게 바뀔 수 있지요. 그걸 여러 가지 조건을 감안해서 그다지 위험을 초래하지 않는 가장 현실적인 수치로 만들어 가는(=추측해 가는) 수고를 저와 사무국이 계속했다는 거지요. 글쎄, 몇 번이나 계산을 다시 하라고 시켰습니다.

사실 검토위원회에서 새로 안을 내놓는 기초수치 산정 작업은 위원장이 사무국을 지도해서 주도하는 모양새로 진행한 것으로, 그 결과 기본 고수유량을 낮추는 안(그림 5-1)이 제시되었다. 이전 계획의 전제가 되었

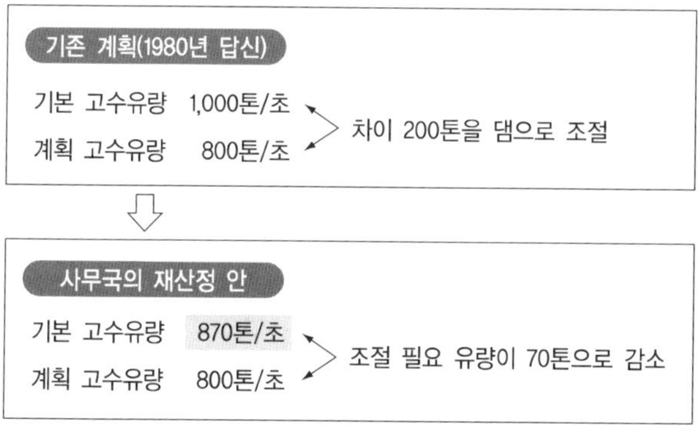

기존 계획(1980년 답신)

기본 고수유량　1,000톤/초

계획 고수유량　　800톤/초

＞ 차이 200톤을 댐으로 조절

사무국의 재산정 안

기본 고수유량　870톤/초

계획 고수유량　800톤/초

＞ 조절 필요 유량이 70톤으로 감소

그림 5-1 치수 계획의 유량 데이터 변경

던 기본 고수유량(1000톤/초)이 낮아진 결과, 새로운 초과유량(70톤/초)을 전제로 사무국은 치수 측면에서의 대체 안 수립 작업에 들어간다.

요컨대 여기까지는 하천공학이라는 '과학적 전문성'을 가진 위원장이 검토위원회의 논의를 거의 완전하게 주도했다고 할 수 있다. 그러나 밑에 언급하는 것처럼, 과거의 강우 패턴을 기초로 산출했다는 새로운 기본 고수유량(870톤/초)과 갈수기 유량(추정치)의 타당성을 둘러싸고 위원회에서는 A 씨와 외부 전문가를 끌어들인 논쟁이 계속 벌어지게 된다.

한편, 이수 계획에 관한 기초수치 심의도 병행해서 진행되었다. 1980년 당시, 오카와 강 조사전문위원회가 이수 계획을 검토했을 때는 인구를 71,050명으로 상정하고, 10년 후의 1일 최대 취수량(45,000톤)을 설정했다. 시가 도시용수로 오카와 강에서 취수할 수 있는 안정 수리 범위(25,000톤)에 대해서, 그 부족분(20,000톤)을 니이츠키 댐에 저수함으로써 대응하도록 되어 있었던 것이다.

그런데 제3장에서 검토한 바와 같이, 현실적으로는 1980년경을 정점으로 인구가 감소하기 시작, 2000년 시점(61,452명)에서는 이미 계획치와 약 10,000명의 괴리가 발생했다. 1998년 새롭게 책정된 게센누마 시의 제4차 종합계획에서는 앞으로 아무런 시책을 강구하지 않았을 경우, 2010

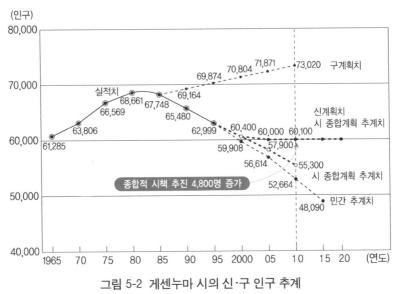

(인구)

80,000

70,000 ···· 73,020 구계획치
71,871
70,804
69,874
실적치 69,164
68,661 67,748
66,569 65,480
63,806 신계획치
62,999 시 종합계획 추계치
60,400 60,000 60,100
59,908 57,900
61,285 56,614 55,300
52,664 시 종합계획 추계치
종합적 시책 추진 4,800명 증가
48,090 민간 추계치

50,000

40,000
1965 70 75 80 85 90 95 2000 05 10 15 20 (연도)

그림 5-2 게센누마 시의 신·구 인구 추계

* 출처 : 気仙沼市建設部開発対策課 1999

년에는 인구가 한층 더 감소해서 55,300명 전후가 될 것으로 예측했다(그림 5-2). 따라서 문제는 이수 계획을 책정하는 데 ①장래 인구 ②1인당 평균 사용량 ③1일 최대 취수량 등을 어떻게 설정하는가에 있었다.

①장래 인구에 대해 살펴보면, 시 당국의 대표이자 위원이기도 한 시장이 각종 인구 감소 억제 시책을 강구하는 것을 전제로 만든 시 종합계획의 정책 목표 수치(60,100명)를 이수 계획의 기초수치로 쓸 것을 주장했는데, 이에 대해 위원 A 씨와 일부 참관인(현의회)으로부터 "과거의 경위를 생각하면, 시의 희망적 관측에 가까운 수치로 논의를 진행하는 게 과연 어떨지?"라는 의문과 비판이 일었다.

또한 ②에 관해서도, 시의 가스수도부가 산정한 1일 1인당 최대 사용량 예측(593리터)에 대해 "후쿠오카 시福岡市가 절수 시책을 철저히 시행해서 1일 1인당 사용량을 거의 310리터로 억제하고 있는 데 비해 게센누마 시에서는 과거 11년간 300리터에서 400리터로 증가했다. 게센누마 시의 절수 노력을 느낄 수 없는데, 절수를 위한 시책을 강구해야 하는 것 아니냐"는 수요억제정책(DSM) 도입 방안도 제안된다.

이에 대해 위원장은 시가 절수를 적극적으로 유도해 나갈 필요성을 인정하면서도 "아마 시민의 절수 의식이 일본에서 가장 높은 후쿠오카 시와 그 정도의 가뭄을 체험하지 못한 게센누마 시를 비교하는 것은 가혹하고, 지금 바로 그런 의식을 게센누마 시민에게 요구하는 것은 무리한 얘기가 아니냐"는 반응을 보인다. 다른 지역과 비교해 예측치가 특별히 높지 않다는 것을 확인한 뒤에 위원회는 최종적으로 인구 예측 및 1인당 사용량에 대해 시가 제시한 수치를 쓰는 것으로 일단락된다. 이에 따라 1일 최대 취수량 36,000톤을 전제로 해서 안정 수리 범위(25,000톤)를 초과하는 11,000톤의 물을 어떤 방법으로 확보할 것인지가 이수에 관한 대체 안 책정 작업의 기초가 되었다. 제5회 위원회부터는 사무국이 책정한 치수 및 이수 대체 안에 대한 검토가 논의의 중심을 차지하게 된다. 다음은 검토위원회에서 재검토한 주요 기초수치다.

(a) 계획 급수 인구 : 71,025명→58,600명

(b) 최대 급수량 : 45,000톤/일→36,000톤/일

(c) 기본 고수유량 : 1,000톤/초→870톤/초

(d) 하천 유지 유량 : 1.2톤/초→0.44톤/초

여기서 직접 다루지는 않았지만, (d)는 갈수기에 하천 생태계를 유지하기 위해 최소한 흘려보내지 않으면 안 되는 수량으로, 자연 유량이 이를 밑도는 경우에는 하천으로부터 취수는 불가능하게 된다. 과거의 유량을 기초로 '전국 수준에서 봐도 최저 수준'까지 유지 유량을 낮춤으로써 수리시설 규모를 최소한으로 하는 것을 의도하고 있었다.

위의 재산정한 기초수치를 전제로 사무국이 제시한 복수의 대체 안을 엄선하는 작업이 진행된다. 구체적으로는 ①하도 개수+이수전용 댐 ②하도 개수+3개의 이수용 보 ③하도 개수+이수용 저수지 ④하도 개수+

표 5-5 오카와 강의 치수·이수에 관한 대체 안

대체 안	내용	정비 속도	실현성	이수 충족 (톤/일)	사업비 (억엔)	유지관리비 (억엔)	급수단가 (엔/톤)
①하도 개수+ 이수전용 댐	(치) 하상 굴착	통상적으로 정비에 상당한 햇수를 필요로 함	가능하지만, 용지 취득 등 불확실한 요소가 있음	–	약 200 ~300	약 6	–
	(치) 하도 확장						
	(치) 제방고 높임						
	(이) 이수 댐	보통	용지 취득에 협력을 얻을 수 있으면 가능	36,000	약 70	약 17	약 260
②하도 개수+ 이수 3개 보	(치) 상동	상동	상동	–	상동	상동	–
	(이) 보를 3개소에 건설	보통	가능	26,500	약 60	약 4	약 240
③하도 개수+ 저수지	(치) 상동	상동	상동	–	상동	상동	–
	(이) 이수용 저수지 건설	비교적 단기간에 가능	가능하나, 용지 취득 등 불확실 요소 내재	21,800	약 10	약 1	약 220
④하도 개수+ 저수지+3개 보	(치) 상동	상동	상동	–	상동	상동	–
	(이) 이수용 3개 보와 저수지	보통	가능하나, 용지 취득 등 불확실 요소 내재	28,100	약 70	약 5	약 250
⑤하도 개수+ 다목적댐	(치) 상동	상동	상동	–	상동	상동	–
	(치)(이) 니이츠키 지구에 다목적댐 건설	하도 개수보다 단기간에 정비 가능	용지 취득에 협력을 얻을 수 있으면 가능	36,000	약 220	약 5	약 250

* 출처 : 오카와 강 치수이수검토위원회 자료에서 발췌. 유지관리비는 50년간을 상정한 액수.

이수용 저수지+3개의 이수용 보 ⑤하도 개수+다목적댐, 이렇게 5개의 선택지가 후보로 남았다(표 5-5).

이 5개의 선택지(대체 안)를 잘 살펴보면 알 수 있는 것처럼, 재검토된 기초수치를 전제하면 이수 충족 및 사업비 측면에서 가장 효과적인 것은 ⑤안, 즉 하도 개수와 다목적댐을 조합한 안이다. 사업 규모를 축소시켰다고는 하지만,[10] 여전히 선택지 중에 다목적댐이 남아 있는 것을 두고 "사무국의 설명을 듣고 있으면 저절로 결론이 보인다", "20년 전의 검토와 비교해 데이터나 계산 방법은 바뀌었다고 생각하지만, 결론이나 방향성 도출 방법은 뭔가 똑같다고 느껴진다. …… 시대도 변했으니까 토목적인 방법 이외에 저수라든지 절수법이라든지 여러 방법이 있을 것으로 생각한다"며, 사무국 안이 종래의 선택지 범위를 벗어나지 않은 것에 대해 복수의 위원이 불만을 표출한다.

외부 행위자의 관여와 '불확실성'의 구축

거기에서 종래의 발상으로는 다시 다목적댐으로 돌아가고 만다고 우려한 위원 A 씨는 외부 전문가의 초치를 제안한다. '학식 경험자'로서 위원으로 참여한 위원장 이외의 위원 3인이 결석을 자주하면서, 위원장에 의해 '위원장=전문가' '다른 위원=비전문가'라는 구도로 주도되는 의사의 흐름을, 입장이 다른 전문가가 위원회에서 의견을 진술하게 함으로써 전환시키자는 의도였다.

"공개로 진행하고 있는 위원회의 성격상 다양한 입장의 전문가 의견을 듣는 것도 판단의 재료로 쓸모없는 것은 아니다"라고 말하는 A 씨의 여러 차례에 걸친 제안에 당초 신중한 자세를 보였던 위원장도 결국 그것을 받아들인다. 그 결과, 시장이 추천하는 와카스기 이치로若杉市郎 씨(전 게센누마·모토요시本吉 지역 광역사무조합 소방본부 소방장), A 씨가 추천한 시마즈 테루유키嶋津輝之 씨(도쿄 도 환경과학연구소, 수원개발문제전국연락회)와 엔도 야스오遠藤保男 씨(도쿄 도 수도국, 수원개발문제전국연락회) 3명을 참고인으로 초치하게 되어, 제7회 위원회에서 의견 진술이 이루어졌다.[11]

제7회 위원회에서는 우선, 참고인 엔도 씨가 주로 이수에 대한 논의를 전개했다. 구체적으로 살펴보면, 오카와 강의 10년 주기 갈수 발생률은 전국적으로 보면 오히려 양호하다고 하고, 한편 댐 호수의 수질 악화가 문제가 된 현 내의 가마후사釜房 댐의 사례를 들면서 당초의 예측을 대폭 상회하는 속도로 토사 퇴적이 진행, 댐을 건설해도 토사 퇴적으로 인해 50년 정도 되면 무용지물이 될 것, 게다가 상류지역에 무로네 촌室根村이라는 인구 밀집 지역이 있기 때문에 댐 호수에서 악취를 포함한 조류가 대량 발생할 가능성이 높다는 것을 지적한다.

여기에 덧붙여 누수 대책을 추진해서 정수장의 손실 유량을 줄일 것, 현행 취수용 보를 개축할 것, 후쿠오카 시처럼 절수형 변기와 절수 수도 꼭지를 보급해 절수 대책을 추진할 것, 배수지와 비상용 우물을 설치할 것 등, 복수의 대응책을 조합함으로써 현행의 안정 수리 범위에서도 대응이 가능하다고 주장했다.

한편, 치수에 관해 독자적인 대응책을 발표한 시마즈 씨는 과거의 강우 패턴과 실제 유량을 비교한 경우, 위원회에서 사용한 '포화 우량' 설정이 과대하고, 자신의 계산에 따르면 과거 최대의 홍수는 전부 계획 고수유량(800톤/초) 이하에서 수습되기 때문에 하도 개수만으로도 충분히 대응할 수 있다고 지적한다. 특히 중요했던 것은 현재의 하상 높이와 제방 높이가 치수 계획을 충족시킬 수 없는 것이 문제라면서 우선 계획대로 하천 개수를 추진하는 게 무엇보다 필요하다는 주장을 위원회라는 공적인 장에서 전개한 점이다.

참고인 의견 진술을 토대로 치수 및 이수 계획의 기초수치가 되는 유량 데이터나 관련 계수의 타당성을 둘러싸고 위원회에서는 위원장 P 씨와 시마즈 씨 등 간에 활발한 논의가 전개된다. 그렇지만 그것은 어디까지나 '실제로 데이터 축적이 없는 상태에서 어떻게 현실에 맞는 판단을 할 것인지' 공통적으로 인식한 바탕 위에서 이루어진 논의였다.

이 참고인 초치가 가져다준 영향을 크게 받은 쪽은 A 씨와 위원장이라기보다 오히려 그 밖의 위원들이었다고 생각된다. 왜냐하면 '도대체 뭐가 올바른 것인가?'를 놓고 위원들 사이에 당혹감이 확산됐고, 그 결과 기초수치를 포함한 과학적 예측의 불확실성을 실감했기 때문이다. 위원장과 시마즈 씨 등의 논의가 일단락된 후, 어느 위원과 위원장이 나눈 다음과 같은 대화가 상징적이다.

위　원 : 오카와 강에는 데이터가 없다, 계산 방법에도 문제가 있다 등, 여러 문제점이 있는 것을 처음으로 알았습니다. 그래서 우리들로서는 어느 선생님, 위원장의 말씀이나 참고인으로 오신 분의 말씀을 어느 정도 믿어야 좋을지, 여러 가지로 판단에 어려움이 있습니다…….

위원장 : 확실히 믿을 수 있는 게 좀체 없어서, 그것을 열심히 정리하는 노력은 하지만, 그런 데이터에 어떤 여지가 있다는 걸 이해하신 다음에 최종적으로 게센누마 시 분들이 결정해 주세요, 이렇게 제일 처음에 말씀드렸을 텐데, 그 의도를 정확히 파악해 주셔서 감사합니다. …… 데이터의 신빙성에 좀 더 진지하게 하려고 한다면, 앞으로 20년부터 25년, 제대로 유량을 측정해 주시면 저희들도 편합니다.

결국 위원장 자신이 "원 데이터가 형편없다는 게 명백히 드러났다는 것만으로도 커다란 성과"[*12]라고 하는 것처럼, 참고인 초치는 기존 계획의 조잡함과 관측 체제의 미비, 더 나아가 현행 예측 수법의 한계와 같은 '불확실성'의 존재를 각 위원과 방청인에게 강하게 인식시킨다고 하는, 생각하지 못한 부산물을 얻게 된다. 그리고 그 직후에 개최된 것이 5개 대체 안에 대한 '시민 의견을 듣는 회의(공청회)'였다.

공청회와 최종 답신

공청회에서는 사전 응모에 의해 선발된 8명의 '일반 시민'이 대체 안에 대한 의견을 발표하고, 위원장 이하 검토위원회의 위원은 그것을 방청했다. 토지소유권자회와 반대동맹 등 이해관계자의 의견 진술과 응수가 계속되는 가운데, 하류지역 시 중심부에 위치한 자치회 회장이 의견을 말한다. 그는 "홍수에 강한 마을 만들기를 목표로 해 왔다"는 말로 서두를 꺼낸 뒤, 신속하고 단기간에 사업을 수행하는 것을 조건으로, 치수는 댐이 아니라 하도 개수로 충분하지 않느냐고 주장했다.

이 발언은 '다목적댐'이라는 선택지를 어떻게 다룰 것인가를 놓고 오락가락하면서, 답신의 결론을 모색하기 시작한 검토위원회 심의에 큰 영향을 주었다. 왜냐하면 오카와 강 하류 주변지역, 즉 큰비만 내리면 항상 홍수의 위험에 노출되는 지역에 위치한 해당 자치회가 치수 대책 시행에 의한 최대의 '수익권受益圈'인데도 불구하고, 그 지역(자치회) 대표에 의해 실질적으로 '댐 불필요'라는 의사 표시가 이루어졌기 때문이다.

참고인 초치와 공청회를 토대로 위원회는 5개의 대체 안 가운데 엄선하는 작업에 들어간다. 그때 우선 합의 형성의 근거가 된 것이, 공청회에서 의견을 발표한 8명이 공통적으로 제기한 '기본 고수유량에 대응 가능한 하도 개수를 즉시 추진하면 좋겠다'는 점이었다. 최대 문제는 이수 대책을 어떻게 생각하느냐였다. 1일 최대 취수량을 36,000톤으로 설정할 경우, 표 5-5에 제시한 것처럼 ②~④의 대체 안으로는 부족분이 생기기 때문에 이 수치와 선택지를 전제하는 한 규모의 차이는 있지만 필연적으로 '다목적댐'을 선택하지 않을 수 없게 된다. 검토위원회에서는 안전도를 보고 여유가 있는 '댐'을 미는 목소리와 그것을 부정하는 의견으로 갈린 상태가 계속됐다.

각 위원의 의견이 다르기 때문에 검토위원회는 치수 및 이수에 관한 각자의 견해를 서면으로 제출하고, 그것의 최대공약수를 찾아 집약한 '위원장 조정안'을 새로운 안으로 삼아 답신을 정리하기로 합의한다. 그 결과 정리된 것이, "토지소유권자의 합의를 얻는다는 조건부로 다목적댐을 미는 의견이 적지 않았다"는 것을 병기한 다음, 치수에 대해서는 "하도 개수로 대응하는 것이 적당"하고, 이수에 대해서는 "어떤 식이든 저수 시설이 필요"하다는 것을 지적하면서, "오카와 강의 저수 시설 가능성을 좀 더 검토한 뒤, 보다 적당한 대책을 선택하는 것이 필요"하다는 답신이었다.

과제를 일부 남겨둔 형태로 결론이 났지만, 적어도 치수에 관해서는 오랫동안 "도시화가 진행되는 하류지역을 지키는 방법은 댐 건설과 하도 개수밖에 없다"고 해 온 현의 주장을 뒤집는 것이었다. 이런 점에서 참고인으로 초치된 전문가, 나아가 반대동맹이 이전부터 해 오던 주장 (표 5-2)이 대폭 받아들여진 형태로 막을 내리게 된 것이다.

3. 검토위원회의 의의와 과제

명시된 문제점

1998년부터 2년여에 걸쳐서 니이츠키 댐 건설 계획 대체 안을 심의해 온 검토위원회의 심의 과정에는 어떤 의의와 과제가 있었던 것일까? 밑에서는 우선 검토위원회 설치 및 심의에 의해 무엇이 밝혀졌는지 정리한 다음, 검토위원회의 의의와 과제에 대해 건설성이 설치한 '댐 심의위'의 심의 형태와 비교하면서 고찰하도록 하겠다.

검토위원회의 심의를 통해서 확실해진 댐 계획의 문제점은 주로 세 가지다.

첫째, 계획 수법의 문제다. "(같은 전문가의 눈으로 보면) 계획이 엉터리라는 인상을 지울 수 없다. 단 3~4년의 데이터로 결정해 버리고 있다"고 위원장이 지적하는 것처럼, 원래 니이츠키 댐 계획이 모호한 근거에 기초해서 책정된 댐이라는 것, 더욱이 관측 데이터와 예측 수법 그 자체가 사실 불확실성을 갖고 있어 그런 점에서 커다란 한계를 내재하고 있다는 점이 명확히 드러났다.

둘째, 사업 과정의 문제가 있다. 예를 들면, 오카와 강 하류지역에서는 강 양쪽 제방의 높이가 달라서 홍수에 위험한 상태에 있었음에도 불구하고, 지금까지 댐 건설을 유일한 선택지로 해 왔기 때문에 사업계획이 교착상태에 빠진 가운데 하류지역의 하천 개수가 충분히 이루어지지 않았다.

셋째, '구조화된 선택지'의 존재와 그 모순이다. 다목적댐 건설에 대한 국가의 보조금 제도라고 하는 뒷받침이 있기 때문에 현이나 시 등 지자체에게는 댐 건설이 가장 자기 부담이 적고, 경제적으로 '합리적'인 것이 된다. 최종 답신에서 "신속한 하천 개수가 필요하다"고 굳이 명기한 것은 "제방을 정비하고 둑을 높이는 일이라면, 현의 예산상 수십 년을 요한다"고 설명하는 현을 견제하기 위해, 위원으로부터 강력한 요청이 있었기 때문이었다.

계획 가치와 계획 과정의 변모

검토위원회의 심의 과정은 하천정책, 특히 댐 건설을 둘러싼 계획 가치와 계획 과정이 배후에서 엄청나게 전환되고 있음을 상징하는 것이었다.

계획 가치에 대해서는 검토위원회 위원 Q 씨(이와테岩手 대학 교수)의 다음과 같은 상징적인 발언이 있다. "계획 당시 오카와 강 유역은 발전도상에 있었고, 재해에 대한 대비가 완전하지 않았다. 또한 환경에 대한 배려도 별로 없었고, 프로(=행정) 주도의 계획으로 치수 대책은 싸게 빨리 시행한다는 시대적 풍조가 있었다." 사실 Q 씨는 과거 니이츠키 댐 계획을 실시하는 데 보증을 했던 오카와 강 조사전문위원회의 위원이기도 했다. 무엇보다 댐 계획이 중지에 이르게 된 본 사례의 경우에는 건설성 직할 사업과 달리 건설성 결정에 의한 '휴지'가 기정사실로 존재하기 때문에, 현으로서는 계획 재검토 시 선택지의 자유도가 넓어 주체성을 상대적으로 발휘하기 쉬웠던 점, 현의 재정상황 악화로 인해 특히 대형 공공사업을 가능한 한 엄선할 필요성이 높았던 점 등, 개발 주체에게도 해당 댐 계획의 의미와 위상이 변모되었던 사실에 주의해 둘 필요가 있다.

계획 과정에 눈을 돌리면, 과거 수십 년에 걸친 주민의 강력한 저항·항의운동에 직면해 온 개발 주체(현)에게는 이 기회에 가능한 한 수몰 예정 지역 주민이 납득할 수 있는 계획을 다시 세워서 교착 상태에 빠진 치수 계획의 정상화를 도모하고 싶다는 의도가 강하게 있었다. 특히 ①기존 계획 및 대체 안 책정의 기초수치가 전면적으로 공개된 일 ②심의 과정에 입지점 주민이 위원으로 참가한 일 ③외부 전문가에 의한 의견 진술이 실현된 일에 의해 검토위원회에서의 논의가 크게 활발해졌다. 이는 내부 정보를 모두 공개하도록, 더욱이 반대파 주민을 위원으로 참가하도록 조언한 위원장의 주도에 의존한 바가 상당히 크다. "성심성의껏 지역에 설명하고, 이해를 더해 간다"는 것을 목적으로 하고 있던 나가라 강 하구언의 원탁회의나 1995년 건설성이 설치한 댐 심의위와 크게 다른 점이다.

공론 형성의 장을 둘러싼 제반 문제

제1장에서 논의한 대로, 댐 건설 계획을 둘러싼 분쟁의 첨예화·장기화의 이면에는 원래 계획 결정 과정에 있어서 이해관계를 가진 입지점 주민에게 참가의 기회가 없고, 개발 주체와 주민(조직)이 대등한 입장에서 논의하는 장이 결여되어 있었다는 커다란 요인이 있다. 이제까지 일본의 대형 공공사업 계획에서는 주민 의견을 반영하는 제도적인 경로가 실질적으로 막혀 있었기 때문에 환경운동은 생활 방어를 주목적으로 한 대결형·작위作為 저지형 운동에 머물 수밖에 없었고, 정책 형성 과정에서 다양한 주체에 의한 '공론 형성의 장'(船橋 1995)이 충분히 발전하지 못했다.

검토위원회도 댐 심의위도 심의회의 일종이지만, 원래 심의회는 '시민 참여'를 촉진하는 행정 수단으로 전후에 도입되어, 오늘날까지 많이 사용해 온 경위가 있다. 즉 적어도 초기 단계에서 심의회는 '공론 형성의 장'의 기능을 하는 것으로 기대를 모았다. 심의회의 기본적인 기능으로는 ① 외부의 전문적인 지식과 경험 등을 활용하는 것 ②이해관계자의 참가에 의해 공정하고 타당한 결론을 얻도록 하는 것 ③광범위한 주민 참여에 의해 민의를 반영하는 것, 세 가지가 지적되었지만(新川 1997; 佐藤 1973), 실제로는 심의의 형식화·형해화가 진행되어 의사 결정의 책임을 전가하는 '방패막이'와 '보증기관'이 되었다고 비판받는 일도 적지 않다.

검토위원회와 댐 심의위를 보면, "사업을 재검토한다"는 목적은 분명히 같았지만, 결론뿐만 아니라 심의 과정도 많은 부분에서 대조적이었다(표 5-6). 댐 심의위는 심의를 대부분 비공개로 하는 한편, 전문위원회나 공청회도 실시하지 않은 채 '사업 추진' 결론을 도출했다. 특히 주목할 것은 위원의 구성원이 현지사와 시·정·촌장, 각종 유력 단체의 장 등으로 고정돼 있고, 지역주민이나 NPO 관계자에게는 참여의 기회가 거의 열려 있지 않았다는 점이다. 검토위원회와 달리 댐 심의위 대부분은 위에서 말한 심의회 기본 기능을 가지고 있지 않아 종래의 폐쇄적인 계획 결정 과정과 거의 차이가 없다고 하지 않을 수 없었다.

검토위원회의 논의가 어떠했는지는 표 5-3에서 제시한 것처럼, 위원회에서 말한 각 위원들의 발언 수를 보면 잘 나타나 있다. 위원회의 논의를 주도한 위원장 P 씨의 발언 수가 압도적으로 많은 것은 당연하다 해도, 반대운동의 실질적인 리더였던 A 위원의 발언 수가 눈에 띄게 많다. 한편, 위원장 이외의 '학식 경험자'의 발언은 출석률에 비례해 비슷하게 저조해서, 실질적으로는 위원장과 A 위원을 축으로 논의가 진행되었고, 여기에 마을 만들기 NPO의 대표자 R 씨와 시장이 발언하는 것이 논의의 기본 구도였다.

표 5-6 댐 등 심의위원회(댐 심의위) 개요

사업명 (설치 시기)	사업 진척도	반대운동	위원수	방청	회수	공청회	전문 위원회	최종 답신의 시기와 내용
사루 강 종합개발 (1995. 8. 18.)	나부타니 댐 은 완성. 비 라토리 댐은 미착공	입지점에서 반대운동	10	×	12	1	없음	1997. 7. 7.(니부타니 댐 은 당초 계획대로, 비라 토리 댐은 사업계획 재 검토 필요)
오가와라 호 종합개발 (1995. 8. 23.)	미착공	특별히 없음	16	×	3	무	없음	1996. 10. 28.(담수화 계 획은 철회, 치수 사업은 계속)
와타라세 유수지 종합개발 Ⅱ 기 (1995. 10. 5.)	미착공	지역과 인근지역의 운동	28	×	6	1	없음	1996. 12. 24.(Ⅱ 기 사업 은 중단. 몇 년 동안 Ⅰ기 사업의 검증을 거쳐 재 심의)
우나즈키 댐 (1995. 9. 8.)	본체 착공	하류지역의 반대운동	10	○	6	1	토사배출 조사전문 위원회	1997. 6. 30.(공사 계속. 토사 배출은 자연적인 흐 름에 가까운 형태로 할 것)
야하기 강 하구언 (1995. 12. 13.)	미착공	입지점을 포함한 하류지역의 운동	10	△	5	무	없음	1998. 8. 14.('중지'를 답 신)
아스와 강 댐 (1995. 9. 6.)	미착공	입지점과 유역의 운동	12	×	12	1	없음	1997. 9. 5.(댐은 필요하지 만, 현재 계획은 희생이 많 아 적당하지 않음)
도마타 댐 (1995. 8. 29.)	부대 공사 착공	입지점 운동은 침체. 유역과 전국 차원의 운동	12	×	3	무	없음	1996. 6. 10.(사업 추진. 건설 가부부터 다시 심의 할 필요 없음)
가와베 강 댐 (1995. 9. 4.)	부대공사 착공	상동	12	×	9	1	전문가, 언론관계 자 의견 청취	1996. 8. 10.(사업 추진)
도쿠야마 댐 (1995. 12. 13.)	부대 공사 착공	상동	22	○	13	2	기술부회· 환경부회 설치	1997. 2. 7.(사업 추진)
요시노 강 제10보 (1995. 9. 18.)	미착공	입지점 부근과 전국 차원의 운동	11	○	11	3	하천공학 자 6명의 보고	1998. 7. 13.(사업 추진)
호소고치 댐 (미설치)	미착공	입지점, 유역, 전국 차원의 운동						
(참고)니이츠 키 댐 (1998. 2. 17.)	부대 공사 착공	입지점과 유역의 운동	11	○	10	1	전문가 의 견 청취	2000. 5. 15.(다목적댐 계획은 중지)

* 출처 : 수원개발문제전국연락회 자료(http://www.geocities.co.jp/NatureLand-sky/4094/suigen.htm)
를 토대로 작성

위원회의 참고인 초치에서 전형적으로 볼 수 있던 것처럼, 위원회의 논의는 모두 논리적으로 진행되었다. 이는 계획을 '이해시키는' 것을 목적으로 했던 나가라 강 하구언의 '원탁회의'와 달리 검토위원회는 원래 대체 안 책정을 목적으로 설치된 것으로, 게다가 그 점이 이미 언급한 것처럼 위원들 사이에 공유되었기 때문이다.

A 씨나 기타 반대동맹 관계자가 "검토위원회의 심의에 거의 만족한다"[*13]고 말하지만, 기존의 계획 결정 과정으로부터 배제돼 왔던 주민이 의사를 표시하는 공적·제도적인 경로가 열려 심의 과정에서 실질적인 참여가 실현됐고, 게다가 운동을 지원해 온 전문가의 의견 진술이 위원회라는 공공의 장에서 실현됨으로써 반대운동을 전개해 온 주민들의 오랜 불신감이나 불만이 상당히 완화되었다고 생각할 수 있다. 주민들이 오랜 세월 주장해 온 삼림 보전과 관리라는, 유역을 염두에 둔 새로운 정책이 최종 답신에 담기는 일은 없었지만, 심의 과정을 밟음으로써 검토위원회의 최종적인 '합의 형성'은 도모할 수 있었다.

이와 같은 실질적인 참여가 실현된 배경에는 위에서 언급한 대로 위원장의 주도와 행정당국의 대응 변화에 덧붙여 운동체 쪽의 요인도 있다. 그것은 제3장과 제4장에서 검토한 것처럼, 운동의 전략 전개를 배경으로 한 운동 네트워크의 확대와 반대동맹 사무국장이 시의원으로서 시의회라는 공적 논의의 장에 들어간 것을 비롯한 '조주로助走路[1]'가 이미 존재하고 있었기 때문이다. 과거 1984년에 반대동맹이 주최한 심포지엄이, 출석한 시장과 건설부장에 대한 운동 진영의 비난과 항의가 그 대부분을 차지해, 이른바 '규탄대회'의 양상을 보였을 때의 적대적인 장면에서는 상상할 수도 없는 차이였다.

1 멀리뛰기, 높이뛰기 등에서 도움닫기 하는 구간을 말한다.

남겨진 과제

이 장의 앞부분에서 언급한 것처럼, 1999년부터 건설성 및 지자체에 공공사업 재평가 시스템이 도입되었다. 다만, 사업의 타당성을 검토하는 위원회는 모두 학식 경험자나 경제단체, 지역의 대중매체 등 주요 단체의 관계자로 구성되어, 주민이나 NPO는 여기에 들어 있지 않다. 따라서 이 평가 시스템에서는 주민들에게 있어서 자신들이 관여할 수 없는 곳에서 결정된 공공사업 계획이 다시 자신들의 손이 닿지 않는 곳에서 갑자기 중지나 계속이 결정되는 일이 일어날 수 있다(磯野 2001).

물론 검토위원회처럼 '관계 주민'과 'NPO' 관계자를 위원으로 참여시킨다고 해도, 거기에는 항상 빠지게 되는(배제되는) 집단과 개인이 존재한다는 점에도 주의가 필요하다. 그런 경우, 오랜 기간에 걸쳐 복잡하게 얽혀 있는 지역주민 간의 대립을 증폭시켜 버리는 위험성도 잉태되어 있을 것이다. 그것은 본 장에서 다룬 사례에 있어서도 마찬가지다. 다시 말해 '반대동맹'은 입지점에 있어서 복수로 존재하는 주민 조직 가운데 하나에 지나지 않는다. 위원으로 의사 결정에 관여할 수 없어서, '토지소유권자회' 등 다른 주민 조직 속에는 검토위원회의 심의 과정이나 결론에 대해서 반감을 갖는 주민도 있다.

따라서 보다 많은 주민의 의사 표시와 참여의 기회를 어떻게 실현할 것인지 앞으로 검토해야 할 과제를 이 사례는 제시하고 있다. 예를 들어, 검토위원회에서 시행한 단 1회의 '시민 의견을 듣는 회의'(공청회)뿐만 아니라, 계획 예정 지역을 포함한 관계 지구(자치회)마다 좌담회 같은 것을 개최하는 등 복수의 수법을 조합할 수 있을 것이다.

위와 같은 절차를 밟으면 엄청난 시간과 비용을 필요로 하는 것은 분명한 사실이다. 하지만 그런 '번거로움'을 생략한 폐쇄적인 계획 결정 과정이 각지에서 댐 분쟁을 야기해 온 것을 생각하면, 본 사례를 '특수 사례'로 덮어버릴 게 아니라, 향후 대형 공공사업 재평가 시스템을 양성하는 데 있어서 본 장에서 고찰한 검토위원회의 의의와 과제를 살려 나갈 필요가 있다. 그때는 일정한 합리적 근거에 기초해서 계획을 다시 책정하는 과제는 물론이거니와 지역주민의 생활을 재건하고, 특히 오랜 기간 주민들이 갖고 있던 긴장과 불만, 불신감 같은 수치화할 수 없는 요소들을 어떻게 이끌어 내어 완화시켜 나갈 것인가 하는 갈등 조절conflict management 의 관점이 중요해질 것이다.

*1 당시 건설성 견해로, 휴지란 사업의 긴급성이나 지역상황 등에 따라 차기년도의 예산을 요구하지 않고, 대체 안을 포함한 계획 재검토를 시행하는 것으로 검토 결과에 따라 '중지', '계속', '변경'의 선택지가 있다.

*2 생활 저수지 27개 사업이 포함되어 있다. 한편, 112개 사업 가운데 건설성 직할 사업은 20개, 수자원개발공단 사업 5개, 도·도·부·현이 주체인 보조 사업 68개, 농수성 사업이 19개다. 일본 댐 협회 자료(日本ダム協会 2004)에 의거했다.

*3 가와베 강 댐에 대해서는 2003년 5월 후쿠오카 고법에서 가와베 강 이수 소송 항소심 판결이 내려져, 국가(농수성)가 댐 건설을 전제로 추진하려던 이수 사업이 토지개량법에서 규정한 대상 농민 2/3 동의에 미치지 못해 위법이라고 못 박았다(국가가 상고를 단념하여 판결 확정). 또한 본체 공사를 실시하기 위해 건설성이 어업권 수용 절차를 요구하는 수용재결신청을 구마모토 현 수용위원회에 제출해 심리를 받아왔지만, 위와 같이 사업의 전제가 되는 이수 사업계획이 무효가 되었기 때문에 재결신청의 전제조건이 공중에 떠 건설성은 본체 공사의 예산을 계상할 수 없는 사태에 이르렀다. 그리고 2001년부터는 구마모토 현이 주최하고 진행하는 '주민토론집회'가 정기적으로 개최되고 있다. 거기에서는 건설성과 운동단체가 댐 계획에 관한 특정 주제에 대해서 오늘날까지 토론을 계속하고 있다. 나가라 강 하구언의 '원탁회의'나 전문가만으로 구성되는 심의원 등과 달리 의제 설정 방법에 있어서나 조정기관으로서 지자체(현)가 주도하는 등 새로운 공론 형성의 장을 창출하는 시도로서 주목된다.

*4 《산리쿠신보(三陸新報)》(1998년 2월 18일)에서 인용했다.

*5 정보공개조례 등 미야기 현의 정보 공개에 관해서는 아라카와가 간단하게 정리(新川 1997)하고 있다.

*6 1999년 11월 2일 위원장 대면 조사에 의거했다.

*7 이후 특별한 언급이 없는 한 발언 인용은 의사록에 근거한 것이다.

*8 기본 고수유량이란 치수 계획을 책정할 때 기초수치가 되는 것으로, 오카와 강의 경우 50년에 한 번꼴의 확률로 발생할 수 있는 홍수 시의 최대 유량을 가리킨다. 과거의 1일 또는 2일 동안의 강우 실적에 기초해서 통계적으로 산출되는데, 계수를 어떻게 설정하는가에 따라 최대 유량이 큰 폭으로 변한다. 또한 하천 규모와 하류지역의 양태에 따라 몇 년 빈도의 홍수를 가정할 것인가가 달라진다. 기본 고수유량 수치의 타당성은 오늘날의 댐 계획을 둘러싼 분쟁에서 커다란 논점이 되었다.

*9 1999년 11월 2일의 대면 조사에 의거했다.

*10 다시 산정된 기초수치를 계획에 적용한 경우, 다목적댐의 높이는 기존 계획 대비 15m를 낮추게 되어 있었다.

*11 제3장에서 언급한 것처럼, 수원개발문제전국연락회, 특히 시마즈 테루유키 씨는 1980년대부터 반대동맹을 지원해 온 '전문가'로서 유력한 활동가다.

*12 1999년 11월 2일 위원장 대면 조사에 의거했다.

*13 2000년 5월 5일 대면 조사에 의거했다.

제6장

상류지역의 지역 만들기 탄생과 '지역 환경'의 구축
— 이와테 현 무로네 촌의 사례로부터

이 장에서는 오카와 강(大川) 상류지역, 이와테 현(岩手県) 무로네 촌(室根村)에서 벌어진, 지역 환경 보전이나 창조를 주목적으로 한 지역 만들기의 생성 과정을 검토한다. 제4장에서 언급한 것처럼, 무로네 촌에서는 1990년대에 들어서자 지역주민이 주체가 된 지역 만들기 활동이 연이어 탄생했다. 그 활동의 대부분은 마을 안에 흐르는 강의 정화 활동 등 지역 환경 보전과 지역사회 활성화를 목적으로 한 것이었다. 여러 활동이 거의 비슷한 시기에 발생한 배경에는 어떤 요인이 있고, 주민의 인식에는 어떤 변화가 있었던 것일까?

밑에서는 우선 내재적 발전론의 형성 과정을 검토한 다음, 내재적 발전론이 지금까지 빛을 보지 못했던 논점, 즉 본래 주민은 어떤 과정을 거쳐서 지역 환경과 지역 자원을, 살려야 할 '환경'과 '자원'으로 인식하는지를 지적하기로 하겠다(제1절). 더 나아가 활동의 역할자가 되고 있는 주민 그룹의 핵심인물에게 초점을 맞춰 그들의 생활 경험을 검토한다(제2절, 제3절). 특히 '외지인'이 가져오는 '외부의 관점'을 계기로 주민의 '기억'과 거기에 뿌리를 둔 '위화감'이 사람들의 지역 환경에 대한 인식을 새롭게 구축하고, 자체(여기선 순화) 활동을 펼쳐가는 과정에 주목해 보자.

1. 내재적 발전론이란 무엇인가

지역 만들기의 흥성

농·산촌지역의 '지역 활성화'나 도시지역의 '지역재생'이 정책이나 학문적 연구의 중요 과제로 제기되기 시작한 것은 주로 1970년대 후반부터 80년대에 걸쳐서였다. 그것은 구미 국가처럼 되는 것을 목표로 공업화를 중심에 둔 전후의 정부 개발정책이 도시지역에서는 인구 집중과 각종 공해의 다발, 농·산촌에서는 급격한 인구 과소화를 불러와 커다란 전환점을 맞이하고 있던 시기에 해당한다.

위에서 말한 '지역 활성화'나 '지역재생' 시도가 구체적으로는 '지역 만들기'나 '마을 만들기'(이하, 지역 만들기)라는 말로 불리는 것이 많다. 본 장에서는 오늘의 지역 만들기를 "지역 환경의 보전이나 창조, 재생을 통해 '생활의 질'을 향상시키려는 주민이 주체가 된 집합적, 계속적인 작업"으로 파악한다. 원래 지역 만들기가 각지에서 생성·전개된 1970년대 후반은 산업공해를 비롯해 중앙 행정부처가 주도한 지역개발정책의 폐해가 각지에서 현재화顯在化하던 시기와 중첩된다. 그 배경에는 종래와 같은 획일적인 지역개발에 대해 자신이 생활하고 있는 장을 살기 편하고, 활기차고 매력적인 곳으로 만들어 가고 싶다는 주민의 강한 욕구가 있었다(田村 1987).

도리고에 히로유키鳥越皓之는 전후의 지역사회를 둘러싼 움직임을 세 시기로 구분한 다음, 현재 각지에서 볼 수 있는 '지역사회 재건'의 움직임을 제3기로 자리매김시킨다(鳥越 2000). 고도경제성장기 이전의 전통적인 지역 조직이 활발하게 기능하고 있던 시기를 제1기라고 하면, 지역 조직의 약화를 배경으로 1960년대 후반부터 시작된 정부 주도의 지역공동체 형성이 고무된 시기(제2기)는 주로 지역주민의 친목 도모를 목적으로 하고 있었다. 그런데 1980년대에 시작되어 1990년대에 들어와 각지에서 한층 더 활발해진 오늘의 지역 만들기는 지역 활성화에 주목적이 있고, 동시에 지역 환경 보전과 정합성을 가진다는 점에서 성격을 크게 달리하고 있다고 한다.

내재적 발전론의 형성

한편, 지역 만들기가 각지에서 흥성하는 것과 시기를 거의 같이 하며 사회학자 츠루미 가즈코鶴見和子 등에 의해 제기된 것이 '내재적 발전'이라는 사고방식이다. 이는 서구를 모델로 하는 사회의 단선적인 발전양식(근대화론)과 대치되고, 지역마다 문화적·생태적 고유성을 토대로 주민이 주체가 된 다계적인polyphyletic 사회의 발전 모델을 가정하는 이론으로, 각지에서 최근에 볼 수 있는 지역 만들기의 특징과 아주 친화성이 강하다.

내재적 발전론은 1970년대 이후, 일본의 사회과학자를 중심으로 형성돼 온 경위를 갖고 있는데, 논자나 연구 분야에 따라 그 함의에 약간의 차이가 있다.[*1] 밑에서 검토하겠지만, 오늘에 이르기까지 내재적 발전론에 관한 연구는 츠루미 등을 중심으로 하는 사회학·국제관계학의 조류와 미야모토 켄이치宮本憲一 그룹을 중심으로 한 지역경제학·재정학의 조류로 크게 나눌 수 있다. 그렇지만 지역주민의 주체성·내재성이나 창조성, 지역 환경이나 자연 생태계의 보전, 지역사회 외부와의 접촉이나 연결을 중시하는 점이나 그때까지의 서구 기원의 단선적인 발전론에 대한 대안으로서 제기되었다고 하는 점에서 둘 사이에 커다란 차이는 없다.

내재적 발전에 관한 개념을 정리하기 전에, 우선 츠루미를 중심으로 하는 연구 그룹과 미야모토 등의 연구 그룹을 중심으로 내재적 발전론의 형성 과정을 검토하도록 하자.

사회학자 츠루미 가즈코가 '내재적 발전'이라는 용어를 처음 사용한 것은 1976년으로 거슬러 올라간다(鶴見 1976). 츠루미는 당초, 국제관계에서 근대화·발전론을 둘러싼 네 가지 접근법 가운데 하나로서 내재적 발전을 서구를 모델로 하는 근대화론과 대치시켰다. 단선적인 발전 모델을 가정하는 근대화론에 대해 거기서 제기된 주장은 서구 이외의 '후발국'에서도 자기 사회의 전통(과학·기술, 제도, 가치관)에 의거해 외래의 모델을 창조적으로 바꿔 나가는 방식의 발전 패턴이 존재한다는 것이었다.

본래 근대화론에 대한 츠루미의 문제의식은, 직접적으로는 1969년부터 철학자인 이치이 사부로市井三朗 등과 시작한 '근대화론재검토연구회'의 연구 활동과 그 성과로서 작성된 연구서(鶴見·市井 編 1974)를 계기로 하고 있다. 민속학자 야나기타 구니오柳田国男의 작업을 '일본의 사회변동론'으로 파악한 츠루미는 탤컷 파슨스Talcott Parsons의 이론을 전형으로 한 근대화론의 발전 형태에서 내재endogenous와 외재exogenous의 구분에 대해 "선진국=내재적 발전, 후진국=외재적 발전이라는 사고방식에서 탈피해, 아시아에는 아시아의 내재적인 발전 형태가 있을 수 있다"고 주장하고, 오늘날의 원형이 되는 내재적 발전의 정의를 내렸다(鶴見 1980).

1960년대 전반에 미국 프린스턴 대학에서 사회학 박사학위를 취득한 츠루미는 귀국 후, 야나기타나 미나카타 쿠마구스南方熊楠와 같은 일본 민속학자의 작업에 주목해서 그 이론적 연구를 심화시켜 간다.[2] 그 한편에서 츠루미가 역사학자 이로카와 다이키치色川大吉 등과 미나마타병의 그룹 조사를 실시한 것도 주목할 필요가 있을 것이다. 나중에 츠루미 자신이 회고한 것처럼, 위기에 직면한 미나마타병 환자가 병고를 극복하고 자신의 힘으로 지역 생활을 재건시켜 나가려고 하는 현실은 이론을 앞세웠던 츠루미의 내재적 발전론의 형성에 커다란 영향을 준다(鶴見 1998).[3]

한편, 재정학을 배경으로 하는 미야모토는 욧카이치四日市 시와 사카이堺·이즈미키타泉北 지역 등의 콤비나트 지역을 중심으로, 일본 각지의 산업공해와 개발문제에 관한 선구적인 연구를 해 왔다(庄司·宮本 1964;

宮本 1973; 宮本 編 1977 等). 미야모토가 오이타 현$_{大分県}$ 유후인 정$_{湯布院町}$ 등의 사례를 들어가면서 '내재적 발전'에 대해 처음 언급한 것이 1980년이다(宮本 1980). 더 나아가 미야모토는 농촌의 '내재적 발전' 사례를 외래형 개발의 부정적인 영향에 직면하는 도시가 '배워야 할 대상'으로 자리매김시켰다.

주로 도시지역의 대규모 개발의 폐해를 눈으로 직접 봐 온 미야모토는 나중에 '외래형 개발'과 '내재적 발전'이라는 대립 도식을 이용해 내재적 발전론의 정치화$_{精緻化}$를 꾀한다. 그 큰 계기가 사실 츠루미 등의 연구회에 참가한 데서 비롯된 것이나 다름없다.[4] 츠루미 등이 중심이 되어 1979년부터 1981년에 걸쳐 UN 대학 연구 프로젝트의 일환으로 개최한 연구회 "내재적 발전론과 새로운 국제질서 – 동아시아의 입장에서$_{Endogenous Intellectual}$ $_{Creativity and the Emerging New International Order: With Special Reference to East Asia}$"에는 다마노이 요시로$_{玉野井芳朗}$, 니시카와 준$_{西川潤}$, 다마키 아키라$_{玉城哲}$ 등 약 20명의 인문·사회과학 연구자가 참가했다.[5]

이 부분은 잘 알려져 있지 않지만, 미야모토 자신도 1979년 11월의 제1회 연구회부터 참가, 1980년 3월 제2회 연구회에서는 '콤비나트 개발의 대차대조표'에 관한 연구보고를 발표했다(Tsurumi 1981). 다만, 이후 츠루미 등이 다마노이와 함께 '지역주의'에 깊이 빠진 일도 있어서 미야모토 자신은 이 연구회에서 떨어져 나와 독자적인 연구 입장을 취해 나간다.[6]

내재적 발전이란

우선 츠루미의 주장부터 검토해 보자. 처음부터 츠루미는 자신이 주장하는 내재적 발전 모델이 근대화론이 가지는 단선적인 발전 모델에 대한 안티테제라는 것을 강하게 내세웠다. 츠루미는 제3세계의 다양한 역사 과정을 염두에 두고, 지역의 전통과 문화유산 그리고 지역주민의 자기 변혁과 주체성을 중시한다는 과점에서 '내재성'을 강조한다. 조금 길어지지만, 츠루미의 내재적 발전의 정의를 인용해 둔다.

내재적 발전이란 그 목표가 인류 공통적인 것이며, 목표달성 경로와 그 목표를 실현하는 사회 모델에 있어서는 다양성이 풍부한 사회변화의 과정이다. 공통 목표란 …… 의·식·주·의료 등 기본적인 필요를 충족시키고, 각 개인 목표의 가능성을 충분히 실현할 수 있는 조건을 창출하는 것(이며), 그 목표에 이르는 경로와 목표를 실현하는 사회의 모습과 사람들의 생활양식 등은 각 지역의 사람들 및 집단이 고유의 자연 생태계에 적응하고 문화유산(전통)에 기초해 외래의 지식·기술·제도 등을 비교하면서 자율적으로 창출한다(鶴見 1989: 49).

이 주장의 핵심은 ①발전이 협의의 경제성장과 같은 의미가 아니라는 점 ②주체는 지역주민이라는 점 ③지역 환경 보전과의 정합성을 중시한다는 점 ④지역 외부나 이질적인 것과의 상호작용에 의한 전통의 재창조를 중시한다는 점 ⑤단선적이 아니라 다계적인 발전 모델을 가정하고 있다는 점이다.

한편, 미야모토는 내재적 발전을 "지역의 기업·조합 등 단체나 개인이 자발적인 학습에 의해 계획을 세우고, 자주적인 기술 개발을 기반으로 하여 지역 환경을 보전하면서 자원을 합리적으로 이용하고, 그 문화에 뿌리를 둔 경제발전을 하면서 지방자치단체의 손으로 주민 복지를 향상시켜 나가는 지역개발"(宮本 1989: 294)이라고 정의한다. 그리고 그 원칙으로서 ①환경 보전의 테두리 안에서 경제개발을 생각하고, 안전과 건강, 편의를 중심 목적으로 삼아 시민의 인권 확립을 추구한다는 목적의 종합성 ②지역 내 산업과 관계를 형성해 사회적 잉여를 지역의 복지와 문화에 분배할 것 ③주민 참여와 자치, 이 세 가지를 들고 있다(宮本 1999).

미야모토 그룹의 대표적인 논객 가운데 한 사람인 호보 다케히코保母武彥는 미야모토의 정의를 답습하면서, 내재적 발전이 싹을 틔우는 계기로 향토의 자연과 생활 문화, 향토애, 인간이 가지는 창조와 노동 욕구를 지적한다(保母 1996). 그리고 또 다른 연구 그룹의 재정학자 모리토모 유이치守友裕一도 내재적 발전에서 주민의 자긍심과 외부 접촉의 중요성을 강조하고 있다(守友 1991).

위와 같은 연구 분야에 따른 접근 방법의 차이와 더불어, 예를 들어 지역의 범역은 어떻게 설정하는지, 내재적 발전론을 '정책론'으로 생각하는지 '운동론'으로 파악하는지 등 논자에 따른 차이도 볼 수 있지만, 내재적 발전론의 주장은 대략 다음의 다섯 가지로 정리할 수 있을 것이다.

①지역에 내재한 전통과 문화, 자원을 지역발전의 토대로 삼는다.

②지역주민의 주체성, 또는 주민 참여를 요건으로 하고 있다.

③지역 외부와의 접촉과 교류, 연계를 적극적으로 평가한다.

④생태계와 환경 보전을 지역발전의 수단으로 중시한다.

⑤발전을 단순한 경제발전이 아니라, 인간의 잠재적 능력의 발현, 생활의 질과 편의 향상을 중심에 둔 광의의 개념으로 다룬다.

1990년대 들어오면, 지금까지 예를 든 주요 논객과 그 그룹에 의한 연구 이외에 내재적 발전을 토대로 한 사례 연구도 많이 이루어졌다. 여기서 그 연구들을 전부 다 검토하는 것은 단념하지 않을 수 없지만, 전체적인 경향을 보자면 엔도 히로이치遠藤宏가 지적하는 것처럼 "원래 내재적 발전은 직접적인 산업 개발에 의한 지역경제 진흥책을 둘러싸고 논의되는 경향이 있었다"(遠藤 2000: 100). 엔도의 이런 지적은 주로 지역경제학이나 재정학의 연구 동향을 염두에 둔 것이지만, 사회학 분야의 연구에서도 내재적 발전론을 소위 지방특색산업 발전론으로 파악하고 있는 것이 적지 않다.*7

분명히 지역경제 진흥에 주목적을 둔 지방특색산업 발전론도 지역의 내재적 발전을 생각하는 데 있어서 중요한 관점이다. 그렇지만 주의하지 않으면 안 되는 것은, 지방특색산업 발전론은 어디까지나 다면적인 지역 발전 가운데 한 측면에 불과하다는 점이다. 경제성장 내지 경제 진흥에 편중하는 것은, '풍요로움이란 무엇인가?'를 물어서 단선적인 발전 형태를 모델로 하는 근대화론에 대한 대안으로 등장한 것이 틀림없는 내재적 발전론을 다시 협의의 경제성장론으로 왜소화시키고 마는 위험성을 안고 있다. "지역개발이라고 하면, 주민 소득 증대와 직결되는 산업경제의 진흥이나 생산·생활의 물적 기반 정비라고 하는 발상이 지금까지 우선돼 온 것에 대해서, (내재적 발전론은) 지역사회에 있어서 주민의 인간적인 발달이나 생활의 새로운 연대·공동성 창출을 지역개발의 방향이나 지역 만들기의 목표로 삼아 보다 직접적으로 보여주려고 한다"(成瀬 1983: 46-7)는 지적을 여기에서 다시 확인해 둘 필요가 있다.

분석 과제

위의 논점을 감안하면서, 다음에는 오카와 강 상류지역, 이와테 현 무로네 촌의 지역 만들기를 예로 들어 그 생성 과정을 깊이 있게 살펴보기로 하겠다. 최근 내재적 발전의 사례로 주목받고 있는 지역공동체 사업도 그 기초가 되는 것은 지역공동체 차원의 일상적인 지역 만들기 활동이다.[8] 지금까지 전적으로 기초지자체만 분석해 오던 재정학 연구자들도 최근 들어 공동체 협의회 등 제1차 생활권에 주목할 필요성을 제기하고 있는 점에 주의를 기울이고 싶다(遠藤 1999).

분석이 필요한 과제는 다음의 두 가지다.

첫 번째 과제는 지역 만들기 생성 과정에 있어서 주민이 어떻게 해서 지역 환경과 지역 자원을 살려야 할 '환경'과 '자원'으로 인식해 나가는지를 검토하는 일이다.

"지역 내에 있는 토지, 돈, 물건, 그리고 사람과 지혜를 활용하여 조합하면서 …… 생활하기 편한, 살기 편한 장을 만드는 것"(田村 1987: 176)이라는 지역 만들기의 일반적인 정의에 제시된 대로, 지역 만들기나 내재적 발전론에 관한 연구에 있어서 지역 환경과 지역 자원의 존재를 이미 주어진 것으로 파악하는 논의가 대부분을 차지하고 있다. 예를 들어 마츠노松野는 지역 만들기에는 지역 자원에 입각한 지역 독자적인 가치 목표를 설정하는 게 필요하다고 주장하고, 지역 자원을 자명한 것으로 보았다(松野 1997). 그러나 그 존재가 자명한 것일까? 지역 만들기에 이르는 과정에서 주민의 지역 환경이나 지역 자원에 대한 인식 과정에 눈을 돌릴 필요가 있는 게 아닐까?

지역 만들기는 고발형·대결형 주민운동을 계기로 시작된 게 많다는 것이 경험적으로 알려져 있다(遠藤·宮西 1981; 田村 1987). 자주 언급되는 것이 고베 시神戸市의 마노真野 지구와 마루야마丸山 지구, 홋카이도北海道 오타루 시小樽市, 오이타 현 유후인 정 등의 사례다. 주민들은 바람직하지 않은 외부 조건을 제거하기 위해 단결하고 운동을 전개해 나가지만, 고발형 주민운동이 지역 만들기로 이행되어 가는 것은 그 과정에서 운동의 의미에 대해 자문하게 되고, 새롭게 생활을 재편하기 위한 시도를 많이 하기 때문이다(鳥越 1983).

분명히 이 이행 패턴에서는 개발계획이나 생활환경의 악화라는 자극적인 외부 조건이 급속하게 지역사회로 들어오기 때문에 지역주민의 주체성이 고무되기 쉽다. 개발 행위에 의해 각지의 생활환경이 악화된, 주로 1970년대부터 80년대에 걸쳐서 현재화한 모델이라고 할 수 있다. 그렇지만 오늘날의 지역 만들기 발생 기제는 이 모델에 국한된 것이 아니고, 다양한 계기를 가진 다양한 지역 만들기를 각지에서 볼 수 있다.

여기서부터 두 번째 과제를 도출한다. 그러면 주민운동을 일으켜 누구나 동참하지 않을 수 없는, 직접적인 위기나 구조적인 긴장을 경험하지 않는, 그런 지역 만들기는 어떤 과정을 거쳐서 발생하는 것일까?

분석에 있어서는 핵심인물을 중심으로 한 지역주민의 생활 경험과 그 인식의 전환, 나아가 '외지인'의 존재에 주목하기로 하겠다. 지역주민의 '기억'이 타인과의 관계성 속에서 되살아나고, 그것이 지역 만들기 활동의 자발성을 창출해 갈 가능성을 지적하고 싶다.

2. 무로네 촌 지역 만들기의 생성

무로네 촌의 특징

오카와 강 상류지역, 이와테 현 무로네 촌은 1955년 오리카베 촌折壁村, 야고시 촌矢越村, 오츠호 촌人津保村의 일부가 합병되어 탄생한 촌으로, 현 남부의 히가시이와이 군東磐井郡 동남단에 위치한다. 무로네 촌은 오리카베, 야고시, 츠야 강津谷川의 세 지구로 크게 나뉘고, 촌 전역이 농수성 통계상 '중산간지역'으로 지정되어 있다. 1960년 이후 인구가 일관되게 감소하는 경향을 보여, 2000년 현재 인구 6,316명, 고령화율 30.0%로 인구 과소화와 고령화가 진행되고 있다(표 6-1). 특히 젊은 층의 유출률이 높아, 산업구조는 다르지만 인접한 게센누마 시気仙沼市나 가라쿠와 정唐桑町과 동일한 지역 과제를 안고 있다.

총면적의 68%를 산림이 차지하는 무로네 촌에서는 전통적으로 제1차 산업(농업)이 산업의 중심을 담당해 왔다(표 6-2). 평지가 적은 무로네 촌은 가구당 경지면적(0.9ha)이 현의 평균(1.4ha)을 크게 밑돌고 있고, 육계나 육우 등의 축산과 담배 재배가 중심이었다. 최근에는 방울토마토 등 도시지역을 대상으로 한 채소 생산도 증가하고 있다.

예들 들면, 2000년 시점의 무로네 촌의 농업 조생산액(31억 4,500만엔)을 보면, 약 60%를 축산(18억 5,700만엔)이 차지하고 있고, 쌀(5억 1,700만엔),

표 6-1 연령별 인구 추이(무로네 촌)

구 분	1960년	1970년	1980년	1990년	2000년	2000년/1960년
총계	9,208	7,787	7,246	6,791	6,316	68.6%
(%)	(100.)	(100.0)	(100.0)	(100.0)	(100.0)	
0~14세	3,214	2,081	1,449	1,237	872	27.1%
(%)	(34.9)	(26.7)	(20.0)	(18.2)	(13.8)	
15~64세	5,259	4,811	4,768	4,220	3,547	67.4%
(%)	(57.1)	(61.8)	(65.8)	(62.1)	(56.2)	
65세~	735	895	1,029	1,334	1,897	258.1%
(%)	(8.0)	(11.5)	(14.2)	(19.6)	(30.0)	

* 출처 : 총무청(성) 통계국(매년) 자료를 토대로 작성

표 6-2 산업별 종사 인구 추이(무로네 촌)

구 분	1960년		1970년		1980년		1990년		2000년		2000년/1960년
	인구	%	인구	%	인구	%	인구	%	인구	%	
총 계	4,902	100.0	4,420	100.0	4,233	100.0	4,073	100.0	3,662	100.0	74.7%
제1차	3,814	77.8	2,934	66.4	1,791	42.3	1,458	35.8	1,038	28.3	27.2%
농업	3,756	76.6	2,889	65.4	1,752	41.4	1,426	35.0	1,015	27.7	27.0%
임업	54	1.1	29	0.7	19	0.4	15	0.4	8	0.2	14.8%
어업	4	0.1	16	0.4	20	0.5	17	0.4	15	0.4	375.0%
제2차	377	7.7	685	15.5	1,371	32.4	1,539	37.8	1,463	40.0	388.1%
광업	11	0.2	2	0.0	8	0.2	4	0.1	3	0.1	27.3%
건설업	157	3.2	292	6.6	565	13.3	464	11.4	476	13.0	303.2%
제조업	209	4.3	391	8.8	798	18.9	1,071	26.3	984	26.9	470.8%
제3차	711	14.5	801	18.1	1,071	25.3	1,076	26.4	1,161	31.7	163.3%
도소매	249	5.1	273	6.2	400	9.4	356	8.7	362	9.9	145.4%
서비스	254	5.2	272	6.2	371	8.8	432	10.6	479	13.1	188.6%
공무	74	1.5	101	2.3	125	3.0	114	2.8	153	4.2	206.8%
기타	134	2.7	155	3.5	175	4.1	174	4.3	167	4.6	124.6%

* 출처 : 총무청(성) 통계국(매년) 자료를 토대로 작성.

담배(3억 7,100만엔), 채소(2억 500만엔)의 순으로 이어진다.*9 한편, 경작 포기 면적은 매년 증가하는 경향에 있어, 2000년 현재 총경지면적에서 차지하는 비율(14.1%)이 현 평균(6.4%)을 크게 웃돌고 있다(표 6-3).*10

무로네 촌에 상주하는 취업자 3,916명 가운데 촌 밖에서 일하는 사람이

표 6-3 무로네 촌의 농업구조

구 분		1970년		1980년		1990년		2000년	
		가구 수	%	가구 수	%	가구 수	%	가구 수	%
업태별	전업	186	14.5	140	11.2	113	11.2	112	12.8
	제1종 겸업	579	45.2	400	32.1	227	22.4	105	12.0
	제2종 겸업	515	40.2	708	56.7	672	66.4	659	75.2
	계	1,280	100.0	1,248	100.0	1,012	100.0	876	100.0
경지면적별	0.5ha 미만	333	26.0	365	29.2	242	23.9	219	25.0
	0.5~1.0	501	39.1	459	36.8	395	39.0	370	42.2
	1.0~1.5	292	22.8	263	21.0	216	21.3	167	19.1
	1.5~2.0	105	8.2	93	7.5	92	9.1	56	6.4
	2.0~2.5	32	2.5	34	2.7	28	2.8	23	2.6
	2.5~3.0	10	0.8	12	1.0	19	1.9	12	1.4
	3.0ha 이상	7	0.5	22	1.8	20	2.0	29	3.3
	계	1,280	100.0	1,248	100.0	1,012	100.0	876	100.0
경작 포기지		–		–		51ha	5.0	123ha	14.1

* 출처 : 농림수산성 경제통계국 정보부 자료(매년)를 토대로 작성

31.7%(1,243명)에 달한다. 최대의 취업 선은 인접한 게센누마 시(468명)이고, 다음은 센마야 정千厩町(416명)이다.*11 그리고 상권에 대해 살펴봐도 무로네 촌은 미야기 현宮城県의 가라쿠와 정과 모토요시 정本吉町 등과 나란히 게센누마 시를 중심으로 하는 게센누마 상권의 1차 상권(흡인률 30% 이상)을 구성하고 있어, 현 경계를 넘어 경제적 유대가 강하다.

지역 만들기 활동의 특성

무로네 촌의 지역 만들기를 정리한 것이 표 6-4다. 촌내에는 행정구역에 대응되는 20개 자치회가 있는데,*12 여기서 검토하는 4개 사례는 모두 자치회 또는 청년부 같은 지역주민 조직을 모체로 한 활동이다. 그리고 ①지역 환경 보전, 특히 지역공동체 안에 흐르는 강(츠야 강·오카와 강)의 환경 보전을 주목적으로 하는 활동이라는 점 ②1990년대 초반에 활동이

표 6-4 무로네 촌의 주요 지역 만들기의 내용

명칭	활동내용	주체	활동개시	핵심인물
물레방아가 있는 부락 만들기	'물레방앗간' 복원, 수원 함양 숲 만들기, 환경 보전형 농업 추진, 곳통코 장(매월)	12구 자치회 (103세대)	1992년	M 씨(1949년생) • 동 지구 출신 • 농업(전업)
반딧불이 나는 고향 만들기	하천정화 활동, '반딧불이 축제', 생활하수를 줄이는 요리 강습회, '반딧불이 지도' 작성	다케노시타 자치회 (62세대)	1993년	S 씨(1951년생) • 동 지구 출신 • 관공서 직원
하천정화운동과 연어 방류 활동, 수선화 거리 만들기	하천정화 활동, 하류지역·모토요시 정 연어증식조합의 협력 하에 '연어 방류'와 지역 이벤트	19구 자치회 (35세대)	1992년	T 씨(1948년생) • 동 지구 출신 • 자영업
가츠카가 서식하는 고향을	하천정화 활동, '가츠카' 양식·방류, 가츠카 지도 작성	무로네 촌 청년클럽 (12명; 20구 중심)	1993년	U 씨(1954년생) • 동 지구 출신 • 관공서 직원

시작되었다는 점 ③활동의 핵심인물이 해당 지역 출신이라는 점에서도 공통점이 있다. 순서대로 활동 개요를 확인해 보자.

우선, 12구 자치회의 '물레방아가 있는 부락 만들기'가 있다. 구상이 정리된 것은 1992년 가을이었다. 당시, 자치회 산업부장을 역임하는 등 지역 젊은 층의 리더 격이며 농업을 전업으로 하고 있던 M 씨가 그 핵심 인물이다. 제4장에서 언급한 것처럼 '부락 만들기' 구상은 주로 쇼와昭和 20년대[1940년대 중반~50년대 중반]까지 촌내에 존재하던 '물레방앗간'의 복원, 수원 함양을 위한 활엽수림 조성, 농약 사용을 억제한 환경 보전형 농업 추진, 이 세 가지를 축으로 구성되었다. 거기에다 이들 활동은 유기 적으로 연관되어 있다.

구체적으로 살펴보면, 하류지역뿐만 아니라 지역의 농업에 있어서도 필수적인 수원과 부엽토를 함양하기 위해 활엽수림을 조성하고, 그 산기 슭에서 흘러나오는 물을 사용해서 유기농법으로 거둔 메밀이나 수수 등 의 곡물을 물레방앗간에서 빻는다. 거기서 나온 가공식품이나 지역 농산 물은 장을 열어 소비자에게 직접 판매한다. 이와 같은 일련의 활동을 핵으로 해서 지역의 '힘'을 키워 간다는 지역 만들기 구상이었다.

촌과 현 등 행정당국으로부터 재정적인 보조를 받는 한편, 12지구 주민들은 휴일을 이용해 재료를 실어내는 것부터 건설에 이르기까지 거의 전부 자신들의 노력으로 2년에 걸쳐서 물레방앗간을 복원했다. 이 물레방앗간에는 단순한 지역문화의 부흥뿐만 아니라, 청정에너지를 상징하는 의미도 담겨 있다. 그 후, 유기농업으로 만든 지역 농산물과 전통식품, 대나무 숯이나 일반 숯 등의 가공물, 제휴 관계를 맺은 오카와 강 하류지역 가라쿠와 정의 어민들로부터 반입한 해산물 등을 판매하는 월 1회의 '곳통코1 장'과 연 2회 여는 축제를 계속하고 있다.*13 그리고 촌내의 다른 자치회와 공동으로 촌에 흐르는 2개의 강을 정기적으로 청소하고 있다.

두 번째로 츠야 강 지구에 위치한 다케노시타竹野下 자치회가 하고 있는 '반딧불이 나는 고향 만들기'가 있다. 자치회 청년부가 중심이 되어 1993년에 시작한 활동으로 '반딧불이'를 지역 만들기의 상징으로 삼고 있다.

처음 몇 년 동안에는 이미 반딧불이 보호 실적이 있는 미야기 현 도와정東和町과 이와테 현 가마이시 시釜石市로 견학을 가는 등, 먹이가 되는 다슬기 번식에도 도전했다. 그 이후에는 연 1회 하천 청소를 하고, '반딧불이 축제'를 매년 개최하고 있다.*14 이 축제는 다른 지역으로 전출한 사람들이 귀성하는 추석에 개최해 지역주민의 교류를 주목적으로 한 것이지만, 동시에 생활하수를 생각하는 요리강습회를 개최하는 등, 공공 하수도가 정비되어 있지 않은 이 지구 강의 정화를 촉진하는 기획도 이루어졌다. 이 지구의 초등학생이 중심이 되어 작성한 '반딧불이 지도'는 지역 중학교의 과외활동 등에 사용되고 있다.

세 번째로는 19구 자치회가 주체가 된 연어 방류와 하천정화 활동이 있다. T 씨가 자치회장에 취임한 1992년에 '강을 테마로 뭔가 활동을 하

1 こっとんこ, 물레방아가 돌 때 나는 소리를 딴 의성어다.

자'고 제안한 것이 활동의 계기가 되었다. 자치회 논의를 거쳐 쇼와 초기까지 부락 내의 강을 거슬러 올라오던 '연어'를 되살리자고 '연어 방류'와 하천 청소를 결합한 활동을 전개해 왔다. 하류지역의 미야기 현 모토요시 정 연어증식조합이 지원해 매년 12월에 방류 행사가 열리는데, 방류 전에는 지구 주민들이 모두 나와 강의 풀베기와 쓰레기 줍기를 하고 있다. 당일에는 지구의 어린이들이 주체가 된 방류와 동시에, 인절미 찧기 대회도 열린다. 그리고 자치회에서는 가정 생활하수에 의한 오염을 억제하기 위해 각 가정에 비누를 배포하고, 자치회보에도 그 비누 사용을 적극 권장하는 등 일상적인 지역 환경 보전 활동에도 힘을 기울이고 있다.[15]

네 번째로, 지구 내의 30, 40대 주민들로 구성된 20구 청년 클럽(이하, 청년 클럽)이 주도하는 '가츠카[2]가 서식하는 고향을'이 있다. 지역에 흐르는 츠야 강 오염에 위기감을 느낀 멤버들이 과거 촌내 어디에서든 볼 수 있었다는 '가츠카'가 서식할 수 있는 강으로 만들자고 자신들이 만든 숯을 사용, 간이 정화조를 만들어서 강 지류에 설치했다. 그리고 1996년에는 지구 내 전작 논을 이용한 양어장을 만들어 '가츠카'를 키워서 방류하는 등 견실한 활동을 해 왔다.[16]

위의 각 활동은 모두 지역 환경 보전이나 창조를 주목적으로 하고 있고, 주민들이 주체가 되어 전개해 온 자발적 지역 만들기다.[17]

3. '지역 환경'의 의미 전환

핵심인물의 생활 경험과 활동 계기

2 *Cottus pollux*, 쏨뱅이목의 담수어로 일본 고유어종이다. 일본 동북지방에 서식하며 몸길이 15~17cm, 체색은 담갈색이다. 한국 고유어종으로 멸종 위기에 놓인 둑중개(*Cottus koreanus*)와 매우 닮은 물고기다.

먼저, 12구 자치회의 '물레방아가 있는 부락 만들기'의 핵심인물이 된 M 씨의 생활사를 돌아보는 일부터 시작하자. 12구 현재의 집에서 태어나 자란 M 씨는 농업을 하는 한편, 부친으로부터 물려받은 육계농장을 운영해 왔다. 민간기업 근무를 거친 후 그가 가업을 이은 것은 1973년이었다. 한창 때는 연간 약 5만수의 육계를 생산, 조수입이 3,000만엔을 넘었다고 한다. 거래선 업자로부터 규모 확대를 권유받는 등 경영 자체는 순조로웠다.

그러나 한편으로는 계사 안 먼지투성이 작업으로 인해 생산자 동료 가운데 천식을 앓게 되는 사람도 있었고, M 씨 자신도 눈이 빨갛게 충혈되면서까지 일을 해야 하는 하루하루였다. 대량 생산을 목적으로 최신 설비를 사용해서 생육 환경을 관리하는 '근대화된 양계업'은 병과 약의 '다람쥐 쳇바퀴 돌기'였다고 한다.

육계업과 병행한 벼농사에서는 적극적으로 농약 사용량을 억제하는 등, 원래 농업 '본연의 모습'에 민감했던 M 씨는, 소비자의 '식탁 안전'에 대한 의식과 약에 절은 양계의 존재 방식에 대한 비판이 점차 높아가는 가운데 "자신은 소비자에게 환영받지 못하는 것을 만들고 있는 것은 아닌가?" 하는 심각한 고민을 안고 자문자답을 반복하면서 일을 계속해 왔다.

촌의 삼림조합 이사를 역임하는 등 농림업을 둘러싼 현상에 문제의식을 갖고 있던 M 씨에게 획기적인 전기가 찾아온 것이 1989년이었다. 어느 날, 국도변에 서 있는 "숲은 바다의 연인입니다"라는 입간판을 본 순간, "눈물이 나올 것 같았다. 내가 하고 싶은 농업이 이 말에 응축되어 있다고 생각했다." 그리고 "이 지역 풍토에 맞는 것은 역시 논농사다"라고 생각, 경영이 순조로웠던 육계업을 폐업할 것을 결심한다.

그 일을 전후로 그의 벼농사가 정부의 '특별미재배제도' 인증을 받은 일도 있어, 그는 소비자에게 직접 쌀을 보내주는 산지직판 방식으로 유기농업을 전업으로 해 나간다. 더욱이 그해에 12구 자치회 산업부장으로 취임한 그는 농업을 비롯해 지역 특색을 살린 산업을 진흥하기 위해 외부에서 강사를 초빙하여 정기적으로 연구모임을 열기도 하고, 농산물 품평회를 겸한 지역 이벤트를 개최하는 등 다면적인 지역 활동을 펼쳐 나갔다.

M 씨가 중심이 되어 작성한 지역 만들기 구상은 하류지역의 미야기 현 가라쿠와 정에 사는 어민 F 씨와의 교류가 큰 도움이 되었다. 뒤에 언급하겠지만, 유역 환경을 지키기 위해서 상류지역(무로네 촌)의 산에 조림을 한다는 〈숲은 바다의 연인〉 운동의 리더 F 씨의 운동 이념과 실천은 상류지역에 사는 자신의 생활방식과 거주지 지역성에 대한 인식 전환을 강하게 압박하는 것이었다고 한다.

그렇다고는 해도 당시의 〈숲은 바다의 연인〉 운동은 용지가 협소해서 조림 자체가 소규모였고, 운동의 상징으로서의 색채가 강했다. "기껏해야 20, 30그루의 식수로는 어떻게 할 수도 없고, 용지가 부족해졌다는 말을 들었다"는 M 씨는 이전에 자치회장이 "물레방앗간을 복원하고 싶다"고 말한 것을 상기하고, 문득 "삼림 조성과 지역 부흥을 조합할 수는 없을까?" 하고 생각한다. 그것이 같은 지역에 사는 동년배의 다른 주민과 대화를 계속하는 중에 '농'과 '환경'에 주목적을 둔, 농업지역이라는 마을의 특징을 살린 부락 만들기 구상으로 결실을 맺어 갔다.

그러면 12구 이외의 다른 곳의 지역 만들기는 어떤 과정을 거쳐서 활동을 개시하게 된 것일까? 먼저, 활동의 중심 멤버들이 입을 모아 말하는 것은 가라쿠와 정의 어민과 12구 자치회가 중심이 된 조림운동의 충격이다. 촌사무소와 자치회, 더 나아가 대중매체 같은 외부의 행위자가 관여함으로써 이 운동이 지역의 마을 내에도 커다란 사회적 영향을 끼친 것은 분명하다.

아울러 보다 직접적인 계기로서 '지역 외부의 관점'이 관련돼 있다. 구체적으로 이야기하면, 촌에서 실시하는 홈스테이 교류*18로 받아들인 사이타마 현埼玉県의 초등학생들이 마을의 강에서 즐겁게 소리를 지르며

뛰노는 모습이 그것인데, 그것이 S 씨 등 각 활동의 리더층에게 공통의 경험이 되었다고 한다. 여기에서는 한 가지 예로 19구 자치회의 핵심인물 T 씨의 이야기를 소개한다.

> 아이들이 "우와, 강바닥이 보인다"며 매우 좋아했지요. 하지만 나에게는 그런 일이 당연한 일이었고. 바다에도 데리고 갔지만, 아이들은 "강에서 손으로 물고기를 잡는 것이 가장 재미있었다"고 했어요. 그래서 지금 (뭔가 활동을) 하지 않으면…….

홈스테이 교류는 사이타마 현 요시카와 시古川市에서 교편을 잡고 있던 무로네 촌 출신 교사가 연결하고 행정당국이 주체가 되어 추진된 것이었다. 실제로는 동년배의 아이들이 있는 세대가 홈스테이 가정이었기 때문에 당시 30, 40대였던 비교적 젊은 주민들이 매년 이 일에 관여하게 되었다. 즉, 각 지구에는 한 사람의 핵심인물(활동 리더)뿐만 아니라, 어느 정도 같은 생활 경험을 하고 있는 사람들이 여러 명 존재했다는 얘기가 된다.

의미 전환의 과정과 배경

이 일화는 무엇을 말하고 있는 것일까? 주목하고 싶은 것은 위와 같은 '경험'만으로 그들의 활동이 시작된 것은 아니라는 점이다. 핵심인물 중 한 사람 U 씨에 따르면 "강이 옛날 모습과는 다르다는, 그런 의식은 이전부터 쭉 있었다."

활동의 중심 멤버는 지역에서 태어나, 말 그대로 일본의 고도경제성장과 함께 성장해 온 사람들이다. 그들은 생활양식의 급격한 변모에 따른 생활환경 변화를 겪어 왔다.

지역에 흐르는 '강'을 예로 들면, 일찍이 생활에 이용했던 갈대나 풀이 이제는 쓸 일이 없이 그대로 방치되고, 밭에서 버려진 검정 비닐과 쓰레기가 거기에 뒤엉켜 있는 광경이 펼쳐져 있었다. U 씨가 말한 대로 "여기 강은 (당시 환경청 기준으로는) 'A 유형'에 들어가는 '청류'로 분류되었던 것 같은데, 와 닿지가 않았다"는 기분은 생활양식의 변화가 그 배경에 있으며, 자연과학적인 수치로는 해결할 수 없는 막연한 '위화감'을 핵심인물들이 가슴 속에 담아 왔다는 것을 보여 준다.

이 '위화감'은 각자의 기억을 토대로 만들어지는 주관적인 감각이다. 스스로 농업의 방향에 대해서 고민하고 있던 M 씨도 '뭔가 다르다'는 느낌을 갖고 있었다. 다만 그 '위화감'은 뾰족한 '해결책' 없이 개인 차원, 또는 기껏해야 몇몇 동료들 마음속에 잠재된 상태로 남아 있는 것에 지나지 않았다. 거기에다 지역의 아이들이 강에서 놀지 않게 되었다는 현실도 있었다.

고도경제성장기에 각지에서 계획된 대규모 개발과 관련이 없었던 무로네 촌에서는 활동의 핵심인물들이 어린 시절을 보낸 주변의 강이나 전답, 숲 등, 그 추억이 담긴 고유의 장소가 지금도 어느 정도 그들의 생활 세계 속에 남아 있다. 가다 유키코嘉田由紀子가 정확하게 지적하듯이 "남의 눈에는 같아 보이는 강이라도, 혹은 같아 보이는 숲이나 수풀일지라도, 오랜 역사와 과정을 거치는 동안 각각의 지역 생활의 맥락 속에서는 지역 고유의 의미를 갖고 있다"(嘉田 1995: 192). 다만, 그 의미가 항상 주민들 속에 반드시 의식화되어 있는 것은 아니다. 예를 들면, 일상생활 속에서는 '아주 당연한 것'에 지나지 않는다.[*19]

그 '아주 당연한 것'인 강이나 자연의 의미 전환이나 재인식을 촉진한 것이 M 씨에게 있어서는 '숲은 바다의 연인입니다'라는 문구와 어민과의 교류였고, S 씨 등에게 있어서는 '아이들이 뛰노는 모습'이었다. 그런 것들을 한 마디로 표현하면, '외지인' 다시 말해 '외부의 관점'이 될 것이다.

지역 환경 보전에 있어서 '외지인'이 가지는 역할에 주목해서 '외지인'

론(鬼頭 1996, 1998)을 제기한 기토鬼頭에 따르면, "지역사회에서 자연과의 깊은 관계는 그곳에 사는 사람들에게 있어서는 특별한 것이 아니기 때문에 도리어 인식되기 어렵다. 외지인의 움직임에 의해 그것을 자각하는 일도 있다"(鬼頭 1996: 247).

한편, 이러한 '외부의 관점'은 '위화감'을 느껴 온 핵심인물을 비롯한 주민의 기억을 현재화해서 원래의 풍경을 되살리는 계기로 작용하기도 한다. T 씨에 따르면, 자치회 모임 등에서는, 홈스테이로 받은 아이들이 강에서 뛰노는 모습을 눈앞에서 본 새로운 경험이 각자의 기억과 겹쳐지는 모양으로 이야기가 되었다고 한다.

"우리들 세계에서 이해하는 방법은 …… 사람들이 서로 끊임없이 관계를 가지는 사회 과정 및 사회적 상호작용의 소산이다"(Burr 1995=1997: 6-7)라는 지적을 감안하면, 외부의 관점이 더해짐으로써 '아주 당연한 것'이 핵심인물을 중심으로 하는 지역주민의 기억과 겹쳐지면서, 이것이 사람들 사이에 '살려야 할 환경'이나 '지역의 보물'로 공동 주관적으로 인식되었다고 생각할 수 있다. 그런 의미에서 분명히 '지역 환경'(예를 들면, 여기서는 '강')은 지역 사람들과 외부의 관점이 교차하는 가운데 형성되는 사회적 구축물이다.[20]

이와 함께 활동 그룹의 중심 멤버가 갖고 있던 '위화감'은 그 '해결책'을 요구하는 집합행위, 즉 주민이 주최가 된 자발적 지역 만들기로 구체화한다. 예를 들면, 지금까지는 풀베기를 하고 난 뒤 아무렇지 않게 물가에 방치했던 잡초를 "우리들은 상류에 사니까 하류 사람들에게 피해가 가지 않도록 하자"고 자치회가 단합해서 정리를 하게 되어, 현재는 촌내 모든 자치회의 합의사항이 되었다. 그리고 앞에서 언급한 것처럼, 요리 강습회 개최나 비누 배포를 통해 수질 정화에 필요한 활동을 한다든지, 반딧불이를 부활시켜 강변 콘서트를 연다든지 하는 아이디어가 계속 창출되었다. 여기서 다룬 각각의 활동 자체가 소박할 수도 있지만, 더 나아가 행정당국과도 연계하면서 지역 환경을 살린 지역공동체 사업으로 발전시키려는 계획도 움직임을 보이기 시작했다.[*21]

여기에서는 내재적 발전론의 형성 과정과 내재적 발전에 관한 개념적인 검토를 토대로 무로네 촌의 지역 만들기 생성 과정을 검토했다. 분석이 요구되는 과제는 다음 두 가지였다. 첫째, 원래 주민들은 어떤 과정을 거쳐 주변의 환경과 자원을 '살려야 할 것'이나 '가치가 있는 것'으로 인식해 가는지에 관한 논점이고, 두 번째는 환경 파괴 등 구조적 긴장에 기초한 주민운동을 거치지 않는 지역 만들기는 어떤 과정을 통해 태어나는 것인지 알아보는 과제다.

호보 다케히코保母武彦는 오이타 현 유후인 정이나 미야자키 현宮崎県 아야 정綾町같이, 개발로부터 지역을 지키는 대결형 주민운동에서 지역 만들기로 이행한 패턴을 염두에 두면서 지역 만들기가 싹트는 계기로 '향토의 자연과 생활 문화'의 존재를 지적하고 있다(保母 1996). 그러나 이미 검토한 것처럼, 지역 환경이나 지역 자원은 주어진 것이 아니다. 호보가 말하는 '향토의 자연과 생활 문화'도 마찬가지일 것이다. 왜냐하면 지역 환경이나 지역 자원의 의미나 존재에는 주민의 인식 과정이 관련되지 않을 수 없기 때문이다.

거기서 주목되는 것이 '외지인'의 역할이다. 앞에서 언급한 기토의 주장은 지역 환경 보전을 생각하는 데 중요한 관점을 제공하고 있다. 그러나 그 논의의 골자 자체는 새로운 것이 아니다. 이렇게 말할 수 있는 것은 여기서 자주 언급한 츠루미 가즈코가 이미 야나기타 구니오의 작업에서 착안해 사회 변동에 있어서 '정주자'와 '표류자'의 관계에 주목하고 있기 때문이다.

츠루미에 의하면, 내재적 발전을 생각할 때 열쇠가 되는 전통(사람들의 가치관, 제도)에 대해 보자면, 내재적 발전의 주체는 지역의 정주자이지만, 외래의 표류자와의 교류와 협동 없이는 전통의 재창조 또는 창조는 촉발되지 않는다. 그것은 창조의 과정 그 자체가 이질적인 것과의 접촉과 결합 없이는 성립하지 않기 때문이다(鶴見 1989). 그렇지만 '외지인'과 의 접촉에 의해 만들어지는 게 전통의 (재)창조뿐만이 아닌 것도 분명하 다. 여기서 다룬 사례가 보여 준 것은, 그와 함께 사람들의 '기억'이 현재 화해 인식틀이 변화하는 커다란 계기로 작용할 수도 있다는 점이다.

본 사례에서 지역 만들기의 생성에 이르는 일련의 과정은 외부의 관 점을 계기로 하면서, 그곳에 사는 사람들 자신이 지역 환경 고유의 의미 를 새로이 인식해 나가는 과정이기도 했다.

*1 내재적 발전론에 관한 국제적인 연구 동향을 정리한 것으로는 니시카와 준(西川潤)의 책(西川 1989)이 자세하다.

*2 상세한 내용은 츠루미의 저서들(鶴見 1977, 1985)을 참고하기 바란다. 원래 츠루미가 일반 민중에 주목하게 된 것은 제2차 세계대전 후 생활기록운동에 참가한 것이 큰 계기가 되었다. 그는 "지금까지 일본의 학문은 서구 학문에 지나치게 의지하고 있어서 일본의 약자들의 생활과 사상을 잘 파악할 수 없다는 점을 깨달았다"(鶴見 1985: 187)고 말한다.

*3 일본 이외의 아시아 국가들을 염두에 둔 내재적 발전론에 관한 츠루미의 연구에는 우노 시게아키(宇野重昭)나 페이샤오퉁(費孝通) 등과 함께 한 중국 장쑤성(江蘇省)에 관한 공동연구가 있다(宇野·鶴見 1994; 鶴見 1996). 그리고 UN 대학의 위탁연구 프로젝트를 진행할 때부터 연구 동료인 경제사가 니시카와 준이 아시아를 다룬 책(西川 編 2001)도 간행되었다.

*4 미야모토의 책(宮本 1989)을 참고하기 바란다.

*5 이 프로젝트의 개요와 연구회 멤버에 대해서는 압델 말렉의 저서(Abdel-Malek 1980)를 참고하기 바란다.

*6 츠루미 등이 엮은 『내재적 발전론』에 츠루미가 집필하지 않은 것도 그 나름대로 이유가 있는 것 같다. 자세한 것은 미야모토의 책(宮本 1990)을 참고하기 바란다. 한편, 나중에 언급한 것처럼 미야모토 그룹은 미야모토(宮本 1989)를 효시로 해서, 1990년대 들어와 연이어 내재적 발전론에 관한 연구를 발표하였다(宮本·橫田·中村 編 1990; 保母 1996; 宮本 1998; 遠藤 1999; 宮本 1999 等). 다만, 한 마디로 미야모토 그룹이라 해도 논자에 따라 입장이 다르다. 예를 들면, 미야모토와 호보는 '내재적 발전'과 '외래형 개발'을 대립적으로 파악하는 한편, 내재적 발전론을 '정책론'으로 심화시키려는 지향성이 강했던 데 반해, 나카무라 코지로(中村剛治郎)는 '내재적 발전'과 '외래형 개발'이 반드시 대립 관계에 있는 것은 아니라면서 내재적 발전론이 '운동론'에 그치고 있다고 주장한다(中村 2000).

*7 예를 들어 기타지마(北島 1998)와 리궈칭(李国慶 1996), 마츠미야(松宮 2000) 등이 그 예다. 이에 대해 "(발전 그 자체를 상대화하지 않으면) 발전이라는 부분의 비중이 높아지면 개발논리에 휩싸일 가능성이 있다"(藤川 1997: 80)는 지적을 염두에 둘 필요가 있다.

*8 지역공동체 사업이란 주민이 NPO 등을 모체로 해서 복지나 환경 등, 지역사회에 뿌리를 둔 문제의 해결을 위해 활동을 하고, 그 활동으로부터 이윤을 취하는 사업을 말한다.

*9 1985년 당시와 비교해 채소 생산액의 구성비는 3.2%에서 6.3%로 증가했다. 한편 수치는 도호쿠 농정국 이와테 통계정보사무소 자료(東北農政局岩手統計情報事務所 2001)에 의거했다.

*10 경작 포기지란 과거 1년 이상 작물을 재배하지 않고, 앞으로도 몇 년 동안 다시 경작할 의사가 없는 토지를 말한다. 경작 포기지의 비율은 경지 총면적에 대한 값으로 히가시이와이 군의 평균치는 15.5%다.

*11 이는 1995년 시점의 수치다.

*12 쇼와 50년대 중반[1980년대 초반]에 현재와 같이 통합되었다. 그때까지는 부락회로 존재하고 있었다.

*13 그 중 1회는 가라쿠와 정의 어민 그룹과 함께 '숲은 바다의 연인 식수제'로 개최하고 있다.

*14 S 씨에 따르면, 당일에는 무로네 중학교 취주악부의 연주회도 개최되어 참가자는 100명 정도가 된다고 한다(1999년 4월 26일, S씨 대면 조사에 의함).

*15 이상은 T 씨 대면 조사와 《제19구 자치회보》를 참고했다.

*16 1999년 4월 16일, U 씨 대면 조사에 의거했다.

*17 자주 지적되듯이 지역 만들기에 있어서는 주민에 대한 기초지자체의 지원 시책을 빼놓을 수 없다. 무로네 촌의 경우 1991년에 이른바 '고향창생교부금'을 종자돈으로 '특색 있는 마을 만들기 기금'을 창설, 촌내 주민단체에 대해서 1단체당 연간 30만엔을 한도로 활동비의 절반 금액을 조성했다. 위의 활동은 모두 이 기금을 받았다.

*18 사이타마 현 요시카와 시와 무로네 촌 사이에 1989년부터 지속되고 있는 초등학생 대상의 단기 홈스테이 교류다. 상세한 내용은 '무로네 촌 우호교류지원회'와 '무로네 요시카와 교류협회'가 함께 발간한 자료(室根村友好交流支援の会·室根吉川交流協会 1997)를 참고하기 바란다.

*19 예를 들어 미나마타 시에서 시의원으로서 지역 환경재생을 위해 노력, '지역학'을 실천하고 있는 요시모토 테츠로(吉本哲郎)도 같은 지적을 하고 있다(吉本 1995). 그리고 주민이 주체가 되어 지역의 지혜를 발굴하려고 하는 '지역학'에 대해서는 마지막 장에서 다루기로 한다.

*20 이것을 가치 명시적으로 밝히고자 연구자들이 실천해 나가고 있는 것이 환경사회학자 가다 유키코 등이 수행한 일련의 연구(초보자 과학)이다(水と文化研究会 編 2000; 嘉田·遊磨 2000 等). 초보자 과학이란 대학 등의 전문가에 한정하지 않고, 일반 주민 등이 주체가 되어 자신들이 살고 있는 지역을 조사·연구하는 것을 의미한다. 일본에서는 시가(滋賀) 현립 비와 호 박물관을 거점으로 가다 유키코(현 시가 현지사) 등이 중심이 되어 반딧불이의 서식환경조사를 한 것이 대표적인 사례다.

*21 구체적인 예로서 지역 농산물을 가공·판매하는 직판장의 설치·운영이 있다. 2003년 9월 무로네 촌에 문을 연 음식점 '순채관(旬菜館)'에는 1일 평균 800명 정도의 손님이 방문하고 있다(《산리쿠신보》 2003년 10월 7일).

제3부

환경운동의 '성공'과 지역재생의 험로

야다 댐 건설 문제와
'바늘구멍 사건'(1975년 7월)에
항의하는 주민 (제7장)
● 사진 제공 : 오이타합동신문사

호소고치 댐 계획에
대항하는 기토 촌이
설치한 '기토무라' 직판점
(제8장)

제7장

방치된 대형 댐 건설 계획과 지역사회의 대응
― 오이타 현 오노 정 야다 댐 건설 문제

고도경제성장기의 한중간이었던 1960년대 후반, 오이타_{大分} 신산업도시 계획에 연동하는 모양으로 부상한 야다_{矢田} 댐 건설 계획은 오이타 현 오노 정_{大野町}을 중심으로 200세대 정도의 가옥이 수몰되는 대규모 개발계획으로, 산업화·도시화에 따른 외부불경제가 농촌지역에 강요된 전형적인 사례였다. 게다가 계획은 재검토되는 일도 없이 계속 방치되었을 뿐만 아니라 계획의 휴지_{休止} 및 중지도 건설성의 내부 절차로 결정되었다.

이러한 대형 댐 건설 문제의 일련의 경과에 대해서 지역주민은 어떤 대응을 해 온 것일까. 이 장에서는 특히, 댐 건설 계획이 장기간 교착 상태에 빠져 있었기 때문에 지역사회가 직면할 수밖에 없었던 문제와 '지역재생'을 위한 주민의 대응에 초점을 맞춘다.

밑에서는 오이타 신산업도시계획을 포함한 오노 강 유역의 개발 역사를 조감하고(제1절), 야다 댐 건설 계획의 개요와 계획 예정 지역의 특징을 확인하도록 하겠다(제2절). 다음으로 댐 건설 계획이 중지될 때까지 약 30년에 걸친 분쟁 과정을 반대운동을 비롯한 주요 행위자의 동향과 그 관계에 주목하면서 정리한다(제3절). 그 위에, 오이타 신산업도시계획이 좌절됨으로써 '방치된 댐 계획'으로 바뀐 야다 댐 건설 계획이 지역사회에 어떤 영향을 끼쳤는지, 그리고 주민이 주도한 새로운 지역 만들기는 어떤 경위를 거쳐서 생성되었는지, 운동 및 활동 역할자에 주목해 지역 과제에 대한 '인식 차이'라는 관점에서 고찰하도록 한다(제4절).

1. 오노 강 유역의 개발 역사

오노 강의 이용과 개발

오노 강은 그 유역이 미야자키 현宮崎県과 구마모토 현熊本県, 오이타 현의 2시 13정 4촌에 걸친 1급 하천으로, 오이타 시 츠루사키鶴崎 지구에서 벳푸 만別府湾으로 흘러들고 있다(그림 7-1). 나란히 흐르는 오이타 강과 오노 강의 하류지역에 펼쳐진 것이 오이타 평야다. 상류지역의 강수량이 많기 때문에 오이타 시를 비롯한 오이타 평야는 자주 홍수에 휩쓸렸지만,[1] 한편 평시에는 수량이 풍부해 특히 오노 강 유역은 예부터 강의 다면적인 이용에 앞서 있었다. 주운과 수력발전(전원 개발)을 중심으로 오노 강의 이용과 개발의 역사를 확인해 두자.[2]

오노 강은 특히 하류지역이 물자 수송로로 발달, 에도江戸 시대[1603~1867년]에는 현재의 이누카이 정犬飼町부터 오이타 시 츠루사키 지구까지 배가 자주 다녔다고 한다.[3] 주운은 이 지역의 주요 교통수단이며, 하구 지역의 츠루사키 지구는 해상운송과 내륙운송의 중계항으로 번창했다. 따라서 영지의 대부분이 오노 강 상류지역에 분포하고 있던 오카 번岡藩이나 중류지역에 곡창지대를 가지고 있던 우스키 번臼杵藩에 있어서 하천 교통을 확보하는 일은 중요한 정치적 과제였다(大分大学教育学部 1977). 그러나 이누카이 상류 쪽은 급류와 '친다 폭포沈堕の滝'의 존재 등 지리적인 장해는 물론, 오카와 우스키 양 번의 이해가 대립했기 때문에 중상류 지역까지 배가 가는 것은 메이지明治 시대[1868~1912년]의 폐번치현廃藩置県1 때까지 기다려야만 했다.

그림 7-1 오노 강 유역과 야다 댐 건설예정지

* 출처 : 大分県 2002

유역 주민의 간절한 염원이었던 이누카이부터 다케다竹田까지의 난공
사가 1874년(메이지 7년)경에 끝나, 상류지역의 다케다부터 하구지역의
츠루사키까지 배가 다닐 수 있게 되었다. 그렇다고 해도 급류나 암석이
많았기 때문에 강 상류의 공사는 특히 극심한 곤란을 겪어야 했다. 공사
는 지역의 진정을 받은 현이 주체가 돼서 추진했지만, 유역의 촌장들도
출자해 각 촌에서는 봉사를 위한 작업자들이 나와 공사를 했다고 한다.

예를 들면, 상류의 다케다부터 중류지역 친다 폭포까지 벌어진 준설
공사에는 약 7,000명이 동원되었다. 그러나 일단 개통된 상류지역의 배
도 홍수 때마다 뱃길이 파괴되는 등, 험난한 자연조건과 싸움을 계속해
야 했다. 막대한 자금과 인력을 투입해 상류지역에 배를 띄우는 사업은

1 메이지 유신 시기인 1871년 8월 29일, 중앙집권화를 도모하기 위해 지방통치를 담당했던 번(藩)
을 폐지하고 부(府)와 현(県)을 설치한 행정 개혁이다.

표 7-1 오노 강 수계의 수력발전소

발전소	하천	발전량 (최대) (kw)	취수량 (최대) (톤/초)	준공 연월	건설자
사사카와	구주 천	52 (81)	0.44 (0.70)	1916. 1.	규슈 전력
지쿠마루	본류	4,200 (12,500)	18.57 (25.00)	1920. 12.	규슈 전력
친다	본류·히라이 천	3,800 (7,200)	13.25 (25.04)	1923. 9.	규슈 전력
미야도	이나바 천	250 (380)	0.56 (0.84)	1929. 4.	규슈 전력
오노카와	본류·미에 천	4,700 (10,100)	11.60 (26.00)	1952. 1.	오이타 현
다케다	본류·이나바 천	1,700 (7,000)	6.00 (22.00)	1955. 5.	규슈 전력

* 출처 : 규슈지방 건설국 야다 댐 조사사무소 자료(九州地方建設局矢田ダム調査事務所 1991)

다이쇼大正 시대[1912~1926년]의 철도(호히 선豊肥線) 개통까지 수십 년에 걸쳐서 계속된다.

그 후, 주운을 대신해 강의 주요 이용 형태로 등장한 것이 수력발전 댐에 의한 전원 개발이었다(표 7-1). 강수량이 풍부한 오노 강 유역에는 1916년(다이쇼 5년)에 설치된 사사카와笹川 발전소를 비롯해 다이쇼 시대와 쇼와 시대에 각각 3개의 발전소와 발전용 댐(보)이 건설되었다. 이 발전소들은 주로 오이타 시 등 하류의 도시지역에 송전하는 것을 목적으로 하고 있었다. 특히 오노 강 본류에는 4개의 발전용 댐(보)이 만들어졌기 때문에 강의 흐름이 곳곳에서 단절되어 수 킬로미터에 걸쳐서 거의 물이 흐르지 않는 무수구간이 발생, 오노 강은 엄청나게 변모해 버리고 만다.

다이쇼 시대에 들어오면 산업화가 진전됨에 따라 새로운 물 수요가 증가하게 된다. 오노 강에서도 강에 관여하는 주체가 다양해지면서 이해 대립이 심각해지고, 물 이용의 조정과 통제가 커다란 정치적 과제가 되고 있었다. 특히 농업 수리와 새로 발생한 전력 수리의 이해 대립이 각지에서 현재화顕在化하여 다이쇼 초기에 '다이쇼 수로' 설치를 둘러싼 양자의 경합이 일어났다(大分県農政部耕地課 1972).

근대화 과정에서 발전용수 다음으로 발생한 물 수요는 도시지역의 인구 집중과 산업 입지에 동반된 수도용수와 공업용수다. 오노 강 유역에 있어 이러한 도시용수의 수요 증가에 더욱 박차를 가한 것이 1960년대의 오이타 신산업도시계획이었다.

오이타 신산업도시계획의 등장

오이타 신산업도시계획의 기원은 1957년에 발표된 '오이타 츠루사키 임해공업지대 개발계획'으로 거슬러 올라간다.*4 오이타 현의 임해지역에 대규모 공업지대를 조성하려는 이 계획은 오노 강과 오이타 강에 의해 형성된 복합 삼각주와 해안의 존재가 매립 조성 공사에 편리한 점, 수심이 깊고 파도가 잔잔한 벳푸 만이 가까이에 위치한 점, 공업용수 취수원(오노 강)이 있는 점 등의 자연적 조건에, 배후지의 노동력 공급 능력 같은 사회적 조건을 가미한 대규모 중화학 콤비나트 건설 구상이었다. 1964년에 책정된 '오이타 신산업도시건설 기본계획'은 이 임해공업지대 개발계획을 그대로 답습한 것이다(표 7-2).

제1기 계획인 1호지부터 5호지까지의 매립은 신산업도시건설촉진법에 의해 구역 지정을 받기 전인 1958년에 개시되었다. 오노 강 좌안의 합계 면적 1,066ha가 매립되어 규슈 석유와 규슈 전력, 신일본제철을 비롯한 약 140개 기업이 진출해 조업을 개시했다(그림 7-2). 계획의 좌절이 이어진 전국종합개발계획의 거점 개발 방식에 포함되어 있었기 때문에, 기업 진출로 인구가 증가한 오이타 지구는 미즈시마水島 지구와 나란히 거점 개발 방식의 '성공 모델'로 여겨졌다(庄司 編 1985). 다만, 그 배후에 위치한 오이타 현의 군 지역에서는 역으로 인구 유출이 가속되어 오이타 시와 지역 격차가 한층 더 확대되어 간다.

제1기 계획에 이어 오노 강 우안부터 사가노세키 정佐賀関町에 이르는 1,190ha를 매립하려던 것이 제2기 계획(6~8호지)이었다. 그 무렵의 고도 경제성장을 배경으로 수많은 기업이 진출을 자청한다.

표 7-2 오이타 신산업도시계획과 관련한 주요 사건

연월	내 용
1957	오이타 현, 오이타 츠루사키 임해공업지대 개발계획(=이후의 신산업도시 제1기 계획) 발표.
1958	1호지부터 5호지까지 매립 조성 공사 개시(~1974년, 합계 1,066ha).
1962	현, 전국종합개발계획에 대응 '오이타 현 기본계획' 책정.
1963	2시 3정 1촌이 통합돼 오이타 시 탄생.
1964. 1.	신산업도시건설촉진법에 따라 오이타 시 구역 지정받음.
1969. 8.	**현, 오노 강 중류지역의 지류 히라이 천에 야다 댐 건설 계획 발표.**
12.	수몰 예정 지역 주민 '오노 정 야다 댐 반대협의회' 결성.
1970. 3.	현, 신산업도시 제2기 계획 결정(6호지~8호지 ; 합계 1,190ha).
9.	고자키 지구 '7·8호지 매립 절대 반대 고자키 기성회' 결성, 반대운동 개시.
1972. 6.	미사·이에지마 지구의 유아 대상 건강조사 실시.
1973. 3.	사가노세키 정 어협의 젊은 유지들이 만든 '공해 추방·2기 계획 반대 사가노세키 어민동지회'와 '2기 계획 반대·공해 추방 사가노세키 정민회의'의 대표가 환경청 방문, 탄원서 제출.
5.	다치키 지사(당시), '세 가지 조건'이 충족될 때까지 8호지 계획 중단할 것을 발표.
6.	일본광업의 수질 오염에 대항, 사가노세키 어민동지회가 어선으로 제련소 해상 봉쇄.
1976. 9.	8호지 계획의 지역·사가노세키 의회가 8호지 매립을 포함한 '기본구상안'을 강행 채택 결의.
1977. 1.	계획을 반대하는 주민 330명이 지사를 상대로 계획 취소를 요구하는 행정소송 제기.
3.	현이 제출했던 '오이타 신산업기본계획개정안'을 총리가 승인.
1979. 3.	1심인 오이타 지방법원이 원고(주민)의 청구 각하.
1980. 6.	히라마츠 지사(당시)가 '세 가지 조건이 충족되었다'고 8호지 계획의 동결 해제 표명.

* 출처 : 가와나(川名 1992)와 쇼지(庄司 編 1985), 오이타 대학 교육학부에서 발간한 도서(大分大学教育学部1977)를 참고해 작성.

한편, 제1기 계획지에 진출한 기업들의 콤비나트 조업이 본격화하면서 오이타 시내에서는 대기오염과 수질오염, 악취 등 소위 산업공해가 현재화했다. 특히 입지점에 인접한 미사三佐·이에지마家島 지구에서는 천식 등 주민의 건강 피해가 심각했다. 적조에 의한 어업 피해도 속출하는 가운데, 주민의 항의에 대해 "제1기 계획에서는 공해가 발생하지 않는다"고 해 온 현 당국도 공해 발생을 정식으로 인정하지 않을 수 없게 된다(川名 1992). 그 후, 지역주민들의 항의운동이 활발해져 제2기 계획을 둘러싼 시비가 커다란 사회적 쟁점으로 비화된다. 제2기 계획은, 6호지와 7호지 매립이 완료되기는 하지만, 결국 사가노세키 정 지역주민의 강

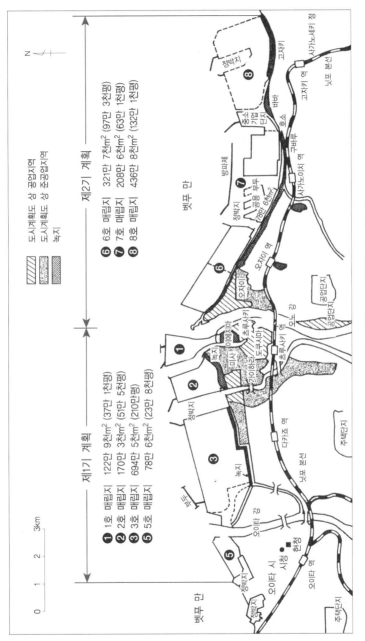

그림 7-2 오이타 신산업도시계획(제1기·제2기)

* 출처 : 川名 1992

력한 반대에 부딪쳐 8호지 계획을 중단하지 않을 수 없게 되었다.*5

이 제2기 계획 실시에 수반되는 공업용수 확보를 주목적으로 책정된 것이 야다 댐 건설 계획이다. 야다 댐은 오노 강 유역의 치수와 이수를 목적으로 한 거대 다목적댐으로 오이타 신산업도시계획의 진전과 연계한 대규모 개발프로젝트로서의 성격이 강했다.

2. 야다 댐 건설 계획의 개요

야다 댐 건설 문제의 경과

오노 강 중류지역에는 셋슈 토요雪舟等楊2가 수묵화로 그린 '친다 폭포'가 있다. 이 폭포 바로 아래에서 오노 강과 히라이 천平井川이 합류하고 있다. 합류 지점에서 약 1km 올라간 히라이 천 하류지역에 야다 댐 건설이 계획되었다. 계획은 댐 건설에 의한 오노 강 하류지역의 홍수 조절과 도시용수 확보를 목적으로 하고 있었고, 특히 오이타 신산업도시계획(제2기)에 따르는 공업용수 증가를 예측해서 1일 40만톤의 신규 취수가 상정되어 있었다.

야다 댐 건설을 중심으로 한 오노 강 종합개발계획이 발표된 것은 1969년 8월로 거슬러 올라간다. 오이타 현은 오노 정과 그에 인접한 아사지 정朝地町, 두 정장에게 댐 건설 후보지를 검토한 결과 오노 정 야다 지구가 다목적댐 건설의 적지이기 때문에 예비조사에 협력해 줄 것을 요청한다.

예비조사란 지질조사를 위한 시굴 등을 행하는 것으로서, 이의 수락 여부는 개별 토지소유권자의 판단에 맡기는 모양새로 그해 10월 조사가 개시되었다. 한편 12월에는 수몰 예정 지역 및 관계 지구의 합계 16부락 336세대가 가맹한 야다 댐 반대협의회(이하, 반대협)가 발족한다.

2 1420~1506년, 일본 미술사에서 최고의 수묵화가로 꼽히는 유명한 화가이자 승려다.

표 7-3 수몰 예정 지역의 개요(면적)

구분	총면적		전		답		택지		임야		기타	
	전체	수몰	전체	수몰	전체	수몰	전체	수몰	전체	수몰	전체	수몰
오노 정	10,936	274 2.5%	732	110 15.0%	804	18 2.2%	126	9 7.1%	7,444	100 1.3%	1,830	37 2.0%
아사지 정	6,865	102 1.5%	661	50 7.6%	219	3 1.4%	72	3 4.2%	4,859	30 0.6%	1,054	16 1.5%
합계	17,801	376 2.1%	1,393	160 11.5%	1,023	21 2.1%	198	12 6.1%	12,303	130 1.1%	2,884	53 1.8%

* 출처 : 규슈지방 건설국 야다 댐 조사사무소 자료(九州地方建設局矢田ダム調査事務所 1991)

표 7-4 부락별 수몰가구 수 및 수몰 관계 가구 수

	부락명	전체 가구 수	수몰 가구 수	수몰 관계		부락명	전체 가구 수	수몰 가구 수	수몰 관계
오 노 정	야다	59	54	0	아 사 지 정	아게	79	42	19
	츠루	41	37	4		와다	29	8	7
	료케	37	35	2		마치	46	0	22
	나카바루	69	0	57		미야오츄오	45	0	21
	오오시마	27	8	18		미야오히가시	18	3	6
	고오리야마	40	0	35		미야오우라	30	0	8
	하루	29	0	29					
	고마가타	24	0	24					
	이와카미	19	0	19					
	오하루	15	3	12					
	구보	14	0	14					
	가와미나미	27	0	12					
합 계		401	137	226	합계		247	53	83

* 출처 : 규슈지방 건설국 야다 댐 조사사무소 자료(九州地方建設局矢田ダム調査事務所 1991)를 일부 수정

　일부 예비조사가 채 끝나지도 않은 상황에서 현은 1971년 7월 실시계획조사의 개시와 그에 대한 협력을 정 당국에 요청한다. 주민의 반대가 강력한 점, 정 측의 이점과 주민 생활 재건 방안이 불투명한 점을 이유로, 정은 현의 요청을 거절했다. 건설성에 따르면 1972년도에 야다 댐 실시계획조사가 착수된 것으로 되어 있지만, 실제로는 반대 주민의 토지에 들어

갈 수 없어서 일부의 토지조사와 항공사진에 의한 측량 정도밖에 할 수 없는 상태였다.

그와 같은 입지점의 상황과는 정반대로 댐이 들어설 예정지를 포함한 히라이 천 관리권이 1972년에 건설성 직할 구간으로 편입되고, 그 외에도 인근의 미에 정三重町에 건설성의 야다 댐 조사사무소가 개설되는 등, 개발 주체가 현에서 국가로 옮겨져 계획이 본격적으로 진행된다. 이후, 국가와 현이 역할을 분담하면서 계획을 추진하고, 주민 대다수는 반대, 역대 정장 및 정 당국이 그 사이에서 흔들리는 구도가 계속 이어지게 된다.[*6]

수몰 예정 지역은 오노 정과 아사지 정에 걸쳐 분포했지만, 표 7-3과 표 7-4에 제시한 것처럼 댐 계획의 영향은 수몰 면적, 수몰 가구 수 모두 오노 정이 가장 컸다. 특히 댐 계획으로 인해 수몰되는 오노 정의 논은 정 전체 논 면적의 15%에 달했고, 거기에다 그 약 절반은 3개의 부락(야다矢田・츠루津留・료케両家)에 집중되었다.

야다 댐 계획의 특징

야다 댐 계획의 특징은 제2장에서 언급한 시모우케下筌 댐 계획과 대비하면 명료하게 드러난다(표 7-5). 특히 주목해야 할 점은 댐 건설로 인한 수몰 토지의 면적이다. 2개의 댐 계획은 모두 댐 규모를 나타내는 유효 저수량이 거의 같은데도 불구하고, 야다 댐의 전체 수몰 면적이 시모우케 댐의 약 2배로, 수몰되는 논에 이르러서는 약 4배의 차이가 난다. 한편, 홍수 조절량에 대해서는 야다 댐이 시모우케 댐의 반 정도에 그치고 있다.

사실은 여기에 야다 댐 계획 특유의 문제점이 존재한다. 댐 건설이 계획된 오노 정 야다 지구는 오노 강 수계의 중류지역에 위치, 험준한 산이 존재하지 않으며 완만한 구릉지대가 이어지는 한편, 히라이 천변에는 논지대가 펼쳐져 있다(사진 7-1). 야다 댐이 '사발형 댐'으로 불리듯이 야다

표 7-5 야다 댐 계획과 시모우케 댐 계획의 비교

구분	야다 댐	시모우케 댐
입지점(댐 위치)	오이타 현 오노 정	오이타 현 나카츠에 촌
하천	오노 강 수계 히라이 천	치쿠코 강 수계 츠에 천
계획 발표 연도	1969년	1957년
목적	홍수 조절, 도시용수	홍수 조절, 발전
형식	중력식 콘크리트댐	아치식 콘크리트댐
제방 높이	56m	108m
댐 호 면적	3.8km^2	2.0km^2
유효 저수량	5,400만톤	5,230만톤
홍수 조절량	700톤/초	1,350톤/초
수몰 가옥	190채	182채
수몰 논	160ha	44ha

* 출처 : 《오이타합동신문》(1976년 5월 24일자)을 참고해 작성

댐 계획은 지형이 험준한 산간지역에 계획되는 통상적인 댐과 달리, 부근 계곡의 깊이가 얕기 때문에 댐에 의해 수몰되는 면적이 상대적으로 커지게 된다. 그 결과 관계 토지소유권자의 수가 필연적으로 많아진다. 예를 들면, 수몰되는 가옥 수는 190채 전후였지만, 논밭이나 산림 등 모든 토지소유권자를 포함하면 그 수가 약 600세대에 달했다. 더욱이 수몰 중심지에는 정 내에서 가장 좋은 논지대가 있고, 거기에다 계획이 부상하기 직전인 1960년대 중반에는 오이타 현의 구조개선 사업에 의해 논 정비가 막 끝난 참이었다.

댐이 들어설 자리의 높이가 비교적 낮았기 때문에 댐 본체 공사비 자체는 억제할 수 있었지만, 당시 농업 중심이던 정의 산업구조와 주민 생활을 염두에 두면 아주 '효율이 나쁜' 댐 계획이었다고 할 수밖에 없다. 게다가 야다 댐 계획은 신산업도시계획의 제2기 계획이 좌절된 후에도 계속 살아남아, 사업비로 약 34억엔의 비용이 투입된 결과 회계검사원으로부터 '예산 낭비'라고 지적되기에 이른다.[7]

계획 발표로부터 30년 이상에 걸쳐서 지역주민 및 정을 우롱해 온 야

사진 7-1 수몰 예정 지역과 히라이 천

* 2003년 10월 25일 필자 촬영

다 댐 건설 계획은 정부의 공공사업 재검토 정책의 영향을 받는 형태로 1997년에 휴지가 결정되고, 2000년에 중지되었다. 오랜 세월에 걸쳐 계획이 방치된 끝에 계획의 재검토는 건설성 내부 절차에 의해 결정되었으니, 지역주민과 지자체는 끝끝내 내부 사정을 알 수 없는 '장막 밖'에 놓인 처지였다.

입지점의 지역 특성

야다 댐 건설이 예정된 오노 정은 오이타 현 남서부에 위치한다. 1907년 (메이지 40년)에 오노 촌·다나카 촌田中村·나카이다 촌中井田村·하지 촌土師村·요로 촌養老村의 5개 촌이 통합되어 히가시오노 촌東大野村이 발족하고, 1928

년의 정 제도 시행을 거쳐 현재의 오노 정에 이르렀다(大分県大野町史刊行会 1980). 야다 댐 건설 계획에 의해 수몰이 예정되었던 지역은 야다·츠루·료케의 3개 부락(이하, 3부락)으로, 논밭·산림 토지소유권자를 포함한 관계 주민의 지리적 분포는 정 내 5개 초등학교구 가운데 하나인 남부초등학교구(이하, 남부지구)와 거의 겹쳐진다.

오노 정은 구릉 형태로 펼쳐지는 화산재 대지와 계곡 아래로 하천변에 열린 평야가 어우러진 전형적인 오노 강 중상류지역의 지형을 갖고 있고, 구릉지대에서는 대규모 밭농사가 이루어지고 있다. 현재 잎담배가 농업 주력작물로서 오이타 현 내에서는 노츠 정野津町에 이어 제2위의 생산 규모를 가진다.

이미 에도 시대 때부터 잎담배를 재배했지만, 본격화한 것은 메이지 시대 이후였다. 1883년(메이지 16년)의 『오이타 현 농사회 일지』에도 오노 지방에서는 '많이 짓는 자, 5단[3] 정도로 매출이 가장 많은 산물로 함'이라고 기록되어 있어 담배는 지역경제에 있어 쌀과 나란히 주요 작물이었다. 2001년 오노 정의 잎담배 생산액(약 13억엔)은 현 내 총생산액의 26.6%를 차지, 노츠·오노 2개 정에서만 57.1%에 달하고 있다. 그리고 2000년 오노 정의 농업 조생산액(35억 3,000만엔)의 주요 내역을 보면, 공예농작물(잎담배)가 14억엔(39.7%), 야채 9억엔(25.5%), 쌀 6억엔(17.0%)이었다.[*8]

2000년 시점에서 농업 종사자수는 전체 취업인구의 41.6%(1,248명)를 차지하고 있어 여전히 농업이 정 내의 기간산업인 것에는 변함이 없다. 한편, 인구 감소가 현저한 오노 정에서 취업자 증가가 눈에 띠는 것은 건설업이다(표 7-6). 이러한 경향은 산업별 총생산액에도 나타나 1999년을 예로 들면, 농업이 차지하는 비율은 16.9%(약 23.0억엔)인데 반해 건설업은 25.5%(34.6억엔)로 정 내 최대의 산업이 되었다.

---

3 면적을 나타내는 단위로 1단은 991.74m²다.

표 7-6 산업별 종사 인구 추이(오노 정)

구 분	1960년		1980년		2000년		2000년 /1960년
	인구	%	인구	%	인구	%	
총 계	6,066	100.0	4,336	100.0	2,999	100.0	49.4%
제1차	4,617	76.1	2,310	53.3	1,257	41.9	27.2%
농업	4,606	75.9	2,289	52.8	1,248	41.6	27.1%
임업	11	0.2	21	0.5	9	0.3	81.8%
어업	0	0.0	0	0.0	0	0.0	–
제2차	290	4.8	812	18.7	675	22.5	232.8%
광업	2	0.0	1	0.0	18	0.6	900.0%
건설업	206	3.4	496	11.4	396	13.2	192.2%
제조업	82	1.4	315	7.3	261	8.7	318.3%
제3차	1,159	19.1	1,214	28.0	1,067	35.6	92.1%
도소매	390	6.4	416	9.6	326	10.9	83.6%
운수·통신	119	2.0	147	3.4	123	4.1	103.4%
서비스	476	7.8	458	10.6	440	14.7	92.4%
공무	105	1.7	137	3.2	146	4.9	139.0%
기타	69	1.1	56	1.3	32	1.1	46.4%

* 출처 : 총무청(성) 통계국(매년) 자료를 토대로 작성

　　오노 군 전체를 봐도 인구가 증가하고 있는 미에 정을 제외하면, 다른 6개 정·촌은 모두 건설업이 총생산액에서 수위를 차지하고 있어 공공사업에 의존할 수밖에 없는 지역 경제구조의 실태를 알 수 있다.

　　여기에서 전통산업인 농업의 실태에 대해서 좀 더 자세히 검토해 보자. 정 전체의 경지면적별 농가 수를 살펴본 경우, 1ha 미만의 농가 수 비율은 1970년 시점에 43.2%, 2000년은 51.7%였다(표 7-7). 한편, 2.0ha 이상의 비교적 대규모 경지를 소유한 농가 수는 1970년 11.6%였는데 2000년에는 20.0%가 되었다.

　　이 수치를 보는 한, 과거 30년 사이에 오노 정의 농업 경영은 영세 농가와 대규모 농가로 양극 분화되었다. 특히 눈에 띄게 경영규모가 확대된 것은 담배 농가다. 1970년 시점에서는 판매 농가 수 452가구, 1가구당 경지면적은 0.6ha에 불과했다. 그런데 2000년에는 농가 수(134가구)는 감소한 반면, 경지면적은 2.0ha로 증가했다. 이는 1가구당 논농사 경지면

표 7-7 농가 수와 농업구조의 변화(1970년/2000년)

구 분		오노 정				남부지구				3개 부락			
		1970년		2000년		1970년		2000년		1970년		2000년	
		가구수	%	가구수	%	가구수	%	가구수	%	가구수	%	가구수	%
업 태 별	전업	646	39.2	338	39.3	146	49.0	70	43.8	38	33.6	17	32.7
	제1종 겸업	616	37.4	102	11.9	102	34.2	24	15.0	49	43.4	9	17.3
	제2종 겸업	387	23.5	420	48.8	50	16.8	66	41.3	26	23.0	26	50.0
	계	1,649	100.0	860	100.0	298	100.0	160	100.0	113	100.0	52	100.0
경 지 면 적 별	0.5ha 미만	327	19.8	139	16.2								
	0.5~1.0	386	23.4	305	35.5								
	1.0~1.5	456	27.7	161	18.7								
	1.5~2.0	288	17.5	83	9.7								
	2.0~2.5	144	8.7	50	5.8								
	2.5~3.0	32	1.9	26	3.0								
	3.0ha 이상	16	1.0	96	11.2								
	계	1,649	100.0	860	100.0								

* 출처 : 《농림업 센서스》에 의거(오노 정 기획과 제공)

적이 0.6ha(1970년)에서 0.4ha(2000년)로 감소한 것과 아주 대조적이다.

한편에서는 오노 정 전체의 농가 수가 이 30년 동안 거의 반으로 줄었다. 고령화와 인구 과소화가 진행 중인 오노 정에서는 농업 종사자 중 45.5%가 65세 이상으로, 농사의 반 정도가 고령자에 의해 이루어지고 있는 것이 현재의 상황이다.

1960년부터 2000년까지 과거 40년 동안의 인구 추이를 살펴보면, 군내에서도 오노 정의 감소율이 특히 눈에 띄는데(55.5%), 인구가 40년 동안 절반 이하로 줄어든 것이다(표 7-8). 오노 정은 오가타 정緒方町과 기요카와촌清川村과 나란히 군내에서 가장 인구의 과소화가 진행된 지역으로, 여기에 비례해 고령화도 진행되었다. 2000년 현재 오노 정의 고령화율은 39.6%로 군내에서 고령화율이 높은 지자체 중 하나이지만, 그 안에서도 수몰 예정지였던 3부락은 정내에서 가장 고령화가 진행된 지역(45.9%)이다.

게다가 2002년 4월 현재의 세대 구성을 살펴보면, 65세 이상의 세대원

표 7-8 연령별 인구 추이(오노 정)

구 분	1960년	1970년	1980년	1990년	2000년	2000년/1960년
총계	12,424	9,068	7,440	6,508	5,533	44.5%
(%)	(100.)	(100.0)	(100.0)	(100.0)	(100.0)	
0~14세	4,411	2,134	1,254	1,054	585	13.3%
(%)	(35.5)	(23.5)	(16.9)	(16.2)	(10.6)	
15~64세	7,090	5,829	4,960	3,895	2,759	38.9%
(%)	(57.1)	(64.3)	(66.7)	(59.8)	(49.9)	
65세~	923	1,105	1,226	1,559	2,189	237.2%
(%)	(7.4)	(12.2)	(16.5)	(24.0)	(39.6)	

* 출처 : 총무청(성) 통계국(매년) 자료를 토대로 작성

만으로 구성된 '고령자 세대'(뒤를 이을 사람이 없는 세대)가 정 전체 2,016 세대 중 749세대(37.2%)인데 비해, 3부락에서는 105세대 중 46세대(43.8%) 에 달한다. 주민 대부분이 "이제 10년만 지나면 농업을 하는 집도 반 정도 로 줄어들 것이다"라고 이구동성으로 이야기하는데, 그것이 결코 과장이 아니라는 것을 알 수 있을 것이다.

여기까지 검토한 대로 수몰 예정 지역(3부락)은 오노 정 안에서도 인구 과소화·고령화가 한층 더 진행된 지역이라고 할 수 있다. 구릉지가 많은 오노 정의 3부락은 상대적으로 저지대에 해당하는 계곡 아래 평야에 위 치, 전통적으로 쌀농사 중심의 논 지대에 놓여 있다. 그 쌀농사 중심의 산업구조는 쌀 가격 보류 정책 하에서 점차 농업을 전업으로 해서는 생 계를 유지할 수 없게 만들어, 후계자 세대가 농업을 버리고 오이타 시나 후쿠오카 시福岡市 등 도시지역으로 유출되는 요인이 된다.

예를 들어 『오노 정사』(1980년)에서는 고도경제성장기의 한가운데였 던 1964년 당시의 오노 정 농업에 대해, 취업인구의 70%가 농림업에 종 사하는데 1가구당 현 평균의 2배 가까운 경지를 경작하면서 정민 1인당 소득은 역으로 현 평균의 1/2 정도에 그치고 있는 현상을 지적하고 있다. 댐 계획이 부상하기 직전의 이 시기에 이미 "농가 경영을 안정화시키기

위해서는 겸업에 의한 소득 증대를 도모하거나 농업 근대화를 통해 개선하는 이외에 다른 방도가 없는데, 겸업을 하는 경우에도 오노 정에서 찾아볼 만한 근대 산업이 없는 이상 현 내외에서 직장을 얻지 않으면 안 되기 때문에, 인구 유출 현상을 볼 수 있었다"(大分県大野町史刊行会 1980: 750).[*9]

달리 접근하면, 오노 정은 전후 눈에 띠게 진행된 산업화의 노동력 공급원이 되었다는 것이고, 그와 같은 지역에 산업화·도시화를 지탱하는 거대 댐 건설 계획이 세워짐으로써 지역의 인구 유출에 박차가 가해져 산업화의 영향을 이중으로 받게 되었다. 오이타 신산업도시계획의 상류 지역에 위치, 야다 댐 건설이 계획된 오노 정은 문자 그대로 그 개발을 지탱하는 '배후지'가 되었던 것이다.

3. 댐 건설 반대운동의 전개와 주요 행위자의 동향

본 절에서는 야다 댐 건설 계획에 대한 지역사회의 대응을 검토한다. 특히 주민이 주체가 된 반대운동에 초점을 맞춰서 분석 대상을 주로 조직 차원(메조 수준meso-level)[4]에 한정해 계획에 관한 행위자의 행위 및 상호관계, 언급한 내용을 검토한다. 이 사례의 운동은 1960년대 후반부터 80년대 전반에 걸쳐서 가장 활발했고, 그 후 점차 정체하게 된다(표 7-9). 밑에서는 4개의 시기로 구분해서 논의를 진행하도록 하겠다.

운동의 개시와 고양

댐 건설 반대운동의 모체인 야다 댐 반대협의회(이하, 반대협)가 결성된 것

---

4 사회학적 분석을 할 때 방법론 측면에서 본 분석 수준이다. 마이크로 수준(micro-level)이 사회적 행위자로서 개인이 가진 신념 체계나 행위, 매크로 수준(macro-level)이 집단이나 집합적 차원에서 나타나는 현상 등을 고찰한다면, 메조 수준(meso-level)은 그 중간 수준, 주로 행위자 간에 주고받는 사회적 상호작용에 주목한다.

은 댐 계획이 공표된 지 4개월 후인 1969년 12월이다. 당초에는 관계된 16개 부락의 수몰 관계 세대 거의 대부분인 336세대가 가맹한 단일 운동 조직이었다. 실제 운동이 활발해지는 것은 현의 예비조사가 끝나고 실시계획조사를 실시하기 위한 신청이 정에 제출된 1970년대에 들어선 이후다.

그러면 '생활을 지킨다'는 기치를 내건 반대협은 어떤 운동 전략과 운동 논리를 가지고 있었던 것일까. 위에 언급한 것처럼, 원래 반대협은 댐 계획에 이해관계가 얽힌 토지소유권자 주민들로 구성되어 있었다. 따라서 '마을 전부' 가입한 수몰 지역 3개 부락(츠루·료케·야다)에서는 지역주민 조직(자치회)과 운동 조직의 구성원이 거의 중복되어, 자치회 활동의 연장선상에 반대운동이 존재하고 있었다. 한편, 수몰 주변지역에 해당하는 나머지 부락에서는 토지 소유 상황에 따라 댐 계획과의 직접적인 관계가 다르기 때문에 기본적으로는 세대 단위로 가맹했다.

이와 같이 운동의 구성원은 부락에 따라 크게 달랐고, 운동과 연계하는 방식도 토지 소유 상황에 따라 차이가 있었다. 이는 이후의 운동 전개(분열)에 큰 영향을 미치게 된다.

"실제로 물을 이용하고 싶은 건 하류의 도시야. 그런데 왜 우리들 상류지역의 주민이 논밭을 버리고 집을 버리면서까지 하류를 위해 희생하지 않으면 안 되는 겁니까? …… 우리들에게 특정한 사상은 없습니다. 단지 조상 대대로 이어온 논밭과 집이 없어지는 데 반대하고 있는 겁니다"*10라는 당시 운동 리더의 말에서 드러나듯이 당초 운동의 논리는 명쾌했다. 1976년에 제정된 반대협의회 규약은 반대운동의 근거로 다음과 같이 선언하고 있다. "다목적이라는 명목으로 건설하려는 야다 댐은 독점 대기업에 봉사하는 주민 무시 정책이다. 국내 굴지의 거대한 건설 구상은 관계 주민들에게 막대한 생활 불안을 안겨 주고 있다. 그런 의도를 분쇄해 경제적, 사회적 안정을 기하기 위해 지구 주민의 굳은 단결로 관계당국에 대처해야 할 모든 힘을 결집한다."

표 7-9 야다 댐 건설 계획을 둘러싼 주요 사건

연월	주요 사건
1964. 1.	오이타 지구가 '신산업도시건설촉진법'에 따라 신산업도시로 지정.
1969. 8.	오이타 현, 1급 하천 오노 강의 지류 히라이 천(오노 정, 아사지 정)에 야다 댐 건설 계획(다목적댐) 발표.
10.	현, 시굴 등 '예비조사' 개시(~1971. 10.).
12.	**오노 정 야다 댐 반대협의회(반대협) 발족(16개 부락, 336가구).**
1971. 6.	현, 정에 '실시계획조사' 신청(→8월에 정 측이 '응하기 어려움'이라고 회신).
8.	정, 야다 댐 대책협의회 발족.
1972. 1.	건설성, 신년도 예산에 야다 댐 계획 계상.
5.	건설성, '실시계획조사'에 착수, 미에 정에 야다 댐 조사사무소 설치.
11.	반대협 대표 20명 현청 방문, 부지사와 토목부장에게 계획 중지 요구.
1973. 3.	반대협, 건설성에 댐 계획 중지 신청.
5.	신산업도시 제2기 계획(8호지 매립계획) 일단 중단.
12.	반대협 멤버 200명 정도가 1,764세대의 서명을 받아 현에 댐 계획에 대해 항의.
1974. 3.	**건설성, 오노 강 수계 공사실시 기본계획 개정. 야다 댐을 기본계획에 포함.**
12.	**다치키 지사(당시)가 오노·아사지 두 정을 방문, 댐 건설 협력 요청. 반대 주민이 공용차 둘러싸고 항의.**
1975. 2.	아다치 정장, 현·건설성의 설명회 개최를 받아들이는 방침 표명.
4.	건설성(야다 댐 조사사무소)이 수몰 관계자를 대상으로 엽서를 이용한 설문조사 실시.
6.	정장의 입장을 묻기 위해 반대협이 정 집행부와 단체교섭. "지역의 반대가 계속되는 한 추진하지는 않겠다"는 정장의 발언을 받아냄.
7.	**100명 가까운 주민이 바늘구멍이 난 설문 엽서에 대해 조사사무소로 몰려가 항의(바늘구멍 사건).**
8.	**반대협 분열. '야다 댐 대책회의'(대책회의) 새로 결성.**
12.	건설성과 현이 처음으로 지역설명회 개최. 대책회의 멤버 약 140명이 참가. 반대협은 거부.
1976. 3.	**반대협 외, 총 4개 단체가 연명으로 다치키 지사에게 공개질의서 제출.**
4.	현과 유역 시·정·촌(오이타 시·사가노세키 정·이누카이 정·치토세 촌·미에 정)이 '야다 댐 건설촉진협의회' 결성.
5.	오노 정 농협, 이사회에서 댐 반대를 결의. 같은 달, **야다 댐 건설 반대 현지 대집회가 중앙공민관에서 개최(600명 규모)되어 규슈 대학 교수(지질학) 등이 강연.**
1980. 6.	히라마츠 지사, 현의회에서 8호지 계획 동결 해제 표명.
1981	수몰 지역의 남부초등학교, 노후화로 인해 신축 이전 문제 부상.
1982. 3.	반대협, 정이 현으로부터 댐 관련 보조금을 수령한 일에 항의. 앞으로 보조금을 수령하지 않는다는 취지의 '확약서'를 정과 교환.
1986	**정, 남부초등학교를 현재 장소(수몰 예정지 안)에 개축하기로 결정. 현도 승인.**
1989. 3.	반대협, 20주년 기념대회 개최.
1992. 5.	호히 수해(1990. 7.)로 붕괴한 친다 폭포(규슈 전력 취수보의 직하류) 벽면 보수 공사에 관해 협의 개시.

연월	주요 사건
1994. 5.	주민·유지들이 '친다 폭포회'(폭포회)를 결성, 지역 만들기 활동 개시(전신의 활동은 80년대 중반~).
10.	'제1회 셋슈 축제' 개최(이후, 매년 10월 개최).
1995.12.	회계검사원에서 야다 댐 계획을 비롯해 진척이 없는 전국 6개소의 댐 사업 공표.
1996. 7.	수리권 갱신 시점(1998. 7.)을 기준으로 취수보 방류량에 관한 협의(현, 규슈 전력, 정, 폭포회) 개시.
1997. 5.	개정 하천법 발효, 이 해 10월 시행.
8.	건설성, 야다 댐 계획 휴지 발표.
10.	정, 오노 정 댐 대책위원회를 설치하고, 정부와 현을 상대로 정신적·경제적 피해 보상과 사회기반 정비 요구.
1998. 3.	건설성, 야다 댐 조사사무소 폐쇄.
8.	오노 강 유역 네트워킹(ORN) 결성(준비는 1996. 7.~).
1999. 6.	취수보에서 초당 1,665톤의 유량을 본류로 방류하는 것에 규슈 전력이 동의. 친다 폭포 항상 물을 흘려보내게 됨.
2000. 3.	야다 댐 계획의 완전 중지와 지역 진흥을 요구하는 주민 총궐기대회 개최.
4.	폭포회, 지역 부락의 공유지(산림)를 빌려 '폭포 공원'(전망 공원) 정비.
9.	반대협, '야다 댐 지역진흥협의회'로 명칭 변경.
11.	건설성, 야다 댐 계획 중지 정식 발표.
2001. 4.	히라이 천, 국토교통성의 직할 구간에서 오이타 현 관리 구간으로 변경.
7.	정 기획과, 수몰 지역 부락별로 지역 정비에 관한 개별 의견 청취 개시.

* 출처 : 야다 댐 반대협의회(矢田ダム反対協議会 1989)와 규슈 지방 건설국 야다 댐 조사사무소(九州地方建設局矢田ダム調査事務所 1991), 가와나(川名 1992), 각 신문(《오이타합동신문》, 《구마모토일일신문》, 《니시니혼신문》)을 토대로 작성

공공성에 대한 의문을 제시, 특히 수익 주체와 수고 주체의 분리·불일치를 규탄한 반대운동의 주장은 제2장에서 검토한 것처럼 제2기의 댐 건설 반대운동에서 두드러지게 볼 수 있는 것이었다.

1970년대에 들어서자, 현이 정 쪽에 '실시계획조사'를 신청하고(1971년 6월) 건설성은 야다 댐 조사사무소를 개설하는(1972년 5월) 한편, 주민들을 대상으로 한 호별 방문을 시작하는 등 개발 주체의 움직임이 활발해진다. 이에 대해 운동 조직은 각 가정에 '방문 거부'라고 적은 종이를 붙이고 접촉을 거절함과 동시에 진정과 시위 등, 현과 건설성(조사사무소)에 대한 항의 활동을 끊임없이 이어 간다.

운동 조직의 간부가 중심이 되어 인근의 댐 건설 현장을 방문, 현장을

시찰하고 지역의 지자체 및 주민을 대상으로 의견을 듣는 등 실태조사를 시작하는 것도 이 시기다. 특히, 1960년대에 전개된 치쿠코 강筑後川 상류의 마츠바라松原·시모우케 댐을 둘러싼 격렬한 지역 분쟁은 대중언론에서도 자주 다루고 있었다. 인접 현이라는 점도 있어 현지를 방문하는 등 지역주민은 〈하치노스 성蜂の巣城 투쟁〉[벌집성 투쟁]에 관한 일을 강력하게 의식하고 있었다.

당시는 시모우케 댐이 "무로하라室原 씨가 그렇게 싸웠는데, 그래도 건설성에 이길 수 없었다"는, 건설성의 강압적인 행정 수법의 상징으로 주민들에게 강하게 인식되었던 시기며, 게다가 댐 건설을 받아들인 오이타현 나카츠에 촌中津江村에서는 지반 침하와 산사태, 가옥의 변형, 지하수의 이상 분출 등 댐 건설에 의한 여러 가지 부정적인 영향이 현재화하기 시작했다. 운동의 리더들은 그런 댐의 '단점'을 눈앞에 보면서 "이곳을 제2의 시모우케로 만들지 말라"를 슬로건으로 내건 운동을 전개하게 된다.[11]

이 시기의 운동 특징을 정리하면, 운동의 역할자가 된 주민들은 댐 계획을 "지역 생활을 파괴하는 것"으로 인식, 그 저지를 최대의 목표로 하는 작위作爲 저지형 운동이었다. 제1장에서 검토한 것처럼 계획 결정 과정에서 참여의 기회가 막혀 해당 지자체의 장과 주민은 그 과정에서 배제되어 있었기 때문에 수몰 예정 지역의 주민은 조사를 위한 토지 출입 거부라는 수단으로 대항할 수밖에 없었다. 따라서 조직 내 단결이 최우선시 되고, 개발 주체에 대한 진정과 항의, 시위 활동이 주요 운동 전술로 이용되었다. 예를 들면, 1974년에 다치키立木 지사(당시)가 정 및 정의회에 댐 계획에 협력해 줄 것을 요청하기 위해 정을 방문했을 때에는 사전에 그 정보를 알게 된 운동 멤버가 촌사무소 앞에 집결, 100명이 넘는 주민이 공용차를 둘러싸고 격렬하게 항의를 했다.

무엇보다 운동 과정에서 이러한 집합적인 항의 활동은 한정적이었다. 왜냐하면 1960년경부터 농한기에는 남성이 객지로 돈 벌러 나가는 가정이 늘어나는 바람에 남아 있던 주민들만으로 운동을 펼칠 수밖에 없어 동원 가능한 인적 자원이 제한되었기 때문이다.[12]

그리고 특히 운동의 촉발 단계에서는 댐 계획이 구체적으로 생활에 어떤 영향을 미치는지가 모든 주민들에게 반드시 인식되어 있던 게 아니었다. 수몰 예정 지역에 거주하는 어느 주민은 "댐이 만들어지는 것을 보고 나서 죽고 싶다"던 장모의 말을 지금도 잊을 수가 없다고 한다.[13] 더욱이 "댐이 만들어지면 거기서 낚시를 할 수 있다"고 말하는 주민도 있었으니 1970년대 초반 시점에는 운동의 중심 멤버를 제외하면 댐이라는 근대화의 상징이 "이 마을에 생긴다"는 호기심과 생활에 대한 막연한 불안감이라는 두 가지 감정이 주민들 마음속에 섞여 있는 상태였다.[14]

바늘구멍 사건과 운동의 분열

개발 주체가 된 건설성에 대한 주민들의 불신감을 결정적으로 만든 것은 1975년의 '바늘구멍 사건'이었다. 정 당국에 자주 주민설명회 개최를 요청해 온 건설성 야다 댐 조사사무소는 더 이상 기다리지 못하고 예정지 주민을 대상으로 왕복우편엽서를 이용한 설문조사를 시도한다. 그런데 무기명식이어야 할 설문조사에 문제가 있음을, 즉 회신용 우편엽서 한구석에 바늘로 작은 구멍이 뚫려 있는 것을 여러 명의 주민이 발견, 머리띠를 두른 주민 약 90명이 조사사무소로 몰려가 격렬하게 항의했다. 그 의미가 무엇인지 입씨름이 밤늦게까지 계속되었고, 사무소장이 "지구별 의향을 파악하는 것은 물론, 가능한 한 개인의 의향도 알고 싶었기 때문에 (바늘구멍을 내서) 체크했다"는 것을 인정한다.[15]

여러 항목으로 구성된 설문 자체는 "댐 건설 목적을 정확하게 알고 있습니까?", "국가나 현이 설명회를 개최하면 출석하겠습니까?" 등 비교적 단순한 것이었다. 그러나 질문 항목의 내용 이전에 주민들 대부분은

"이런 수단을 쓰면서까지 건설성은 사업을 추진하려고 하나"라고, 설문 조사를 건설성의 행정 수법을 상징하는 사건으로 인식하게 된다. 그 인식은 앞에서 다룬 시모우케 댐 계획에서 건설성이 행한 토지 수용과 '하치노스 성' 철거라는 실력 행사의 이미지와 맞물려 개발 주체에 대한 불신감을 결정적인 것으로 만들었다. 특히 운동의 중심 멤버에게 그 충격이 현저해 "사업계획 이전에 '당신네들 존재 그 자체를 신용할 수 없다'는 결과를 가져왔다."*16

이후 반대협은 건설성 및 현과의 직접 교섭을 일절 거부, 정 당국을 전면에 내세운 교섭 방식으로 전환한다. 이 시기에 운동의 중심 역할을 했던 '제1세대' 주민의 '건설성 알레르기'는 그 후 25년이 지나 계획 중지 단계에 이를 때까지 계속된다.

그런데 이 '바늘구멍 사건'이 발생한 다음 달(1975년 8월) 반대협이 분열, 새로운 운동 조직 '야다 댐 대책회의'(이하, 대책회의)가 탄생한다. 왜 이 시기에 운동 조직이 크게 분열하게 되었을까? 분열한 대책회의의 '변명'을 결성 당시의 경위를 기록한 문장에서 찾아보자.

반대를 외치는 조직은 점점 확대되어 외부 지원 단체, 우호적인 사람 등을 하나의 망으로 연결해 정치투쟁화해 왔다 …… 말할 것도 없이 우리는 지역 관계자의 희생과 지역의 쇠퇴만을 부르는 댐 건설이라면, 비록 공공사업이라 할지라도 절대 반대할 것이 분명하지만, 기안자 및 행정당국 측이 표명하는 대로 댐 건설에 따라 지역 관계자의 생활이 향상되고, 지역의 진흥을 도모할 수 있어 충분한 보상이 확약된다면, 공공사업에 협력하지 않을 수 없다. 이와 같은 유연한 자세가 우리의 기본적인 생각이다(矢田ダム対策会議 1989: 126).

약간 에두른 표현이기는 하지만, 말하자면 일체의 교섭을 거부하기만

해서는 결말이 나지 않으니까 대화를 해서 요구할 것은 요구하고, 그에 대해 자신들이 납득할 수 있는 조건이 제시된다면 댐 건설에 협력하겠다는 것이 '유연한 자세'로, 이것이 그들 주장의 요점이었다. 구성원에 따라 댐 계획에 대해 의미 부여를 다르게 한 것이 '바늘구멍 사건'을 계기로 현재화한 것으로, 본래 다양하고 복잡한 이해관계를 갖고 있던 운동 조직이 운동 과정에서 분열하는 것은 시간 문제였다.*17

제4장에서 검토한 니이츠키新月 댐 계획 사례와 마찬가지로, 이따금 애초의 반대운동은 절대 반대를 외치는 작위 저지형 운동과 조건 투쟁 운동으로 나뉘게 되지만, 그 경우 전자에는 수몰 중심부에 위치한 주민들이 남고, 수몰 주변지역 주민들 대부분은 후자로 옮겨간 경우가 많다.*18 하지만 이 사례의 경우, 수몰 지역 중심에 위치했더라도 야다 부락 주민의 대응은 반대협에 남는 사람과 대책회의로 옮겨가는 사람으로 나뉘었다. 츠루·료케는 전통적인 쌀농사 지대로 조상 대대로 이어온 토지를 가진 주민이 많았지만, 야다 부락은 토박이로 농사를 짓는 사람과 전후에 이주해 온 주민이 혼재, 후자는 생산수단으로서의 토지를 거의 보유하고 있지 않았다는 사정이 있다. 위에서 언급한 주민들의 분열은 대략 이 구분과 겹쳐졌다. 따라서 적어도 이 시점에서는 토지의 소유 형태가 댐 계획에 대한 주민의 대응을 크게 규정하고 있었다고 생각할 수 있다.

반대운동의 확대

운동 조직이 크게 분열함에 따라 정 당국은 대응에 곤란을 겪게 된다. 당초 "야다 댐 건설은 마을의 생존이 걸린 문제"(矢田ダム反対協議会 1989: 14)로서 '기본 인권 존중'과 '지방자치 옹호'를 내걸고 국가와 현의 협력 요청을 계속 거부해 온 정 측도 취약한 재정 때문에 점차 그 자세를 변화시키고 있었다. 건설성이나 현에서 제공하는 댐 계획 조사와 관련된 보조금

을 받으려 하는 정은 댐 계획의 기정사실화를 우려해서 수령 거부를 주장하는 반대협과 계획의 교착 상태 타개를 위해 전향적인 대응을 요구하는 대책회의, 두 주민 조직 사이에서 흔들렸다.

반대협은 1970년대 중반부터 외부 행위자와 연계를 강화시켜 나간다(그림 7-3). 1976년에 들어서면 교토 교육대학京都教育大学, 나가사키 조선대학長崎造船大学, 오이타 대학 등 자연과학계 대학 연구자들로 구성된 학술 조사단과 오이타 시의 변호사 등이 운동을 지원하기 시작했다.[19] 각지의 댐 건설지 시찰과 부락 단위로 학습회를 진행하고 있던 반대협에게는 운동 네트워크를 확대해 나가는 절호의 기회가 된다.

예를 들면, 1976년 3월에는 신산업도시 제2기 계획 반대운동을 지원해 8호 매립지 소송 변호단장을 맡고 있던 오이타 시의 변호사 요시다 다카미古田孝美 씨, 공해 반대운동을 전개해 온 오이타 자연을 지키는 모임, 오이타 환경을 지키는 연락협의회가 반대협과 연명으로 현지사에게 공개질의서를 제출했다. 게다가 그해 5월에는 현 내외의 운동 단체원 600명이 참여한 '오노 정 야다 댐 반대 현지 집회'가 개최되는 등 1975년에 발생한 운동 조직의 분열에도 불구하고, 다양한 행위자가 관여하면서 반대운동이 고양되어 간다.[20]

그러면 무엇이 운동 네트워크 형성을 촉진한 것일까. 농협이나 노조 같은 오노 정 내의 행위자를 제외하면, 특별히 눈에 띄는 것은 변호사 그룹과 공해 반대를 주목적으로 한 운동 조직으로 형성된 야다 댐 투쟁지원연락회의의 동향으로, 이 조직의 공통 관심은 '8호지 계획 저지'였다. 이미 언급한 대로 본래 야다 댐 계획은 8호지 계획을 포함한 제2기 신산업도시계획과 연동한 개발계획으로, '야다 댐'과 '8호지'는 말하자면 일심동체와 같은 관계에 있었다. 따라서 야다 댐 계획 반대운동과 8호지 계획 반대운동 사이에는 다른 쪽이 운동 대상으로 삼고 있는 계획을 저지하는 일이 자신들의 운동 성패에 직결된다는 이해관계가 존재하고, 그

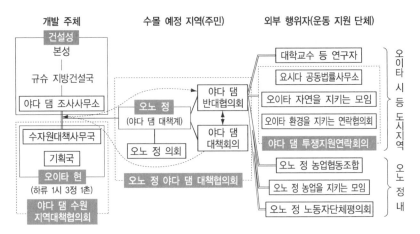

그림 7-3 야다 댐 계획을 둘러싼 주요 행위자의 관계(1970년대 후반)

것이 '주민을 희생시키는 일부 독점 기업을 위한 개발 저지'라는 공통 프레임 안에서 현 당국이라는 공통의 적에 대항하기 위한 연대를 추진할 수 있게 만들었다.

일반 주민, 특히 여성의 운동 참여가 두드러지는 것도 1970년대 중반의 이 시기였다. 구체적으로는 반대협 '부인모임' 활동의 일환으로, 주부층을 중심으로 여성들이 매년 다른 댐 지역에 시찰 연수를 다녀옴으로써 그때까지 부락 공부모임 등을 통하지 않고는 알지 못했던 시모우케 댐 등 다른 지역의 댐 건설로 인한 현실을 인식하게 된다. 시모우케 댐을 견학한 주민들은 다음과 같이 기록하고 있다. "댐이라고 하면 관광지, 주변에는 호텔과 레스토랑 등이 나란히 서 있는 것만 생각했지만, 한 번 보면 두 번 다시 보고 싶지 않은 그 기분 나쁜 호수는 그야말로 죽음의 호수로밖에는 보이지 않았다", "지금까지는 건성으로 흘려들었지만, 시모우케 댐 주민과 주거의 위험한 실태를 피부로 느꼈다."[21]

그렇다 해도 운동의 고양과 확대는 오래 가지 않았다. 밑에서 다시 언급하겠지만, 이는 오이타 신산업도시계획을 비롯한 당초의 전제조건이 크게 달라져 건설성 안에서 야다 댐 건설 계획의 우선순위도 변화를 강요당하고 있었기 때문이다. 야다 댐 건설 계획이 점차 '방치된 댐 계획'으로 변질되어 가는 데 마치 호응이라도 하듯이 운동도 수그러들게 된다.

'방치된 댐 계획'과 운동의 퇴조

1980년대에 들어서면서 운동 이벤트는 많이 줄어든다. 그 중에서 1980년대 초에 부상한 것이 수몰 예정 지역 중심부에 있던 남부초등학교 개축 문제였다. 1954년의 화재로 다시 지어진 교사가 너무 노후하여 주민들이 낸 교체 진정이 1981년 정의회에서 채택되었다. 그러나 댐 완성으로 수몰되는 일이 생길 경우의 '2중 투자'를 우려해 수몰 예정 지역 이외의 지역에 교사를 신축하려는 정 당국과 댐 건설을 저지하기 위해 어디까지나 현재 교사와 인접한 장소에 교사를 지어야 한다는 주민들 사이에서 교섭이 난항을 겪는다.

초등학교 개축 문제를 "승부가 갈리는 결전"으로 생각한 반대협 주민들은 정이 상정했던 이전 예정지의 매각을 거부한다.*22 몇 년 동안 계속된 교섭 끝에 당시 정장의 결단으로 주민들의 요구를 받아들여 인접한 땅에 다시 짓기로 결정했다. 이 결정이 댐 문제와 관련된 주민들에게 새로운 인식을 심어 주었다. 즉, "이제는 바로 댐 건설이 시작되는 일은 없을 거야"라고.

운동 이벤트도 이 초등학교 개축 문제를 경계로 진정되는 국면으로 향하게 된다. 운동 분열 직후 약 160가구가 가맹했던 반대협은 점차 탈퇴자가 늘어 1980년대 후반에는 회원이 100가구를 넘지 못했다. 그럼 반대협 탈퇴자가 대책회의로 옮겨갔느냐 하면, 그건 그렇지 않았다. 오히려 반대협 이상으로 활동 면에서 현저하게 정체를 겪게 되는 것은 대책회의 쪽이었다.

1980년대 후반 이후의 운동으로 눈에 띄는 것은 1989년에 개최된 반대협의 20주년 기념행사 정도다. 그리고 운동의 역사를 되돌아 본『운동의 발자취』가 그해 반대협·대책회의 두 운동 조직으로부터 연이어 간행되었다. 격렬한 분쟁이 한창일 때는 운동을 총괄할 여유 같은 게 없을 것이기 때문에 총회나 간담회, 정 당국과의 의견 교환 회의 같은 정기적인 행사를 제외하면, 1980년대 말로 '운동'으로서의 기능은 실질적으로 상실되었다고 보는 게 자연스러울 것이다. 이 시기가 되면, 운동 조직은 주민 간의 친목조직으로서의 성격이 강해진다.

한편 개발 주체인 건설성도 1980년대에 들어서자 정 당국에 정기적으로 조사 협력을 요청하는 정도 이외에는 특별히 눈에 띄는 움직임이 없었다. 이는 항공 측량과 팸플릿 등 댐 계획에 관한 홍보자료 제작만 매년 반복된 데서 명확하게 드러난다. 사실 매년 1억엔 전후의 예산을 소화하는 일에 급급해 하던 것이 건설성(야다 댐 조사사무소)의 실태였다.[*23] 야다 댐 건설 계획을 둘러싸고 어떤 환경 변화가 있었던 것일까?

이미 언급한 것처럼, 애초에 야다 댐 계획은 제2기 신산업도시계획에 따르는 공업용수의 수요 증가를 예측해서 책정되었다. 그러나 8호지 계획이 1973년에 동결되었다가 1980년에 들어와 동결이 해제되었어도, 대규모로 공업용수를 소비하는 '자원 낭비형 산업'이 인기를 누리던 고도경제성장이 이미 종언을 고하고 있어 진출을 예정했던 기업의 계획 철회나 규모 축소가 이어지고 있었다.[*24] 그에 따라 오이타 현 기업국의 공업용수 사업도 재검토를 할 수밖에 없었다. 당초의 수요 예측에 반해 실제로는 이미 물이 큰 폭으로 남아돌고 있었던 것이다.

게다가 1988년에는 나란히 흐르는 오이타 강 상류지역에 오이타 강 댐 건설 기본계획이 고시된다. 이 건설성 직할 사업에 의해 오이타 시가 당면한 상수도 확보는 가능하리라는 전망이 섰다. 그 결과, 200세대 가까이 이전시키는 등 엄청난 비용을 투입해야만 하는 야다 댐 건설 계획의 우

사진 7-2 야다 지구 중심부
* 2001년 10월 29일 필자 촬영

선순위가 행정당국 내부에서 대폭 떨어지게 되었다고 생각할 수 있다.

이렇게 해서 야다 댐 계획은 이른바 '방치된 댐 계획'으로 변했다. 다만, 당시의 하천 행정에는 계획을 도중에 재검토하는 재평가 제도가 결여되어 있었기 때문에, 계획은 그대로 존속하게 됨으로써 해당 지역의 주민 생활에 크게 부정적인 사회적 영향을 가져다준다.

한 가지 예를 들자. 야다 댐이 계획된 히라이 천은 소하천임에도 불구하고 건설성 직할 관리 구간으로 지정되었기 때문에, 건설성의 공사 채택 기준인 '500만엔 이상'이라는 규모 요건이 장해가 되어, 작은 금전적 손해로는 복구공사 예산이 채택되지 않는다는 모순이 있었다. 직할 구간은 본래 하류지역의 대규모 하천을 상정하고 있는데, 그 제도에서 누락된 것이 이같은 댐 건설 예정 지역의 하천이었다. 그 결과, 히라이 천의 하천정비에는 거의 손을 대지 않은 상태여서, 큰비가 내렸을 때 침수지역의 대부분이 댐 예정 지역에 집중되었다. 게다가 계획상 수몰 예정 지역으로 구분되어 있었기 때문에 도로 개량 공사도 '2중 투자'를 피한다는 관점에서 국가나 현의 보조 대상으로 좀처럼 인정받지 못했고, 도로 대부분이 보수가 안 된 상태로 방치되어 긴급을 요하는 경우에만 열악한 정의 독자 예산으로 부분적인 응급 공사를 실시했던 것이 그 실태다(사진 7-2).[*25]

1995년 12월 회계검사원으로부터 '장기간 진척이 없는 사업'으로 지적된 야다 댐 계획은 정부의 공공사업 재검토 정책에 의해 1997년 8월 사업이 휴지되었다. 더 나아가 계획 발표로부터 약 30년이 지난 2000년 11월 계획의 중지가 정식으로 결정되었다. 이에 따라 수몰 예정 지역 중심에 위치한 츠루·료케 두 부락의 약 60세대만 남은 반대협은 '야다 댐 지역진흥협의회'로 명칭을 바꿔, 명실 공히 종래의 작위 저지형 운동에서 생활 도로의 정비 등 지역의 사회자본 정비를 요구하는 조직으로 전환한다.[*26] 이와 병행해서 오랜 세월 댐 건설 계획에 직면해 온 지역사회의 재생을 목표로 삼은 주민들의 움직임이 활기를 띠어 간다.

4. 지역사회의 현황과 새로운 지역 만들기 개시

지역사회의 현황

앞에서 검토한 것처럼, 특히 1980년대 후반 이후에는 개발 주체인 건설성의 태만에 의해 야다 댐 계획이 '방치된 댐 계획'으로 변했고, 운동도 어쩔 수 없이 퇴조하게 된다. 댐 계획 예정 지역에서는 인구 과소화와 고령화가 진행되는 가운데, 1990년대에 들어와서도 계획 자체가 존속되고 있었기 때문에 도로의 개량·확장이나 하천정비와 같은 기반 정비가 이루어지지 않아 어느 주민에 따르면 "보기에도 끔찍하게 허물어져 가는 집이 많았다."

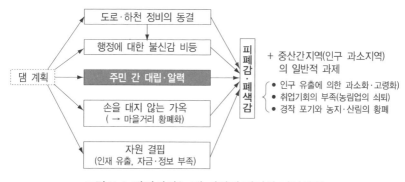

그림 7-4 장기화하는 댐 계획에 직면한 지역사회

황폐한 것은 가옥이나 마을의 경관만이 아니었다. 반대협과 대책회의로 운동이 분열되어 주민의 대응도 갈라진 야다 부락 등에서는 그 후로도 일상적인 이웃 관계에서 댐에 관한 화제가 터부시되어 지역 생활 속의 인간관계에도 영향을 끼쳤다.[*27]

장기화한 댐 계획의 존재는 지역주민 생활에 여러 가지 측면에서 나쁜 영향을 가져오고 있었다(그림 7-4). 게다가 주의하지 않으면 안 되는 것은 이러한 댐 계획의 사회적 영향이 인구 과소화나 농림업의 쇠퇴 같은 중산간지역 특유의 여러 문제가 진행되는 데 박차를 가한다는 점이다.[*28] 한편, 처음부터 운동을 주도해 온 '제1세대' 주민 대부분은 90년대에 들어와 댐 계획에 움직임이 없는데도 여전히 '절대 반대'를 굳게 지켜 건설성이나 현에 대해 강한 불신감과 경계심을 가진 상태였고, 문제가 장기화하면서 지역사회에는 피폐감과 '출구가 보이지 않는' 폐색감이 퍼져 있었다.

지역 만들기 활동의 전개

그러한 상황 속에서 태어난 것이 일부 주민에 의한 지역 만들기 활동이었다. 처음에는 수십 명이 활동을 했는데, 오늘날은 수몰 예정 지역을 포함 남부지구의 거의 모든 세대에 해당하는 약 300세대가 참가한 지역 포괄형 활동으로 발전했다.

1990년대에 들어와서도 여전히 교착 상태가 지속된 댐 계획에는 아랑곳하지 않고, 1994년 해당 수몰 지역과 그 주변지역의 유지들이 중심이 되어 '친다 폭포회'(이하, 폭포회)를 결성한다. 폭포회의 모체가 된 2개의 지역 자원봉사 그룹은 1980년대부터 꾸준히 활동을 해 온 단체로, 히라이 천을 청소하는 활동을 하고 '친다 폭포' 재생에 관한 진정을 넣기도 했다.

친다 폭포는 히라이 천 합류 지점에 가까운 오노 강 본류에 위치, 폭이 100m에 달한다. 일찍이 셋슈가 수묵화 '친다폭도鎭田瀑図'로 그린 이 폭포는 바로 위에 세워진 규슈 전력 수력발전용 취수보로 인해 물이 거의 없는 상태가 되어 지역에서는 '죽은 폭포'로 부르고 있었다. 1994년 오노 정에서 개최된 '셋슈 정상회의summit'*29를 계기로 결성된 폭포회는 폭포 주변과 히라이 천 청소 활동 이외에 다음과 같은 활동을 전개한다.

(1) 매년 가을 '셋슈 축제' 개최. 축제에서는 남부지구 각 부락에 전해 오는 봉술, 사자춤, 축제 음악 등 향토 예능을 보여주고, 각 자치회 청년부와 부인부가 지역의 향토 요리와 특산품을 판매하는 간이 점포를 열고 있다. 1994년 시작된 이 축제에는 정 인구의 약 1/3에 해당하는 2,000명 정도가 정 안팎에서 참가하고 있어 정을 대표하는 지역 이벤트가 되었다.

(2) '친다 폭포' 경관 재생. 규슈 전력과 수리권을 놓고 교섭, 본류에 물이 다시 흐르게 하여 지역의 상징으로서 폭포를 부활시켰다. 뒤에 언급하겠지만, 현이나 정과 연계해서 몇 년 동안 교섭한 결과, 1999년부터는 취수보에서 항상 방류가 이루어져 11줄기로 물이 떨어지는 폭포가 부활했다(사진 7-3).

(3) 친다 폭포 전망 공원 조성. 지역 부락의 공유지(산림)를 임차해서 폭포를 한눈에 내다보는 공원을 멤버들의 손으로 정비했다.

사진 7-3 재생된 친다 폭포

* 2001년 6월 16일 필자 촬영

이하에서는 주로 지역 만들기 활동이 발생한 배경, 중심 멤버를 비롯한 활동 역할자의 인식, 활동 전략과 프레이밍framing에 주목해서 해당 지역 만들기 활동의 전개 과정을 검토하도록 하겠다.

지역 과제를 둘러싼 인식 차이와 '주위 주민'의 존재

지역 자원봉사 그룹 시대부터 활동에 계속 관여해 온 리더 M 씨는 말한다.*30 "(자신이 경영하는) 회사의 회식자리에서도 우리 회사 종업원이 '찬성'이다 '반대'다, 말싸움이 끝이 없었어요. …… 어두운 화젯거리가 많았던 이 지역에서 댐 문제를 빼고 뭔가 주민들이 하나가 되는 일을 하고 싶었으니까."

M 씨를 포함, 지역 자원봉사 그룹의 활동 멤버(25명) 대부분은 계획된

댐 예정지보다 하류 쪽 부락에 거주하고 있었다. 수몰 예정 지역의 '주위 부'에 거주하고 있다는 점에서 그들을 '주위 주민'이라 부르기로 한다. 위에서 언급한 대로 1994년의 '셋슈 정상회의' 개최를 계기로 "지역주민들이 축제라도 해서 정 외부에서 오는 사람들을 환영하자"고, 젊은 주민들을 중심으로 활동을 펼치고 있던 또 하나의 자원봉사 그룹과 합류해서 폭포회가 탄생한 것이었다.

한편으로는 M 씨와 마찬가지로 수몰 예정 지역 주위부 부락에 거주하면서 폭포회 결성 당시부터 간부로 활동에 적극적으로 관여해 온 정 직원 J 씨는 행정 담당자로서 댐 문제에 관여하는 가운데, 댐 계획을 방치한 채로 아무런 적극적인 해결책을 마련하려 하지 않는 건설성과 현의 자세에 강한 분노를 느껴 왔다.[*31]

더욱이 수몰 예정 지역에서는 건설성이나 현과의 '대화 거부', '절대 반대'라는 당초의 운동 방침과 경계심을 늦추지 않고 있는 제1세대 주민층에 대해 후계자 세대, 즉 제2세대 주민들 사이에 강한 위화감도 발생하고 있었다. 측량 조사와 관련된 현의 보조금을 놓고 단체교섭 끝에 정이 거부하게 만드는 등 오로지 '지역 내 단결'을 최우선 과제로 생각하는 제1세대에게는 앞에서 살펴본 것처럼, '시모우케 댐' 문제에서 나타난 1960년대 당시 건설성의 강압적인 행정 수법의 이미지가 강하게 존재하고 있었다.

이에 반해 '방치된 댐 계획'에 직면, 인구 과소화와 고령화가 점점 진행되는 지역 상황을 눈앞에 둔 제2세대 주민들은 댐 계획 존재보다는 오히려 '지역사회의 유지와 재생'을 커다란 과제로 인식하고 있었다. 예를 들어 제2세대에 해당하는 N 씨는 다음과 같이 말한다. "나는 댐 문제보다도 오히려 사람이 줄어든 지역을 어떻게든 해야겠다는 생각이 강했습니다. …… 보조금을 받으면 그것이 바로 댐 건설로 연결된다는 (제1세대의) 발상에는 항상 위화감을 느꼈죠. 문을 닫아걸고 다른 생각을 받아들이지 않는다고나 할까……."[*32]

다시 말해, 무엇을 눈앞의 지역 과제로 생각할 것인지를 둘러싸고 처음부터 운동을 주도해 온 제1세대와 제2세대 사이에는 커다란 인식 차이가 발생했다고 할 수 있다. 폭포회의 활동에 초대 사무국장으로 관여한 L 씨는 말한다.[*33] "(댐 문제가) 언제까지 계속될 건지 전망이 보이지 않았어요. 나는 회사에 다니고 있기도 해서 운동엔 주로 아버지가 관여해 오고 있었지만, …… 폭포회 이야기를 듣고 나서 여기에다 남은 인생을 걸어보자고 생각했습니다. 댐 문제로 '침체돼 있는' 지역을 어떻게든 해 보자고." 츠루 부락에서 자영업을 하면서 폭포회 사무국장을 역임한 G 씨(정의회 의원)도 오랜 세월 반대운동에 관여하는 중에 부락 내 제1세대 주민 리더층과 젊은 주민들 사이에 존재하는, 댐 계획이나 운동 지향성에 대한 인식의 차이를 느껴 온 한 사람이다.

이처럼 '위화감과 위기감을 느낀 사람들의 집합체'로서 폭포회는 활동을 시작한다. 여기까지 살펴본 것처럼, 그 중심적인 역할자는 수몰 예정 지역 주위부에 거주하는 '주위 주민'과 수몰 예정 지역의 '제2세대' 주민이었다. '주위 주민'이란 '해당 지역에 거주하면서 지역 분쟁과 개발계획에 대해 지리적·공간적 뿐만 아니라, 사회적으로도 일정한 거리를 둔 위치에 있는 주민'을 가리키는데, ①지리적·공간적으로 개발 예정 지역 '주위부'에 거주하고 있을 것, 여기에 덧붙여 ②'비토지소유권자'이기 때문에 해당 분쟁이나 최초의 주민운동에 직접적인 관계를 맺지 않은 것을 요건으로 한다.[*34]

'토지소유권자'는 …… 그들이 완강하게 저항하면 사업이 실시되는 것을 거의 불가능하게 만들 수 있다는 의미에서 사업 성패와 관련해서 강력한 저항 주체 ……. '주변 피해자'는 재산권 손실 보상을 골자로 하는 현행 토지수용법 등에 따른 보상 제도 하에서는 원칙적으로 보상 교섭의 당사자로 인정되지 않아 사업 성패와 관련해 결정적인 발언권을 갖고 있지 않다(西尾 1975: 78).

이 논의는 공항이나 신칸센新幹線 등의 소음공해나 댐 건설 문제를 염두에 두고 있다. '주변 피해자'란 댐 건설로 인해 지역사회 공동화나 공동체 분단 등의 폐해를 입는 주민을 가리키고 있다. 계획에 대해 결정적인 발언권을 갖고 있지 않다는 것은 본 장의 '주위 주민'에게도 공통된 점이다.

그러면 본래 개발계획과 관련해 강한 '발언권'을 갖지 못한 주위 주민과 제2세대 주민이 주도한 폭포회는 어떻게 활동을 전개하고, 남부지구 거의 모든 세대를 망라하는 주민 그룹으로 발전한 것일까?

활동 전략과 리더십의 전이

'위화감과 위기감을 느낀 사람들의 집합체'로 활동을 시작한 폭포회는 1990년대 말에는 남부지구 거의 모든 세대를 회원으로 하는 큰 조직으로 확대되어 정 당국이나 현 진흥국, 환경 NPO 등 외부 행위자와 연대 관계를 구축해 나간다(그림 7-5).

이미 논한 것처럼, 원래 "댐 문제로 '침체되어 있는' 지역을 어떻게든 해보자"는 것이 중심 멤버의 공통 관심사였다. 거기서 그들은 "폭포회는 '반대'도 '대책'도 없는 모임으로 하자"를 슬로건으로 내세워 댐 계획을 놓고 주민 대응이 갈라진 남부지구 모든 부락을 활동에 참여시키겠다는 생각을 한다. 그때 그들이 눈을 돌린 것이 기존의 지역주민 조직이었다. 남부지구에는 12개 부락(당시)이 있고, 부락마다 자치회 조직과 주부가 중심이 된 생활개선 그룹이 존재했다.

폭포회 간부들은 일을 나누어 자치회 모임과 자치회연합회 회의 등에 출석해서 활동의 취지를 설명하고 참여를 청했다고 한다. 거기에서 그들

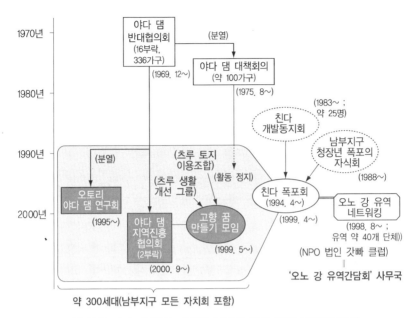

1970년

야다 댐
반대협의회
(16부락,
336가구)
(1969. 12~)

(분열)

야다 댐 대책회의
(약 100가구)

(1975. 8~)

1980년

(1983~ ;
약 25명)

친다
개발동지회

남부지구
청장년 폭포의
자식회

(1988~)

1990년

(분열)

(츠루 토지
이용조합)

(츠루 생활
개선 그룹)

오토리
야다 댐 연구회

(활동 정지)

친다 폭포회
(1994. 4~)

오노 강 유역
네트워킹

(1995~)

야다 댐
지역진흥
협의회
(2부락)

고향 꿈
만들기 모임

(1999. 4~)

(1998. 8~ ;
유역 약 40개 단체))

2000년

(1999. 5~)

(NPO 법인 갓빠 클럽)
‖
'오노 강 유역간담회' 사무국

(2000. 9~)

약 300세대(남부지구 모든 자치회 포함)

그림 7-5 야다 댐 건설 계획을 둘러싼 주요 주민 조직의 변천

이 사용한 것이 '댐 계획 대응으로 분열된 지역에 활기를 되찾자'는 논리로, '활동을 통해 지역 문화를 재생한다'는 주장이었다. 각 부락에는 근세부터 전해오는 무용과 봉술, 북, 축제 음악, 사자춤 등 향토 예능이 있었지만, 이미 십 수 년 이상 맥이 끊어져 버린 것도 있다. 현존하는 향토 예능도 후계자 확보에 어려움을 겪어 '보존회' 등을 개별적으로 만들어 유지하고 있는 실태였다. 폭포회는 셋슈 축제 기간 동안 각 부락의 향토 예능을 공연하는 '장'을 만들어 개별 부락 차원을 뛰어넘어 남부지구 전체가 공동으로 지역 문화를 보전해 간다는 의도를 갖고 있었다.

한편에서는 "저런 '죽은 폭포'를 어쩌겠다고", 이런 말들이 오고가던 '친다 폭포'의 경관 재생 활동이 1999년 결실을 맺는다. 하천 유지 유량 증대를 목표로 하는 현 하천과와 정 당국이 강력하게 지원해 주는 가운데, 여러 해에 걸친 교섭을 통해 수리권을 갱신하는 시점에 규슈 전력이 초당 약 1.7톤의 물을 항상 흘려보내는 것으로 합의에 이르게 되었던 것이다. 폭포 경관 재생이라는 활동의 '성과'는 누가 봐도 분명한 것으로, '죽은 폭포'가 지역재생의 상징으로 일대 전환을 맞는다. 폭포회 활동의 의의가 많은 주민이 이해 가능한 형태로 가시화되었다.

그 결과, 자치회 단위로 폭포회에 가입하는 부락이 이어졌고, 1990년대 말이 되면 거의 현재와 같은 형태를 이루게 된다. 매년 개최되는 셋슈 축제는 폭포회 집행부에 각 자치회장이 가세한 '실행위원회'가 모체가 되어 사전 준비를 진행하는 한편, 축제 당일에는 각 부락의 주민 그룹과 청년부 등이 간이 점포를 내는 형태로 활동에 참가하고 있다. 그리고 최근에는 각 세대 회비 징수도 각 자치회가 대행하는 형태가 되었다.

이와 같이 처음에는 일부 주민이 설립한 폭포회가 수몰 예정 지역을 포함한 남부지구 각 지역 주민 조직과 밀접하게 연결된 지역 포괄형 주민 그룹으로 전개되었는데, 이 일은 모임의 자원 동원 능력을 향상시키는 결과도 가져왔다. 그것은 특히 정을 비롯한 지역자치단체와의 관계에서 두드러지게 나타났다.

구체적으로 말하자면, '절대 반대'를 내걸고 정 당국에게조차 경계심을 늦추지 않는 제1세대 주민을 앞에 두고는 수몰 예정 지역에 손을 쓸 수 없었던 행정당국(정)에게 폭포회의 활동 전개는 해당 지역에 대한 지원을 집행할 수 있는 적극적인 '이유'와 '받아주는 그릇'이 만들어진 것을 의미했다. 더욱이 남부지구 거의 모든 세대가 가맹, 각 자치회장이 지부장을 겸하고 있는 폭포회의 조직 형태는 정 당국에게 지역 진흥책을 모색하는 데 절호의 출발점이 되었다. 특히 2,000명이나 되는 사람들이 참가하는 셋슈 축제는 지역 언론에서도 크게 다루어, 이렇다 할 관광자원이 없는 오노 정에게는 커다란 홍보 포인트가 되었다.

행정당국의 지원을 받지 않고 시작된 폭포회의 활동은 1990년대 후반부터 매년 50만엔 정도의 조성금을 정에서 지원받고 있는데, 해에 따라서는 현이나 국가 등 관계기관으로부터 100만엔 단위로 자금을 얻게 된다. 폭포회의 회비 수입이 매년 약 30만엔 정도인 것을 감안하면, 그 지원 규모를 이해할 수 있을 것이다.[*35]

중요한 것은 새로운 지역 만들기 활동이 '주위 주민'과 수몰 예정 지역의 제2세대 주민이 주체가 되고 거기에 운동 제1세대 주민이 가세하는 모양새가 됨으로써, 지금까지의 댐 건설 반대운동의 리더십에 역전 현상이 일어나고 있다는 것이다. 좀 더 언급하자면, 리더층이 크게 바뀌었기 때문에 활동의 발전과 폭넓은 주민 참여가 가능하게 된 것으로, 자원 동원 능력을 높이는 결과도 가져왔다. 운동에 처음부터 깊이 관여해 온 제1세대 주민 A 씨는 말한다. "찬성, 반대로 파인 골이 우리들 세대에서는 메워지지 않아⋯⋯. 그 사람들(=제2세대 주민)은 우리 세대가 가진 응어리를 극복하고 새로운 발상으로 하고 있어요. 우리들에게는 그렇게 간단하게 할 수 있는 일이 아니에요. 대책회의 사람들과 손잡고 함께 하는 것도 상당히 힘들지⋯⋯."[*36]

개발 예정 지역에서는 부락의 주민 리더층이 운동에 관해서도 중심적인 역할을 하는 경우가 많다. 다만, 위에서 살펴본 대로 많은 경우 해당 계획의 수용 여부를 놓고 주민들이 복수의 그룹으로 분열되어 대립해 온 역사가 있기 때문에, 오랜 세월에 걸쳐서 운동에 깊이 관여해 온 그들이 새로운 지역 만들기를 추진해 가는 장면에 이르면, 갈등 과정이 장해가 되어 핵심인물로서의 역할을 하기가 어렵다.

여기에서 주목하고 싶은 것이 '매개자'로서의 '주위 주민'의 존재다. 그 기능은 주로 다음 두 가지로 정리할 수 있다.

첫째, 각종 자원의 공급자로서의 기능이다. 예를 들어 폭포를 전망하는 공원을 정비하는 데 필요한 중장비와 기자재 제공, 마을 만들기에 관한 다양한 정보 전달, 행정당국이나 외부 행위자와의 연계를 구축한 것은 그들이었다.

둘째, 더욱 중요한 것은 해당 개발 예정 지역 주민 간 또는 부락 간 조정자로서의 기능이었다. 제1세대 주민의 행정에 대한 뿌리 깊은 불신감과 운동 지향성에 대해 위화감을 느끼는 수몰 예정 지역 제2세대 주민이 이 주위 주민에게 가세함으로써 해당 지역에서 새로운 지역재생 활동이 전개된 것이다.

지역 만들기의 의미와 과제

그러면 위에 언급한 대로 여러 활동을 펼치며 성공을 거둔 주민 주도의 지역 만들기에는 어떤 의미가 있었던 것일까. 끝으로 활동이 안고 있는 과제를 포함해 이를 검토해 보자.

새로 주민 주도의 지역 만들기 활동이 발생함으로써 기존 주민운동 조직 안에서 소수파에 불과했던 제2세대에 해당하는 젊은 층이나, 폐색감이 감도는 지역사회에 무력감을 느끼고 있던 주민들에게는 폭포회 활동이 그때까지의 '우울한 에너지'에서 해방, 이를 날려 버리는 절호의 '장'이 되었다. 갈등 과정에서 대립한 채, 또는 행정당국에 대해 가슴에 응어리를 가진 채 자신의 껍데기 속에 갇히기 쉬웠던 제1세대 주민에게도 지역재생을 위해 참가할 수 있는 구체적인 하나의 '장'이 만들어졌다고 할 수 있다.

더욱이 위의 지역 만들기는 참가와 관여의 '장'을 창출한 것만이 아니다. 댐 계획이 휴지, 더 나아가 중지까지 되는 상황에서 셋슈 축제가 오노 정 전체의 축제로서, 친다 폭포가 지역의 상징으로서, 지역 신문사나 텔레비전 등 대중매체에 자주 보도됨에 따라 "댐 계획이 있었기 때문에 여기만 30년 전과 아무것도 달라진 게 없는 상태"라고 자조하면서 부정적으로 지역을 바라보고 있던 주민이 해당 지역을 다시 돌아보는 하나의 계기가 되었다.

폭포회 멤버가 중심이 되어 조성한 전망 공원에는 남부지구 모든 부락의 이름을 붙인 '나무'가 심어져 있다. 그리고 이미 언급한 대로 셋슈 축제에서는 각 부락의 전통 예능을 보여주는 공간이 마련되는 등 주민 사이의 대립이나 인구 과소화 같은 댐 문제로 인한 부정적인 영향을 극복, 살기 좋은 자신들의 지역을 창출해 가자는 분위기 조성과 연출이 이루어지고 있다. 그 중에는 이 축제를 계기로 한동안 단절되었던 전통 예능을 부활시킨 부락도, 새로 '지역 춤'을 창출한 부락도 존재한다.

활동이 본격화한 지 10년이 안 되는 현 단계에서는 폭포회 활동이 주민 각층의 역량강화empowerment를 주목적으로 하는, 지역재생을 향한 첫걸음으로 자리매김할 수 있을 것이다. 역량강화에 관한 대표적인 논객 가운데 한 사람인 존 프리드만John Friedmann은 '개발도상국'의 '힘을 박탈당한' 주민(조직)이 빈곤에서 벗어나기 위한 방안으로, 사회적·정치적·심리적이라는 세 가지 역량강화의 상호관계에 주목한다(Friedmann 1992=1995). 프리드만의 지적이 일본의 사례 분석에 그대로 적용할 수 있을지 현 단계에서는 유보하지 않을 수 없지만, 오랜 세월에 걸쳐 어쩔 수 없이 댐 건설 계획과 대치, 주민 간 대립과 인구 유출 등 쇠퇴하는 지역사회를 눈으로 봐 온 주민들에게 본 장에서 다룬 지역 만들기의 발전은 '심리적 역량강화'로 연결될 것이다.

그렇다 해도 주민 생활이 충실해지기 위해서는 다면적인 역량강화가 필수적이고, 확실히 그런 점에서 "외부 매개자agent의 관여가 상당히 중요하다"(Freedmann 1992=1995: 121). 마지막 장에서 다시 논의하겠지만, 예를 들어 그림 7-5에 제시한 것과 같은 유역 환경 NPO(오노 강 유역네트워킹) 등 외부 시민 섹터와의 관계는 향후 지역 만들기 활동을 전개하는 데 열쇠가 되는 주목할 만한 요소 중 하나다.

앞으로 필요하게 될 지역재생을 위한 다면적인 지역 만들기를 담당할 역량을 갖출 수 있을지가 폭포회의 중요한 과제라 할 수 있지만, 현실적으로는 다음과 같은 커다란 문제도 있다. 그것은 앞으로 지역 활동을 맡을 30대나 40대 인재가 절대적으로 부족하다는 점과 함께, 어느 주민의 말을 빌리자면 "유능한 사람은 고향을 떠난 채 돌아오지 않는 것이 현실이다. 특히 리더가 될 만한 젊은 사람이 없다"는 점이다.[*37] 역할자 문제가 생활 전반에 절박한 지역의 과제라는 것이, 특히 댐 계획이 정식으로 중지된 오늘, 세대를 넘어서 주민들에게 공통으로 인식되고 있다.

한편, 야다 댐 건설 계획 중지가 결정된 후, 지역주민에게는 복잡한 인식이나 심리가 존재하는 것도 사실이다. 예들 들면, '절대 반대'를 내걸고 운동을 전개해 온 수몰 예정 지역의 제1세대 주민 중에는 댐 계획을 저지함으로써 '고향'을 지킬 수 있었다는 사실에 기뻐하면서도 "'향토를 지키자'고 해 놓고 결과적으로 젊은 사람들이 외부로 나가 버려 향토를 남기지 않는 방향으로 와 버렸다……"(I 씨)고 자책하는 사람도 있다.[*38]

사업 과정이 길면 길수록 대형 공공사업 재검토에 따라 해당 지역사회에서는 새로운 문제가 나타난다. 주민들의 어떻게 할 수 없는 불만과 피로감이 그 전형적인 문제다. 특히 댐 건설처럼 평면적인 개발 형태를 수반하는 사업에서는 그 문제가 두드러지고, 정 내부에서는 "저 사람들이 계속 반대해 왔기 때문에 정이 발전에 뒤처지고 말았다"는 다른 지역주민의 목소리도 모습을 바꿔서 들려온다. 현재의 지역사회 과제 발생의 책임을 계획에 반대해 온 주민에게 지우는 일이 없도록, 단순히 공공사업 재평가 제도 도입에만 그치는 것이 아닌, 계획 중지 후의 지역사회에 대해 세심한 시책을 실시하는 일이 강력하게 요구되고 있다.

*1 최근의 사례에서는 1990년 7월의 수해로 인해 사망자가 5명 발생한 것 이외에 전파 가옥이 60가구, 침수된 가옥이 합계 1,049가구에 달하는 등 유역에 엄청난 피해가 발생했다.

*2 오노 강의 농업 수리에 대해서는 오이타 대학 교육학부에서 낸 자료(大分大学教育学部 1977)가 상세하다. 한편, 하류지역을 대상으로 한 대규모 관개용수로(쇼와 정로 (井路))는 1957년에 완성, 그 관개 면적은 약 1,500ha에 달한다.

*3 주운에 관해서는 오이타 대학 교육학부 발간 도서(大分大学教育学部 1977) 및 와타나베 등의 저서(渡辺 等 1975), 《오이타합동신문》에 난 연재기사(大分合同新聞社 n.d.)를 참고했다.

*4 이하의 기술은 가와나의 책(川名 1992) 및 오이타 대학 교육학부 발간 도서(大分大学教育学部1977)를 참고했다.

*5 8호지 계획 동결을 해제하는 조건으로 다치키 지사(당시)가 내건 세 조건(①지역의 동의를 얻을 것 ②환경영향평가 실시 ③사가노세키 정 어협의 정상화)이 달성되었다 하여 1980년 6월 현의회에서 히라마츠 지사가 동결 해제를 표명했다. 지역주민의 반대를 고려해 공업용지로 조성하는 것은 단념하고 제3차 산업 배치를 계획했지만, 중앙항만심의회가 이를 인정하지 않았기 때문에 매립은 실현되지 않았다.

*6 개발 주체로서 건설성은 특정다목적댐법에 근거하여 실시계획조사와 보상에 관한 조사·교섭을 시행하고, 현은 수자원대책사무국이 중심이 되어 건설성과 정 등 관계 기관과의 조정에 덧붙여 수몰 관계자의 생활 재건과 지역 진흥, 수원지역정비 방안을 책정하도록 되어 있었다. 댐 계획을 구상하고 예비조사를 행한 것이 원래 현이었다는, 그간의 경위를 포함해서 생각하면 개발 주체가 일원화되지 않았다고 할 수밖에 없고, 이는 계획 중지 후 해당 지역에 대한 시책의 입안·실시에 관한 각 주체의 소극적 자세와도 연결되어 있다.

*7 1995년 12월 회계검사원은 사업 착수 후 장기간 본체 공사에 들어가지 않은 전국 6개 댐 사업에 대해 사업 촉진과 계획 재검토를 요구했다. 야다 댐 계획에 투입된 사업비는 오노 정의 연간 수입 총액(47.8억엔, 2001년도)의 70% 이상에 달하는 막대한 규모였다.

*8 오이타 현 통계조사과 연감(大分県統計調査課 各年)에 의거했다.

*9 야다 댐 건설에 있어서 이 같은 지적은 같은 지역의 지역 진흥 방안을 검토한 오이타 현 조사(大分県水資源対策事務局 1979)에서도 볼 수 있다.

*10 《마이니치신문》(1981년 11월 5일)에서 인용했다.

*11 A 씨에게 들은 얘기(2001년 8월 27일)를 비롯해 다수의 관계자로부터 도움을 받았다. 이에 덧붙여 현재도 강하게 그들의 기억에 남아 있는 것은 당시 나카츠에 촌 촌장이 어느 심포지엄에서 얘기했다는 다음과 같은 말이다. 공공사업이라고 해서 촌민 대부분이 협력했지만, 댐 건설 후에는 인구가 급감해 전국에서 가장 인구가 적은 촌이 돼 버렸다. 특히 댐으로 인해 농민의 생산기반이 없어진 것과 마을 만들기를 담당할 두뇌가 유출돼 버린 게 치명적이었다, 고.

*12 B 씨(2002년 8월 22일) 및 C 씨(2001년 8월 28일)에게 들었다.

*13 D 씨에게 들은 얘기다(2001년 8월 28일).

*14 물론, 생활 거점인 토지나 가옥을 잃게 되는 것에 대한 강한 반발과 위기감이 많은 주민에게 공유되었던 것은 분명하다. 예를 들면, 댐 계획이 발표되었을 당시 일정 규모의 농지를 가진 주민은 농업만으로도 충분히 생활할 수 있었다.

*15 《오이타합동신문》(2000년 3월 4일)에서 인용했다.

*16 오이타 현 토목건축부 하천과 E 씨(2001년 6월 18일)로부터 들은 얘기다.

*17 대책회의가 만들어질 때부터 리더였던 F 씨는 "처음에는 절대 반대해서 논을 지키자고 했죠. 그러나 그거 하나 열심히 해 봐야 시대에 뒤처질 수밖에 없다고 생각해 대책회의를 만들었어요. 우선 행정당국이 하는 얘기를 들어보자는 거죠"라고 말한다(2001년 8월 27일).

*18 부락 차원에서 대응하고 있던 츠루 부락에서는 대책회의로 옮겨간 집에 대해 주민 전체가 따돌리는 제재가 가해졌다(2001년 8월 23일, G 씨로부터 청취). 마을의 제사나 공동 작업에서는 배제하지 않았지만, 예를 들어 정에다 농로 정비라든가 뭔가 요청을 할 때 해당 집의 요청은 받아들이지 않고 무시했다고 한다. 운동에서 탈퇴하는 것에 강한 제재가 가해진 것은 운동 조직으로서 강고함을 보여준 것인데, 다음 절에서 언급하는 것처럼, 반면에 이는 초기의 운동 방침을 그대로 고수하는 운동 제1세대와 후계자 세대 주민 사이에 상황을 정의하는 데 차이를 만들어 내게 된다.

*19 1976년 2월, 교토 교육대학 지질학 교수 기무라 하루히코(木村晴彦) 씨를 비롯한 국토문제연구회 멤버가 오노 정을 방문해 정과 건설성의 입장을 묻고, 현지조사와 함께 주민들과의 연구모임을 열었다. 기무라 교수는 해당 예정지가 지질학적으로 댐 사이트로서 적당하지 않다는 조사결과를 발표했다(《오이타합동신문》 1977년 1월 9일).

*20 수몰 관계 지역 외의 정 주민에 대해서도 '반대협 뉴스' 등 정보 자료를 발행, 정 차원의 운동 확대를 시도한다. 거기서 내건 반대 논리는 예를 들면 다음과 같은 것이었다. "미래의 오노 정을 생각해서 보다 더 발전시키기 위해, 토지 망치기(토지야말로 영원한 에너지), 주민 쫓아내기를 하는 야다 댐 건설에 정민이 모두 반대합시다. 피해자는 오노 정민 전원입니다"(반대협이 정 직원 노조 및 오노 정 농협 직원 노조와 연명으로 낸 1982년 8월 발행 정보 선전 자료에 의함).

*21 야다 댐 반대협의회 부인부 작성 문집에서 인용했다. 이 자료는 오노 정에 사는 H 씨로부터 제공받았다.

*22 2001년 8월 25일 I 씨에게 들은 얘기다.

*23 두 운동 조직에서 운동사가 발간된 지 2년 후인 1991년, 야다 댐 조사사무소가 『야다 댐 발자취』라는 제목으로 행정당국 쪽에서 본 역사를 정리한 것은 두 가지 의미에서 어처구니가 없다. 통상적으로 댐이 완성된 후에, 계획 입안부터 주민 및 지자체와의 교섭, 공사까지의 전 과정을 정리한 『댐 공사지』를 기념으로 발간하는 경우가 대부분이다. 두 가지 의미에서 어처구니없다고 한 것은 계획이 아직 계속되고 있는데도 불구하고 이런 자료를 행정당국 스스로 이 시점에서 정리하고 있었다는 점, 더 나아가 그만큼 예산이나 인력에 여유가 있었다는 사실을 들여다 볼 수 있기 때문이다.

*24 《마이니치신문》(1981년 11월 14일)을 참고했다.

*25 이상은 정 건설과 J 씨에게 들은 얘기에 의거했다(2001년 8월 23일).

*26 2000년 11월의 계획 중지 발표를 받아 정은 정장 자문기관으로 오노 정 야다 댐 대책 위원회를 설치했다. 구성원은 반대협 및 대책회의 대표자는 물론 각 자치회장, 지역에서 선출된 현의원, 정의원 등 25명으로, 각 부락의 요망 사항이나 지역 진흥 방안, 건설성이나 현에 대한 요구 내용에 관해 논의하고 그것을 정리해 왔다. 2002년 8월 시점에서 집회 시설, 상하수도, 현 지방도로, 농로, 농지 등 사회자본 정비와 부락별 지역 만들기 교부금의 지급(세대당 3만엔씩 5년이 한도)을 주목적으로 하는 '지역 진흥 계획안'이 굳어졌다.

*27 K 씨(2001년 8월 31일)와 L 씨(2001년 8월 24일) 등으로부터 들은 얘기다.

*28 중산간지역의 일반적인 과제에 대해서는 미야모토 등이 엮은 책(宮本 等 編 1990)과 호보의 저서(保母 1996)를 참고했다.

*29 셋슈와 인연이 있는 3시 3정(오카야마 현 소쟈 시(総社市), 오카야마 현 요시이 정(芳井町), 시마네 현 마스다 시(益田市), 야마구치 현 야마구치 시, 후쿠오카 현 가와사키 정, 오이타 현 오노 정)이 1990년부터 매년 실시하고 있는 교류 이벤트다.

*30 2001년 6월 16일 청취한 내용에 의거했다. M 씨는 1940년생으로 자신이 일으킨 건설회사를 운영한다.

*31 2001년 8월 23일 청취한 내용이다.

*32 2001년 8월 31일 청취, 복수의 주민으로부터도 같은 내용의 얘기를 들었다.

*33 2001년 8월 24일 청취했다.

*34 공해나 개발문제 등에 있어서 해당 시설 주변에 거주하는 피해자 주민을 가리키는 경우에 사용되는 '주변 주민'과 혼동되는 것을 피하기 위해 능동적·창조적인 행위의 역할자라는 측면을 강조하기 위해 이 용어를 사용했다.

*35 예를 들면, 2001년도 예산의 수입액(151만 1,189엔) 가운데, 회비 수입이 30만엔인데 비해 50만 9,000엔이 정의 보조금, 20만엔이 일반 기부금으로, 회원 이외의 수입이 약 50%를 차지하고 있다.

*36 2001년 8월 27일 청취했다.

*37 2002년 8월 22일 B씨에게 들은 말이다.

*38 2001년 8월 25일 청취했다.

제8장

네트워크형 운동의 전개와 내재적 발전의 모색
― 도쿠시마 현 기토 촌 호소고치 댐 건설 문제

도쿠시마 현徳島県 기토 촌木頭村을 무대로 한 호소고치細川内 댐 건설 계획은 계획 발표로부터 30년이 지난 2000년 11월에 사업 중지가 확정되었다. "지자체의 반대가 거대 댐 사업을 멈추게 한 것은 일본 하천 행정 사상 처음"(《구마모토일일신문》 2001년 1월 26일)이라고 한 것처럼, 기토 촌의 '댐 저지 조례' 제정과 '댐에 의지하지 않는 마을 만들기 계획' 책정을 비롯해 다수의 독특한 전략을 구사한 운동은 환경운동의 '성공 모델'로 주목받았다. 기토 촌 주민뿐만 아니라, 촌 당국도 완강한 반대 자세를 계속 유지, 도시지역의 환경 NGO/NPO 및 시민단체와 네트워크를 확대한 이 운동은 1990년대 대형 공공사업 계획 비판에 있어 사회 세력의 일익을 담당했다.

본 장에서는 주로 두 가지 과제를 검토한다. 첫 번째 과제는 공사를 착수하기 위한 건설성과 현의 움직임이 본격화하던 상황에서 운동이 어떻게 확대되고, 어떤 과정을 거쳐서 댐 계획 중지라고 하는 '성공'에 이르게 되었는지를 운동 및 갈등 전개 과정에 입각해서 분석하는 것이다.

두 번째 과제는 전략적으로 내재적인 발전을 목표로 한 기토 촌의 정책 이념과 그 실제를 찾는 것이다. 계획 중지라는 '성공'의 한편에서 운동이나 지역사회는 어떤 과제에 직면하고 있던 것일까? '댐에 의지하지 않는 마을 만들기'를 내걸고 내재적 발전의 길을 모색해 온 기토 촌의 대응 방법에 주목, 지역재생의 현황과 과제를 검토하면서 대형 공공사업 계획이 지역사회에 미친 영향을 부각시키고자 한다.

1. 나카 강 종합개발에 있어서 호소고치 댐 건설 계획의 위치

기토 촌의 특징

도쿠시마 현 내에 흐르는 1급 하천 나카 강那賀川 유역에는 하류지역부터 상류지역에 이르기까지 5정 2촌이 펼쳐져 있다. 기토 촌은 그 최상류지역 츠루기야마 산계劍山系 남쪽에 위치한다(그림 8-1). 기토 촌은 표고 1,000m 이상의 산이 촌내에 24개의 수를 헤아리는 데서 상징되는 것처럼, 나카 강을 따라 열린 작은 평지 이외에는 험준한 지형이 대부분을 차지하고 있다. 촌의 총면적 중 98%가 산림인, 문자 그대로 산촌지역이다(사진 8-1).

기토 촌은 현 전체의 5.6%에 해당하는 넓은 면적(23,344ha)을 가지고 있어, 도쿠시마 현 지자체 중에서는 아난 시阿南市에 이어 두 번째 규모다. 그렇지만 기토 촌 인구 1,843명(2000년)은 현 전체(82만 4천명)의 겨우 0.2%에 불과하다.

촌은 7개 지구(오아자大字)[1]로 구성되어 있다. 1989년 촌제 시행에 따라 미나미아자南字, 니시아자西字, 오리아자折字, 기타가와 천北川의 오쿠기토 촌奧木頭村과 그 이외의 지구로 이루어지는 가미기토 촌上木頭村이 탄생, 그 후 여러 차례에 걸친 편입·합병을 거쳐서 현재의 기토 촌이 성립한 것은 1957년이다(木頭村 1961).

---

1 정·촌 밑에 있는 행정 구획의 하나다.

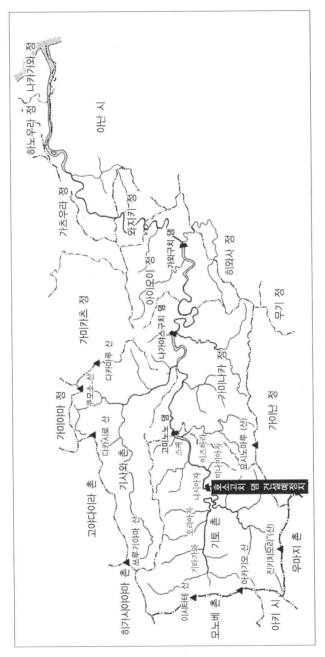

그림 8-1 기토 촌과 홋소고치 댐 건설예정지

* 출처 : 木頭村 1995

사진 8-1 기토 촌 중심부(이즈하라 지구)
* 2002년 5월 31일 필자 촬영

　임업이 기간산업이었던 기토 촌에서는 1960년 이후 인구가 대폭 감소, 과거 40년 동안에 절반 이하로 줄어들었다(표 8-1). 최근 20년으로 국한해서 보면, 세대수는 거의 변하지 않았지만, 특히 젊은 층의 감소가 뚜렷하다. 한편, 그 반대로 고령화가 진행, 2000년 현재의 고령화율(34.0%)은 나카 군 평균을 10% 정도 상회하고 있다. 고등학교는 나카 고등학교 기토 분교가 있는 정도이고, 촌내 아이들은 고교 진학 시 분교로 통학을 하거나 촌 외부의 고교로 진학해 기숙사나 하숙 생활, 둘 중 하나를 선택하게 된다. 나중에 검토하겠지만, 현재 촌내에는 대규모로 인력을 고용할 수 있는 산업이 존재하지 않을 뿐만 아니라, 도시지역과 거리가 떨어져 있기 때문에 한번 촌을 벗어난 젊은 층이 촌으로 돌아오는 유형으로는 농림업 등 가업을 잇거나 공무 관계에 취직을 하는 경우로 한정되어 있는 것이 현실이다.

표 8-1 연령별 인구 추이(기토 촌)

구 분	1960년	1970년	1980년	1990년	2000년	2000년/1960년
총계	3,907	2,884	2,405	2,081	1,837	47.0%
(%)	(100.)	(100.0)	(100.0)	(100.0)	(100.0)	
0~14세	1,204	748	493	294	217	18.0%
(%)	(30.8)	(25.9)	(20.5)	(14.1)	(11.8)	
15~64세	2,427	1,855	1,589	1,348	995	41.0%
(%)	(62.1)	(64.3)	(66.1)	(64.8)	(54.2)	
65세~	276	281	323	439	625	226.4%
(%)	(7.1)	(9.7)	(13.4)	(21.1)	(34.0)	

* 출처 : 총무청(성) 통계국(매년) 자료를 토대로 작성

촌의 산업과 임업의 역사

기토 촌은 '기토 삼나무'와 '기토 유자'의 산지로 알려져 있다. 촌의 토지이용 상황을 보면, 삼림(산림)이 97.8%로 그 대부분을 차지하고 있고 논은 겨우 0.1%에 불과하며, 밭 89ha(0.4%)의 대부분은 유자 과수원(65ha)이다.

과거 전나무, 솔송나무, 느티나무 등 거대한 천연목으로 덮여 있던 촌의 산림이 크게 변모하는 것은 메이지 후기부터 시작된 조림 때문이었다. 험준한 지형 때문에 경작용 토지가 부족했던 기토 지방에서는 전통적으로 화전이 활발했다. 기토 촌이 일본에서도 유수의 임업지대가 된 요인으로는 화전 터의 존재를 꼽는다(三井 1991). 화전 경작 후에 묘목을 심어 경비를 절약할 수 있고, 효율적인 조림이 가능해졌다는 것이다.

메이지 시대[1868~1912년]에 들어와 민간에게 불하된 어림御林[2]이 경작을 위해 마구잡이로 베어져 봄철에는 산을 태우는 연기가 하루라도 오르지 않는 날이 없었다고 한다(木頭村 1961). 이 지역 임업은 메이지 초기에 화전 경작과 병행하는 형태로, 우선 천연목 채취 임업으로 진행되었다.

---

2 에도 막부 직할 산림을 말한다. 메이지 유신 이후에는 국유림이 되었다.

조림에 박차를 가한 것은 1896년(메이지 29년) 도쿠시마 현이 제정한 '식수보조금교부규칙'이다. 청일전쟁을 비롯한 메이지 초기 목재 수요의 급증은 한신阪神 시장[오사카-고베 중심 지역]의 주요 공급원 가운데 하나인 도쿠시마 현의 임야를 황폐화시켰기 때문에, 황폐화 억제와 삼림자원의 유지 함양을 목적으로 제2차림 조성을 촉진할 필요성에 쫓기고 있었다.

임업조합이 설립되면서 조합이 주체가 되어 기토 지방의 조림이 급속하게 확대된다. 삼나무 등 인공조림 사업의 사이클은 30년에서 40년으로 장기적인 것이었기 때문에, 결과적으로 화전농민을 임지 이용으로부터 내쫓게 되었다(四手井·牛田 編 1969).

1935년(쇼와 10년) 이후, 노동력 부족과 군 명령에 의한 강제 벌채 등 곤경에 처해 온 이 지방 임업은 제2차 세계대전 종료와 함께 크게 발전해 간다. 한국전쟁 발발을 배경으로 한 1950년대의 '목재 붐'의 영향으로 조림 열기가 뜨거워졌고, 목재의 반출·수송 방법의 전환·혁신이 임업 근대화에 박차를 가했다(木頭村 1961).

특히 그때까지 나카 강 유벌流伐3에 의존하던 목재 수송은 나가야스구치長安口 댐 건설(1956년 준공)에 따라 육운(트럭 수송)으로 전환된다.*1 수송수단이 육운으로 전환된 것은 수송처나 목재 종류 등 유송流送에 수반되는 제약으로부터의 해방을 의미하고 있었다. 더욱이 1950년대 중반 이후 삼림개발공단이 주체가 된 임도 건설에 의해 그때까지 거의 손이 닿지 않았던 기토 촌과 기사와 촌木沢村 오지의 활엽수 자원이 신속하게 벌채·반출되고, 삼나무로 조림을 하게 된다. 개발의 진전과 목재 생산량의 확대는 산촌에 있어서 전업 임업노동자층 형성을 촉진하여 기토 지방의 임업 구조는 산림노동자와 대규모 산림지주로 양극화되어 갔다.

오지까지 임도 개설이 추진되고 목재 반출량이 급증함에 따라 분명히

---

3 벌목한 나무를 강물에 하나씩 떠내려 보내는 방법이다. 여러 개를 엮은 뗏목과는 다른 의미로 사용된다.

기토 지방 전체의 임업노동 고용기회가 확대되었다. 기토 촌의 임업은 임도 건설로 오지 개발이 진행된 1950년대 후반부터 60년대에 걸쳐서 특히 융성해서 다른 농산촌에서 돈을 벌러 오는 곳이 되기도 했다. 고도 경제성장기의 한가운데였던 쇼와 40년대 중반[1970년 전후], 인근 정·촌에서는 농한기가 되면 많은 사람이 돈 벌러 나갔지만, 기토 촌에서는 거의 그런 일이 없었다고 한다.

그렇다 해도 "지역의 임업노동자는 매자買子[4]나 중소 산주가 운영하는 소규모 벌목사업에 계속 취로하거나 대규모 벌목업자에게 고용되는 경우에도 생산기반의 역할을 하는 종업원으로서가 아니라, 임시고용의 형태로 조달되는 데 불과하다. 한편 조림사업의 경우에도 두셋의 대규모 산림소유자와 상시 준비 관계에 있는 소수의 노동자를 제외하면 …… 취로 기회는 역시 단속적이고 임시적"(四手井·半田 編 1969: 210)이었다. 임업에서 팽창한 노동력은 그 후 재해 관련 복구공사로 활발해진 건설업으로 이동해 가게 된다.

촌의 기간산업이었던 임업이 커다란 전기를 맞이하는 것은 1970년 이후다. 특히 1970년부터 1990년에 걸친 20년간 기토 촌의 산업구조가 크게 변모한다.

수치로 보면 이미 1960년부터 임업 종사자가 감소하기 시작했다(표 8-2). 다만, 전체에서 차지하는 비율이 급격히 줄어드는 것은 1970년 이후다. 전성기에는 30%를 넘던 임업 종사자가 1980년 시점에는 18.5%가 되어 '기간산업'의 자리를 건설업(22.3%)에 내주었다. 이후 임업과 건설업의 차이가 점점 벌어져 2000년 시점에는 임업이 6.0%(56명)로 농업의 약 1/3로 된 반면, 건설업은 234명으로 기토 촌 노동자 4명 가운데 1명이 건설업에 종

---

4 삼나무나 노송나무 등의 입목(토지는 제외)을 하나의 산(山) 단위로 구입하는 것을 '산 구매'라고 하는데, 산 구매를 한 다음 시중의 가격을 봐 가면서 나무를 잘라 팔아 이익을 얻는 투기적인 장사를 하는 사람을 일컫는다.

표 8-2 산업별 종사 인구 추이(기토 촌)

구 분	1960년		1970년		1980년		1990년		2000년		2000년/1960년
	인구	%	인구	%	인구	%	인구	%	인구	%	
총 계	2,108	100.0	1,558	100.0	1,396	100.0	1,173	100.0	932	100.0	44.2%
제1차	1,362	64.6	779	50.0	476	34.1	318	27.1	206	22.1	15.1%
농업	643	30.5	296	19.0	213	15.3	211	18.0	142	15.2	22.1%
임업	718	34.1	483	31.0	258	18.5	103	8.8	56	6.0	7.8%
어업	1	0.0	0	0.0	5	0.4	4	0.3	8	0.9	800.0%
제2차	385	18.3	334	21.4	543	38.9	492	41.9	373	40.0	96.9%
광업	0	0.0	25	1.6	9	0.6	3	0.3	3	0.3	–
건설업	327	15.5	158	10.1	312	22.3	293	25.0	234	25.1	71.6%
제조업	58	2.8	151	9.7	222	15.9	196	16.7	136	14.6	234.5%
제3차	361	17.1	445	28.6	377	27.0	363	30.9	353	37.9	97.8%
도소매	126	6.0	134	8.6	114	8.2	95	8.1	89	9.5	70.6%
운수·통신	31	1.5	55	3.5	38	2.7	30	2.6	26	2.8	83.9%
서비스	169	8.0	203	13.0	159	11.4	174	14.8	179	19.2	105.9%
공무	23	1.1	45	2.9	62	4.4	57	4.9	56	6.0	243.5%
기타	12	0.6	8	0.5	4	0.3	7	0.6	3	0.3	25.0%

* 출처 : 총무청(성) 통계국(매년) 자료를 토대로 작성.

사하고 있다는 계산이 된다. 촌의 산업구조 전환에 대해서는 호소고치 댐 건설 문제와 관련지어서 본 장 마지막에 다시 다루도록 하겠다.

나카 강 개발과 임업

나카 강은 에도 시대[1603~1867년]부터 교통수단으로서 이른바 유역의 대동맥 역할을 하고 있었다. 메이지 시대부터, 나카 강 종합개발계획의 일환으로 나가야스구치 댐이 건설되면서 그 종언을 고하는 쇼와 20년대 말[1950년대 초]까지 '물자 수송로'로서 번창했던 나카 강의 이용 형태는 어떤 것이었을까?[*2]

하구부부터 중류지역의 다니구치谷口(현 가미나카 정上那賀町)까지는 물윗배5가 물자 운반의 주요 수단이었다. 메이지 말기에는 30~40척의 물윗배가 연간 600~700회 정도 왕복했다고 한다(德島県労政課 1956). 하구로부터는 식염, 석유, 쌀, 잡화가 운반되었고, 상류로부터는 닥나무 껍질, 은어, 목탄, 표고버섯, 엽차 등이 운반되었다. 하구부의 나카지마中島(현 나카가와 정那賀川町)는 목재를 포함한 유역 일대의 물자 집산지임과 동시에 커다란 상업지로 꽃을 피운다.

한편 다니구치보다 상류 쪽인 기토 지방은 뱃길이 험했기 때문에 모든 물자를 우마나 인력으로 운반했다. 그렇다고 기토 지방 사람들이 나카 강과 관계가 없었냐면, 그렇지는 않다. 이 지역에서는 강이 주로 목재를 떠내려 보내는 통로로 이용되고 있었다. 메이지 초기까지의 목재 수송은 벌채한 목재를 계곡에 모아 강에 떠내려 보내고(산류散流·관류管流), 일단 산류 목재를 산간부에 모아서 뗏목으로 엮은 다음 중류지역의 다니구치까지 운반, 뗏목 여러 개를 더 엮어서 하구부의 나카지마까지 내려 보내는 순서로 이루어졌다. 평상시에는 다니구치부터 나카지마까지 이틀이 걸렸다고 한다. 기토의 목재는 나카지마의 목재상이나 제재업자를 거쳐서 주로 한신 지방으로 출하되었다.

그런데 최고의 전성기를 맞이했던 뗏목 방법에 커다란 변화가 일어난다. 1892년(메이지 25년)에 발생한 집중호우로 인해 기토 촌 내의 다카이소 산高礒山이 붕괴, 토사가 나카 강 상류를 메우는 바람에 물길이 바뀌어 종래의 방법으로는 수송이 불가능하게 되었다. 이는 종래의 수송 체계의 변화를 의미해 그 체계에 의존한 벌목업자의 수송로 지배를 붕괴시키게 된다(四手井·半田 編 1969). 거기서 새로이 등장한 것이 하구부 나카지마의 업자들이었다. 그들은 원목을 직접 구입, 그 벌채 나무를 홍수기에 하류까지 한 번에 흘려보내는 방류 반출 방식을 이용했다.

메이지 시대 후반에 들어오자, 벌채기에 이른 인공조림의 삼나무 목재가 증가함에 따라 다니구치보다 하류에서 다시 뗏목 흘리기가 성업을 이

5 다카세부네(高瀬舟), 뱃전이 비교적 낮고 바닥이 평평한 배다.

룬다. 이런 상황에서 1908년(메이지 41년)에 부상한 수력발전 댐(사쿠라다니桜谷 댐) 설치 계획에 대해, 직접 영향을 받는 자재 운반업자가 결속해서 반대운동을 전개, 뗏목 노동자 등 관계자 60명이 모여 나카 강 자재운반업조합을 결성했다(1910년). 수송업자의 자립을 목표로 한 이 운동은 수력발전 회사와의 보상 교섭을 유리하게 끌어가는 것과 동시에 나카 강 수송권을 획득하기에 이른다. 이후 1924년에는 노동조합 조직으로 나카 강 노동조합이 결성되지만, 나카 강을 따라 현 지방도로가 설치되어 육운이 개시되고, 화주가 도산한 일 등으로 인해 조합이 분열, 약체화한다.

메이지 시대 이래 유역의 수송 수단으로 큰 역할을 한 주운 및 뗏목이 완전히 종지부를 찍게 만든 것은 1950년(쇼와 25년)부터 착수된 나카 강 종합개발사업의 일환인 나가야스구치 댐 건설이었다. 홍수 조절과 발전을 주목적으로 한 댐 건설에 대해, 교통수단의 변모와 강을 이용한 수송의 쇠퇴를 배경으로 조합은 계획 저지가 아닌, 보상 교섭을 유리하게 진행하기 위한 조건 투쟁을 선택한다. 1953년 개발 주체인 도쿠시마 현과 협정서를 체결, 1955년 11월에는 강 수송이 정지, 목재 수송 수단은 육운으로 완전히 전환된다. 여기에 이르러 에도 시대 중기 이래 오랜 세월에 걸친 교통수단으로서의 나카 강의 역할은 종언을 고하고, 오로지 강을 수자원 개발 및 홍수 제어의 대상으로 보는 근대 하천정책이 본격화한다.

나카 강 종합개발사업과 댐 건설

강우량이 많고 산림자원도 풍부한 나카 강은 홍수 대책 차원의 정비 공사를 제외하면 거의 손길이 닿지 않은 채 남아 있었다. 수력발전에 있어서도 메이지 시대에 사쿠라다니 수력발전소가 건설된 정도에 불과했다. 그러나 제2차 세계대전이 끝나면서 일본에서는 경제 부흥을 이루기 위해 전원 개발이 초미의 정책 과제가 되었고, 각지에서 하천종합개발사업에 의한 전원 개발 댐 건설이 진행된다. 시코쿠(四国)에서도 나카 강이 전원 개발의 대상으로 일찍부터 주목을 받았다. 다양한 개발 주체가 나카 강 개발 구상을 가지고 조사를 진행한 점에서도 이를 알 수 있다. 구체적으로는 당시의 하천법(구하천법)에 의한 하천 관리자인 도쿠시마 현을 비롯해 경제안정본부, 일본발송전, 스미토모 공동발전 등 다양한 개발 주체가 발전 사업을 중심으로 하는 하천 개발 구상을 갖고 있었다(四国地方建設局德島工事事務所 1981).

일본발송전이 신청한 수력발전소 건설에 대해 건설성으로 계획의 타당성에 관한 자문을 구한 도쿠시마 현은 1949년 8월, 의원총회에서 이를 부결시키고 현이 직접 개발 주체가 되어 진행하기로 결의한다. 나카 강 종합개발사업계획(이하, 나카 강 종합개발)이 시작된 것이다(표 8-3). 그 배경에는 1947년 현 내에서 극심한 전력 부족이 발생, 현이 운영하는 전력 사업을 바라는 목소리가 의회 내에서 메아리쳤던 일이 자리하고 있었다.

나카 강 종합개발은 제1기와 제2기 2개의 시기로 구분된다. 개발 내용은 홍수 대책(치수), 도시용수 개발(이수), 발전 사업(이수)이라는 세 가지 축으로 구성되었다. 구체적으로는 나카 강 중상류지역에 여러 개의 댐을 건설하는 것에 주안점을 둔 계획이었다. 댐 건설(당초에는 발전용 댐)이 개발계획의 중심을 이루고 있는 것은 1950년대에 전개된 다른 하천종합개발사업과 동일하다.

1951년 도쿠시마 현이 작성한 나카 강 종합개발계획에서는 크고 작은 3개의 발전용 댐을 건설하는 것이 제1기 계획의 주요 내용이었다. 제1기 계획은 1950년 나가야스구치 댐 건설부터 사업이 시작돼 1961년 가와구치 댐 준공으로 완료됐다(표 8-4).

그 사이 나가야스구치 댐 건설을 둘러싸고 뗏목 노동자(나카 강 노동조합)에 의한 보상 요구 운동(조건 투쟁)이 일어났고, 이 댐 건설이 나카 강 교통로 역사에 종지부를 찍었다는 것은 이미 언급했다. 나가야스구치 댐

표 8-3 나카 강 종합개발사업(제1기)의 경과

연월	주요 사건
1912. 1.	도쿠시마 현 수력전력, 사쿠라다니 보(댐) 설치.
1923. 8.	나카 강이 구하천법 제1조의 적용을 받는 중요 하천이라는 것이 법적으로 인정됨.
1925	나카 강 개수계획 책정.
1929. 4.	내무성, 나카 강 개수사업소 개설.
1949. 9.	도쿠시마 현, 나카 강 종합개발사업계획 책정.
1950. 9.	현, 나가야스구치 댐(홍수 조절·발전 등) 건설 착수(제1기 나카 강 종합개발사업 개시).
10.	나카 강 지류·사카슈기토 천(坂州木頭川)에 옷타치(追立) 댐 건설(사방·발전) 개시(현 사업).
1956. 4.	나가야스구치 댐 완성.
12.	현, 나카 강 상류지역(기토 발전소·호소고치 댐 포함)의 수리권 출원.
1957. 2.	시코쿠 전력, 나카 강 상류지역(이즈하라 발전소·히하야 댐 포함)의 수리권 출원(=개발 주체의 경합).
1958. 8.	가와구치 댐 건설(발전·역조정(逆調整)) 개시.
1961. 4.	현의회, 나카 강 상류지역 개발 관련, 수리권 허가 신청 취하, 시코쿠 전력으로 개발 이관할 것을 결의.
9.	가와구치 댐 완성, 제1기 나카 강 종합개발사업 완성.
1965. 4.	하천법 시행.
7.	시코쿠 전력, 고미노노 댐(발전) 건설 착수(제2기 나카 강 종합개발사업의 개시).
1967. 6.	나카 강, 1급 하천으로 지정.
1968. 7.	고미노노 댐 완성.
1969	건설성, 호소고치 댐 계획 예비조사에 착수.
1970. 2.	건설성, 나카 강 수계공사 실시기본계획 책정.
1972. 4.	건설성, 호소고치 댐 조사사무소 개설.
5.	건설성, 호소고치 댐 실시계획조사 개시를 발표.
1975. 2.	1971년의 태풍 23호로 인해 피해를 입은 와지키 정의 주민 64명이 나가야스구치 댐의 조작 실수가 원인이라고 제소.

* 출처 : 시코쿠 지방 건설국 도쿠시마 공사사무소 자료(四国地方建設局德島工事事務所 1981) 및 기토 촌 자료를 토대로 작성

은 그 후, 다른 의미에서도 큰 주목을 받게 된다. 그것은 나가야스구치 댐 수해 소송이었다.

전국적으로 44명의 사망자가 발생하는 등 각지에 엄청난 피해를 가져

표 8-4 나카 강 종합개발사업에 따른 댐 건설

구 분	나가야스구치 댐	가와구치 댐	고미노노 댐	호소고치 댐(계획)	옷타치 댐	오미다니 댐
하천	나카 강	나카 강	나카 강	나카 강	사카슈기토 천	오미다니 천
입지점	가미나카 정	아이오이 정	**기토 촌**	**기토 촌**	기사와 촌	기사와 촌
하구로부터 거리	65km	45km	80km	95km	–	–
실시계획조사 착수	1950년	1956년	1965년	1972년	불명	1958년
준공	1956년	1961년	1968년	–	1954년	1960년
주목적	홍수 조절·발전·관개	발전·역조정	발전	홍수 조절·상수도·공업용수	사방·발전	발전
형식	중력식 콘크리트	중력식 콘크리트	아치식	중력식 콘크리트	중력식 콘크리트	아치식
댐 높이	85.5m	30.0m	62.5m	105.5m	29.5m	31.5m
담수면적	2.2km^2	0.9km^2	0.9km^2	2.0km^2	0.1km^2	0.1km^2
유효 저수량	4,350만톤	950만톤	1,142만톤	5,300만톤	9.2만톤	31만톤
홍수 조절량	500톤/초	–	–	2,400톤/초	–	–
계획 토사 퇴적량* ('94년 퇴적량)	529만톤 (1,080만톤)	105만톤 (불명)	694만톤 (608만톤)	1,500만톤 –	불명 (188만톤＝총저수량)	3만톤 (불명)
사업 주체	도쿠시마 현	도쿠시마 현	시코쿠 전력	건설성	도쿠시마 현	시코쿠 전력

* (주) 계획 토사 퇴적량은 댐 준공 후 100년 동안 쌓이는 양을 가정한 것이다. 댐은 계획 토사 퇴적량
을 계산에 넣은 다음 설계된다. 토사 퇴적이 계획량 이상 되면 댐의 유효 저수량이 그만큼 감소
하게 되어 최종적으로는 댐의 기능을 잃어버린다. 나가야스구치 댐의 경우, 준공 후 약 40년 만
에 계획량의 2배나 되는 토사 퇴적이 일어나게 된다.
* 출처 : 일본 댐 협회 자료(日本ダム協会 1998), 시코쿠 지방 건설국 도쿠시마 공사사무소 자료(四国
地方建設局德島 工事事務所 1981), 기토 촌 자료를 토대로 작성

다준 1971년의 태풍 23호로 인해 댐 하류의 나카 강 중하류지역 와지키
정鷲敷(町)과 아난 시에서도 심각한 침수 피해가 발생했다(전파 가옥 1, 침수
가옥 568). 그때 "댐 조작에 실수가 있었다"고 주장하는 와지키 정 피해 주
민(64명)이 1975년 정부와 현을 상대로 손해 보상을 요구하는 행정소송
을 제기한다. 이 소송은 1998년 3월 대법원 판결까지 약 23년에 걸쳐 전
개된다. '인재'냐 '천재'냐를 둘러싸고 다툰 1심에서는 수해를 댐의 과도
한 방류가 하나의 원인인 것으로 인과관계를 인정, 댐 관리에 하자가 있

었다는 주민 승소 판결이 났다(1988년 6월).[*3] 그러나 1994년 8월의 2심 판결(다카마츠高松 고등법원)에서는 원고 측 청구를 기각하는 역전 판결이 내려졌고, 1998년 3월 대법원 판결에서 주민 패소가 확정되었다.

이 소송운동이 직접적으로는 원고 주민들에게 20년 이상 걸린 소송 끝에 패소했다는 어려운 결과를 가져다주었지만, 한편으로는 '댐의 위험성'을 가시화했다는 의미에서 유역 주민에게 미친 영향은 컸다. 특히 촌 중심부 직상류에 건설이 예정된 호소고치 댐 계획에 대한 기토 촌 주민 운동에 가져다준 영향에 주목할 필요가 있다.

상세한 논의는 다음 절에서 하기로 하고, 여기에서는 요점만 적도록 한다. 구체적으로는 다음의 두 가지 의미, 하나는 운동의 중심 역할자인 기토 촌 주민에게 준 인식 수준의 영향이고, 또 다른 하나는 호소고치 댐 계획에 대해 구체적인 경험에 기초한 반대의 근거(이야기), 즉 운동체에 게 있어서 정보 자원이 창출되었다는 점이다.

제1기 계획과 병행, 도쿠시마 현은 나카 강 상류지역 댐 건설을 주목적으로 하는 제2기 계획 책정에 들어간다. 현이 1956년 12월 수리권 사용 신청을 제출한 데 이어 시코쿠 전력과 전원개발(주식회사)도 같은 신청을 제출, 여기에서도 복수의 개발 주체가 경합한다. 어느 개발 구상이든지 기토 촌 니시아자 지구에 수력발전용 댐 건설을 예정하고 있었다. 수리 권 신청 취하를 의뢰한 시코쿠 전력을 놓고 대응 방안을 검토하던 현은 1961년 4월 현의회에서 ①현의 안보다 시코쿠 전력 안이 공사비나 전력량에 유리하며 ②현이 건설한다 해도 막대한 건설비용을 조기에 확보하기 어렵다는 이유에서 시코쿠 전력으로 개발을 이관할 것을 결의한다. 그 결과 제2기 계획은 시코쿠 전력이 주체가 되어 추진한다.

수몰되는 현도나 국도의 보상을 둘러싸고 현과 시코쿠 전력의 교섭이 난항을 겪었기 때문에 실제 시코쿠 전력이 제2기 계획의 고미노노小見野々 댐(발전 전용 댐) 건설에 착수한 것은 1965년에 들어와서였다. 기토 촌의

최하류지역(스케㈩ 지구)에 건설된 이 댐은 3년 후인 1968년에 완성되지만, 전국적으로 수력발전에서 화력발전으로 전원 개발이 이동한 것을 배경으로, 최상류에 계획되어 있던 발전 댐 건설에 대해서는 시코쿠 전력이 난색을 표명한다. 현이 여러 차례에 걸쳐 공사 개시를 요청하지만, 시코쿠 전력은 현이나 국가가 주체가 된 다목적댐 건설 방식을 주장, 개발이 보류된다.

한편, 하천법 시행에 따라 1967년에 나카 강이 1급 하천으로 지정됨에 따라, 현의 요청을 받아들인 건설성은 시코쿠 전력이 건설할 예정이었던 지점에 다목적댐을 건설하는 방향으로 예비조사에 들어간다(1969년). 이것이 나중의 호소고치 댐 건설 계획이었다. 여기에 이르러 개발 주체가 바뀌고, 제2기 계획은 이 호소고치 댐을 건설함으로써 완결 짓게 되어 있었다.

호소고치 댐 건설 문제의 경과와 개요

호소고치 댐 건설 계획의 근거가 되는 것은 1970년 건설성이 책정한 '나카 강 수계 공사기본계획'이다. 이 댐 사업의 계획이 잡히는 것은, 정확하게는 전술한 1971년의 태풍 23호에 의한 홍수 피해를 입고 나서 1974년에 제출된 개정 후의 공사기본계획에 의해서다.

유역 치수 계획을 세우는 데 필요한 것은 과거의 홍수 데이터와 강우량 패턴에서 만들어진 '기본 고수유량'이다. '상정 유량의 최대치'인 이 기본 고수유량을 기준으로 현재의 제방고에서 허용할 수 있는 유량(계획고수유량)과 비교, 부족하면 제방을 높이거나 댐을 건설하는 등 대책을 강구하도록 되어 있다.

1970년에 책정된 공사기본계획에서는 하류 기준점의 기본 고수유량이 9,000톤/초로 설정되어 있었다. 그때, 하도가 받아들일 수 있는 계획고수유량(8,500톤/초)의 부족분(500톤/초)은 기존의 나가야스구치 댐으로 조절하도록 되어 있었다. 그런데 1974년에 제출된 개정판 공사기본계획에서는 기본 고수유량이 11,200톤/초로 상향 조정되어, 나가야스구치 댐만으로는 충분히 홍수 조절을 할 수 없다는 이유에서 새로운 치수용 댐이 필요한 것으로 되었다. 그 부족분을 메우는 것으로 위상이 부여되고 구체화된 사업계획이 호소고치 댐 계획이었다.

호소고치 댐 건설의 근거가 된 이 수치가 바뀐 일은 나중에 시마즈 테루유키嶋津暉幸 등 전문가에게 강한 비판을 받게 된다(水郷水都全国会議·德島大会実行委員会 1996). 즉, 원래 시코쿠 전력이 내놓은 안 때부터 이수 목적의 댐 계획이었는데, '홍수 조절'이라는 치수 목적을 덧붙인 '다목적댐' 건설을 위한 근거를 만들기 위해 기본 고수유량을 조작한 게 아니냐는 지적이다. 기본 고수유량을 올리지 않았으면 적어도 치수 계획상으로는 기존의 나가야스구치 댐 이외에 새로 신규 댐을 만들 필요성이 없어진다.

이는 댐 건설의 또 다른 목적인 도시용수 확보에 대해서도 실상과 괴리된 물 수요 예측에 근거한 게 아니냐는 운동 진영 측의 문제 제기로 연결된다. 더욱이 호소고치 댐을 포함한 전국의 주요 댐 건설 계획과 관련, 공사 수주 건설회사를 결정하는 '댐 담합표'가 다나카田中 내각 시대인 1972년에 수상 관저에서 작성된 사실이 밝혀진다(共同通信社会部 1994).[*4]

1971년 계획 발표 당시, 홍수 조절에 덧붙여 하류지역의 수도용수(2만톤/일) 및 공업용수(3만톤/일) 확보를 목적으로 한 호소고치 댐 계획에서는 기토 촌의 가옥 약 110채가 수몰될 예정이었다. 그 후, 주민의 강력한 반대운동으로 촌 당국은 수몰 세대를 최소화하기 위한 관점에서 입지점을 2km 하류로 이동시키는 조건으로 계획에 협력할 것을 표명한다.

계획의 수정안에서는 수몰 세대수 자체는 약 30세대로 줄어들지만,[*5] 촌 중심부가 분단된다는 이유로 반대운동은 수몰 예정 지역 대상에서 벗어난 주민들이 중심이 되어 계속되고, 결국 촌의회의 찬성파 의원을 소환하는 주민소환운동으로 발전해 갔다. 호소고치 댐 반대운동에서 수몰 대상 지역(약 30세대)보다 오히려 그 주변지역 주민이 운동의 주요 역할자가 된 배경에는 이런 요인이 존재한다. 촌의원 선거를 거쳐 의원 대부분이 바뀐 1975년의 촌의회에서는 호소고치 댐 건설 반대 결의안을 가결한다. 이후, 호소고치 댐은 수몰 지역만의 문제가 아니라, '촌 전체의 문제'로 자리매김된다.

그 후 잠잠해진 해당 댐 계획을 둘러싼 개발 주체의 움직임은 1990년대에 들어와 다시 활발해진다. 거기에 호응해 전개된 댐 건설 반대운동(제2차)은 촌 외부로 확대되는 모습을 보여, 마침내 중앙 및 현 차원의 정치 무대에 '호소고치 댐 문제'가 하나의 문제로 구축되기에 이른다.

현지사와 촌장의 맞대면에서도 골이 메워지지 않은 채 몇 해가 지난 1997년 8월, 정부의 공공사업 재검토 정책에 의해 호소고치 댐 계획이 재검토 대상 사업(일시 휴지(休止))이 된다. 건설성과 현이 설치하려던 '댐 심의위' 참가를 놓고 요구 조건이 만족되지 않는 한 위원으로 들어갈 수 없다고 기토 촌이 계속 거부한 결과, 2000년 10월에 개최된 시코쿠 지방 건설국의 사업평가감시위원회에서 호소고치 댐 계획 중지가 승인되어 최종적으로 사업 중지가 결정되었다.

그러면 해당 댐 계획을 둘러싸고 어떤 갈등이 발생, 운동은 어떻게 전개된 것일까? 다음 절 이후에서 구체적으로 검토해 보도록 하겠다.

2. 제1차 운동의 발생과 촌 당국의 대응

호소고치 댐 계획을 둘러싸고 엄청나게 많은 운동 이벤트가 생겨났다(이장, 미주 뒤에 실은 표 8-9 참조). 그런 가운데 운동은 1970년대의 제1차 운동과 네트워크가 중층적으로 확대된 1990년대의 제2차 운동으로 구분할 수 있다. 본 절에서는 제1차 운동의 요점을 확인한다.[*6]

1950년대 초에 시작된 나카 강 종합개발 제2차 계획의 마지막 사업으로 거의 기토 촌의 중심부에 해당하는 니시아자 지구를 입지점으로 한 호소고치 댐 건설 계획이 구체화한 것은 1960년대 후반이다. 이미 언급한 것처럼, 이는 댐의 목적이나 개발 주체가 여러 번 바뀐 끝에 책정된 다목적댐 건설 구상으로, 완성되면 현 내 최대, 시코쿠에서도 세 번째 저수 규모를 갖출 예정이었으며, 당초 수몰 예정 가옥은 약 110세대에 달했다.

현이 촌 당국에게, 그리고 촌 당국이 관계 주민에게 댐 계획을 설명한 것은 1970년대에 들어와서다. 1971년 8월에 개최된 설명회에서 촌장이 "댐 계획을 받아들인 다음, 보상 교섭에 전력을 다해 임하겠다"고 개발 계획을 용인하는 자세를 보였기 때문에[*7] 댐 계획 수용 여부를 놓고 촌 전체가 크게 동요한다.

설명회 다음 달, 히라노平野 부락을 비롯한 수몰 예정 4개 부락 주민들 약 100가구로 구성된 호소고치 댐 연합대책동지회(이하, 동지회)가 결성된다. 동지회는 댐을 추진하려는 촌 당국과 현에 계획 철회를 진정하고, 댐 계획을 저지하려 했다. 운동체가 반대 이유로 든 것은 주로 다음의 네 가지다. ①많은 세대가 수몰되고 농지와 산림이 피해를 입는다 ②댐이 촌 한가운데 위치, 촌이 이분된다 ③산림자원에 의존한 촌 생활이 퇴거 등으로 파괴된다 ④자연이 파괴되어 관광지로서 존립할 수 없게 된다. 다시 말해, 이 시기의 운동은 해당 수몰 예정 지역은 물론, 촌 전체의 지역 생활이 파괴된다는 것을 반대의 주요 근거로 삼았다.

1972년 4월부터 댐 건설 주체가 건설성으로 이관됨과 동시에 건설성은 촌에 댐 실시계획조사의 협력을 요청한다. 촌 및 촌의회는 일단 거부하는 자세를 취하지만, 그해 12월 건설 예정지를 2km 하류로 이동시키는 조건으로 협력할 것을 현과 건설성에 회신한다. 여기에 동지회가 반발, 설명회 거부와 서명운동을 벌이는 한편 촌내 다른 부락으로 반대운동을 확대시켜 간다.

상황이 크게 움직이기 시작하는 것은 1974년이다. 댐 계획을 둘러싸고 찬성 반대 쌍방의 전단지가 촌내에 난무하던 중, 동지회가 8월에 100

명 규모로 촌내에서 시위행진을 하고, 찬성 입장을 보이는 촌의장과 단체교섭을 했다. 한편에서는 수몰 예정 지역의 22가구가 동지회를 탈퇴해 '댐 대책연구회'를 결성, 조건부 찬성으로 돌아선다. 이러한 상황에서 촌의회는 10월에 호소고치 댐 건설을 전제한 '기토 촌 종합개발기본구상'을 가결한다. 이 구상은 건설성이나 현에 협조하면서, 댐 건설을 받아들여 얻게 되는 공공투자를 토대로 인구 과소화 대책과 지역 진흥을 도모하려는 것이었다.

이를 계기로 동지회는 약 350명이 참가하는 총궐기대회를 개최, "주민 의견을 무시한 촌의회를 해산시킨다"는 것을 당면의 운동 목표로 삼는다. 오늘날까지 자주 활용되는 주민소환운동의 효시였다. 운동은 동지회라고 하는 주민 차원의 운동 조직과 촌의원 12명 중 유일하게 '댐 반대' 입장을 취하던 C 씨를 중심으로 진행, 그해 12월 촌의회는 '의회의 자발적 해산'과 '기본구상 폐지'를 만장일치로 가결한다.

1974년 1월의 촌의원 선거에서 12명으로 정해진 정수의 과반수에는 미치지 못했지만, 동지회가 추천하는 댐 반대파 의원 5명이 당선, 거의 찬성 일색이었던 촌의회의 구도가 크게 바뀐다. 그리고 그해 5월에는 촌장 자문기구로서 '기토 촌 댐 대책협의회'(이하, 대책협의회)가 설치된다. 촌의장과 촌의원, 촌내 각 부락의 대표, 농협과 삼림조합, 어협 등 촌내 각 단체 대표 등, 합계 37명으로 구성된 대책협의회는 각지의 댐 시찰이나 건설성·현 등 관계기관의 설명, 전문가 의견 청취 등을 토대로 해당 댐 계획의 수용 여부를 종합적으로 판단하는 것을 목표로 했다.

1976년 11월, 답신 내용을 놓고 우여곡절을 겪어가면서 11차례의 심의를 거친 협의회는 "건설성 및 현이 신청한 호소고치 댐 조사 신청에 대해서는 이를 거부해야 한다는 결론에 도달했다"는 답신을 정리한다. 이것을 받아들여 12월의 촌의회에서는 '호소고치 댐 건설 반대에 관한 결의'를 채택, 촌의 방침이 '조건부 찬성'에서 '거부'로 완전히 전환하게 된다.

그 배경에는 최종 답신 2개월 전, 태풍 17호로 기토 촌 및 나카 강 유역에 대재해가 발생한 일이 자리하고 있었다. 1976년 9월 11일에 1일 강우량으로는 관측 사상 최고인 1,114mm의 폭우로 촌내 산림이 여러 곳에서 붕괴, 6명의 사망자 이외에 촌 중심부 이즈하라出原 지구에서는 높아져 있던 강바닥 영향으로 침수 가옥이 속출하는 등 큰 피해가 있었다. 이 재해는 재해대책기본법에 의한 '극심 재해' 지정을 받게 되어, '댐'이 아니라 '재해 복구'가 촌정의 당면한 최우선 과제가 된다. 댐 건설 계획은 1990년대 초까지 적어도 표면상으로는 '휴면 상태'로, 그에 따라 일시적으로 고양되었던 운동도 활동을 정지한다.

결론을 먼저 내리면, 이 재해는 댐 문제와 관련해 주민들에게 두 가지 커다란 영향을 가져다주었다. 첫 번째는 주택이 몰려있고 촌사무소 등 주요 기관이 위치한 이즈하라 지구가 침수 피해를 입음으로써, 4km 하류에 건설된 고미노노 댐에 의한 토사 퇴적·하상 상승이라는 '댐의 폐해'가 주민들에게 아주 알기 쉬운 형태로 가시화된 것이다. 고미노노 댐은 준공 직후 '나카 오지에 새로운 관광지'라고 긍정적인 측면이 대중매체에 보도된 일도 있었지만,*8 토사 퇴적이 급속히 진행된 데다 이때의 홍수로 붕괴된 산림으로부터 대량의 토사가 흘러든 결과, 하상이 몇 미터나 더 상승했다. 이 경험은 앞에서 언급한 '나가야스구치 댐 수해 소송'과 함께 주민의 댐에 대한 위험 인식을 형성해 간다.

두 번째로 극심 재해 복구공사라는, 이른바 '재해 특수'의 출현이다. 이 해의 재해 후, 촌내에는 473개나 되는 사방댐(보)이 건설되는 등*9 10년 이상에 걸쳐 합계 100억엔 전후의 공공사업이 창출되어 촌 경제구조에 근본적인 변화를 가져왔다. 부진한 임업으로부터 건설업으로 노동자들이 이동, 그때까지 임업 중심이던 지역경제가 공공사업 의존형 산업구조로 빠르게 전환되어 갔다.

1970년대에 전개된 제1차 운동의 특징을 정리하면, 운동의 역할자가 된 것은 동지회라고 하는, 수몰 예정 지역을 비롯한 촌내 주민들을 중심으로 구성된 행위자였다. 운동은 계획 추진으로 기울어지는 촌 당국을 주요 상대로 삼았고, 주로 활용한 운동 전술(행위 양식)은 진정과 거부, 시위 활동, 촌의원 주민소환 활동이었다. 댐 계획을 둘러싼 주요 행위자는 촌의회·촌 당국과 함께, 주민 차원에서는 동지회와 연구회였다. 동 시대의 다른 많은 사례와 비교해 보면, 운동 역할자가 수몰 예정 지역이라는 좁은 범위로 한정되지 않았다는 점은 그 자체로 주목할 만한 가치가 있다. 그렇다 해도 1990년대의 제2차 운동과 비교하면, 지원자와 찬동자를 포함한 운동 행위자의 공간적인 분포가 거의 입지점 지자체 내로 한정돼 해당 댐 건설 계획을 둘러싼 갈등도 어디까지나 '촌의 문제'로 전개된 것에 불과했다.

3. 네트워크형 운동의 전개와 '호소고치 댐 문제'의 구축 과정

1970년대 후반부터 1980년대에 걸쳐서는 댐 계획과 관련된 개발 주체의 움직임을 거의 찾아볼 수가 없었다. 1983년 미키三木 지사(당시)가 기토 촌을 방문, 댐 계획에 대한 협력을 요청하는 정도였다. 계획 실시를 향한 커다란 움직임이 시작되는 것은 1990년에 들어와서였다. 운동은 어떻게 활동을 재개, 규모를 빠르게 확대할 수 있었을까? 그리고 어떤 과정을 거쳐서 '호소고치 댐 문제'가 중앙 차원과 현의 정치 무대에서 문제로 구축된 것일까?

운동의 역할자에 주목해 보면, 이 시기의 운동은 촌 내외에서 중층적으로 전개된다. 우선 촌내에 주목하면, 운동은 다음 두 가지 차원의 역할자로 구성되었다. 하나는 동지회 등 주민이 중심이 된 운동 조직이다. 또 하나는 촌장(촌 당국) 및 촌의회라는 공적 행위자다. 특히 후자가 운동에 적극적으로 관여한 것이 제2차 운동의 첫 번째 특징이다.

한편, 이들 촌내 행위자와 더불어 ①나카 강 중하류지역 ②현청 소재지 도쿠시마 시 ③간사이권·수도권을 거점으로 하는 시민단체와 연구자 등, 다양한 촌외 행위자가 여러 방식으로 운동에 관여하게 된다. 이와 같이 촌 내외의 모든 행위자가 상호 관계를 맺으면서 운동이 급속하게 확대된 것이 두 번째 특징이었다. 그러면 먼저 촌내 행위자와 그 상호관계, 나아가서는 운동을 뒷받침한 촌 주민들의 경험과 기억에 대해 검토해 보기로 한다.

촌내 행위자와 그 연관

1990년 3월 미키 지사가 다시 기토 촌을 방문, 댐 계획에 협력해 줄 것을 촌장 및 촌의회에 요청한 것을 시작으로 도쿠시마 현 경제동우회 등 경제단체가 현 의회에 계획 촉진 진정을 내고 그것이 채택, 정부에 제출하는 다음 연도 예산 요망 사항에 호소고치 댐 계획을 '최중점 사항' 목록으로 올린 것 등 건설을 향한 개발 주체의 움직임이 다시 현재화顕在化한다. 한편, 촌내에서는 1991년 3월에 채택된 '댐 계획 철회' 결의가 당시의 촌의회 의장에 의해 1년 반 이상이나 현에 제출되지 않은 채 방치되어 있던 문제가 도화선이 되어 하시리가와走川 촌장(당시)이 약 2주일 동안 실종된 끝에, 2기 임기 도중 '촌정에 진저리가 났다'며 사표를 제출하는 등 촌 정치가 큰 혼란에 빠지게 되었다.

촌내에서는 주로 '동지회', '지키기 모임', '촌장·촌의회'라는 세 행위자가 제2차 운동을 전개하기 시작한다. 차례대로 확인해 보자. 10년 이상 휴면 상태에 있던 동지회의 활동은 상기 촌의장 및 그의 행동을 옹호한 촌의원 4명의 해직을 요구하는 주민소환운동으로부터 다시 활성화된다.[10] 동지회는 그때까지 휴지 상태였던 촌내 운동 조직과 재통합하는 모양새로 1994년 '기토 촌 댐 반대동지회'(약 70가구)를 결성, 정식으로 운동을 재개한다.

한편, 촌내에는 내수면어협(기토 촌 어협) 관계자 등을 중심으로 새로운 운동 조직의 필요성을 느낀 사람들이 나온다. 이에 따라 1993년 3월에 결성된 것이 '나카 강 지키기 모임'(이하, 지키기 모임)이었다.

이 조직의 중심층은 종래의 '촌내 단결형' 운동 수법에 한계를 느끼고 있었다. 운동 제창자이자 지키기 모임의 초대 회장을 역임한 D 씨는 계류낚시를 즐겨온 맑은 물을 고미노노 댐 건설을 두고 이권의 대상으로 삼아 교섭을 추진한 당시 촌장의 행정 수법에 반발, 젊은 나이에 촌사무소를 그만둔 뒤 독학으로 사법서사와 토지가옥조사사 자격을 따서 촌내에 개업을 한 상태였다. 다만, 호소고치 댐 운동에 관해서는 사업상의 관계와 고미노노 댐 당시의 씁쓸한 경험에서 특별히 운동에 가담하는 일도 없이 거리를 두고 있었다고 한다. 당시 기토 촌 어협 조합장을 맡고 있던 그는 이렇게 말한다.[11]

어협 임원을 하고 있어서 '어협이 강을 지키지 못하면 어떻게 하나' 하는 심정이 되었어요. 사회적 사명감이 끓어올랐다고나 할까…….
한편으로, 촌내 반대운동을 이끌어 온 동지회는 '일부 주민만의 한정된 존재'였어요. 운동을 촌외로 확대해 간다든지, 매스컴을 포함해 여론에 호소하는 일은 적극적으로 생각하고 있지 않았어요. 어디까지나 촌내 이해관계자만의 조직이었습니다.

"강 또한 상류가 '생명'인 것입니다. 그리고 '강은 지구의 동맥'입니다
……. 지금 이 산과 강을 지키는 것은 우리의 사명"이라고 호소한 지키기 모임에 대해, 특히 1970년대의 제1차 운동 시기에는 운동에 관여하지 않았던 30대, 40대라고 하는 후계자 세대 주민들이 새로이 운동에 관여하게 된다. 동지회의 역할자가 운동 초기부터의 참가자가 중심이었던 것과 대조를 이룬다. 어협뿐만 아니라, 유자 농가나 임업가 등 촌내의 젊은 주

민이 지키기 모임 운동에 참여한 점은 운동을 활성화시킨다는 점에서 커다란 의미를 가졌다.

지키기 모임은 나카 강 계류낚시 지점을 소개하는 촌외의 낚시점이나 낚시 클럽, 더 나아가 자연보호단체와 연대를 모색한다. 그리고 핵심인물 D 씨 자신이 업무(토지가옥조사사회) 관계로 자주 상경, 타 지역 이사(동업자)와 인적 네트워크를 갖고 있었다. 이와 같은 리더 개인의 네트워크는 촌외의 운동 참가자(회원)를 확보하는 유효한 수단이 되어 이 모임의 회원 수는 약 5,600명에 달했다.

더욱이 지키기 모임이 어협을 모체로 하고 있었기 때문에 "조합 돈을 쓸 수 있었다."[*12] 당시의 조합은 산천어 양식이나 고미노노 댐 골재 채취업자로부터 수수료를 받아 자금에 여유가 있었고, 그 돈을 사용해 수몰 예정 지역 입간판이나 "나카 강 마지막 맑은 물을 지킵시다"라는 낚시점용 팸플릿을 만들어 간다. 이 모임은 촌외 반대운동 지원자들의 시찰과 체험 여행 신청을 받는 곳으로서의 역할도 한다.

주민 차원의 운동 조직 활동이 활발해지는 가운데, 이와 연대하면서 기토 촌 운동의 견인차 역할을 한 것은 전 촌장 사임 후 촌장에 취임한 E 씨와 운동을 지지하는 촌의회였다. 특히 지자체의 수장이 명확하게 '반대'의 의사 표시를 하고, 더구나 그것을 계속 견지한 점은 일본의 댐 건설 역사상 극히 드문 경우라고 할 수 있다. 예를 들어 오카야마 현岡山県 오쿠츠 정奥津町에 건설이 추진되는 도마타苫田 댐의 경우, 역대 정장이 계속 반대 입장을 취했지만, 보조금 삭감 등을 통한 현의 행정 압력 등으로 3대의 정장이 모두 임기 도중에 사임을 피할 수 없게 되었고, 최종적으로는 반대를 내세우고 당선한 정장이 건설성 및 현과 화해를 하면서 건설 반대를 철회하지 않을 수 없었다.

촌 출신으로 취직 후 20년 이상 촌을 떠나 있던 E 씨는 강력하게 요청하는 현직 촌의원의 뜻을 받아들여 촌장 선거에 출마, 1993년 4월 무투표로 당선되었다.[*13] 그때까지 민간기업에 근무하면서 오랜 세월 노동조합 활동에 종사하고, 전국지 통신기자로도 근무한 E 씨는 취임 직후부터 다양한 대항 수단을 내놓았다.

촌장이 주도한 촌 당국 및 촌의회의 운동 전략은 ①댐 계획의 근거를 밝혀서 계획의 불합리성을 다방면에 걸쳐 논리적으로 호소해 나갈 것 ②댐 문제를 광범위하게 여론에 호소하기 위해 외부 행위자와 연대, 특히 대중매체를 이용할 것 ③개발 주체가 건설성이기 때문에, 특히 국회라는 중앙 차원의 정치 무대에 '호소고치 댐 문제'를 구축하기 위해 국회의원과의 연대 관계를 구축할 것, 이 세 가지로 정리할 수 있다.

E 씨는 촌장 취임 후부터 현과 건설성에 대해 직접 교섭을 통해 '댐 반대' 의사 표시를 명확하게 한다. 나아가 각지에서 개최되는 환경문제 심포지엄과 이벤트에 자발적으로 참석하는 것과 동시에, 신문이나 잡지 등 각 매체에 기고나 인터뷰를 적극적으로 해서 '투쟁하는 촌장'으로서 기토 촌의 현재 상황 및 호소고치 댐 계획 반대를 전국적으로 알려 왔다. 그가 촌장에 취임한 1993년 전후는 나가라 강長良川 하구언의 본격적인 운용을 둘러싸고 벌어진 건설성과 시민단체의 대립이 대중매체의 주목을 받는 등 전국적으로 대형 공공사업이 막 부각되기 시작했던 시기로, 심포지엄 등의 참가를 통해 환경 NGO/NPO 관계자나 운동을 지원하는 변호사들과 인적 네트워크를 구축할 기회가 열리고 있었다. 환경운동이라는 운동 산업 안에서 기토 촌은 '건설성의 거대 댐 계획에 저항하는 작은 마을'로 인지되고, 지원의 연결고리를 넓혀가는 토대가 된다.

한편, 1993년 9월에는 운수관료 출신, 엔도 도시오圓藤寿穂가 도쿠시마 현 지사에 처음으로 당선한다. 요시노 강吉野川 가동보 계획과 함께 2개의 대형 공공사업 계획을 안고 있는 현에 있어서 장기화한 호소고치 댐 문제 해결은 현정상의 큰 과제이며, 당초 지사는 촌장과의 대화를 모색한다. 그렇다 해도, 어디까지나 건설을 전제한 현과 댐 계획 백지화를 요구하는 촌 사이의 대화는 평행선을 그어, 점차 현은 촌 당국을 제쳐놓고 설명회 개최나 촌 내 상담소 개설 등 수몰 예정 지역 주민과 직접 접촉을 하려고 시도한다.

댐 저지 조례의 제정과 배경

이러한 현의 움직임에 강한 불신감을 가진 촌은 운동의 커다란 이론적 기둥으로 '기토 촌 고향의 숲과 맑은 물을 지키는 환경기본조례'(이하, 환경기본조례)와 '기토 촌 댐 저지 조례'(이하, 댐 저지 조례)를 제정한다(1994년 12월). 오사카人阪 변호사회 소속 변호사의 지원을 받아 책정된 이 2개의 조례는 거대 댐 건설 거부와 주민의 '환경권'을 명시하고 있어 개발 주체에 대한 운동의 대항 수단으로서는 전례가 없는 독특한 시도였다.

벌칙 규정은 없지만, 촌장에게 신고할 의무를 댐 사업자에게 부과하고, 촌장의 중지 권고 권한을 인정하는 등 댐을 저지하기 위한 조례가 촌의회에서 가결 성립했다는 뉴스는 전국지 등 대중매체에 의해 널리 보도된다.[14] 건설성도 "(호소고치 댐은) 필요하다고 인식하고 있지만, 반드시 필요한 것인지 재검토하겠다"[15]는 장관 코멘트를 내지 않을 수 없는 등, 특히 개발 주체인 건설성과 현에게 준 영향은 컸다.

그 후로도 현이 책정한 댐 건설에 따른 지역 진흥 계획의 접수를 거부하고, 나아가서는 1995년 건설성이 설치를 결정한 '댐 심의위'의 심의위원 참여에 대해서도 개발을 추진하는 지사가 위원을 인선하는 것을 이유로 계속 거부하는 등, 촌장 및 촌의회는 '댐 계획 저지' 자세를 시종일관 견지한다.

그러면 어떻게 그것이 가능하게 되었던 것일까. 여기에서는 '운동 리더'와 그것을 지지한 '주민의 경험' 두 가지에 주목한다.

전자에 대해 살펴보자면, 물론 E 씨라는 리더 개인의 자질에 힘입은 바가 크지만, 한편으로 E 씨는 촌 출신이면서도 촌장에 취임하기 전까지는 약 27년 동안 촌외에 거주하고 있었다는 의미에서 '외지인' 같은 존재며, 촌내 각종 이익단체와 '얽힌 것'이 거의 없었던 점을 지적할 수 있다.

그때까지의 역대 촌장은 촌사무소 직원 출신이거나 사업가 등 촌내 거주자가 차지해 댐 문제 대응과 관련해서도 각종 이익단체의 의향을 배려할 필요가 있었다. 특히 1970년대 후반 이후, 공공사업 의존형 경제구조로 변질되어 있던 기토 촌에서는 현이나 건설성과 정면 대치하는 것은 촌장 스스로 자신의 목을 조르는 격이 될 수 있었고, 그 때문에 1976년 촌의회에서 반대 결의가 이루어졌는데도 불구하고 정면에서 '반대'라고 건설성이나 현에 대항하는 일은 회피되어 왔다. '그 자리 모면하기' 대응으로 덮어쓴 결과가 어떠했는지 현저하게 노정한 것이 하시리가와 촌정의 파탄이었다.

E 씨는 전임으로 노동조합(전국전기통신노동조합) 일을 했을 때의 인맥을 살리고, 당시 사회당 소속의 국회의원 등을 매개로 국정 차원의 접근을 시도하였다. 더욱이 운동을 통해 소개받은 참의원 구사카와 쇼조草川昭三(신진당, 당시)의 지원을 얻어내는 데 성공한다. 호소고치 댐과 관련해 구사카와 의원이 제출한 질문주의서質問主意書6만 3건에 달했다. 그 결과, 호소고치 댐 계획 책정의 경위 등 그때까지 공개되지 않았던 2,000쪽에 달하는 자료를 건설성으로부터 받아냈다. 건설위원회 등 각 위원회가 건설성을 상대로 한 국회 질문도 10회를 헤아리고, 기토 촌을 시찰한 국회의원만 해도 약 20명에 달했다.

위에서 살펴본 대로, 댐 건설 반대운동은 1993년 이후 '동지회', '지키기 모임', '수장(촌 당국)'이라는 촌내 세 행위자가 중심이 되어 전개되었다. 특히 D 씨나 E 씨로 대표되는, 외부와의 네트워크를 가져 자원 동원 능력을 보유한 핵심인물이 운동의 역할자로 가담함으로써 운동의 네트

---

6 국정에 관해 국회의원이 내각에 제출하는 문서 형식의 질문장이다. 우리나라의 대정부질의서와 같다.

워크가 확대되고, 다양한 운동 전략과 새로운 행위 양식, 운동의 프레이밍framing이 태어나게 된다.

한편, 기토 촌에서는 "댐 반대를 외치지 않으면 선거에서 통하지 않는다"는 말까지 돌았는데, 이와 같이 운동을 뒷받침하고 촌장 및 촌의회에 '댐 반대'를 관철시킨 기토 촌 주민들에게는 어떤 인식과 경험이 존재했던 것일까?*16 다음에는 이를 검토해 보자.

주민의 경험

수몰 예정지에 토지를 소유한 토지소유권자 주민은 토지소유권이라는 유효한 대항력을 갖고 있어 개발계획 가부에 관한 열쇠를 쥔 중요한 행위자다. 댐 예정지 일대의 산림을 소유하는 등 촌내에서도 유수의 임업가이자 시종 토지 현장조사를 거부해 온 F 씨는 1990년대 들어선 이후 개발 주체에 대해 가졌던 인식을 다음과 같이 말하고 있다.

> 이때쯤에는 건설성이나 현의 설명이 얼마나 바보 같던지 박장대소를 했어요. 특히 건설성은 산에 관한 일은 아무것도 모르더라고요. 댐 건설 후의 임업 대책이나 토사 퇴적 같은 것들은 전혀 화제에도 올리지 않았지요. 댐 건설 후의 진흥 방안은 레저산업 일변도였습니다. 그것도 겨울에만 만수위가 되는 댐 호수에 유람선을 띄운다든지, "F 씨의 산이 두 군데 섬으로 바뀌니까 다리를 놓아서 댐 호수 전망대를 만들어드릴 테니까, 벌이가 될 거예요"라는 둥, 엉터리 같은 이야기까지, 정말로 이상한 이야기가 많았어요(德島自治体問題研究所 2001: 61).

다른 많은 사례와는 다른 점으로 주목해야 할 것은 본 사례의 주민들이 겪은 경험이다.*17 이미 살펴본 것처럼, 나카 강 유역에는 나카 강 종합개발로 인해 본류에만 이미 3개의 댐이 설치되었고, 촌내에도 이미 고미노노 댐이 건설돼 있었다. 과거 댐 건설 시에는 개발 주체가 지역의 '이점'을 여러 가지 이야기했다고 한다. 그러나 그 대부분은 실현되지 않았고, 공사가 끝나고 댐이 운용에 들어가자 반대로 경제 효과는 일과성에 지나지 않고 그 후에는 오히려 인구 유출이 두드러지게 된 것이나, 토사 퇴적과 모래 먼지, 생태계 변화, 댐 호수의 수질 악화 등 많은 부정적인 영향이 현재화되었다.

제1차 운동 시대부터 약 30년 동안 동지회에 핵심적으로 관여해 온 B 씨는 말한다.*18

"댐이 생기면 유람선을 띄워 관광지가 되고 기토 촌이 번창한다"든지, "발전 댐이 생기면 이 지역은 전기요금이 싸진다", "댐이 생기면 물고기가 많이 자라 얼마든지 잡을 수 있다"든지. 시골의 순박한 아저씨들이니까요. 넥타이를 매고 말쑥하게 차려입은 사람들이 설명을 하면, 모두가 그걸 전적으로 믿었지요. 장밋빛 발전 얘기에 모두 속았습니다. '속았다'는 생각은 반대운동에 관여한 촌민이면 누구나 똑같지요. 과거에 지어진 3개 댐을 보고 있으면 "이제는 더 이상 속지 않을 거야"라고.

1971년에는 중류지역의 와지키 정에서 태풍 23호에 의한 수해가 발생, 피해를 입은 주민이 나가야스구치 댐의 과도한 방류가 원인이라고 '나가야스구치 댐 수해 소송'을 제기하는 등 유역 주민들에게는 댐에 관한 '경험'이 공유되고 있었다. 그리고 촌에서 도쿠시마 시나 하류지역의 아난 시까지 가기 위해서는 나카 강 강변의 국도를 이용하는 수밖에 없어, 다른 사례에 있어서 "댐이 어떤 것인지 보고 싶다"는 지역주민의 소박한 인식과는 달리 해당 지역의 주민은 3개의 댐을 일상적으로 보고 있었다.[*19] 더욱이 그때까지 남의 일이었던 댐에 "촌의 중심이 홍수에 잠겨 댐을 바라보는 주민들의 시각이 크게 바뀌었다"[*20]는, 1976년의 대재해 경험이 더해져 댐의 '단점'과 리스크에 대한 현실감이 증폭되었다.

앞의 F 씨의 증언이 분명히 보여주는 것처럼, 이러한 폐해가 현재화되었는데도 불구하고 개발 주체는 수원지역대책특별조치법에 근거한 '상자'[7] 중심의 하드 사업이라는 빛바랜 '메뉴'밖에 제시할 수 없었다. 물론 1990년대에 들어와 조건부로 개발을 받아들이겠다는 촌내 주민 그룹이 여러 개 생겨 현이나 건설성에 '촉진 진정'을 하는 등, 조건부로 대규모 개발을 받아들이려는 사람들이 기토 촌 안에도 존재했다.[*21] 그러나 앞장에서 다룬 오이타 현人分県 야다矢田 댐 사례와는 달리, 특히 이 지역에서는 댐 건설에 대한 부정적인 이미지가 생활 경험 수준에서 주민들에게 널리 공유되었던 게 확실하다.

촌 외부의 다양한 행위자의 관여와 네트워크 형성

제2차 운동에는 촌 외부의 다양한 행위자가 관여, 여러 가지 형태로 활동을 전개해 간다. 특히 그 움직임이 두드러지는 것은 1994년 후반부터였다. 그 범위는 도시지역의 시민단체나 환경 NGO/NPO, 대학이나 연구기관 관계자, 문화인, 변호사, 국회의원 등 다양하다. 기토 촌과의 지리적 거리를 기준으로 하면, 주요 행위자는 그 활동 거점에 따라 ①나카 강 유역 ②도쿠시마 시 ③수도권과 간사이권 등 현 외부의 주요 도시, 이 3개 수준으로 나눌 수 있다(표 8-5).

우선, 나카 강 중하류지역의 지자체별로 설립된 시민단체(지원 단체)가

---

7 알맹이는 없고 껍데기뿐이라는 의미다. 하드웨어만 있고 정작 중요한 소프트웨어는 없는 상황을 빗대서 '상자'라 한다. 공공의 목적으로 시설을 만들었으나, 운용상의 불합리성으로 인해, 또는 전시 행정에 불과해 투입한 비용에 비해 편익이 없는 상태를 비판할 때 '상자 행정'이라 부르기도 한다.

표 8-5 제2차 운동 시 외부의 주요 행위자

수준	주요 행위자(활동 개시 시기·규모 등)	주요 활동 내용
①나카 강·중 하류지역	호소고치 댐 반대 풀뿌리동지회(1994년 10월 ; 1,130명)	정의회에 반대 결의를 진정, 현의원 선거 입후보자에게 공개질문, 선전지 배포, 깃발 설치
	호소고치 댐에 반대하는 나카 강 하류지역 주민모임(1994년 10월 ; 250명)	학습회, 견학회, 아난 시 시장과 시의원에게 공개질문, 선전지 배포, 가두선전
	호소고치 댐을 생각하는 히와사 모임 (1995년 3월 ; 40명)	학습회, 간판 설치, 현지 견학
	호소고치 댐 문제를 생각하는 가이난 모임(1995년 5월 ; 20명)	학습회, 현지 견학
	호소고치 댐에 반대하는 마츠시마 시민 모임(1995년 12월 ; 55명)	학습회, 현지 견학
②도쿠시마 시 (현청 소재지)	호소고치 댐에 반대하는 도쿠시마 시민 모임(1995년 2월 ; 350명)	가두선전, 서명 활동, 지사에게 반대 제기, 이벤트와 심포지엄 개최
	호소고치 댐 건설 반대 도쿠시마 현 연락회(1995년 10월) = ①의 5단체와 촌내의 동지회·지키기 모임 2단체로 구성	**입목 트러스트 운동**, 심포지엄 개최, 건설성·현에 중지 제기, 참의원 선거 입후보자에게 공개질문
	댐·보에 우리 의견을 반영시키는 모임 (1995년 7월)	심포지엄 개최 등
	도쿠시마 지자체문제연구소·도쿠시마 대학의 연구자	심포지엄 개최, 현지조사, 미디어를 통한 여론 환기
	영차 기토무라(1995년 12월 ; 300명 = ③의 권역과 중복)	제3섹터 '기토무라'의 지원(물품 구입), 기토 촌과 교류
③간사이권과 수도권 등 현 외 도시지역	오사카 변호사회 소속 이구치 변호사 등 (1994년 8월)·일본변호사연합회	**댐 저지 조례 작성 지원**, 현지 시찰, 심포지엄 개최
	나카 강 생태관광실행위원회(1995년 12월)	체험 학습, 심포지엄 개최, 현지 교류
	기토 촌의 미래를 생각하는 모임(1995년 8월 ; 마사노 아츠코 씨 주최 컴퓨터 통신 '댐 일기'가 모체)	**인터넷을 이용한 호소고치 댐 문제 공개와 정보 발신**, 현지 교류
	시마네 대학 호보 다케히코 교수, 호세 대학 이가라시 타카요시 교수, 니가타 대학 스미 카즈오 교수 등 대학 연구자	기토 촌 종합진흥계획 책정 지원, 정보 제공
	아웃도어 라이터(아마노 레이코 씨와 노다 도모스케 씨 등)	정보 제공, 미디어를 통한 여론 환기
	구사카와 쇼조 씨 등 국회의원	**건설성에 질문주의서 제출**, 국회 질문, 현지 시찰
	수원개발문제전국연락회(1993년 11월)	정보 제공, 현행 댐 계획 분석

있다. 1994년 10월에 결성된 중류지역의 와지키·아이오이相生·가미나카 3정[8]의 주민들을 모체로 하는 '호소고치 댐 반대 풀뿌리동지회'를 효시로, 기토 촌 내 운동에 호응하는 모양새로 유역에서는 크고 작은 9개 단체가 연이어 탄생했다. 입지점인 기토 촌 안에서의 운동이 활발한 것을 배경으로, 나가야스구치 댐 수해 소송으로 대표되듯이 물이 불어났을 때의 위험, 이미 설치된 댐으로 인한 나카 강 본류의 '무수 구간'의 존재, 하구부의 해안 침식 등 현실적으로 발생하고 있는 폐해와, 34km 상류에 남겨진 '나카 강 마지막 맑은 물'을 큰 규모로 변형시키는 것에 대해 하류지역 주민들의 수고受苦 인식이 높아졌다. 이들 단체는 현지 견학회와 학습회, 교류회와 같은 자기 계몽 활동이 중심이었지만, '호소고치 댐 건설촉진기성동맹회'를 설립하는 등 하류지역에서 '댐 추진'에 앞장섰던 아난 시장과 아난 시의회 의원에게 공개질문과 반대 진정을 하는 등 '수익지受益地'의 기반을 무너뜨리는 역할을 한다.

두 번째, 도쿠시마 현 지사와 현의회 등 현 차원의 정치 행위자에게 계획 철회 신청 등 압력을 행사했던, 도쿠시마 시를 거점으로 한 시민 그룹과 연구자라는 존재가 있다. 1995년 2월에 결성된 '호소고치 댐에 반대하는 도쿠시마 시민모임'은 시내에서 가두선전과 반대 서명 활동을 전개했다. 그리고 기토 촌 내의 동지회와 지키기 모임을 포함, 현 내 반대운동 조직의 연대를 목적으로 '호소고치 댐 건설 반대 도쿠시마 현 연락회'가 결성돼 댐 건설 반대운동은 공동보조를 취하게 된다. 연락회는 기토 촌의 수몰 예정 지역 산림을 무대로 새로운 운동 전술로서 입목 트러스트Tree trust 운동을 개시, 전국에서 3,000명 이상의 동의자(입목 오너)를 모으는 데 성공한다. 또한 도쿠시마 지자체문제연구소와 도쿠시마 대학의 연구자가 중심이 되어 '댐·보에 우리 의견을 반영시키는 모임'(1995년

---

8 시·정·촌 통합으로 인해 현재는 없는 정이다.

7월)을 결성, 그 시기에 활발했던 '요시노 강 제10보 가동화 계획' 반대운동과 인적 가교 역할도 했다.

세 번째로는 간사이권와 수도권 등 도시지역의 행위자가 있다. 현 외부 행위자는 주로 대학 연구자나 변호사 등의 전문가와 국회의원이라는 정치적 행위자로 나눌 수 있지만, 그 결절점이 된 것은 기토 촌장 E 씨다. 전자는 오사카 변호사회 소속의 이구치 히로시井口博와 시마네島根 대학의 호보 다케히코保母武彦 교수(재정학)로 대표되는 것처럼 앞에서 언급한 2개 조례안 작성과 제3차 기토 촌 종합진흥계획 책정에 있어서 전문지식을 제공하는 형태로 운동에 관여했다. 후자는 구사카와 쇼조 의원이 국회에서 호소고치 댐 계획에 관한 질문주의서를 제출(3회)한 것과 건설위원회 등 관련 위원회에서 질문을 하는 등, 계획 책정 근거에 관한 정보 공개와 계획 자체의 타당성을 국정의 장에서 물었으며, 중앙 차원의 정치 무대에서 '호소고치 댐 문제'가 하나의 문제로 구축되게 하는 커다란 역할을 했다.

'호소고치 댐 건설 문제'의 구축

이상과 같은 사회적 영향력을 가진 유력한 행위자의 운동지원 이외에, 문제의 구축이라는 점에서 주목해 두고 싶은 것이 컴퓨터 통신과 인터넷이라고 하는 새로운 미디어를 이용한 운동 수법이다. 1995년 2월, 호소고치 댐 계획과 대치하는 기토 촌의 댐 건설 반대운동의 존재를 알게 된 가나가와 현神奈川県 거주 번역가가 '80엔으로 강 한줄기를 구하자'라는 표어를 내걸고 인터넷 게시판(당초에는 컴퓨터 통신)과 메일링 리스트를 이용한 '댐 일기'를 게재하기 시작한다.*22 호소고치 댐 문제와 기토 촌을 소재로 한 '댐 일기'는 기존의 대중매체에서는 다양한 독자층과 채산성 때문에 기사화하지 않는 상세한 사실관계를 연재 방식으로 알기 쉽게 전달한 것이었다. '댐 일기' 게시판을 통해 기토 촌에 관심을 가진 수도권 사람들을 중심으로 1995년 8월에는 '기토 촌의 미래를 생각하는 모임'도 결성되었다.

'댐 일기'는 2000년 12월까지 710회에 걸쳐 연재된다. 새로운 미디어를 이용한 이 운동 형태는 개발 주체에 대한 이의 제기나 반대 의견 제출 요청, 운동 주체에 대한 지원 요청, 이벤트 참여 요청이 실시간으로 가능하게 만들었다. 더 나아가 여기에 자극 받은 사람들이 홈페이지나 자발적으로 가입한 메일링 리스트에 '댐 일기'를 옮겨, 엄청나게 많은 독자들에게 정보가 전해졌다. 오늘날의 환경운동에서는 일반적이지만, 아직 인터넷이 충분히 보급되지 않았던 1995년 당시로서는 아주 참신하고 선구적인 운동 형태였다.

엄밀한 의미에서는 운동 지원자라 할 수 없지만, 호소고치 댐 계획에 대한 댐 건설 반대운동을 전개·확대시켜 문제를 구축하는 데 큰 역할을 했다는 의미에서, 역시 대중매체라는 존재는 무시할 수 없다.*23 신문으로만 국한해도 현 신문인 《도쿠시마신문》을 비롯, 《아사히신문》과 《마이니치신문》 등 주요 신문은 모두 호소고치 댐과 기토 촌에 관한 방대한 양의 기사를 실었다. "대체로 댐이란 것이 불편한 곳에 만들어지니까 자꾸자꾸 실태를 알게 만들지 않으면"이라고 생각, 대중매체의 활용을 운동 전략으로 강하게 인식하고 있던 E 씨는 촌사무소 내에 기자실을 설치해서 각 언론사 기자가 상주할 수 있도록 만들어 시간이 허락하는 한 기자의 질문과 취재에 응했다.

여기서 기토 촌의 '대중매체' 전략의 효과를 나타내는 지표로서 신문 기사의 추이(그림 8-2)에 주목해 보자. 다른 사례와 달리 특징적인 것은 제2차 운동 초기에 실린 전국판 기사의 비율이다. 1993년부터 1996년까지 4년 동안의 기사 66건 중 92%가 전국판 기사였다. 1999년을 제외한 1997년 이후에도 전국판 기사가 거의 같은 수준을 유지, 2000년 계획 중지에 이르기까지 전국판 기사는 총 128건에 달한다. 예를 들면, 건설성

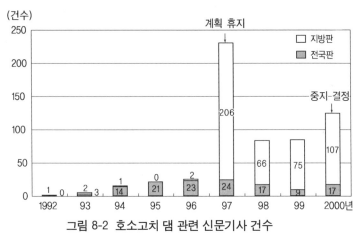

그림 8-2 호소고치 댐 관련 신문기사 건수

* 출처 : 필자 조사. 《아사히신문》의 '호소고치 댐'과 '기토 촌'에 관한 기사 수(기사제목 및 본문)

직할 사업으로 같은 시기에 휴지·중지된 오이타 현 야다 댐의 경우, 2000년까지 전국판 기사는 총 24건(지방판 34건)에 그치고 있고, '휴지'되는 1997년 이전으로 한정하면 4건뿐이다.

그래프에 제시한 데이터는 어디까지나 하나의 지표에 불과하지만, 이는 '호소고치 댐 문제'가 전국 차원의 문제로 구축되었음을 뒷받침하는 것이다. 1997년 8월 2일에 게재된 "호소고치 댐 계획을 철회하라"는 《아사히신문》 전국판 사설은 그 상징이었다. 환경운동사로 본다면, 이러한 대중매체를 활용한 운동 전략은 제2장에서 정리한 제3기 운동의 특징이지만, 한편 인터넷과 컴퓨터 통신 등 다양한 미디어를 활용한 운동 수법은 최근의 환경운동에서 현저한 것으로, 그런 의미에서 본 운동은 제4기 운동의 선구적인 사례로 자리매김할 수 있다.

위와 같이 다양한 행위자가 관여해서 운동을 전개한 한편, 본 운동은 다양한 모습으로 운동 프레이밍을 탄생시켰다. "댐 건설 시대는 끝났다", "나카 강에 남겨진 마지막 맑은 물", "댐은 거대한 산업폐기물", "거대 댐 계획과 대결하는 작은 마을", "녹색 댐"은 그 대표적인 것이다.

제4장에서 지적한 것처럼, 자원 동원과 프레이밍은 상호 규정적인 관계에 있다는 것이 이 책의 가설 중 하나다. 다양한 행위자가 네트워크를 구축, 그때까지 없었던 새로운 의미 부여와 해석틀을 창출한다. 그리고 그 프레이밍이 대중매체를 포함, 운동에 관여하는 행위자를 규정해 간다. 이는 운동체가 내거는 반대 논리에도 나타나고 있다. 앞에서 살펴본 대로 제1차 운동에서는 '지역 생활의 파괴'를 주요 논리로 하고 있었지만, 제2차 운동에서는 '나카 강 마지막 맑은 물', '계획의 타당성', '생태계 파괴', '상류의 토사 퇴적, 하류와 해안의 침식' 등 논점이 종합적·다면적으로 전개되고 있는 것을 알 수 있다(木頭村 1995 外).

　운동 네트워크가 확대되어 하나의 사회적 세력을 형성했다는 운동체 쪽의 요인이 존재하는 한편, 댐 계획 철회에 이른 요인으로 주목해야 할 외적 요인으로 당시의 정치구조와 현 내외 운동 산업의 상황이 있다. 국정 차원에서는 오랜 기간 집권 여당이었던 자민당이 1993년 7월의 중의원 선거에서 대패한 후 한때 야당으로 전락, 특히 도시지역에서 고전이 계속되었다. 집권당의 자리에 복귀하고 나서도 다른 당과의 연립을 피할 수 없게 되어 '경기 회복'을 명목으로 내세운 대형 공공사업 중심의 개발우선정책을 재검토하지 않을 수 없게 되었다. 호소고치 댐 계획에 대한 화려한 운동 전개의 그늘에서 그다지 주목받지 못했지만, 처음부터 국회의원과의 연대를 모색하고 지원자 확보를 지향한 운동 전략은 정책 전환의 실효성을 담보하는 데 대단히 중요한 착안이었다고 하지 않을 수 없다.

　한편, 현 차원으로 눈을 돌리면, 도쿠시마 현에서는 호소고치 댐 계획과 더불어 요시노 강 가동보 계획이 대형 공공사업 계획으로 함께 존재했다. 1997년에 설치된 '댐 심의위'의 대상 사업이 동일한 도·도·부·현 안에 복수로 존재한 것은 전국에서도 도쿠시마 현이 유일하다. 다시 말해 1990년대 후반, 전국적으로 고양된 환경운동 속에서 도쿠시마 현은 운동 산업이 가장 활성화한 지역 가운데 하나였다.

호소고치 댐 계획과 요시노 강 가동보 계획은 나가라 강 하구언과 함께 '쓸모없는 공공사업'의 상징적인 존재로 주목받았다. 종래의 '치수·이수 관점에서 사업은 타당'하다는 '행정 지속의 논리'로 사업을 진행하려는 건설성 및 현의 행정 수법과 여기에 정면 대치한 인구 2,000명이 안 되는 인구 과소 촌과의 대립은 "건설성의 거대 댐 계획과 대결하는 작은 마을"이라는 프레임이 보여주는 것처럼 아주 도식적으로 단순화된 '강자 대 약자'의 구도이며, 다양한 지원자(행위자)의 운동 관여를 촉진시켰다. "나가라 강 같은 일은 반복하고 싶지 않다"는 환경운동 관계자의 입장에서 보자면, 호소고치 댐 문제가 '하천 행정'과 '대형 공공사업'의 향후를 점치는, 이른바 '분수령'으로 자리매김되었다.

호소고치 댐은 그야말로 '사회문제'로서 다양한 차원에서 인지된 결과, 개발 주체인 건설성도 ①1995년 회계검사원으로부터 받은 '장기간 진척이 없는 사업' 지적 ②1998년 7월의 참의원 선거와 2000년 6월의 중의원 선거에서 의석이 대폭 줄어든 것을 계기로, 연립여당으로부터 공공사업 재검토 권고를 받게 되자, 착공을 위해 움직이기 시작했던 댐 계획을 '재검토 대상 사업'으로 목록에 올리지 않을 수 없었던 것이다.

본 절의 논의를 정리하면, 호소고치 댐 계획에 대한 제2차 반대운동은 1993년 운동 개시 후, 몇 년이라는 아주 짧은 기간에 촌 내외의 네트워크가 구축된 결과, 커다란 사회적 영향력을 보유, 1997년 8월 건설성에 의한 '일시 휴지', 그리고 2000년 11월의 '중지 결정'에 이른다. 특히 정치 무대에서 문제를 구축한 국회의원과 변호사 등 외부의 유력 행위자에 의한 지원이 중요했다.

그렇다 해도 운동의 핵심을 담당한 촌내의 운동 조직 및 촌장·촌의회가 '반대'를 견지할 수 없었다면, 댐 계획은 건설 단계에 이르렀을 것이다. 왜냐하면 원자력발전소의 경우와 마찬가지로 입지점(수몰 예정 지역)의 토지소유권자 주민 및 해당 지자체의 수장·의회가 계획 과정에서 최대의 열쇠를 쥐는, 바꿔 말해 거부권이라는 커다란 대항력을 보유한 행위자에 다름없기 때문이다(長谷川 1999).

건설이 추진된 기후 현岐阜県 도쿠야마德山 댐과 오카야마 현 도마타 댐, 더 나아가 어업권 수용 절차를 둘러싸고 현재 갈등을 빚고 있는 구마모토 현 가와베 강川辺川 댐 계획은 모두 수몰 예정 지역의 지자체(의회)가 건설 반대의 깃발을 내려 주민 단체가 보상 교섭에 조인한 후에 하류지역이나 타 지역 시민단체가 역할자가 되어 반대운동이 활발해진 사례다. 일단 공사가 시작되면, 외부에서 운동이 활발해져도 해당 사업을 재검토하는 게 아주 어려워진다는 것은, 다수의 사례가 건설 내지 운용 단계에 이르고 있다는 사실에서 분명하게 드러난다. 실질적으로 이 단계에서 운동 쪽의 대항 수단으로는, 건설이 위법했다는 행정소송(재판 투쟁)으로 끌고 가는 길밖에 남아있는 게 없다. 그러나 사법소극주의에 서는 것으로 여겨지는 일본의 재판 제도에서는 주로 절차상의 하자 유무가 문제가 되지, 현실적으로 공사 중지 판결이 나오는 일은 거의 있을 수 없다.

그러면 왜 촌내의 주요 행위자는 반대를 견지할 수 있었던 것일까? 이미 지적한 해당 지역의 '주민 경험'에 덧붙여, 사회운동론 관점에서는 제1차 운동 및 제2차 운동 모두 실질적으로는 몇 년이라는, 이런 종류의 갈등으로서는 아주 짧은 기간의 활동이었다는 점, 그리고 운동이 수몰 예정 지역 이외의 촌내 주민에 의해 광범위하게 이루어졌기 때문에 운동의 장기화에 따른 주민의 피폐와 자원 동원력의 저하를 피할 수 있었다는 점을 지적해 두어야 한다. 이 점은 수몰 예정 지역 주민으로 역할자가 한정되는 한편, 10년, 20년이라는 오랜 세월에 걸쳐 끊임없이 정신적인 긴장을 해야만 하는, 많은 댐 분쟁지역의 운동과 대조적이다.[24]

한편, 제2차 운동에서는 기토 촌 당국이 "댐에 의존하지 않는 마을 만들기"를 내걸고 내재적 발전에 기초한 대안 실천을 지향했다. 대중매체와 연구자 사이에서 주목받은, 기토 촌의 마을 만들기 계획이 책정되는 것은 1990년대 중반의 일이다. 다음 절에서는 운동 방침을 둘러싸고 점차 첨예해진 촌의회 내의 대립을 포함, 촌이 만들어 낸 새로운 정책 이념과 그 실제를 검토하도록 한다.

4. 내재적 발전의 모색

'제3차 종합진흥계획'의 위상과 그 이념

1994년 12월의 '환경기본조례'와 '댐 저지 조례'라는 2개의 조례 제정은 호소고치 댐 건설 계획에 대한 지자체(촌 당국) 자세를 명시하는 것을 목적으로 진행한 일로서, 이른바 저항형 운동의 상징이었다. 이에 비해 여기서 다루는 '제3차 기토 촌 종합진흥계획'(이하, 진흥계획)은 대안 실천형 운동 전략으로서 만들어진 것이다. 전국에서 처음인 '댐 저지 조례' 제정은 말할 것도 없고, 이 진흥계획의 이념은 본 사례 특유의 것이었다.

본래 지자체의 장기계획에 해당하는 종합진흥계획 자체는 지방자치법에 근거해서 어느 지자체든지 책정하는 것이다. 그러면 어떤 의미에서 '특유'라고 할 수 있는 것인가. 진흥계획은 1995년 6월 의회에 제안되어 12월의 정기의회에서 근소한 차이로 가결되기까지, 더 나아가 그 이후에도 촌의 정치를 크게 흔들어 가는 촌내 대립의 '불씨'가 되는 것이지만, 여기에서는 우선 진흥계획 책정 경위를 파악하고, 이 계획의 위상과 그 이념을 확인해 보기로 한다.

이미 검토한 바와 같이, 인구 과소화와 고령화가 진행되는 기토 촌에서는 다른 중산간지역과 마찬가지로 특히 젊은 층의 유출이 두드러져 취업의 장을 어떻게 확보하는가가 중요한 정책 과제였다. 촌장 E 씨는 거기서 댐 반대운동을 하는 한편, 갱신 시기가 된 촌의 장기계획인 종합진흥계획을 책정하는 데 있어 "댐에 의존하지 않는 마을 만들기 계획에 지혜를 빌렸으면 좋겠다"고 시마네 대학의 호보 다케히코 교수(재정학)에게 지원을 의뢰한다. 1994년 3월에 기토 촌의 '마을 만들기 조언자'가 된 호보 교수는 그때까지 관여해 온 시마네 현 내의 농촌 진흥과 방법론으로서의 내재적 발전을 토대로, 그것을 기토 촌에서 실천할 수 있는 방법을 생각한다(德島自治體問題研究所 2001).

1년 반 동안 거의 매달 기토 촌을 방문한 호보 교수는 촌의 산업구조와 인구 동향 분석, 촌 간부와 함께한 촌 내외 시찰, 부락별 좌담회, 나아가서는 촌 출신 젊은 층을 대상으로 한 설문조사를 기초로 특히 산업진흥계획 책정에 중점을 둔다. 각 부락 주민대표로 구성된 기토 촌 종합진흥계획심의회의 심의를 거쳐, 진흥계획이 완성돼 촌의회에 제출되는 것이 1995년 6월이었다.

진흥계획에서는 서두에 "거대 댐 개발이 촌민의 생명과 재산을 위험에 빠뜨리고, 촌의 보물인 맑은 물을 빼앗아 가는 존재인 이상, 호소고치 댐 건설 계획을 인정할 수는 없다"(木頭村企画室 1996: 11)고 댐 건설 계획 반대의 자세를 명확하게 내건 다음, '녹색의 삼림'과 '맑은 물·나카 강'을 자원으로 하는 '댐에 의존하지 않는' 마을 만들기를 추진할 필요성을 밝혔다. 진흥계획의 이념은 아래 제시하는 부분에 그 핵심이 나타나 있다.

> 지금부터 지역은 자신의 지혜로 지역 자원을 활용, 지역사회를 경영할 역량을 높이지 않으면 안 된다. 즉 본 촌의 보물인 '녹색과 맑은 물' 자원을 살려 임업·농업 및 그 관련 산업 부흥과 지역에 맞는 기업 유치 등을 통해 도시와의 교류 관광 사업을 활성화시키는 것이다 (木頭村企画室 1996: 29).

외래형 거대 댐 건설 계획에 직면한 기토 촌의 간부가 지역경제학적인 내재적 발전론의 이념을 진흥계획에 도입한 것은 어떤 의미에서 필

표 8-6 기토 촌의 유자 생산 추이

구 분	총농가수	유자 농가수	농업조생산액 (백만엔)	유자조생산액 (백만엔)	농업조생산액에서 차지하는 비율(%)
1975년	317	194	202	60	29.7
1980년	305	248	241	109	45.2
1985년	299	267	473	280	59.2
1990년	247	228	345	204	59.1
1995년	249	242	410	320	78.0
2000년	244	137	370	300	81.1

* 출처 : 도쿠시마 현 통계과 자료(매년)를 토대로 작성. 단, 2000년의 유자 농가수는 '판매 농가수'.

연이었다. 특히 댐 문제 해결과 지역발전이라는 두 가지 정책 과제를 '진흥계획'을 통해 결합시킨 점에 그 독창성이 있다. 이 계획은 기토 촌 진흥을 위한 4개의 프로젝트를 주축으로 하고 있었는데, 그 중심적인 위치에 있던 것이 '산업진흥에 의한 고용·취업 대책 추진'이었다.[*25] 문제는 어떤 시책으로 그 이념을 구체화하는가였다.

산업 진흥을 위한 소재로 호보 교수가 주목한 것이 이 곳 특유의 따뜻하고 비가 많은 자연조건이 키운 기토 삼나무와 시장에서 높이 평가되는 기토 유자다. 전통적으로 임업지대였던 기토 촌에서는 1980년대 이후 유자 생산이 빠르게 증가하고 있었다(표 8-6).

1995년 시점에서 볼 때, 기토 촌 농업조생산액(4.1억엔) 가운데 유자(3.2억엔)가 약 80%를 차지하는 수준에까지 도달해 기토 촌은 현 내 최대의 유자 생산지였다. 거기서 생산뿐만 아니라, 가공까지 포함한 '유자 10억엔 산업화'를 목표로 하는 것을 염두에 두고 가공과 판매, 나아가서는 고령화로 농사를 짓기 어려운 농가의 생산 활동을 지원하는 농가 지원 사업의 주체로 촌이 출자한 '제3섹터 방식'의 회사 설립이 계획안에 들어간 것이었다.

그런데 나중에 검토하겠지만, 이 제3섹터 방식의 가부를 놓고 "안이하게 제3섹터에 의지하면 적자경영이 된다", "댐과 제3섹터는 별개다"

라며 반발하는 의원이 속출했기 때문에 1995년 6월의 촌의회는 분규로 공전한다(표 8-7). 회기를 연장한 끝에 찬성 의원이 소수라고 판단한 촌장 측이 계획안을 어쩔 수 없이 철회하게 되었다.

이로써 댐 반대파가 압도적 우위(8:2)에 서 있던 의회와 댐 반대 입장을 명확히 한 촌장 간에 그때까지 서로 우호적이었던 관계가 붕괴되면서, 이를 계기로 의회는 '촌장파' 대 '반촌장파'로 이분된다. 그해 12월, 제3섹터에 관한 문구를 수정한 다음, 다시 의회에 제안된 수정안은 "채산 등 계획에 관한 구체성이 없다"와 "이것은 어디까지나 기본 구상이므로 그 취지를 이해해 주면 좋겠다" 등 격렬한 응수 끝에 1표 차이로 가결이 성립된다.[*26]

다음 해 3월의 정기의회에서 진흥계획에 기초한 제3섹터 출자 안이 가결, 4월에 설립된 것이 '비지 케이크'와 '두유 아이스크림' 제조를 주목적으로 한 '기토 헬시'('기토무라'의 전신)였다. 현 내의 건강식품제조회사(일본 헬시)와 공동출자한 제3섹터 회사의 탄생은, 탄생과 동시에 이후의 촌정에 커다란 현안이 발생하는 것을 의미하고 있었다.

'제3섹터'의 설립과 실제

촌과 민간회사가 500만엔씩 출자하고 여기에 운전자금으로 촌이 금융기관으로부터 약 2억 4천만엔을 차입해 설립된 회사는 촌민을 중심으로 20명 정도를 고용해 연간 3억 2천만엔의 매상을 예상하고 있었다. "만일의 경우 어떻게 책임을 질 것인가"라는 의회의 추궁에 대해 "책임은 내가 진다. 적자가 나도 통산성의 조성 제도로 10년간의 변제 연기나 5천만엔의 변제 원조를 받을 수 있기 때문에 바로 촌민을 압박하는 것은 아니다"[*27]라고 주장하는 E 촌장을 지지한 의원이 길어지는 질의를 정리하고 결정에 들어간 것이 1996년 3월의 촌의회였다.

표 8-7 기토 촌 종합진흥계획과 제3섹터를 둘러싼 움직임

연월	주요 사건
1994. 3.	시마네 대학 호보 다케히코 교수가 기토 촌의 '마을 만들기 조언자'로 취임, 같은 해 6월부터 계획 책정을 위한 작업 시작.
1995. 6.	**기토 촌, 촌의회에 '제3차 기토 촌 종합진흥계획'을 제안, ①댐 건설 저지를 위한 대응 ②고용의 장을 확보해 지역 활성화를 도모하는 제3섹터 기업 설립, 이 두 가지가 기본 골격.** 같은 달, '진흥계획안'의 '제3섹터 방식' 회사 설치안을 둘러싸고 촌의회가 분열·공전, 의장 C 씨가 의장석에서 내려와 "안이하게 제3섹터에 의지하면 적자경영이 된다"고 이사 측에 문제 제기, 회기 연장 결정.
8.	계획안 문구를 수정하는 것도 '제3섹터와 댐 문제와는 별개'라고 의원 측의 반대와 저항이 강력해 진흥계획안을 일단 철회, 촌의회의 새로운 대립이 현재화(찬성자는 3명뿐).
12.	**12월 정기의회에 "제3섹터 방식 등의 도입도 포함해 검토한다"고 문구 수정한 수정 진흥계획안을 제출.** 22일, C 의장이 의장석을 부의장에게 내주고 "추상적이고 사업에 구체성이 없다", "마을의 실태를 모르는 학자가 짠 계획은 맞지 않는다"고 반대로 돌아서는 등 분규 끝에 5:4의 근소한 차이로 가결.
1996. 3.	3월 정례의회에서 '기토 헬시'(촌과 '일본 헬시'가 500만엔씩 출자) 설립을 제안(비지 케이크가 주력 상품). 이 달, 제3섹터 설립에 반대하는 의원들의 저항으로 신년도예산 결정 연기(3월 19일, 찬성5, 반대3으로 가결).
4.	**'기토 헬시'(이하, 헬시) 설립.**
9.	부촌장 자살.
10.	헬시 시험 조업 개시.
11.	E 촌장 지지 주민이 중심이 된 '기토 촌을 좋게 만드는 모임'이 제3섹터 설립을 놓고 반대의 선두에 섰던 C 의원 해임 청구(주민소환운동) 개시.
12.	좋게 만드는 모임, 본 청구에 필요한 서명 인원을 넘어선 741명의 명부를 선거관리위원회에 제출. 같은 달, 헬시 사업을 응원하려고 이구치 변호사가 '기토 촌 판매전략회의'를 도쿄에서 개최, 경영 컨설턴트와 백화점 식품담당자, NGO 관계자 10명이 출석, '판매 전략이 모호' 등 날카로운 의견이 나옴. 역시 같은 달, C 의원이 "해임 청구서에 적힌 내용은 전혀 사실무근"이라고 이의 신청서를 선관위에 제출.
1997. 1.	좋게 만드는 모임, 해임 본 청구를 함.
3.	**해임 가부를 묻는 '기토 촌 의회 의원해임투표' 실시, 유효 투표수(1,259)의 과반수를 넘는 821표로 C 촌의원에 대한 주민소환 성립(투표율 78.2%).**
12.	임시 촌의회에서 헬시에 대한 촌 융자를 놓고 설전. 같은 달, 촌의회에서 고향창생 기금을 이용, 헬시 지원(3억엔 융자)을 6:3으로 가결.
1998. 1.	헬시를 '기토무라'로 사명 변경, 촌이 경영의 중심 역할. 현이 '기토무라' 보조금 1,120만엔(향토공장정비사업 보조금 700만엔, 지역고용장려사업 보조금 420만엔)의 교부를 결정.
4.	기토 촌 및 '기토무라'를 지원하는 시민단체 '영차 기토무라'의 설립 제안 간담회 도쿠시마 시내에서 개최, 120명 참가.
9.	정기의회에서 3명의 의원이 '기토무라' 경영 실패의 책임이 중대하다고 촌장 불신임안 제출, 3:6으로 부결.
12.	정기의회에서 세 의원이 촌장 불신임안을 다시 제출, 3:6으로 부결. '기토무라'가 자금 충당을 위해 '회사채'(지원금) 모집 개시, 1구좌 5만엔으로 최종적으로 4,190만엔이 모임.

연월	주요 사건
1999. 1.	촌의원 선거에서 댐 반대파 8명, 중도파 2명이 당선. C 씨 시의원 복귀.
4.	**'기토무라' 경영 재건을 위해 사외(수도권)로부터 경영 컨설턴트가 중역에 취임.**
6.	'기토무라', 농업 자원봉사 모집 개시, 간사이권 거주자를 중심으로 200명 넘게 신청.
9.	'일본 헬시' 사실상 도산.
11.	촌내에 직판점 개점.
2000. 3.	정기의회에서 C 의원이 촌장 불신임안을 제출, 3:6으로 부결. 같은 달, 회계담당자가 건강상의 이유로 퇴직, 3역이 공석.
2001. 4.	촌장 선거에서 촌내 주요 경제단체와 엔도 지사가 미는 전 교육장 이토 후사시 씨가 현직 E 씨를 누르고 첫 당선(이토 씨 868표, E 씨 660표 ; 투표율 95.0%).
2002. 5.	2001년도 결산에서 회사 설립 이래 처음으로 매출 1억엔 돌파, 이와 함께 2001년도는 흑자로 전환.
6.	주주총회에서 E 씨가 사장에서 퇴임하고 고문으로, H 씨(전무)가 신임 사장에 취임.

그러면 "젊은 사람의 고용 창조, 농업 진흥에도 아주 적당, …… (비지) 케이크는 현재 (파트너인 일본 헬시에서도) 주문의 1/5밖에 제조하지 못하고 있을 정도로 경영이 순조롭게 가는 게 틀림없다"*28고 촌의 간부가 생각하고 있던 '제3섹터'의 실적은 어땠을까? 결론만 이야기하면, 촌의회에서 '제3섹터' 설립에 저항한 촌의원의 우려가 그대로 현실로 나타났다고 할 수 있다. 사실 본격적으로 조업을 개시한 뒤 1996년 12월에 운동을 지원하는 변호사의 지원을 받아 도쿄東京에서 개최된 '기토 촌 판매 전략회의'에서도 출석한 경영 컨설턴트와 백화점의 식품담당자로부터 "판매 전략이 모호하다"는 호된 지적이 있었다.

매출은 당초 예상하고 있던 3억엔대를 한참 밑돌아 적자가 눈덩이처럼 늘어 갔다(표 8-8). 불과 4년 동안의 손실이 약 1억엔에 달해, 설립 시의 차입금을 합하면 회사는 3억 5천만엔 가까운 누적적자를 안은 격이 된다. 촌장 이하, 촌사무소 간부가 경영에 익숙하지 못한 것과 함께, 제3섹터에 관한 촌 측의 실질적인 책임자였던 부촌장이 회사 설립 약 반년 후에 자살한 일도 있어 경영의 주도권을 쥘 수 없었을 뿐만 아니라, 경영 내용의 세세한 점검도 이루어지지 않아 제휴선에 '먹혀 버린' 결과였다. 제휴선이었던 '일본 헬시'는 사장이 실종되고 1999년 9월에 도산했다.

표 8-8 '기토무라'의 매출과 수익 추이

(단위 : 만엔)

연도	매출	수익	누계수익
1996년도	4,498	▲2,053	▲2,053
1997년도	6,634	▲1,216	▲3,269
1998년도	4,843	▲3,753	▲7,022
1999년도	7,213	▲2,802	▲9,824
2000년도	9,501	▲657	▲10,481
2001년도	10,655	29	▲10,452
2002년도	10,188	21	▲10,431

* 출처 : 《도쿠시마신문》(1999년 9월 15일) 및 '기토
무라' 자체 자료 의거

경영난에 빠진 제3섹터를 구제하기 위해 1997년 12월에 열린 의회에서 '고향창생기금'을 기반으로 3억엔을 추가로 융자할 것을 6:3으로 가결, 1998년 1월에 제휴 관계를 해소한 다음 '기토무라'로 사명을 변경해 촌이 직접 경영의 근간을 맡게 된다.

이와 같은 개별적인 요인의 한편에서, 진흥계획의 이념은 어떻게 체현되어 간 것일까? 제2차 운동에 중심적으로 관여하고 있던 유자 농가 A 씨의 말이 모든 것을 이야기해 주고 있다. "(제3섹터의 사업내용을 들었을 때) 어, 유자가 아니라 왜 '비지'야? 라고 생각했어요. …… '고용의 장을 만드는' 일만 우선돼 따로 방침이 정해져 있지 않았던 겁니다."[29]

이미 언급한 것처럼, 원래 진흥계획은 생산고가 높은 유자와 기토 삼나무를 지역 자원으로 파악, 이를 육성하면서 여기에 부가가치를 높이는 제2차, 제3차 산업을 창출한다는 지역경제학적인 내재적 발전론의 이념을 답습한 것이었다. 그럼에도 불구하고, 실제 탄생한 것은 당시 촌에서는 거의 생산하지 않던 대두를 주원료로 한 '비지 케이크'와 '두유 아이스크림' 가공 회사였다. 거기에서는 진흥계획의 이념이 쏙 빠져 버리고는 결과적으로 '댐에 의존하지 않는 마을 만들기를 추진하기 위한 고용창출'이 '제3섹터 설립'으로 축소되어 그것이 어느 정도 자기목적화한 것으로 변질되고 있었다.

그 결과, 제3섹터의 경영책임을 이유로 반촌장파 의원들이 세 차례나 연이어서 촌장 불신임 결의안을 제출하게 된다.[30] 다방면에 걸친 운동 전개를 목적으로 했던 제3섹터 설립이 촌내 차원에서는 역으로 운동(촌

정)의 기반을 무너뜨릴 수 있게 되었다고도 할 수 있다.

본 건의 경우, 1995년 말에 근소한 차이로 진흥계획이 가결된 후, 1996년 3월의 의회에서 촌이 출자한 회사의 설립안이 가결, 4월에는 회사를 설립해서 10월 조업 개시를 위한 공장 건설에 돌입한다는, 아주 짧은 기간에 계획을 실시하게 되어 있었다. 그때는 '댐 심의위' 설치를 두고 심의위원 참여를 요구하는 건설성 및 현에 대해 대결 자세를 강화하고 있던 시기로, 댐 반대의 상징으로서 진흥계획을 조기에 구체화하고 싶은 촌 간부에게는 민간기업의 공동사업 제안이 그야말로 '안성맞춤'이었다.

대중매체도 계획 내용을 상세히 분석하지는 않고 이 움직임을 "댐 없는 진흥의 기둥"(《도쿠시마신문》), "기토 촌 댐 없는 진흥 방안"(《마이니치신문》), "댐에 의존하지 않는 기토 촌으로"(《아사히신문》) 등 마치 '지역 진흥의 비장의 카드'인 것처럼 보도했다. 그 결과 '헬시'는 이른바 '탈댐의 상징'으로 프레이밍되어 간다. 즉 제3섹터의 일련의 설립 과정은 환경 NPO나 시민단체를 비롯한 촌 외부의 운동 지원자나 찬동자의 관심을 많이 환기시키는 한편, 촌내에서는 촌의회 내부, 더 나아가서는 주민 간의 대립을 첨예화시킨 양의적인 결과를 낳게 되었다.

뒤에서 언급하겠지만, 촌의회는 대중매체를 활용하면서 외부와의 네트워크 구축을 적극적으로 추진하는 촌장의 운동 방침을 둘러싸고 당초의 '댐 반대파' 대 '유연파'라는 구도가 '촌장파'와 '반촌장파'의 대립으로 변해 의회에서 촌장과 부촌장에 대한 압력도 점점 거세졌다. 게다가 진흥계획 및 제3섹터 설립 문제가 그 움직임에 박차를 가하게 되었다.

한편, 촌장과 촌장파 의원에게 있어서, 진흥계획안과 제3섹터 설립에 강하게 반대하는 반촌장파 의원의 대응은 '댐 찬성'과 같은 의미였다. 그 결과, 진흥계획 및 제3섹터에 시종일관 완강하게 반대 입장을 취한 촌의원에 대해 '댐 찬성으로 돌아선 배신행위'라고 하는 촌장 지지파 주민들이 1996년 12월 주민소환운동을 일으키는 등 좁은 지역사회의 주민 차

원에서도 커다란 대립이 발생한다.[*31]

'시민사업'으로의 전환 시도

이처럼 촌의회 내부나 주민 간의 대립이 첨예화하는 한편에서, 제3섹터의 경영 재건을 위한 시도가 이루어진다. 이는 주로 촌 외부의 물적 자원 및 인적 자원에 의존하는 모양으로 전개되어 갔다.

물적 자원이라 함은 '건설성 댐 계획에 반대하는 기토 촌'을 지원하려는 운동 지원자나 찬동자로부터의 자금 제공이다. '헬시'가 '기토무라'로 바뀌어 촌 단독 경영으로 전환한 1998년, 자금 악화의 개선을 목적으로 '회사채' 모집을 개시한다. '회사채'라고는 하지만, 5년 만기의 상환기일이 도래하면 반환액은 경영 상황에 따라 결정된다고 하는 '협력금'으로서의 위상이었다. 1구좌 5만엔으로 합계 2천만엔을 목표로 설정했는데, 최종적으로는 그 2배를 넘는 4,190만엔을 조달하게 된다.

자원을 제공한 것은 댐 건설 반대운동을 지원하는 국회의원과 환경 NPO 등의 시민단체(운동 지원자)는 물론, 운동 취지에 공감하고 제3섹터의 현재 상황에 동정심을 느낀 '찬동자'로서의 전국 각지의 일반 시민이었다. "촌을 구해주세요"라는 《아사히신문》의 전국판 기사를 비롯해 각 신문사가 '회사채 모집'을 기사로 게재하는 등, 여기에서도 대중매체가 자원 동원에 중요한 역할을 한다.[*32]

인적 자원의 대표는 E 촌장 인맥으로 수도권에 거주하는 G 씨 및 H 씨다. 이 두 사람은 1999년 4월, 회사 이름이 바뀐 '기토무라'의 임원으로 취임한다. 도쿄 도 내에서 생태 점포ecology shop를 경영하는 H 씨(현 사장) 등이 경영을 재건하는 데 중시한 것은 주로 다음 다섯 가지 전략이었다. ①기존 상품을 대폭 정리·재검토해 콘셉트를 통일한 신상품을 개발한다 ②촌내 자원(재료)의 사용 비율을 높인다 ③수도권 등 도시지역의 판로

사진 8-2 촌내에 개설된 '기토무라'의 직판점

* 2002년 5월 31일 필자 촬영

와 제휴선을 개척·확대한다 ④촌내에 직판점을 개설해 일반 주민과 관계를 구축한다 ⑤촌내의 생산자(농업, 임업 등)와 도시지역의 자원봉사자(노동력)를 포함한 네트워크를 형성한다.*33

①과 ②에 대해 살펴보면, 다품목에 걸쳐 있던 '비지' 관련 상품을 대폭 정리, 촌의 특성을 전면에 내세운 일관성 있는 상품을 개발한다는 전략으로, 특히 촌 특산품인 유자와 천연수를 사용한 상품개발 착수에 중점이 두어졌다. 그 결과 '유자 시보리'(유자 식초)와 '유자 비밀'(유자 주스), '산에서 솟는 물' 등 현재의 주력상품이 탄생했다. '유자 시보리'는 전체 매출의 약 30%에 달하는 히트 상품이 되었다. 그때까지 대부분 촌 외산에 의지하고 있던 원재료도 2001년도에는 촌내산이 44.9%(그 중 유자 35.5%)에 달하고 있다.*34

③도시지역 판로로는 수도권의 소비자단체 '래디시 보야Radish Boya'9(5만 5천명)와 '대지를 지키는 모임'(4만 3천명), 나아가서는 후쿠오카福岡의 생

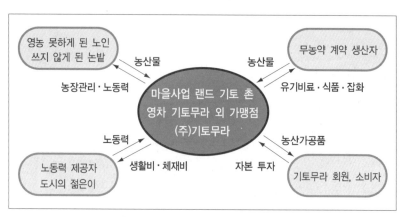

그림 8-3 '기토무라'를 둘러싼 촌 내외 네트워크 구상

* 출처 : '기토무라' 자체 자료에 따름

협 조직 '생활협동조합연합회 그린코프 사업연합'(24만 세대)과 도쿄의 생협, 편의점 로손이 수도권에서 전개하는 '내추럴 로손' 등, 댐 운동 지원 단체에 그치지 않고, 환경 비즈니스와 소비자단체와 제휴 관계를 구축했다. 이와 함께 인터넷과 상품 소개서를 이용한 통신판매를 개시하였다.

더욱이 촌 내외 주민과의 다방면에 걸친 관계 구축에 주목적을 둔 것이 ④ 및 ⑤의 전략이었다. 촌내의 생산자(농업, 임업 등)와 도시지역의 자원봉사자(노동력)를 포함한 네트워크 구축(마을사업 랜드 기토 촌)[10] 외에 직판점('영차 기토무라')을 공장 옆에 개설해서 일반 주민들에게도 상품 판매를 개시하는 등, E 씨라고 하는 특정 리더의 개인적인 네트워크와 댐 운동 관계자들이 지원해 온 회사를 지역사회에 뿌리내리게 하는 것이 목적이었다(사진 8-2). 일부는 아직 구상 단계에 있지만, 그 네트워크 구축을 구체적으로 보여주는 것이 그림 8-3이다.

9 '래디시'는 거친 땅에서도 생명력이 강한 무를 말한다. 그 어원은 물질의 근원을 의미하는 라틴어 라딕스(radix)다. 그리고 '보야'는 어린이, 즉 미래 세대를 의미한다. 이 명칭에는 물질의 근원인 '생명'을 다음 세대에게 더 좋게 전하겠다는 염원이 담겨 있다.

10 현재는 NPO 법인이다. 농업뿐만 아니라, 임업과 강을 이용한 어업을 포함, 기토 촌의 자연을 활용한 생업을 위주로 사업을 한다.

여기에서 언급한 것 이외에도 도시지역 주민들을 대상으로 기토 촌의 자연을 체험하게 하는 '생태관광' 기획, 이 관광 참가자를 대상으로 지역 통화인 '유자'를 시험 발행하는 등 새로운 시도가 이루어지고 있다. 이제 야 비로소 '기토무라'는 진흥계획 당초의 내재적 발전의 이념으로 돌아 왔다고 할 수 있다. 2001년도에는 처음으로 매출이 1억엔을 돌파한 것은 물론, 얼마 안 되지만 단일년도 수지도 흑자로 돌아섰다. 다만, 3억엔 이 상에 달하는 부채와 촌장 교체에 따른 촌 당국의 소극적 관여 등 과제가 여전히 산적해 있다.

5. 지역재생의 험로

공공사업 의존형 산업구조로의 변질과 촌의 정치

댐 건설 계획이 정식으로 중지된 것은 2000년 11월이다. 그런데 그 약 6 개월 후에 실시된 촌장 선거에서 3선을 노린 E 씨가 조직표를 중심으로 868표를 획득한 신인 후보에게 208표라는 예상외의 큰 표 차로 진다.[35] '일자리 창출'과 '현지사와의 통로'를 전면에 내걸고 새롭게 탄생한 촌의 정치는 '기토무라'에 대해서 시종일관 소극적인 자세로 임하면서 점점 관계를 끊어가고 있다. 정·촌 통합이 부상함에 따라 내재적 발전의 이념 을 내건 기토 촌의 진흥계획은 바람 앞의 등불이 된다. 그 배경과 저해 요인을 찾기 위해서는 촌의 산업구조와 촌 정치에 대해 여기서 다시 한 번 검토해 둘 필요가 있다.

주요 산업인 농림업이 쇠퇴하는 한편에서 건설업 종사자 수의 구성비 가 증가하는 경향은 고도경제성장기 이후 일본의 중산간지역에서 광범 위하게 볼 수 있는 현상이다. 그러나 기토 촌 및 그 주변지역의 경우는 1976년 9월에 발생한 태풍 17호로 인한 대재해와 깊은 관계가 있다. 극심

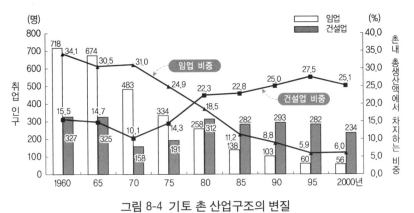

그림 8-4 기토 촌 산업구조의 변질

* 출처 : 총무청(성) 통계국(매년) 자료를 토대로 작성

재해특별긴급조치법에 의거한 지정을 받은 기토 촌과 기사와 촌木沢村에서는 사방댐 설치 공사 등 재해 복구 사업이 집중적으로 시행되어 지역경제는 소위 '재해 특수'의 양상을 띤다. '재해 특수'가 그 무렵의 임업 부진과 건설업 융성에 박차를 가하는 모양새로 노동력 이동이 진행되었다(그림 8-4). 그 결과, 1990년대에 들어서면 거의 촌내 노동자의 1/4이 건설업에 종사하기에 이른다.

예를 들어 1970년대 후반부터 시작된 복구공사는 1980년대 말까지 약 10년 동안 계속 되었는데, 그 사이 촌내에 만들어진 사방댐은 473개(木頭村企画室 1996)나 되었다. 사방댐 공사비를 1개당 2,000만엔이라고 가정한 경우, 약 10년 동안 100억엔 정도의 공공 투자가 집행된 셈이 된다.

단순 비교할 수는 없지만, 기토 촌의 촌내 총생산액을 보면 1980년에 34.6억엔, 1985년 32.3억엔, 1990년 39.2억엔으로 연간 30~40억엔 정도로, 해당 공공사업이 가지는 경제적인 영향의 크기를 가늠할 수 있을 것이다.*36 촌내에는 건설업자가 난립, 현 차원에서 보더라도 상위에 들어가는 회사가 여러 개를 헤아리는 수준에까지 이르렀다. 다시 말해 20년이 채 안 되는 동안에 촌의 산업구조가 농림업 중심형에서 공공사업 의

존형으로 크게 변모했다는 의미가 된다. 호소고치 댐 건설을 향해 현과 건설성의 활동이 활발해지는 1990년대 초기의 시점에서는 촌내의 산업구조가 위와 같은 변모를 보이고 있었다는 점을 알아 둘 필요가 있다.

한편 촌의 정치구조로 눈을 돌려 보면, 1975년의 '댐 반대 결의' 이래 댐 반대가 의회 세력에서 다수를 차지, 그런 점에서는 안정적인 상태가 20년 가까이 계속되어 왔다. 따라서 역대 촌정에 있어서는 촌의회나 촌민의 반대를 이유로 댐 계획 추진에 대한 협력은 곤란하다고 하면서도 현(지사)과 적대하지 않고 어떻게 임도와 사방댐 등 보조 사업(공공사업)을 끌어올 것인지가 중요한 정치적 과제였다. 그런데 1990년대에 들어와 댐 건설 계획 추진을 향한 현의 움직임이 활발해지면서 촌의 정치에 일대 전환을 불러와 엄청난 긴장과 변화를 피할 수 없게 된다. 임기 도중에 좌절한 하시리가와의 뒤를 이어 등장한 E 촌장의 촌정은 그때까지 이어진 모호한 태도의 정치 수법에서 완전히 탈피, 현이나 건설성과 정면으로 '대결하는' 자세를 취해 촌장 자신이 주도권을 쥐고 조례안이나 진흥계획안 등 여러 시책을 차례차례 명확히 내세웠다.

그런데 이 촌장의 행정 수법과 운동 전략을 둘러싸고 촌의회 내에서 대립이 현재화해 결국에는 촌장파와 반촌장파로 크게 갈라지는 사태가 발생했다. '댐 반대'는 일치하면서도 '댐 계획'에 있어서는 메우기 힘든 결정적인 의미 부여의 차이가 그 근저에 존재하고 있었다.

호소고치 댐 계획을 둘러싼 운동 전략의 양의성

거기서 제1차 운동 시대에 촌의원 중에서 유일하게 반대의 입장에 섰고 현재 촌의원 중 최고참인 C 씨와 제2차 운동에서 촌의 선두에 섰던 E 씨의 '운동관'을 비교함으로써 촌내에 존재하던 '반대운동'에 대한 두 가지 의미 부여의 차이점을 찾아보자. "반대운동은 해도 싸움은 하지 않는다"

는 C 씨는 이렇게 말한다.[*37]

지사에게 싸움 걸 필요는 하나도 없지요. 노동쟁의가 아니니까. 기토 촌이 '반대'로 확실히 단결하고 있는 한 현실적으로 댐은 불가능하니까. 그걸 잘 해서 필요한 사업을 받아오는 게 촌장의 역할이지요? ……
역대 촌장들에게도 "(면전에서) 반대를 하거나 쓸데없는 말은 하지 말라고, 오명은 우리들 의원들이 뒤집어쓸 테니까"라고 이야기해 왔어요. 현이 촌에 해 주었으면 하고 바라는 게 있다면, "가지고 가서 검토하겠습니다"라고 해두고는 이쪽의 요망 사항을 듣게 만들라고. 그러곤 "아직 촌민들의 의향이 굳어지지 않았다"고 답을 하면 될 일이니까.

한편, 오랫동안 노동조합 활동에 종사하고 멘다 사카에免田栄[11] 씨와의 만남을 계기로 인권문제에 눈을 떠 변호사를 지망했던 E 씨는 댐 계획 추진을 향해서 어떻게든 기정사실로 만들려는 현과 건설성의 행정 수법에 대해 강한 불신감을 가지고 있었다. "계획이 백지 철회될 때까지 방심할 수 없다. 중앙관료는 뱀과 같다. 마구 두들겨 패서 죽었다고 생각했는데도 물에 들어가면 다시 살아난다"고 하는 말에 E 씨의 운동관이 응축되어 있다.[*38]

앞의 C 씨 이야기로 상징되듯이, 거대 댐 건설 계획에 오랜 세월 직면해 온 기토 촌은 산업구조의 변질을 배경으로 '공공사업에 의존한 지역경제'가 현실의 모습이었다. 그러나 E 촌장이 책정한 '댐에 의존하지 않는 마을 만들기' 계획이나 현과의 전면대결 자세는 공공사업 의존형으로 변질된 지역 산업구조를 뿌리부터 위협할 수도 있는 것이었다.

거기에다 대중매체를 활용하고 많이 이용했던 운동 전략이 '촌장파'

11 1948년에 일어난 살인사건의 누명을 뒤집어 쓴 인물이다. 일본의 4대 사형 누명사건의 하나인 멘다 사건으로 알려져 있다.

대 '반촌장파'라는 대립 구도에 박차를 가한다. 젠킨스J. Craig Jenkins 등 자원 동원론자에 따르면 "대중매체는 운동 참여자의 사기나 자기 이미지를 형성할 뿐만 아니라, 운동을 널리 알리는 데 결정적인 역할을 할 수 있다. 그러나 그 한편으로는 자주 운동 리더를 슈퍼스타로 만들어, 운동체 내부의 연출을 부추기기 십상이다"(Jenkins 1983: 546). 본 사례에 있어서 대중매체가 연출을 부추겼는지는 별도로 하고, 건설성이나 현과 대치하는 E 씨를 '투쟁하는 촌장'이라는 기토 촌 운동의 상징으로서 호의적으로 계속해 다룬 것은 분명하다. 앞에서 다룬 제3섹터 사업에 대해서도 그 계획의 내용은 제쳐두고, '탈댐을 위한 비장의 카드'로서의 의미를 형성하는 데 대중매체가 한 기능은 무시할 수 없다.

1970년대의 제1차 운동 시대에 운동에 관여한 주민 중에는 이에 대해 "원래는 우리가 주체가 되어 시작한 일이다. 지금 의원 대부분도 당시에는 아무것도 하지 않은 주제에 나중에 불쑥 튀어나와서는 매스컴의 주목을 받고. '솔개가 유부를 채간' 것"이라고까지 잘라 말하는 사람도 있다.*39 적어도 '촌내만 확실히 다져두면 된다. 굳이 밖으로 치고 나갈 필요는 없다'는 운동관을 가진 제1차 운동 시대의 중심 멤버 중에는 제2차 운동에 관여한 특정 리더들이 '공로자'로 대중매체의 주목을 받았던 일에 반감을 가진 사람이 존재하는 게 분명하다.

여기서 일부러 개별적인 주민의 이야기를 끄집어 낸 이유는 촌 외부의 인적·물적 자원의 획득이라는 긍정적 기능의 이면에 촌내에서 촌의회와 일부 주민의 반발이 증폭되었다고 하는 사실, 즉 대중매체를 이용한 전략이 가지는 양의적인 기능을 지적하고 싶었기 때문이다. 그리고 운동 수법을 둘러싼 대립이 촌의원 주민소환운동 등을 거치며 점점 첨예해져 그것이 극한에 달한 것이 2001년 4월의 촌장 선거였다. 현지사와 건설업협회 등 촌내 경제단체가 전적으로 신인 후보를 지원, 촌을 양분한 그 후유증은 가까스로 본래의 내재적 발전 이념으로 돌아와 대안적 지역발전 방안을

실천하려던 '기토무라'에도 강하게 투영되고 있는 것이 현실이다.[*40]

E 씨를 지원한 어느 주민은 말한다. "모처럼 이 8년 동안 '댐에 의존하지 않는 마을 만들기'를 추진해 왔기 때문에 그 증거로 회사(기토무라)를 반드시 남기고 싶었다. 망쳐서는 안 된다."[*41]

'기토무라'는 제2차 운동 및 E 촌정의 상징으로서 널리 인지되었지만, 그 때문에 아직도 (전)촌장파와 반(전)촌장파의 대립 구도의 표상이 되어 버렸다.

환경운동사에 비춰 보면, 작위 저지를 향한 운동의 한편에서 더 나아가 대안의 제시와 실천까지 시도하려 했던 기토 촌의 대응은 새로운 운동 모델을 이념형으로서 그려냈다는 점에 커다란 의의가 있다. 그리고 본 장에서 검토해 온 것처럼, 이를 가능하게 한 것은 촌장이라는 중요한 행위자가 주체가 된 다양한 운동 전략을 전개한 것과 함께, 외부와 네트워크를 구축한 때문이었다. 그러나 뒤집어 말하면, 대중매체를 많이 활용한 '외향적 운동 전략'이었기 때문에 촌내의 대립이 현재화한 것도 사실이다. 기토 촌 사례는 운동체에게 있어 대중매체가 가지는 양의적인 기능, 즉 자원 동원력의 확대와 댐 문제의 구축이라는, 운동체에게 긍정적인 기능이 있는 반면, 지역사회 내부의 대립 유발·현재화라고 하는 부정적 기능이 존재하고, 실제로는 이 두 가지를 분리하는 일이 대단히 어렵다는 점을 보여주고 있다.

계획이 일단 중지되고, 운동을 담당했던 '주역'이 정식 무대에서 사라진 오늘, 대중매체를 비롯한 촌외의 여러 행위자의 관심과 관여가 빠르게 옅어지고 있지만, 오히려 해당 지역의 재생은 지금부터가 중대 국면이다. 거기에 어떤 행위자가 관여할 수 있을까 하는 문제에 더해, 거기서 생활을 영위하는 주민 사이에 만들어진 대립을 해소해 그 관계를 어떻게 재구축할 수 있을 것인지가 현재 최대의 과제다.

*1 뒤에서 언급하는 것처럼, 임업이 발전함에 따라 나카 강에서는 유벌(流筏)이 물자의 운반도 겸한 지역 수송의 대동맥이 되어 산주 등 화주와의 운임 교섭을 비롯한 노동운동도 활발해졌다. 나가야스구치 댐 건설로 인해 종지부를 찍게 되는 유벌 노동자의 운동에 대해서는 도쿠시마 현 노정과 자료(德島県労政課 1956)에 상세하다.

*2 이하의 기술은 도쿠시마 현 노정과 자료(德島県労政課 1956) 및 기토 촌 자료(木頭村 1961), 하기노의 저술(萩野 1975), 시코쿠 지방 건설국 도쿠시마 공사사무소 자료(四国地方建設局德島工事事務所 1981), 미야모토가 엮은 책(宮本 編 1987)을 참고했다.

*3 도쿠시마 지방법원은 국가와 현에 대해 원고 전원에게 2,560만엔을 지급하도록 명령했다. 《도쿠시마신문》(1998년 3월 28일)에 의거했다.

*4 본래 댐 담합표가 최초로 공표된 것은 1982년 2월의 중의원 예산위원회에서다.

*5 수성 후의 댐 계획에서는 그 이외에 논밭 약 9ha, 산림 190ha, 국도 약 4km가 수몰될 예정이었다(기토 촌 작성 자료에 따름).

*6 B 씨(2002년 6월 1일)와 C 씨(2002년 8월 25일)로부터 들은 얘기는 물론, 도쿠시마 자치체문제연구소 책(德島自治体問題研究所 2001)과 '촌민 네트워크 기토 촌' 통신지 (村民ネットワーク木頭村 2001)를 참고했다.

*7 댐 계획을 예로 들면, 촌장은 다음과 같이 파악하고 있었다. "숲과 물의 개발뿐만 아니라, 모든 마을 만들기의 지렛대로 하고 싶다. 반대는 언제든지 할 수 있다. 그러나 유리한 입장에 서서 정부 측과 교섭할 기회는 많지 않다. 지금, 그때가 도래했다"《도쿠시마신문》 1975년 7월 29일). 모호한 태도를 취하면서 정부와 현으로부터 공공사업을 끌어내려고 하는 수법은 1990년대 초까지의 역대 촌정에 계승된다.

*8 《도쿠시마신문》(1968년 4월 22일)에 따랐다.

*9 기토 촌 기획실 자료(木頭村企画室 1996)에 의거했다.

*10 1993년 1월부터 서명운동에 들어가지만, 결국 해임 가부를 묻는 투표를 실시하기 직전에 주민소환운동의 대상이었던 각 의원이 사직을 했다.

*11 2002년 5월 31일, D 씨로부터 직접 들은 얘기다.

*12 2002년 8월 26일, A 씨로부터 들었다.

*13 출마 시의 상세한 경위에 대해서는 후지타의 책(藤田 1999)을 참고했다. 한편, 이하의 기술은 주로 E 씨와의 면담(2002년 5월 30일) 및 《도쿠시마신문》을 비롯한 신문기사 등 각종 자료를 참고했다.

*14 《도쿠시마신문》이 조례 전문을 게재한 것을 비롯해 《마이니치신문》과 《아사히신문》도 전국판으로 보도했다.

*15 《아사히신문》(1994년 12월 17일)에서 인용했다.

*16 예를 들면, 1995년 1월에 실시된 촌의원 선거에서는 정수 10인 중 댐 반대파 당선 의원은 8인, 총득표율은 80%였다. 댐 계획이 다시 부각된 1990년대의 촌의회 구성은 거의 이 수준을 유지해 왔다. 1970년대 초와 근본적인 구도의 차이를 이해할 수 있다.

*17 호소고치 댐 계획에 대한 반대운동을 주민의 경험과 기억이라는 미시적인 관점에서 논한 것으로 이도의 저술(井戸 1999)이 있다.

*18 2002년 6월 1일 B 씨와 면담하면서 들은 얘기다.

*19 A 씨(2002년 8월 26일)를 비롯해서 여러 명의 주민들로부터 들었다.

*20 2002년 8월 25일, C 씨로부터 들었다.

*21 '기토 촌의 미래를 생각하는 모임'(20명), '호소고치 댐 대책연구회'(약 30명), '호소고치 댐 연구동지회'(약 70명) 등이 그러한 예다.

*22 "80엔으로 강 한줄기를 구하자"란 호소고치 댐 건설 계획 중지를 건설성에 요청하는 편지(=80엔)를 쓰자는 호소였다.

*23 운동 과정에서 대중매체의 역할을 논한 것의 예로는 이노우에 타카오(井上 1995)와 가타기리(片桐 1995)의 책이 있다. 힐가르트너와 보스크가 저술한 책(Hilgartner and Bosk 1988)에서는 공적 무대에서 문제가 구축, 공적인 주목을 받는 과정에서 대중매체의 행위 특성과 그 기능에 대해 논하고 있다.

*24 이 같은 사례는 다 열거할 수 없을 정도다. 군마 현의 얏바 댐 운동(萩原 1996)은 그 전형이다.

*25 그 밖에 '도시와의 교류·관광사업 추진', '고령자보건복지촌의 건설', '21세기를 향한 기반 정비와 환경 보전'이 있다.

*26 《의회홍보 기토》에 의거했다.

*27 《마이니치신문》(1996년 3월 19일)에서 인용했다.

*28 E 촌장의 발언이다. 《요미우리신문》(1996년 3월 19일)에서 인용했다.

*29 2002년 8월 26일, A 씨로부터 들었다.

*30 1998년 9월과 12월, 2000년 3월의 각 의회에서 제출되었다(모두 부결).

*31 1997년 3월에 실시된 해임투표에서 C 촌의원의 주민소환이 성립된다(유효 투표수 1,259표, 해임 찬성 821표, 투표율 78.2%). 한편, C 씨는 주민소환운동의 모체가 된 '기토 촌을 좋게 만드는 모임'의 대표자들을 명예훼손에 의한 손해 배상 청구 민사소송을 1997년 5월에 제기했다.

*32 《아사히신문》(1998년 11월 28일)을 비롯해 《마이니치신문》(1998년 11월 14일)과 《도쿠시마신문》(1998년 11월 12일)에 실렸다.

*33 E 씨(2002년 5월 30일) 및 H 씨(같은 해, 5월 31일)로부터 도움을 받았다.

*34 촌외 원료(55.1%)의 대부분은 계란(20.7%)과 마가린·버터(17.2%), 설탕(8.9%)이다.

*35 이 촌장 선거를 둘러싸고 선거 직전에 현 경찰의 노골적인 개입(제3섹터 강제수사)과 무리한 부재자투표, 대량의 조직표 동원이 있었다고 한다.

*36 촌내 총생산액은 매년 발표되는 도쿠시마 현 통계과 자료에 따랐다.

*37 2002년 8월 25일, C 씨로부터 들었다.

*38 《마이니치신문》(1999년 3월 28일)에서 인용했다.

*39 2002년 8월 25일, 어느 주민으로부터 들었다.

*40 E 씨 낙선 직후, 촌이 보유한 주식을 매입하려는 움직임이 주민들 간에 일어나 E 씨의 임기 만료 직전에 임시의회가 소집, 420주의 양도안이 찬성 다수로 가결되었다.

*41 2002년 5월 31일, 어느 주민에게서 들었다.

표 8-9 '호소고치 댐 건설 문제'의 경과

연월	주요 사건
1967. 12.	현의회에서 지사가 히하야 댐 계획(호소고치 댐의 전신)을 다목적댐으로 해서 건설성에 예산 계상 요청을 하겠다고 답변.
1969	건설성, 호소고치 댐 예비조사 개시(~1971년).
1971. 8.	**기토 촌, 촌민 약 120명 대상으로 호소고치 댐 계획 설명회 개최. 계획 수용 후 보상 교섭에 전력을 다하겠다고 촌장이 언명.** 같은 달, 태풍 23호로 인해 중류지역 와지키 정 수해 발생(128채 침수). 후에 나가야스구치 댐의 과다 방류가 원인이라고 주민 64명이 제소.
9.	**기토 촌 수몰 예정 지역 주민들이 중심이 된 호소고치 댐 대책연합동지회(약 100가구; 이하, 동지회) 결성. 촌에 반대 진정.**
10.	동지회, 388가구 718명의 서명을 첨부해 현에 댐 반대 진정.
1972. 4.	건설성(시코쿠 지방 건설국), 도쿠시마 공사사무소 내에 호소고치 댐 조사사무소를 개설(12월에 나카 강 하류지역 아난 시로 이전).
5.	건설성, 호소고치 댐 실시계획조사 개시를 발표.
6.	건설성, 기토 촌장과 촌의회에 실시계획조사 협력을 요청.
12.	촌의회 전원협의회에서 ①현행 계획은 촌의 기본 구상에 반함 ②계획 지점보다 2km 하류면 수몰 세대도 줄기 때문에 계획에 협력하겠다고 결의, 현과 건설성에 제안함.
1973. 3.	건설성과 현이 기토 촌에서 댐 계획 설명회 개최.
1974. 3.	지사, 촌장에게 실시계획조사 협력을 재요청.
4.	현, 호소고치 댐 건설촉진대책반 설치.
8.	동지회, 촌내에서 댐 반대 시위행진(약 100명). 촌의장과 교섭.
9.	수몰 예정 지역 주민(22가구)이 동지회를 탈퇴하여 '댐 대책연구회'를 결성.
10.	촌의회에서 댐 건설을 포함한 '기토 촌 종합개발기본구상'을 가결.
11.	댐 반대 동지회연합회 총궐기대회(약 350명). "주민 의견을 무시, 댐 건설을 포함한 장기종합개발기본계획을 채택한 촌의회 해산 운동을 시작한다"는 대회 결의를 채택. 이 달, 촌선관위에 의회 해산을 청구(=주민소환운동①).
12.	12월 정기의회에서 촌의회가 전원일치로 자진 해산을 결정. 동시에 상기 기본 구상을 폐기.
1975. 1.	촌의원 선거에서, 동지회가 추천한 댐 반대파 의원 5명 당선(정수 12명).
7.	촌장의 자문기관 기토 촌 댐 대책협의회 발족(촌의장과 촌의원, 각 부락 및 촌내 각 단체 대표 등 합계 37명).
1976. 9.	**태풍 17호로 대재해 발생. 일본 내 1일 최대 강수량을 기록.**
11.	댐 대책 협의회가 '총 11회에 걸친 협의 결과, 건설성 및 현으로부터 신청이 들어온 호소고치 댐 조사에 대해 이를 거부해야 한다는 결론에 달했다'고 최종 답신을 발표.
12.	촌의회, 댐 반대 결의안 가결(이후, 10회를 헤아림).
1983. 7.	미키 지사 기토 촌을 방문, 댐 계획에 협력 요청.
1988. 6.	나가야스구치 댐 수해 소송, 도쿠시마 지원이 원고(주민) 승소 판결. 국가와 현에게 2,560만엔의 배상금 지급을 명함.
1990. 3.	미키 지사 기토 촌을 방문, 촌장과 의회에 댐 계획 협력을 요청.
1991. 3.	촌의회, 댐 계획 백지화를 요구하는 결의안 가결.
1992. 4.	**도쿠시마 경제동우회, 현의회에 '호소고치 댐 건설 사업 촉진'을 진정.**
7.	**현, 정부에 차기년도예산 요청 중에 호소고치 댐 계획을 '중요 사항'에서 '최고 중점 사항'으로 격상시키기로 결정.**

연월	주요 사건
1992.12.	현의회, 도쿠시마 경제동우회의 진정을 채택. 같은 달, 차기년도예산 대장성 원안에서 호소고치 댐 건설 사업비 4억엔 채택.
1993. 1.	1991년 3월의 댐 철회 결의안을 당시의 촌의장이 방치했던 문제로 동지회가 촌의원 5명 소환 청구(=주민소환운동②).
3.	하시리가와 촌장, 한때 실종 끝에 사임. 주민소환운동 대상 촌의원 5명도 사임. 어협 등을 모체로 한 '나카 강을 지키는 모임' 발족.
4.	E 촌장 무투표로 당선. 같은 달, 건설성의 조사사무소가 공사사무소로 격상.
5.	촌장과 촌의원 6명이 부지사에게 계획 백지화를 요구.
6.	촌의회 내에 호소고치 댐 건설저지대책특별위원회 설치(이후, 1998년 10월말까지 40회 개최).
9.	촌장과 촌의장, 촌의원이 유권자 74%에 해당하는 1,344명의 서명 명부를 가지고 이가라시 건설장관에게 계획 철회 진정.
11.	수원개발문제연락협의회가 결성되어 기토 촌이 가맹. 같은 달, 엔도 지사가 촌장·촌의원과 회담. 당면한 조사의 동결을 약속.
1994. 3.	휴면 상태에 있던 촌내의 6개 반대 조직이 '기토 촌 댐 반대동지회'(이하, 반대동지회)로 통일해서 활동을 활성화.
6.˙	현(지사)과 기토 촌(촌장)과의 제1회 호소고치 댐 의견 교환회 개최.
7.	아웃도어 라이터 아마노 레이코 씨와 노다 도모스케 씨, 시마네 대학 호보 다케히코 교수 등이 출석, "나카 강 마지막 맑은 물과 호소고치 댐을 생각하는 in 기토 촌" 개최. 같은 달, 수몰 예정 지역 주민 그룹 '호소고치 댐 대책협의회'가 현과 건설성의 담당자를 불러 설명회 실시.
8.	나가야스구치 댐 수해 소송, 다카마츠 고법(2심)에서 주민 패소의 역전 판결. 같은 달, 아난 시 등 하류의 2시 2정이 '호소고치 댐 건설촉진기성동맹회' 설립. 같은 달, 오사카 변호사회 공해대책·환경보전위원회 소속 변호사 7명이 기토 촌을 방문.
9.	사회당(당시)의 도모토 아키코 씨 등 중·참의원의 국회의원 3명이 기토 촌을 방문. 촌장과 회담.
10.	가미나카·와지키·아이오이, 3정에서 '호소고치 댐 반대풀뿌리동지회' 탄생(약 3,000명).
11.	촌장과 촌의장이 노사카 건설장관에게 계획 중지 진정.
12.	촌의회에서 '기토 촌 고향의 숲과 맑은 물을 지키는 환경기본조례'와 '기토 촌 댐 저지 조례'가 가결 성립. 같은 달, 촌내의 '중도파' 4단체를 대상으로 현이 댐 진흥 계획 설명회 개최(약 100명).
1995. 1.	촌의원 선거 실시. 댐 반대파 8명, 중도파 2명 당선.
2.	'호소고치 댐 건설에 반대하는 도쿠시마 시민모임'과 '호소고치 댐에 반대하는 나카 강 하류지역 주민모임'이 연이어 결성. 같은 달, 일본변호사연합회 공해대책·환경보전위원회가 주최한 포럼 "강과 개발을 생각한다"에서 다니엘 비어드 씨 강연.
4.	일본변호사연합회 공해대책·환경보전위원회 변호사 19명 기토 촌 시찰.
5.	"기토 촌의 자연을 만끽하면서 댐 문제에 대한 이해를 깊이하자"는 제1회 나카 강 생태관광이 기토 촌에서 개최(이후, 합계 5회).
6.	신진당(당시)의 구사카와 쇼조 의원이 호소고치 댐 계획에 관한 질문주의서[대정부질의서]를 중의원 의장에게 제출(이후, 합계 3회). 같은 달, 촌의회에서 이사 측이 제출한 댐 제외 촌 종합진흥계획안과 관련, '제3섹터' 방식의 회사 설립안을 놓고 촌의회가 분규. 같은 달, 노사카 건설장관이 호소고치 댐을 포함한 11개 사업에 대해 '댐 등 사업심의위원회'(이하, 댐 심의위)를 설치한다고 발표.

연월	주요 사건
1995. 7.	댐 심의위의 심의 대상이 된 호소고치 댐과 요시노 강 제10보에 현민 의견을 반영시키고자 '댐·보에 우리 의견을 반영시키는 모임'이 발족.
8.	지사, 촌장에게 댐 심의위 위원 참여 정식 요청. 촌장은 현시점에서는 수용 불가함을 표명.
9.	지사, 촌장에게 위원 취임 요청(세 번째). 촌장은 "현이 일방적으로 선출한 현시점의 멤버로는 공정한 심의는 무리"라고 거부.
10.	댐 계획에 반대하는 촌 내외 7개 단체가 '호소고치 댐 건설 반대 도쿠시마 현 연락회'를 결성. 가입한 단체 회원수 합계 약 1만명.
11.	가나가와 현 거주 번역가 마사노 아츠코 씨의 '댐 일기'(컴퓨터 통신)를 통해 호소고치 댐 반대를 호소하는 수도권 시민 그룹 '기토 촌의 미래를 생각하는 모임'이 도쿠시마 시부터 기토 촌까지 자전거로 시위(20명).
12.	회계검사원 조사에서 호소고치 댐이 '오랜 기간 진척이 없는 사업'으로 지적됨. 같은 달, 나카가와 정 나카지마 어협(64명)이 현과 건설성에 호소고치 댐 건설 절대 반대 진정서를 제출. 같은 달, 댐에 의존하지 않는 마을 만들기를 지향하는 '기토 촌 종합진흥계획안'이 찬성 5, 반대 4의 근소한 차이로 가결.
1996. 3.	촌, 정기의회에서 '비지 케이크' 등을 제조 판매하는 '기토 헬시'(제3섹터) 설립을 제안. 의회 분규 끝에 찬성 5, 반대 3으로 가결(다음 달, 자본금 1,000만엔의 회사 설립).
5.	구사카와 씨 등 국회의원 2명이 기토 촌을 방문, 촌장과 촌의원, 촌민과 의견 교환. 같은 달, 촌장 지지 단체 '기토 촌을 좋게 만드는 모임' 설립.
8.	'강과 일본'을 주제로 제12회 수향수도(水郷水都)전국회의 도쿠시마 대회 개최(약 700명). 참가자 요시노 강, 나카 강 시찰. 분과회에서 건설성 하천국 미야모토 건설전문관이 "법률이라는 큰 틀이 있지만, 주민이 만든 댐 저지 조례는 존중한다"고 발언.
11.	기토 촌을 좋게 만드는 모임, 전 촌의장이자 촌의원인 C 씨의 해임 요구 주민소환 운동을 시작(=주민소환운동③). 같은 달, 호소고치 댐 건설반대현연락회가 중심이 된 입목 트러스트 운동의 제1회 명패달기 실시(전국에서 약 1,250명 신청).
12.	호소고치 댐에 반대하는 고마츠시마 시민모임(약 55명) 결성. 같은 달, 기토 촌을 좋게 만드는 모임이 해임 청구에 필요 수를 상회하는 741명의 명부를 제출. 차기년도 예산 내부 회람에서 호소고치 댐 사업비가 '건설 사업비'에서 '실시계획조사비'로 격하됨.
1997. 2.	가메이 건설장관이 호소고치 댐에 대해 "치수의 관점에서 하류의 공사로 보완이 가능한지 검토하겠다. 소가 침 흘리듯 미적미적할 수는 없는 일"이라고 발언.
3.	촌의원 C 씨 해임 묻는 '기토 촌 의회의원해임투표' 실시, 주민소환 성립(투표율 78.2%). 같은 달, 아난 시 등 하류 1시 2정의 의회 대표 가메이 장관에게 건설 촉진 진정.
4.	E 씨가 무투표로 촌장에 재선. 같은 달, 호소고치 댐 건설촉진기성동맹회 수장들이 연이어 가메이 건설장관에게 진정. 가메이 장관은 "반대하는 촌장이 무투표로 재선된 상황이라 이수·치수라 해서 정부가 무조건 할 수 있는 상황은 아니게 되었다"고 언급.
5.	호소고치 댐 건설에 반대하는 나카 강 하류지역 주민모임이 아난 시내에서 댐 반대 선전 활동과 시내 각 가구에 홍보지 배포. 같은 달, 댐 심의위 설치와 관련, 지사와 촌장의 회담에서 촌장은 심의위 참여 조건으로 8개 항목의 요구 사항을 제시.
6.	현, 기토 촌이 제출한 8개 조건 중 공사사무소 철거와 댐 관련 비용 약 50억엔의 용도 공개를 시코쿠 지방 건설국에 전달. 같은 달, 가메이 장관이 "내년도부터 공사사무소를 폐지한다"고 발표. 같은 달, 촌은 기토 헬시의 초년도 적자가 약 2,000만엔임을 발표.
7.	지사, 차기년도 정부예산에 관한 요망 사항 중, 호소고치 댐을 기존의 건설을 위한 예산에서 '심의위원회 설치'로 변경했다고 발표. 같은 달, 지사가 촌장이 제출한 8개 조건에 회답. 촌장은 "위원 인선이 가능하다면, 심의위에 들어가도 좋다고 생각한다"고 표명.

연월	주요 사건
1997. 8.	《아사히신문》이 전국판 사설에서 "호소고치 댐을 철회하라"고 주장. 같은 달, 건설성이 전국 11개 댐 사업의 재검토(휴지·중지)를 발표. 호소고치 댐은 '일시 휴지'.
9.	엔도 씨가 지사 선거에서 재선(투표율 42.9%).
12.	촌의회에서 기토 헬시에 대한 촌 융자를 놓고 의견이 대립. 같은 달에 3억엔 대출을 6:3으로 가결.
1998. 1.	**기토 헬시를 '기토무라'로 사명 변경, 촌이 경영의 중심에.**
3.	호소고치 댐 공사사무소 폐쇄(4월부터 '나카 강 공사사무소'로). 같은 달, 나가야스 구치 댐 수해 소송 대법원 판결에서 원고 패소 확정.
4.	기토 촌을 지원하는 시민단체 '영차 기토무라' 설립을 알리는 회합이 도쿠시마 시내에서 개최.
7.	요시노 강 제10보의 심의위원회가 '계획 타당'이라는 최종 답신을 발표.
9.	**촌의회에서 3명의 의원이 "제3섹터 경영에 실패한 책임이 중대"하다고 촌장 불신임안을 제출. 6:3으로 부결.**
1999. 1.	촌장, '기토무라'의 경영자금 모금을 위한 '회사채'(지원금) 모집을 시작(1구좌 5만 엔으로 약 4천만엔 모금). 같은 달, 촌의원 선거 실시. 주민소환된 C 씨가 당선. 촌장파 7명, 반촌장파 3명으로.
3.	촌, 댐 대책실을 축소(4명→2명).
4.	'기토무라'에 경영 컨설턴트 2명이 현 외부에서 임원으로 경영에 참가.
11.	'기토무라'의 직판점 '영차 기토무라' 촌내에 개설.
2000. 1.	요시노 강 제10보 가동화 계획 가부를 묻는 주민투표가 도쿠시마 시에서 실시. 투표율 55%로 성립, 투표수의 90.1%가 '반대'.
3.	**촌의회에서 C 의원이 촌장 불신임안을 제출. 3:6으로 부결. 같은 달, 회계담당자가 건강상의 이유로 사직. 부촌장·회계담당자·교육장의 특임직 3인이 공석으로.**
8.	촌장과 촌의원이 자민당 가메이 정조회장, 오우기 건설장관 등을 방문, 여당의 공공사업 재검토 목록에 호소고치 댐을 빠뜨리지 않도록 요청. 같은 달, 여 3당이 102개 사업을 중지하도록 정부에 권고.
9.	**건설성, 여당의 공공사업 재검토 권고 중에 호소고치 댐이 포함되어 있음을 발표.**
10.	건설성, 나카 강 공사사무소장이 기토 촌 방문해 댐 건설 계획에 대한 촌 의견 청취. 같은 달, 시코쿠 지방 건설국의 사업평가감시위원회에서 호소고치 댐 계획의 중지안이 제시되어 승인.
11.	**오우기 건설장관, 기자회견에서 호소고치 댐 계획 중지를 발표.**
12.	촌, 댐 계획 중지 보고와 향후의 마을 만들기에 대한 의견 교환을 위해 촌내 8개 지구에서 지역간담회 실시. 같은 달, 반촌장파 의원이 '기토무라' 가공 과정에서 '유자 껍질'이 산림에 방치된 사진을 촌의회에서 제시하고 "불법 투기가 아니냐"고 추궁.
2001. 1.	현, '유자 껍질' 회수를 지도. 다음 날 아침, 현 경찰로부터 촌장 자택으로 전화가 걸려와, 촌장(사장) 등 관계자 취조 개시. 회사에서도 수사원 20명이 강제수사에 돌입. 현 경찰본부가 도쿠시마 지검으로 서류 송치, 3월의 약식재판에서 벌금형 부과(→불복하여 본 재판 계류).
4.	**촌장 선거에서 전 교육장 이토 씨가 당선. 3선을 노린 E 씨는 약 200표차로 패배(투표율 95.0%).**
9.	엔도 씨가 지사 선거에서 3선에 성공.
2002. 3.	엔도 지사가 뇌물수수 혐의로 체포, 사임.

연월	주요 사건
2002. 4.	'기토무라'가 당년도 결산에서 회사 설립 이래 처음으로 매출 1억엔을 돌파, 단일년도 흑자로 전환. 같은 달, '유자 껍질' 방치 문제로 아난 간이재판소가 정상을 참작한다며 벌금 50만엔에 집행유예 2년 판결(검찰이 공소를 단념, 판결 확정).

* 출처 : 기토 촌 자료와 도쿠시마현자치문제연구소 자료(德島自治体問題研究所 2001), 《도쿠시마신문》 등 각종 신문기사를 토대로 작성

종장

하천정책의 '두 번째 단계'에 대한 전망과 과제
─ '또 하나의 전문성'의 존재와 가능성

이 책에서는 댐 건설 계획을 둘러싼 지역 갈등을 주요 분석 대상으로 삼아 계획을 둘러싼 대립 구도와 환경운동의 역동성dynamism, 장기화한 계획의 사회적 영향과 지역재생의 현황을 검토하고 논의를 전개해 왔다. 책의 마지막을 장식하는 이 장에서는 1990년 이후에 일어난 하천정책이 변화와 시민 섹터의 대두라고 하는 두 가지 관점을 기초로, 정책 과정의 '두 번째 단계'를 향한 전망과 과제를 검토해 가기로 한다.

우선, 최근의 하천정책의 커다란 전환과 그 배경을 확인한 다음, 유역 네트워킹의 등장으로 대표되는 시민 섹터의 변화를 검토한다(제1절). 다음으로는 오노 강入野川 유역 네트워킹을 사례로, 오노 강에 관한 새로운 정책과 계획 결정 과정이 어떻게 해서 이루어졌는지 찾아본다(제2절). 나아가서 행정당국과 시민 섹터의 협동에 기초한 정책 과정이 중심이 되는 단계를 '두 번째 단계'로 위상을 부여, 협동을 유지하는 조건을 '전문성'이라는 관점에서 고찰하고, 두 번째 단계의 전망을 그려 내고자 한다(제3절). 마지막으로 본서를 총괄하고 향후 과제를 제시하도록 하겠다(제4절).

1. 하천정책의 전환과 시민 섹터의 대두

하천정책의 두 가지 '전환'과 배경

최근, 정책 결정과 정책을 실시하는 과정에서는 '시민 참여'와 '주민 참여'라는 명목 아래 행정당국이 시민(주민)단체와의 연계나 파트너십을 도모하려는 움직임이 일반적인 모습이 되었다. 그리고 1998년의 특정비영리활동촉진법(NPO법) 시행에 따라 도·도·부·현과 정령지정도시政令指定都市[1] 등 지자체 차원에서는 NPO(민간비영리조직) 등이 주체가 된 시민활동을 적극적으로 지원·촉진하기 위한 각종 시책도 전개하고 있다. 이처럼 주민 생활과 일상적으로 관계하는 지자체 행정뿐만 아니라, 지금까지는 시민활동이나 주민활동과 일상적인 관계가 적었던 건설성의 하천 행정에서도 최근 커다란 정책적 변화를 볼 수 있다. 자세히 검토해 보자.

하천정책이 크게 바뀐 것은 1990년대 중반이었다. 구체적으로는 아래에 제시하는 두 가지 의미에서의 정책 전환이었다.

첫째, 제5장에서 확인한 것처럼 댐 사업을 비롯한 공공사업 재검토 정책의 시행으로, 여기에는 개별사업 재검토와 사업의 재평가 제도 구축이 포함된다. '한번 계획되면 멈추지 않는다'고 해 왔던 공공사업 시행 과정에서, 일정한 기준에 따라 사업을 재검토하는 틀이 제도로서 도입된 일은 하천정책에 있어서 획기적인 일이었다.

둘째, 1997년의 하천법 개정에 따라 구체화된 정책 평가와 정책(계획) 결정 과정의 변화다. 이 장은 주로 두 번째 정책 전환에 대해서 논의를 진

---

1 일본 지방자치법 규정에 의해 정령(내각이 제정)으로 지정된 시를 말한다. 정령시로 부르기도 한다. 지방자치법상으로는 인구 50만명 이상을 요건으로 규정하고 있지만, 실제로는 인구 100만명 이상이거나 가까운 장래에 100만명이 될 수 있는 인구를 가진 도시를 지정했다. 1956년 오사카 시(大阪市), 교토 시(京都市) 등이 처음 지정된 이래, 2009년 4월 오카야마 시(岡山市)가 추가되면서 이때까지 18개 시가 지정되었다.

행한다.

'유역', '연대', '참여', '파트너십', '환경', '지역성', ······. 수많은 키워드로 표현되는 새로운 하천정책의 이념은 '강의 365일'이라는 표현에서 단적으로 드러나는 것처럼, 홍수나 가뭄 같은 비상시 대책을 가정한 근대적인 하천 관리에 편중된 것에서, 환경과 경관 등 하천의 다면적인 기능을 염두에 둔 개별적이면서도 종합적인 하천 관리로의 전환을 지향하는 것으로 보인다.*1 분명히 1980년대 후반 이후, '고향의 강 모델 사업'과 '다_多자연형 강 만들기'를 시작점으로 해서 '바닥과 벽면 콘크리트'로 대표되는 지금까지의 획일적이고 무기질적인 하천공법으로부터의 전환을 시도하는 '조주로'[도움닫기]는 있었다. 그렇지만 '시민단체와의 연계'와 '하천 환경의 다양성', '지역 만들기' 같은 유연한 측면에서의 정책 변화가 두드러지게 되는 것은 1990년대 후반에 들어와서였다.

1997년에 실시된 하천법 개정의 요점은 하천 관리의 목적에 '하천 환경의 정비와 보전'이 추가된 것과 하천정비의 계획 결정 과정에서 기초지자체 및 주민의 의견을 반영하는 절차가 명문화된 것, 이 두 가지였다. 하천법이 개정되는 계기가 된 것은 1995년부터 96년에 걸쳐 세 차례 제출된 하천심의회의 답신과 제언이다. 1996년 6월의 답신 "21세기의 새로운 사회를 전망한 향후 하천정비의 기본 방향성에 대해서"는 향후 하천정책의 기본방침으로서 ①유역의 관점 ②시민단체 및 지자체와의 연계 ③하천의 다양성('강의 365일') ④정보의 역할 등을 특히 중시하고 있다.

제2장에서 언급한 것처럼, 1990년대 전반의 나가라 강_{長良川} 하구언의 건설·운용에 대한 환경운동의 전국적인 전개와 대중매체를 통한 '사회문제화'에 의해, 나가라 강 하구언은 '환경을 파괴하는 공공사업'이나 '쓸모없는 공공사업'의 상징으로 프레이밍_{framing}되어, 사업 과정에서 건설성의 대응은 커다란 사회적 비판을 받았다. 한편 츠루미 강_{鶴見川}이나 다마 강_{多摩川} 등 도시지역의 주요 하천에서는 시민단체와의 연계를 지향하는 프로젝트

적인 정책 실험이 이미 시작되었던 것도 사실이다. 위의 새로운 제반 정책(답신)은 이 같은 정책 실험을 밑바탕으로 하는 모양새로 만들어 낸 것으로서 답신 내용이 1997년의 하천법 개정에 그대로 반영된다.

1996년 12월에 하천심의회가 제출한 향후의 하천 제도에 관한 제언으로 "치수, 이수 등의 관점은 안전하고 안심할 수 있는 국민 생활 실현을 위해 빼놓을 수 없는 것이지만, 그렇다고 해서 환경을 배려하지 않고, 또한 몰개성적인 강 만들기, 예를 들면 콘크리트로 뒤집어씌운 배수로를 만든다든지 펜스를 둘러친다든지, 뚜껑을 해서 암거화하는 등과 같은 강 만들기가 요구되는 시대는 아니다"(建設省河川法研究会 1997: 236)라고 지적하고 있는 것처럼, 오늘날의 하천정책은 종래의 홍수 제어(치수)와 가뭄 대책(이수)라는 2개의 축에 '지역성'과 '강의 다면적인 기능 중시'와 같은 새로운 정책 과제가 추가된 이종 혼합 상태가 되었다. 거기서 신구의 정책을 연결하는 열쇠로 내건 것이 '시민단체와의 연계'였다. 조금 길어지지만, 답신의 핵심이 되는 부분을 인용해 둔다.

(1) 하천은 물 순환계의 주축이며, 유역과 동일체적인 관계를 갖고 있다. 유역의 인구·자산의 집적이나 토지 이용의 변화가 하천에 미치는 영향이 상당해서, 홍수·토사 유출의 증대, 평소 하천의 수량 감소, 수질 악화 등의 문제를 발생시켜 왔다. 이런 문제에 대처하기 위해서는 수계 일관성의 관점뿐만 아니라, 유역 전체를 염두에 둔 시책이 중요하다.

(2) 지역의 독자성을 살린 개성 있는 하천정비를 하기 위해서는 하천의 특징 및 지역의 자연·사회·문화 특성과 지역의 수요를 정확하게 파악, 반영하는 일이 필요하다. 이를 위해서는 지역주민의 주체적인 참여 촉진과 다양한 참여 기회의 창출을 위해 노력함과 동시에, 관계기관 등과의 연계를 강화하는 일이 중요하다.

(3) 지금까지의 하천정비는 주로 홍수와 가뭄이라는 이상이 발생했을 때의 피해 경감 대책으로서 실시되어 왔지만, 앞으로는 여기에 추가해서 하천이 평상시에도 생물의 서식·생육의 장이라는 것, 산책, 스포츠 등의 이용의 장이라는 것, 사계절마다 변화하는 아름다운 환경의 하나로 지역의 풍토·문화를 형성하는 중요한 요소라는 것을 동시에 인식, 즉 '강의 365일'을 의식하면서 치수, 이수, 환경에 관한 시책을 종합적으로 펼쳐 나가는 게 중요하다.

답신 내용은 무엇을 의미하고 있는 것일까. 단적으로 말하면, 종래의 하천법 아래에서의 하천 행정이 오로지 강을 제어의 대상으로 파악하는 하천관에 편중되어 폐쇄적인 정책당국의 내부에서 독점적·기술론적으로 모든 과제를 해결하려 해 온 것에 대한 한계가 노정되어 있다. 말을 바꾸면, 지역주민의 참여 및 합의 형성과 함께, 자연과학뿐만 아니라 인문·사회과학을 포함한 여러 분야를 가로지르는 관점을 갖지 않으면 이제는 향후의 하천정책이 성립될 수 없다는 인식이 내포되어 있다.[*2] 일련의 답신에서 '지역의 의향을 반영한 하천정비'나 '시민단체와의 연계'가 반복해서 강조되고 있는 게 그 증거다.

문제는 이와 같은 상위 수준의 정책이 실제로 운용되고 있는 현장(말단) 행정의 수준, 즉 건설성이라면 공사사무소, 도·도·부·현이라면 하천과나 토목사무소에서 얼마나 구체적으로 대응을 하고 있느냐는 점이다. 예를 들어 하천법 개정으로 수계마다 작성이 의무화된 '하천정비계획'을 보면, 계획에 주민의 의견을 반영시키는 구체적인 방법이 세부적으로 규정되어 있지 않다. 따라서 '주민의 참여'라고는 해도 그것이 종래의 심의회에서 자주 볼 수 있었던 대로 형식적인 참여에 그치는 것인지, 그렇지 않으면 계획 내용에 주민의 의사를 반영시킨 실질적인 참여(계획 참여)로 부를 수 있게 되는지는 상당 부분 그 실무를 담당하는 말단 행정기관의 시책이나 대응과 시민 섹터 측의 역량에 달려 있다. 구체적인 논의는 다음 절에서 하도록 하고, 다음으로는 1990년대에 들어와서 현재화顯在化한 '유역 네트워킹'을 예로 들어 하천을 둘러싼 시민 섹터의 변화를 확인해 두자.

유역 네트워킹의 탄생

1991년의 '츠루미 강 유역 네트워킹'의 탄생을 효시로 각지에서 유역을 단위로 한 시민(주민) 그룹의 네트워크 형성을 지향하는 '유역 네트워킹'이나 '유역 연대'의 움직임이 활발해졌다. 츠루미 강은 물론, 다마 강과 사가미 강相模川 등 도시지역의 하천이 중심이긴 하지만, 기타카미 강北上川(이와테 현岩手県·미야기 현宮城県), 아사히카와 강旭川(오카야마 현岡山県), 오노 강(오이타 현大分県) 등 지방의 하천에 있어서도 최근 시민 섹터를 담당하는 '네트워킹'의 형성을 볼 수 있다(柿澤 2001; 依光 編 2001; 山道 2001a). 시민 섹터란 NGO/NPO 등의 시민활동 단체나 사회운동 조직에 의해 구성되는 사회적 세력의 총칭이다.[3]

그렇다 해도 야하기 강矢作川 연안 수질보전대책협의회(이하, 야수협)의 예로 대표되듯이, 개발 규제와 폐수 감시를 주목적으로 한 유역의 주민 단체와 지자체와의 연대는 이미 1970년대부터 이루어지고 있었다(古川 2003; 依光 編 2001; 銀河書房 編 1994). 야하기 강의 경우, 1960년대 공장 폐수에 대한 농민과 어민의 항의운동이 나중에 지자체와 연대하는 계기가 되었다. 그 후, 수질오염이 개선되어 "야수협 활동은 설립 당시의 감시활동에 의한 오폐수 발생원의 조사·고발, 시·정·촌의 대책 요구 같은 운동에서, 상·하류 교류에 의한 합의 형성과 같은 운동 형태로 바뀌었다"(依光 編 2001: 144). 일련의 운동 과정에서 야수협은 현과의 '협정'에 따라 개발 행위를 사전 규제하는 데 직접 관여할 수 있게 된다.

구체적으로는 개발 행위자로부터 개발의 내용과 공해방지 대책 등을 청취한 다음, 임원회의에서 동의 여부를 결정, 동의가 되었을 경우에만 현이 개발을 허가한다는, 개발계획에 관한 합의 형성 시스템이다(야하기 강 시스템). 이 야하기 강 시스템은 환경영향평가의 '지역주민 의견 반영'에서 한발 더 나아가 실효성을 담보한 것으로 파악할 수 있다. 최근에는 야하기 강의 수원지 숲 보전을 목적으로 한 분수[수익 배분] 육림계약의 체결과 수원기금의 설치 등, 특히 하류지역의 지자체가 주도한 제도 조성도 병행해서 추진되고 있다.

1990년대에 들어서면 이처럼 항의운동으로부터 전개된 '유역 연대'의 한편에서, 이미 하나의 유역에서 개별적으로 활동하고 있던 시민(주민) 그룹과 환경 자원봉사 단체가 유역을 축으로 상호 교류·연대하려고 하는 움직임이 나타난다. 그 대표적인 사례가 가나가와 현神奈川県의 츠루미 강 유역 네트워킹(이하, TRN)이었다.

1991년에 결성된 TRN은 수질 면에서 전국 최악 3위 안에 들어간다는 츠루미 강의 재생을 염두에 두고, 우선 개별적으로 활동하는 시민(주민) 그룹이 협조·연대하는 것, 더 나아가 하천 관리자인 건설성이나 지자체와 연계하면서 하천정비와 환경 보전을 추진해 가는 것을 주목적으로 했다(鶴見川流域ネットワーキング 2001). 중심 멤버 간에는 이 시도를 강과 관련한 다양한 행위자 사이의 '파트너십' 형성을 도모하는 일종의 '사회 실험'으로 생각하고 있었다고 한다.

TRN의 중심적인 활동 이념은 결성 당시의 중심 멤버가 말하는 것처럼 '자립한 시민', 이와 함께 제시카 립낵Jessica Lipnack과 제프리 스탬스Jeffery Stamps가 1980년대 초에 제기한 대안적 사회의 존재 방식으로서의 '분권적·다두적·복안적複眼的'인 '네트워킹'이었다.*4 활동을 맡아 역할을 한 것은 도시지역의 신흥 주택가에 사는 비교적 고학력층의 시민들이다.

한 마디로 유역 네트워킹이나 유역 연대라고는 해도 무엇보다 하천의 형상과 인구 분포, 문화·역사 등 유역의 자연적·사회적 여건에 따라 각

각 시민(주민) 활동의 양태가 달라지기 때문에 활동의 형태나 내용은 저절로 여러 갈래로 나타난다. 그러나 특히 1990년대에 들어와 현재화한 유역 네트워킹의 특징을 최대공약수를 뽑아 정리하면, 이는 하나의 유역을 무대로 활동을 개별적으로 전개하는 주민단체나 시민단체가 상호 교류와 연대, 역량강화$_{empowerment}$를 목적으로, 유연한 형태의 연계를 지향하는 것이라고 할 수 있다.

최근 시민(주민) 그룹의 네트워크 형성을 시도하는 움직임이 전국적으로 두드러지게 된 배경에는 1998년의 NPO법 시행에 더해 정책 과제로 '시민단체와의 연계'와 그 지원 방안을 실시하는 행정당국 측(정책)의 요인이 존재하는 것도 분명하지만,*5 그 한편에는 시민에 의한 자원봉사 활동과 NGO/NPO로 대표되는 시민 섹터의 변화와 대두가 있다. 더욱이 유역의 각 지역에서 활동을 추진해 온 주민 그룹이나 민간단체에게도 전국 차원의 유역 단위 운동이나 활동의 활성화를 배경으로, '유역'이라는 관점에서 상호 유연하게 연계하는 일이 장점을 가지고 있고, 또 필요성을 인식하게 되었다고 하는 요인도 있다. 이처럼 행정(정책)과 시민 섹터 쌍방의 '지각변동'이 교차하는 지점에 최근의 유역 네트워킹의 생성이 위치하고 있다.

무엇보다 그 중에는 활동 지원을 넘어서 '네트워킹'이나 '유역 연대'의 생성 자체를 행정당국이 주도하는 '관제 네트워킹'도 볼 수 없는 것은 아니다. 21세기 초의 단계에서는 유역을 둘러싼 시민 섹터의 움직임이 '옥석이 섞여 있는' 상태에 있지만,*6 그 중에서는 착실하게 네트워크를 구축, 행정당국과의 연계나 협력뿐만이 아니라 정책(계획) 결정 과정에 행위자로 참가하는 역량을 갖춘 유역 네트워킹(NPO)도 탄생했다. 여기서 다음으로는 오이타 현 오노 강을 활동 거점으로 하는 '오노 강 유역네트워킹'을 사례로 해서, 2001년에 책정된 하천정비계획의 결정 과정을 분석하고, 유역의 합의 형성 시스템의 존재 방식과 함께 참여와 협동에 관한 앞으로의 전망을 검토해 보자.

2. 오노 강에서 보는 새로운 정책 과정의 형성

오노 강 유역 네트워킹의 결성과 배경

1998년에 탄생한 오노 강 유역 네트워킹(이하, 오노 강 네트)은 지역 만들기나 환경 자원봉사에 관여하는 주민 그룹 등 유역의 다양한 행위자로 구성되어 있다. 이와 함께 행정당국과의 협동을 시도하면서 계획 결정 과정의 참여를 통해 새로운 하천 관리의 틀을 만들어 내는 등, 오노 강 네트의 활동은 건설성이나 오이타 현의 하천정책에도 커다란 영향을 끼쳐 왔다. 여기에서는 우선 오노 강 네트가 어떤 경위로 탄생한 것인지 확인해 두자.[*7]

오노 강 네트의 모체는 1994년에 결성된, 상류부터 하류까지 오노 강을 따라 강변 걷기를 즐기는 사람들의 시민 동아리였다. 동아리의 사무국장 및 나중에 오노 강 네트의 초대 사무국장을 역임, 네트워킹과 NPO 법인화의 핵심인물이 된 사람이 A 씨다. 그는 오노 강 상류지역에 위치한 다케다 시竹田市 출신으로, 대학 진학 때부터 민간기업 근무 때까지 약 20년간의 도쿄 생활을 거쳐서 오이타 시로 이주해 왔다.[*8]

유역의 자연환경과 경관, 역사 등 오노 강이 갖고 있는 다양한 매력에 빠진 A 씨는 시간을 쪼개 발원지부터 하구까지 지류를 포함해 유역을 샅샅이 찾아다니게 된다. 그 과정에서 강과 관련된 다수의 환경 자원봉사와 지역 만들기 주민 그룹의 존재를 '발견'해 그룹의 리더들과 인적 관계를 형성해 갔다.

"강에 대해 알고 싶어 행정 창구에 가도 행정구역을 벗어나면 정보가 없고, 시·정·촌의 자원봉사 활동 단체의 정보도 확실하지 않은"(幸野 1998: 25) 것에 문제의식을 가진 그는[*9] "행정구역을 뛰어넘어 상류·중류·하류의 사람들과 하나가 되어 오노 강과 관련된 것을 생각해 보지 않겠냐"고

동료들에게 제안, 1996년 7월에 '공생·커뮤니케이션·연대'를 주제로 '오노 강 하천 심포지엄'을 개최한다. 이 심포지엄에서는 유역의 주요 주민 그룹의 활동 보고는 물론, 츠루미 강 유역 네트워킹의 사무국장을 비롯한 유역 내외의 시민활동 그룹과 건설성의 공사사무소장 등이 참가해 '향후의 강 만들기'에 관한 토론회가 열렸다.

다케다 시에서 열린 제1회 심포지엄은 많은 사람의 관심을 끌어 모아, 행사장은 200명 가까운 참가자로 가득 찼다. 이 심포지엄을 하나의 단계로 삼은 A 씨는 강변 걷기를 계속하는 한편, 보다 많은 유역의 주민 그룹을 '발굴'하고 각 리더와 개인적인 관계를 더 돈독히 한다.

오노 강 관련 활동과 병행해서 그는 자신의 시야를 넓히기 위해 유역의 범위를 뛰어넘은 활동도 전개한다. 1997년에는 규슈九州 지방부터 관동関東 지방까지 1급 하천을 차로 샅샅이 돌아보는 여행을 통해 여러 유역의 경관과 특성을 돌아봄으로써 오노 강의 고유성을 강하게 인식하게 된다.

그리고 1996년부터는 컴퓨터 통신을 이용한 '강 포럼'의 개설·운영에 관여, 각지의 강에 관한 시민활동의 정보를 교환하기 위해 새로운 커뮤니케이션 도구 만들기에 관여한다. '강 포럼'에서는 실제 활동에 관여하고 있는 시민 그룹과 NPO 관계자뿐만 아니라, 하천 관리를 담당하는 행정 담당자와 대학의 연구자도 참여, 활발한 논의와 의견 교환이 이루어졌다. 하천 행정과 자원봉사 활동에 관여하는 다양한 입장을 가진 사람들의 솔직한 고민과 의견을 파악한다는 의미만이 아니라, 새로운 합의 형성과 커뮤니케이션 장으로서의 가능성을 시도한다는 '사회 실험'의 의미도 있었다.

위와 같은 단계를 거친 후, 1998년 8월에 개최한 제2회 하천 심포지엄을 계기로 주민 그룹과 어협, 상공회 등 민간단체의 유연한 연대를 지향하는 오노 강 네트가 결성되었다. 오노 강 네트에 참가한 약 40개 단체는 유역의 2시 9정 2촌에 위치, 강의 환경 보전을 주목적으로 활동하는 그룹이 많지만, 거기에 그치지 않고 강을 주제로 지역 만들기를 하는 주민 그룹과 어협, 카누협회, 상공회 등, 넓은 의미에서 오노 강에 관심을 갖는 단체와 그룹이 많이 모였다. 이것이 '환경'에 특화된 시민 그룹이나 운동 조직이 중심이 되어 있는 도시지역의 유역 네트워킹과의 차이점이다.

표어가 된 '오노 강에 감사'나 '유연한 연대'에서 알 수 있는 것처럼, 오노 강 네트는 참가의 문호를 넓혀 각각의 활동을 존중하면서, 우선 상호 소통을 촉진해 나가는 것을 커다란 목적으로 삼았다. 앞에서 언급했듯이 기존의 행정구역을 뛰어넘어 오노 강에 관한 유역 주민들의 생각을 모아 가기 위한, 하나의 계기 만들기라는 자리매김이다.

여기서 중요한 것이 A 씨 등은 '네트워크 형성' 자체를 목적으로 생각하고 있지 않았다는 점이다. 오히려 주민 그룹 활동의 다채로움이나 강에 대한 구상을 접하는 동안, 상호 소통을 심화하기 위한 하나의 실험적인 수단으로 네트워크 형성을 생각하게 되었다고 하는 게 실상에 가깝다. '강물 타기' 등 몸을 매개로 한 '놀이'를 도입, 스스로 즐기면서 유역의 주민활동에서 배우도록, 오노 강에 관한 것들을 여러 가지 관점에서 구상해 나가겠다는 것이 중심 멤버의 일관적인 이념이었다. "아주 일반적인 가정의 주부나 회사원이 자신의 강에 관해 생각하는 토양을 만들고 싶다"면서, 착실하게 전개되고 있는 지역 내 활동에 눈높이를 맞추고 그것들을 끄집어내려 하는 관점이 내재하고 있다는 점에 활동의 커다란 특징이 있다.

오노 강 네트는 그 후, '하천 심포지엄'을 정기적으로 개최하는 한편, 오노 강에게 감사를 표하는 '원류비源流碑'를 하류부터 발원지까지 유역의 각 단체가 여러 달 동안 릴레이 방식으로 나르는 이벤트와 함께, 건설성 (오이타 공사사무소) 및 현(하천과)과 연계하면서 유역의 하천 일제 청소를 정례 행사로 진행하고 있다. 더욱이 2000년 12월에는 멤버 유지가 출자하여 오노 강 네트의 활동 거점이 되는 '갓빠河童² 오두막'(사무소)이 오노 강 기슭에 건설되었다. 현재 '갓빠 오두막'이 초·중학생을 대상으로 한 자

사진 9-1 오노 강 유역 네트워킹의 활동 거점 '갓빠 오두막'

* 2003년 10월 25일 필자 촬영

원봉사 활동으로서의 환경 교육이 이루어지는 공간이자, 행정 담당자 및 주민 그룹의 비공식적인 소통의 '장'으로 기능하기 시작하는 등, 오노 강 네트의 활동이 다방면에 걸쳐 전개되는 단계에 이르렀다(사진 9-1).

그러면 오노 강 네트가 무리 없이 결성된 배경에는 어떤 요인이 있었 던 것일까. 물론 A 씨라고 하는 핵심인물 개인의 자질에 힘입은 바가 큰 것은 사실이지만, 그 외의 요인으로 다음 세 가지를 지적할 수 있다.

첫째, 주민 측(시민 섹터)의 인식과 문제의식을 들 수 있다. 예를 들어 30년 가까이 오노 강 상류지역에서 지역의 맑은 물을 지키는 활동을 계 속해 온 '하쿠산 강白山川을 지키는 모임'의 대표 B 씨는 "이 하쿠산 강은

---

2 河童은 '갓빠'로 읽는다. 물속에 사는 상상의 동물이다.

오노 강의 상류야. 하류 45만의 오이타 시민의 목숨을 맡고 있는 거나 다름없어. …… 우리는 이렇게 착실히 활동을 해 왔는데, 중류라든지 하류 사람들은 어째서 강이 주는 혜택에 좀 더 감사하고 마음을 합치는 일이 안 되는 거야"라고 항상 생각했다고 한다.*10 그러한 때에 A 씨의 제안으로 오노 강 네트 결성에 관한 이야기가 착착 순조롭게 진행되었다.

B 씨의 이야기는 하나의 예에 지나지 않지만, 유역을 보는 관점에서 강을 생각할 필요가 있다고 하는 점이 건설성 등 행정당국의 정책뿐만 아니라, 주민 측의 활동에 있어서도 널리 인식되고 있었던 게 분명하다. 유역이라는 '수직적인 연계'의 필요성이 주민 차원에서도 많아진 것은 제4장에서 다룬 〈숲·바다〉 운동뿐만이 아니라, 똑같은 시기에 각지에서 조림운동이 활발해진 일과도 겹쳐진다.

둘째, 첫째 요인과 관련이 있는데, 유역의 특성을 배경으로 한 행위자 간 이해관계의 일치가 있다. 다마 강에서 전형적으로 볼 수 있듯이 도시 지역을 흐르는 하천에서는 각양각색의 시민단체나 환경 NPO가 수없이 존재, 활동 방향도 행정당국과의 관계에 대한 사고방식도 다양하기 때문에 통일된 이념에 기초해 어떤 구체적인 활동을 해 나가는 일이 간단하지 않다.*11 이에 반해 많은 지역에서 인구 과소화·고령화가 진행되는 오노 강 유역에서는 공통의 지역 과제를 배경으로, 강을 토대로 한 '지역 만들기'라는 관점에서 협동을 추진하기가 쉬웠다.

셋째, 앞에서 언급한 것처럼 건설성을 비롯한 중앙 차원의 하천정책 동향이다. 특히 1990년대 중반 이후, 하천 관리나 시민단체와의 연계에 관한 커다란 정책적인 전환이 이루어지는 가운데, 오노 강 네트의 활동은 행정당국으로부터 다양한 지원을 받기 쉬운 상황이었다. 오노 강의 하천정책을 담당하고, 오노 강 네트와의 협동을 모색하는 건설성의 직원 C 씨는 말한다. "우리만이 (건설성 내에서) 특별히 의식이 높은 게 아니라, 관공서 내부에서는 '이제 NGO나 시민단체를 무시하고는 일을 해 나갈 수 없다'는

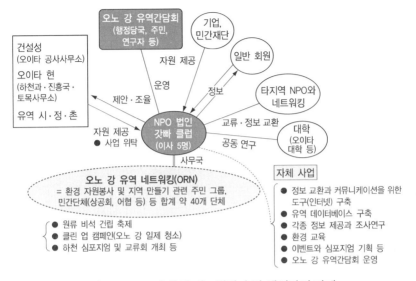

그림 9-1 오노 강 유역 네트워킹과 각 행위자의 관계

인식이 있다. 무시하면, 우리 일도 할 수 없게 되고. 역시 하천법 개정이 (계기로서) 컸다."*12

그림 9-1은 현 시점의 오노 강 네트를 중심으로 한 관련 행위자 간에 폭넓게 형성된 관계를 제시한 것이다. 2002년 6월에는 오노 강 관련 사업을 하기 위한 NPO 법인(갓빠 클럽)이 새로 설립되었다. 이 NPO 법인도 포함해서 광의의 오노 강 네트로 보면, 그 특징은 다음 두 가지로 집약할 수 있다.

첫째, 오노 강 네트는 다양한 활동 단체로 구성되어 있다. 환경 보전을 주목적으로 한 환경 자원봉사 그룹에 그치지 않고, 지역 만들기 주민단체와 어협, 상공회 등 넓은 범위에서 유역의 '당사자'(행위자)를 포함하고 있다. 제7장에서 분석 대상으로 삼은 오노 정의 '친다 폭포회'도 오노 강 네트를 구성하는 중요한 그룹이다. 그리고 오노 강 어협만 해도 약 4,000명의 조합원을 가지고 있고, '친다 폭포회'와 '하쿠산 강을 지키는 모임'처럼 초등학교 구역의 지역 자치회로 구성된 주민 그룹도 상당수 포함되어 있는 점을 고려하면, 오노 강 네트에 참가한 각 단체 구성원의 총수는 5,000명 이상에 달할 것으로 생각된다.

둘째, 다양한 외부 주체와의 연대나 관계를 맺고 있다. 행정당국과의 관계는 차치하고, 지역의 대학과 기업, 나아가서는 유역을 초월한 타 지역 NPO나 네트워킹과의 연계가 구축되어 있다. 그 결절점에 해당하는 인물이 오노 강 네트의 초대 사무국장을 역임한 A 씨였다.

시민(주민)단체가 정책당국(건설성이나 현)과 어떠한 관계를 구축해 나갈 것인지는 환경정책 전반에 공통적인 아주 시급한 과제다. 이 점에 대해서는 오노 강의 하천정비계획 결정 과정과 합의 형성 시스템의 형성에 관한 사례를 검토한 다음, 다시 논의를 전개하도록 한다.

하천정비계획의 책정 과정과 합의 형성 시스템의 모색

하천법 개정에 따라 새로 도입된 것이 수계별 '하천정비계획'의 책정과 주민 참여였다(개정 하천법 제16조의 2). 제1장에서 검토한 것처럼, 기존의 하천법에서는 '공사실시 기본계획' 책정이 의무화되어 있었지만, 그 대상이 1급 하천으로 한정된 데다 전문가 등 제3자와 지역주민 및 지자체가 의견을 진술할 수 있는 기회가 절차로서 규정되어 있지 않았다.

그러나 하천법 개정에 의해 기존의 '공사실시 기본계획'이 해당 수계의 기본 고수유량과 계획 고수유량 등 하천 관리의 기초수치와 하천정비의 큰 방향을 규정하는 '하천정비기본방침'과, 댐 건설 등 개별 사업 내용이나 합의 형성의 방법 같은 보다 구체적인 하천의 공사나 유지에 관한 '하천정비계획' 둘로 나뉘어져, 2급 하천을 포함한 모든 하천의 계획 결정 과정 절차가 규정되었다.[*13] 그 중 '하천정비기본방침'은 기본 고수유량을 포함해서 여전히 건설성 내부에서 결정된다는 커다란 문제점이 남아 있다. 한편, '하천정비계획'은 향후 30년 동안 해당 하천의 정비와 관리에 관한 장기계획으로, 각 부의 개별적인 공사나 정비는 기본적으로 이 계획에 따라 실시하게 된다. 하천정비계획 책정에 있어서는 위원회를 만들어 원안을 검토하고, 주민의 의견을 반영시키기 위한 설명회나 공청회를 개최한다는 수법이 도입되는 게 일반적이다.

중요한 것은 새로 도입된 이 하천정비계획의 책정 과정이 '시민단체와의 연계'와 '파트너십', '환경'을 키워드로 하는 새로운 정책의 실효성과 향후의 하천 관리나 합의 형성의 존재 방식을 점치는 중요한 시금석이 된다는 점이다.[14] 문제는 앞에서 이야기한 것처럼, 폐쇄적인 정책 결정 과정으로부터의 전환과 법 개정의 이념이 개별 계획 책정과 사업에 관여하는 담당 행정기관 차원에서 어느 정도 구체적으로 실현되는가 하는 점이다.

오노 강 수계의 하천정비계획은 2001년 1월에 건설성 직할 구간인 하류지역 계획이, 2002년에는 중상류지역의 현 관리 구간 계획이 책정되었다. 전국의 1급 하천 109개 수계 가운데 개정 하천법에 따른 계획이 책정된 것은 오노 강이 처음이다. 그 책정의 모체가 된 것이 오노 강 유역위원회(이하, 유역위원회)다. 2000년 1월에 발족한 유역위원회는 '학식 경험자' 7명, 현 상공회의소와 지역신문사 등 민간단체 관계자 3명을 비롯한 13명의 위원으로 구성되었다.[15] 위원회에 'NPO 관계자'로서 위원으로 참가한 사람이 당시 오노 강 네트의 사무국장이었던 A 씨다.

위원회는 공개 방식으로 이루어졌고, 심의는 사무국이 작성한 하천정비계획의 원안을 놓고, 유역 주민을 대상으로 의견 교환회를 여는 형태로 진행되었다(그림 9-2).[16] 의견 교환회는 유역 각 지자체의 관계 지역(지구)마다 개최되었는데 직할 구간과 현 관리 구간의 계획을 아울러 총 26회에 걸쳐 이루어졌다.

사실 사무국이 작성한 계획 원안은 심의 과정에서 크게 바뀌었다. 그 요점은 ①하천정비에 있어서 오노 강 독자적인 '기본 이념'이 계획 속에 받아들여진 점 ②주민 의견을 반영해 주민이 정책 결정 과정에 참여할

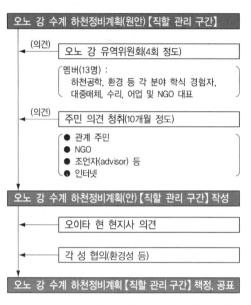

그림 9-2 오노 강 하천정비계획의 책정 흐름도(직할 구간)

* 출처 : 가와노의 글(河野 2000)을 토대로 작성

수 있는 구체적인 틀을 도입한 점 ③더 나아가 이런 점들이 위원으로 참여한 유역의 주민단체(오노 강 네트)의 제언을 전면 수용하는 형태로 원안 수정에 추가된 점, 이 세 가지였다.

원래 당초의 사무국 원안은 지금까지 해 온 대로 하천 행정 발상의 연장선상에서 작성되었다고 한다. 개정된 하천법의 이념은 사무국의 건설성 직원뿐만 아니라 다른 위원들에게도 충분히 인식돼 있지 않아, 원안에서는 완전히 빠져 있었다. 그것을 문체 변경과 사진·그림을 많이 사용하는 것과 같은 형식적인 면뿐만 아니라, 위의 두 가지 제언과 유역의 치수·이수에 관한 역사적인 기술을 추가하는 등, 오노 강 네트(A 씨)의 제안에 의해 원안이 내용적인 측면에서도 크게 바뀌었다.

①의 기본 이념에 대해서는 하천법 개정의 이념을 구체화해 유역의 특성을 반영하게 되었다(그림 9-3). 이에 덧붙여 "수계를 일관해서"라는

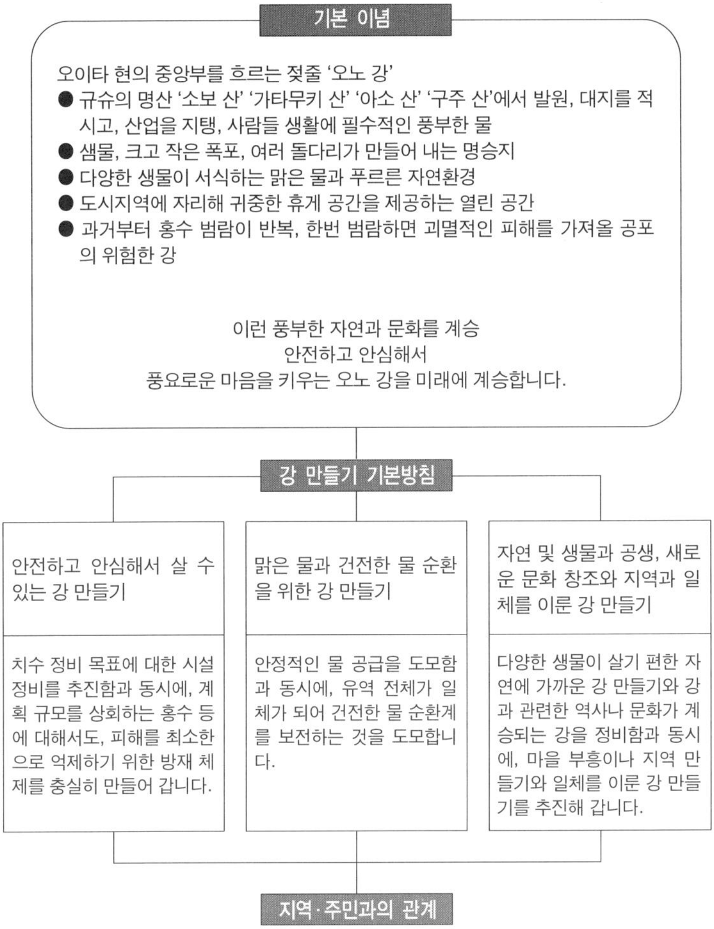

기본 이념

오이타 현의 중앙부를 흐르는 젖줄 '오노 강'
- 규슈의 명산 '소보 산' '가타무키 산' '아소 산' '구주 산'에서 발원, 대지를 적시고, 산업을 지탱, 사람들 생활에 필수적인 풍부한 물
- 샘물, 크고 작은 폭포, 여러 돌다리가 만들어 내는 명승지
- 다양한 생물이 서식하는 맑은 물과 푸르른 자연환경
- 도시지역에 자리해 귀중한 휴게 공간을 제공하는 열린 공간
- 과거부터 홍수 범람이 반복, 한번 범람하면 괴멸적인 피해를 가져올 공포의 위험한 강

이런 풍부한 자연과 문화를 계승
안전하고 안심해서
풍요로운 마음을 키우는 오노 강을 미래에 계승합니다.

강 만들기 기본방침

안전하고 안심해서 살 수 있는 강 만들기	맑은 물과 건전한 물 순환을 위한 강 만들기	자연 및 생물과 공생, 새로운 문화 창조와 지역과 일체를 이룬 강 만들기
치수 정비 목표에 대한 시설 정비를 추진함과 동시에, 계획 규모를 상회하는 홍수 등에 대해서도, 피해를 최소한으로 억제하기 위한 방재 체제를 충실히 만들어 갑니다.	안정적인 물 공급을 도모함과 동시에, 유역 전체가 일체가 되어 건전한 물 순환계를 보전하는 것을 도모합니다.	다양한 생물이 살기 편한 자연에 가까운 강 만들기와 강과 관련한 역사나 문화가 계승되는 강을 정비함과 동시에, 마을 부흥이나 지역 만들기와 일체를 이룬 강 만들기를 추진해 갑니다.

지역·주민과의 관계

그림 9-3 오노 강 하천정비계획의 기본 이념

* 출처 : 国土交通省九州地方整備局大分工事事務所 2001

문구가 삽입됨으로써 나중에 책정되는 현의 관리 구간 정비계획과의 정합성·일체성을 취할 수 있게 의도되었다. ②에 대해 살펴보자면, 뒤에 다시 언급하겠지만 '오노 강의 강 만들기 추진 방안'으로서 주민 참여를 위한 틀을 '오노 강 유역간담회'라는 형태로 구체화하고 있다.

이와 같이 오노 강 네트의 제언을 전면적으로 반영한 모양으로 하천

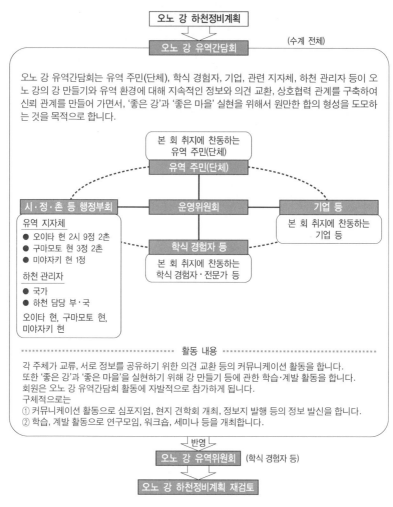

그림 9-4 오노 강 정비에 관한 합의 형성의 틀(오노 강 유역간담회의 개요)

* 출처 : 오이타 현 하천과 자료를 일부 수정

정비계획이 책정되었는데, 이는 오노 강 수계 전체의 향후 30년 동안의 하천정비와 유지에 관한 기본적인 프레임이 굳어진 것을 의미한다. 즉 앞으로 새롭게 실시되는 하천의 공사와 정비 내용은 상위 계획인 하천 정비계획의 프레임에 기초해서 실시하게 된다.[17]

하천정비계획에서 주목해야 할 점은 특히 '오노 강 유역간담회'의 존재일 것이다(그림 9-4). 이 아이디어는 이미 주민과 행정당국이 협의의 장 만들기로 앞서 가고 있는 다마 강의 사례를 참고한 것으로, 하천 관리자로서의 건설성 및 현, 그리고 유역의 시·정·촌과 주민, 연구자, 기업 등 다양한 행위자가 일상적인 커뮤니케이션을 통해서 오노 강의 정비나 유지에 관한 의견을 서로 내 놓고 유연하게 합의 형성을 도모하는 것을 목적으로 하고 있다.

특히 중요한 것은 유역간담회를 하천정비계획 재검토 작업에 반영될 수 있게 자리매김해서 종래의 정책 과정에는 결여돼 있던, 계획에 피드백하는 구조를 구체화한 점, 한발 더 나아가 오노 강에 관심이 있는 주민은 누구든지 참여가 가능하도록 참여 자격에 제한을 두지 않은 점이다. 이 간담회는 건설성 및 현이 운영비 등 자금 측면에서 원조를 하고, NPO 법인 자격을 취득한 오노 강 네트의 '갓빠 클럽'이 그 운영에 관여하게 되었다.[*18]

새로 도입하게 된 오노 강의 하천 관리를 둘러싼 정책 결정 및 합의 형성의 틀은 향후 운영을 지켜봐야 한다는 측면이 있기는 하지만, 제1장에서 구체적으로 검토한 종래의 폐쇄적인 정책(계획) 결정 과정과 비교하면 그 차이가 일목요연하다.

3. '두 번째 단계'의 전망과 과제

'참여'와 '협동'을 둘러싼 딜레마

오노 강 네트는 행정당국과 협동하면서, 계획 결정 과정에 참여해 새로운 관점을 도입하는 중요한 키 플레이어로서의 역할을 해 왔다. 더욱이 건설성이나 현의 하천정책에도 큰 영향을 끼쳤다. 그러면 어떻게 해서 그것이 가능하게 된 것일까.

정책 결정 과정의 '참여'와 '협동'을 논의할 때 자주 지적되는 것이 '병탄'이나 '포섭'에 의한 '운동의 제도화'에 따른 폐해로, 참여와 운동에 관한 딜레마다. 거기서 시민(주민)활동이 자율성을 유지하면서, 행정당국의 정책과 계획에 영향을 끼쳐 열린 공공 공간으로서 '강'을 재구축해 나가는 단서를 '전문성'이라는 관점에서 고찰해 보자.

1995년에 발생한 한신阪神·아와지淡路 대지진[고베 대지진]과 1998년의 NPO법 제정·시행을 계기로 시민의 자원봉사 활동과 NGO/NPO의 존재가 주목을 끌게 되면서 그와 관련한 연구나 논의도 활발하게 이루어져 왔다. 논의의 초점 중 하나는 시민활동 조직이나 NPO가 행정당국과 맺는 관계를 어떻게 생각할 것인가, 양자는 어떤 관계를 구축해야 하는 것인가 하는 점이다. 그때의 키워드가 '참여'나 '협동', '연대', '파트너십'이지만, 실제 현상에 맞춰 무엇이 필요한지 구체적이며 이론적으로 검토하는 작업이 요구되고 있다.

데라다 료이치寺田良一는 미국을 예로 들면서 환경운동이 제도화(NPO 법인화)함으로써 '운동성의 감쇄나 체제 편입'과 '운동체의 역량강화'라는 양의적인 영향이 발생할 수 있다는 점을 지적하고 있다(寺田 1998). 이 논의는 주로 NPO 법인화라는 운동 조직의 제도화에 한정된 것이지만, 운동과 제도, 운동과 참여를 둘러싼 양의성과 딜레마에 대해서는 지금까지 조금 더 넓은 문맥에서 논의가 이루어져 왔다. 원래 '참여'나 '협동'을 둘러싼 딜레마는 최근에 시작된 게 아니라, '주민운동의 시대'라고 불린 1970년대를 중심으로 정치학을 비롯한 사회과학에서 반복적으로 진행된 논의이기도 하다(篠原 1973; 西尾 1975 等). 시노하라 하지메篠原一의 논의를 예로 들어 보자.

시노하라의 주장은 운동(체)이 행정 의사 결정에 중요한 행위자로 참여한다는 '참여의 제도화'(예 : 심의위에 위원으로 참여)로 인해, 병탄이나 체제 편입과 같은 '행정적 포락包絡'이 발생할 수 있기 때문에 '운동의 제도화'와 '제도의 운동화'라는 두 가지 프로세스의 순환이 필수적이라는 것이었다(篠原 1973). 데라다의 논의도 NPO 법인화라는 새로운 현상을 중심 논점에 두고 있기는 하지만, 기본적으로는 이 논의의 범주에서 이루어지고 있는 것을 알 수 있다. '운동과 참여'가 21세기에 들어와서도 당면 과제로서 모양을 바꿔 계속 논의된다는 것은 이 테마가 원리적으로 해결이 곤란하다는 말인 동시에, 시대를 초월한 일반성을 가지고 있다는 것을 뒤집는 말이기도 하다.

'참여'나 '협동'과 관련해 자주 지적되는 것이 '전문성'의 문제다. 니시오 마사루西尾勝는 과거에 "전국 각지 같은 종류의 주민운동에 조언을 하고 이를 지원하는 운동 전문가를 배출하여, 그들이 각각 반공해운동, 자연보호운동 …… 등의 지적 중추로서 상시적인 정보 센터를 형성, 태도 집단으로서 고발 운동을 전개하고 정책 제언을 해 나간다"(西尾 1975: 83)는 '시민의 전문화'의 필요성을 제기한 바 있다. 여기에서 가정되었던 것이 전국 센터 같은 전국적 규모의 운동 지원 조직의 존재다. 댐 건설 문제를 예로 들면, 실제 각각의 운동을 지원하는 '수원개발문제전국연락회' 같은 조직이 비로소 설립된 것은 1990년대에 들어오고 나서였다. 자주 지적되듯이 지금까지 일본의 환경운동이 구미에 비해 규모가 작고 일과성으로 흐르고, 조직 기반이 취약했던 배경에는 대항적인 전문성을 기반으로 한 운동 지원 조직이 거의 존재하지 않았던 요인이 하나 있다.

최근에는 NPO 법인화에 따라 정책당국에 대항, 또는 대책을 제시할 수 있는 정책 제안 능력advocacy이 주목받고 있다. 여기에서도 통상 시민 섹터(시민이나 주민)가 정책당국에 대항하기 위한 요건으로서 '전문성'이 논의되고 있다. 이 '전문성'은 이른바 '같은 씨름판'에 서기 위한 대항력으로서 '대항적 전문성'이라 부를 수 있다.

원래 이 논의의 전개 방법은 기본적으로 '기술관료technocrat'와 '시민(주민)’, 또는 ‘권력’과 ‘운동’이라는 이항 대립적으로 파악하는 배후 가설을 갖고 있다. 기술관료와 운동을 대치시키는 구도는 1980년대에 개발문제나 환경문제의 사회학연구를 주도해 온 후나바시 하루토시舩橋晴俊 등에 의한 ‘대항적 분업’이나 가지타 다카미치梶田孝道의 ‘대항적 상보성’의 논리 정립에도 공통된다. 거기에서는 고발이나 대립, 항쟁, 상호 비판이 원동력이 되어 분쟁을 매개로 사회문제화되어 문제 해결의 길이 열리는 것으로 가정돼 있었다.*19

분명히 지금까지 일본의 개발문제나 공해·환경문제에 있어서는 대부분의 경우 이 같은 설명 구도가 적합했다. 뒤집어 말하자면, ‘대항적 분업’이나 ‘대항적 상보성’이 특별히 설명력을 가지는 것은 정책 결정 과정이 폐쇄적인 경우다. 왜냐하면 그런 경우 시민이나 주민은 정책 결정 과정의 외부에서 고발이나 비판을 통해 영향력 행사를 도모하는 수밖에 없기 때문이다.

위의 관점에 입각한 ‘대항적 전문성’은 환경 NPO나 운동체의 역량강화에 있어서 무척 중요하고, 정책 형성에 미치는 영향이라는 점에서도 놓칠 수 없는 논점이다. 예를 들어 요시노 강 하구언 계획에 대한 환경운동으로 대표할 수 있는 것처럼, 건설성의 치수안에 대해 하천공학이라는 같은 씨름판에 선 형태에서 독자적인 대항 안(대체 안)을 제시하는 사례도 두드러지고 있다.

이를 확인했는데도 불구하고 여기서 논의하고 싶은 것은 근대 과학에 기초한 ‘대항적 전문성’과는 다른 형태의 ‘또 하나의 전문성’에 대해서다. 이 장에서 검토해 온 것처럼, 정책 전환에 의해 종래의 폐쇄적인 계획 결정 과정이 공개되어 최근에는 행정당국과 주민 간의 관계가 크게 변화한 사례도 볼 수 있게 되었다. 이러한 사회적 맥락의 변화를 염두에 두면서, 지금까지 오로지 초점이 맞춰져 왔던 세분화되고 보편성을 지향하는 과학적(대항적) 전문성과는 다른, 별도의 전문성의 존재와 중요성을 지적하는 것, '참여'나 '협동'에 관한 새로운 관점을 덧붙이는 것이 다음으로 이어질 논의의 목적이다.

'또 하나의 전문성'의 존재와 가능성

서두에서 지적한 것처럼 '시민단체와의 연계'나 '소통형 행정', '지역성의 중시'가 하천 행정의 새로운 과제가 되었다. 근대 과학기술에 의지한 종래의 경성hard(하천 공사) 중심의 정책에서 크게 방향이 전환되기는 했지만, 행정을 담당하는 직원에게 시선을 돌려 보면 그들은 제도화되어 세분화된 토목공학이나 하천공학의 전문가이긴 해도, 위의 새로운 정책 과제에 관해서는 구체적인 노하우가 부족하기 때문에 현장에서 시행착오를 피할 수 없게 되는 경우가 적지 않다.

원래 하천정책을 담당하는 직원은 대부분이 대학의 공학부나 전문대학을 졸업한 기술계의 엔지니어이며, 특히 건설성의 경우에는 '하천통' '도로통'처럼 같은 전문분야 속에서 승진해 가는 인사 패턴이 있다. 이와 함께 종래의 하천 행정은 폐쇄적인 정책 결정 과정을 배경으로, 아주 한정된 행위자와의 관계성 속에서 업무를 수행하고 있어, 특히 지역주민과의 일상적인 관계가 거의 없는 행정 분야의 하나였다.

그런데 새로 도입된 정책의 이념은 주민과의 연계나 지역성(역사, 문화 등) 등 연성soft 측면에서의 지식이나 다양한 행위자와의 연결성 같은, 분야 횡단적이고 전문성을 필요로 하는 것이었다. 하천 행정에 종사하는 오이타 현의 어느 직원은 말한다. "관공서에 있으면 아무래도 종래의 '하천 행정'의 연장이라 발상의 한계가 있는데, A 씨는 넓은 시야를 가지고 자유분방하게 하고 있다. 그 점에 나는 감명을 받았다. 그런 발상을 행정적으로 잘 응용할 수 없을까 하고."[20]

A 씨를 비롯한 오노 강 네트가 가진 '무기', 즉 양자의 협동 관계를 지

탱한 요인은 도대체 무엇이었을까? 구체적으로 말하면 그것은 강이나 유역에 관한 역사적·문화적 지식과 주민의 생활지식과 더불어, 다양한 시민(주민) 그룹과 그 활동에 관련된 총체적인 정보, 다양한 행위자와의 네트워크와 조정력, 기획력 같은 연성 지식과 기술까지를 포함한, 영역 (분야)을 가로지르고 지역성을 가진 지역 지식의 통합이었다. 여기에서 는 그것을 '또 하나의 전문성'이라고 명명하도록 하자.[21]

'또 하나의 전문성'이란 생활지식이나 실천지식을 주민 자신이 발굴 해 스스로 역량을 강화하는 방향으로 종합화를 시도하는, 영역 횡단적이 고 지역적인 지식 체계로서, 정형화·세분화되어 획일적으로 보편성을 지향하는 '(자연)과학적 전문성'과 대치시킬 수 있다. 유키 토미오結城登美雄 와 요시모토 테츠로吉本哲郎 등이 제창하는 '지역학'은 그 실천 예다.[22] 여 기서 주의하고 싶은 것은 '또 하나의 전문성'이 단순히 '지역 지식의 단 편'과 같은 의미가 아니라, 개별적·일상적인 실천지식이나 생활지식을 주민이 발굴해서 종합적으로 체계화해 나가는 작업(지적 창조행위)을 수 반한다는 점이다.[23]

그림 9-5는 '과학적 전문성' 및 '대항적 전문성'과 '또 하나의 전문성' 과의 관계를 보여주기 위해 단순화한 도식이다. 하천 관리나 사업의 계 획화에 있어서 지금까지 한결같이 행정당국이 배타적으로 담당해 온, 근 대 과학을 중심으로 하는 '과학적 전문성'이 제1사분면(①)에 해당하는 데 대해, 주민(시민) 측은 이에 대항하기 위해서 운동에 공감하는 연구자 등의 지원을 받으면서 '대항적 전문성'(②)의 획득을 목표로 해 왔다. 예 를 들어 건설성이 책정한 다목적댐 건설을 수반하는 치수 계획에 대해, 운동체가 독자적으로 기본 고수유량을 산출해서 제방고를 높이거나 하 도의 폭을 넓히는 등의 대체 안을 제시하는 경우는 그야말로 대항적 전 문성에 기초한 것이다. 시노하라(篠原 1973)가 과거 전개한 '시민의 전문 성'에 관한 논의는 이 문맥에 위치시킬 수 있다.

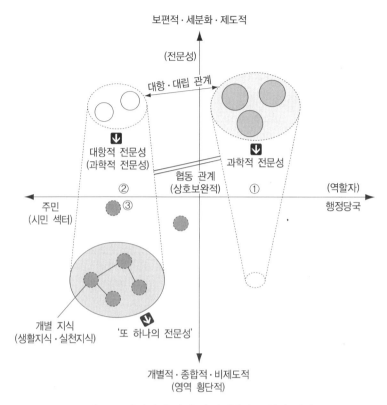

보편적·세분화·제도적

(전문성)

대항·대립 관계

대항적 전문성
(과학적 전문성)

협동 관계
(상호보완적)

과학적 전문성

②　③

①

(역할자)

주민
(시민 섹터)

행정당국

개별 지식
(생활지식·실천지식)

'또 하나의 전문성'

개별적·종합적·비제도적
(영역 횡단적)

그림 9-5　하천정책(계획)에 관한 '전문성'의 관계

여기에 덧붙여서 이 장에서 지적하고자 하는 것은 '또 하나의 전문성'의 존재로서, 제3사분면(③)에 위치한다. 무엇보다 실제로는 '대항적 전문성'도 주민 자신의 생활 경험이나 실천지식과 구분하기 힘들게 결합돼 있는 경우가 많은데, 논의를 명확히 하기 위해서 여기에서는 이념형으로서 양자를 구별한다는 단서를 달고 싶다.

오노 강 네트를 예로 들어 '또 하나의 전문성'의 구체적인 예를 설명하자. 오노 강 네트는 핵심인물이 된 A 씨를 중심으로, 다양한 배경을 가진 다양한 주민에 의해 구성되었다. A 씨를 예로 들면, 전기 관련 대기업 제조업체에서 시스템 개발에 오랫동안 종사해 정보 시스템을 조정하는 미디어 능력이 뛰어난 것은 물론, 이미 활동이 축적된 츠루미 강이나 다마강 등 '선진 지역'의 시민(주민)활동과의 인적 연결 고리를 갖고 있었다. 더욱이 '강 포럼' 등을 매개로 선진적인 정책 실험이나 시민 섹터의 활동 사례 등 타 지역의 정보뿐만 아니라, "오노 강에 관한 것은 내가 가장 잘 알고 있다"고 할 정도로 유역을 누비면서 다양한 시민(주민) 그룹과의 인적 네트워크를 구축, 오노 강 유역의 자연적·역사적·사회적 정보를 체계적인 지식으로서 획득하고 있었다.[24]

이에 비해 현행의 인사제도상 몇 년 안에 배속이나 근무지가 바뀌는 건설성이나 도·도·부·현의 담당자는 일반적으로 기술적·하천공학적인 전문성은 갖고 있더라도, 지역이나 유역에 관한 개별적인 지식(지역 지식)이나 다양한 주민단체와의 네트워크는 충분히 갖고 있는 게 아니다. 그런데 앞에서 언급한 대로 하천법 개정을 비롯해 하천정책에 커다란 변화가 일어남으로써 행정의 현장 차원에서는 '주민과의 연계'나 '지역성', '역사성'을 도입한, 분야 횡단적인 관점이 필요하게 되었다.

이는 오노 강 네트(시민 섹터) 측에게 비교우위성이 생긴 것을 뜻한다. 다시 말해, 정책을 포함한 사회적 맥락의 변화 속에서 전문성의 의미도 바뀌고 있는 셈이 된다. 행정 직원이 새로운 정책 과제를 견실히 수행하기 위해서는 경우에 따라 오노 강 네트와 같은 행위자에게 크게 의존할 수밖에 없는 상황이 발생한 것이며, 거기에서 대등한 자격으로 '협동'이 일어날 여지가 열리게 되었다는 뜻이 된다.[25]

협동을 지탱하는 것

협동 관계를 지탱하는 것으로 '또 하나의 전문성'의 존재에 더해, 오노 강의 경우에는 다음의 두 가지 요인을 지적할 수 있다.

첫째, 일상적인 소통이다. A 씨는 말한다. "소통 단계에서는 상대의 단점을 볼 필요가 없지요. 행정 직원도 마찬가집니다. 실패하는 게 당연하고. 그렇지 않으면, 행정이 위축돼 버려요. 특히 지금 시대에는. 뭐, 칭찬해 줘서 계속 성장해 주기를 바라는. 극단적으로 말해 공사가 실패해도 괜찮지 않나 하는 게 내 생각이에요."

공적인 상황으로 한정되지 않는 관계자 간의 교류는, 예를 들어 행정 직원이 오노 강 기슭에 세워진 오노 강 네트의 사무소에 그냥 들러 경우에 따라서는 술이라도 한잔하면서 강을 화제 삼아 분위기를 만들 수 있는 일로 상징된다. 중요한 것은 일상적인 소통이 뒷받침된 신뢰성이라는 토대가 없으면, 하루아침에 '협동'이 성립하기는 힘들다는 점이다.[26]

둘째, 오노 강 네트가 유역의 '당사자성'을 갖고 있는 점을 지적할 수 있다. 어느 행정 직원이 말한 대로 "행정으로서는 (협동이나 연계를 하는데) 그 조직의 계속성과 신뢰성에 가장 신경을 쓴다."[27] 원래 NPO는 일반적으로 그 활동 범위가 광범위하기 때문에, 라고 하면 '뿌리 없는 풀'로 파악되는 경향이 있다.

도리고에 히로유키鳥越皓之가 지적하는 것처럼, 지역 차원의 환경문제에 대응하는 경우, NPO의 제언이나 의견을 받아도 행정당국은 그 단체가 어떤 대표성을 가지고 있는지 판단하기 곤란한 경우가 간혹 존재한다(鳥越 2002). 한편, 지역 밀착형 지역주민 조직(자치회)에게는 그 지역의 대표성(당사자성)이 있기 때문에 광역형 NPO는 담당할 수 없는 기능을 갖고 있고, 따라서 지역공동체 차원의 환경문제나 환경정책에 있어서 자치회는 중요한 행위자 가운데 하나라는 것이 도리고에의 주장이다.

이미 언급한 것처럼 오노 강 네트의 경우, 약 30년의 활동 이력을 가지는 '하쿠산 강을 지키는 모임'을 전형적인 예로 해서, 유역 각 지역에 뿌리를 둔 주민 그룹이 중심이 돼 있었다. 더욱이 상공회 등 지역의 대표적인 민간 조직도 가세함으로써 대표성(당사자성)을 뒷받침하고 있다.

무엇보다 오노 강의 경우에는 협동을 촉진하는 몇 가지 구조적인 요인이 있었다는 점도 분명하다. 특히 유역에는 오랜 세월에 걸친 '야다矢田 댐 건설 문제'가 있는데, 그 일이 하나의 '교훈'이 되어 "유역의 주민단체나 NPO와의 협력 관계 없이는 앞으로 하천 행정이 이루어질 수 없다"는 것으로 행정 담당자의 인식을 높였다는 사실은 부정할 수 없다. 게다가 유역 전체를 본 경우, 오노 강은 건설성의 정책 과제인 치수 계획(하천정비)에서 상대적으로 진전을 이룬 점도 있다. 어느 행정직원 말대로 "오노 강의 경우, 하천정비가 상당히 진척돼 있어 '홍수(=치수) 다음은 환경'이라는 여유가 있다. 그런 점에서는 행정당국과 주민이 같은 방향으로 가기가 쉬웠던 것인지도 모른다."

오노 강 네트의 A 씨가 "반드시 정보를 행정당국과 공유해서 이쪽에서 하려는 일이나 생각하는 일을 전부 공개한다. 그렇게 해야 행정 담당자도 이쪽을 신뢰한다"고 말하는 것처럼, 몇 년 동안 행정당국과 오노 강 네트는 신뢰 관계를 구축하고 몇 가지 새로운 활동이나 정책을 창출해 왔다. 물론 앞으로도 '진자'처럼 중앙 차원의 정책 동향이나 담당자의 재량에 영향을 받아 양자의 관계성에 변동이 생기는 일도 있을 것이다.

그러나 확실히 말할 수 있는 것은 첫째, 종래의 경성 중심의 하천 관리 정책으로부터 연성 측면을 중요시한 하천 관리로 전환되는 가운데, '있어야 할 본래의 강'에 대한 행정 담당자와 주민의 감각이 가까워지고 있다는 점,*28 둘째, 그런 상황이 특히 두드러지게 나타난 오이타 현의 하천 행정 현장에서는 이제 오노 강 네트라는 시민(주민)활동의 실력을 무시할 수 없는 상황이 되었다는 점이다. 거기서 협동 관계를 지탱하는 중요한 열쇠가, 여기서 '또 하나의 전문성'이라고 부른, 지역성에 뿌리내린 영역 횡단적인 '전문성'이었다.

'두 번째 단계'의 전망과 과제

본 장 논의의 마무리로 하천정책을 둘러싼 시민(주민)단체와 정책당국과의 관계를 정리하고, 그 전망과 과제를 제시해 두자. 하세가와 고이치長谷川公 는 미국의 전력 정책 전환을 염두에 두고 "환경운동 측에서 보면, 정부나 기업과 거리를 두면서 이들을 고발·비판해 외부에서 대항적인 이념을 제안하는 단계에서, 정부나 기업과의 협동을 통해서 대항적인 이념을 어떻게 시책으로서 구체화시키고 현실화시키는가 하는 단계로 이행했다"(長谷川 1996a: 253)고 지적하고 있다. '기술관료'(권력)와 '시민'(운동)의 대항적인 관계성을 전제하고, 환경운동이 정책 결정 과정의 외부에서 이의 신청을 하는 단계를 '첫 번째 단계'라고 규정한 다음, 미국에서는 "(운동체가) 체제 내로 들어가 정부나 기업체의 정책 결정 과정에 깊이 관여해 체제 내부로부터 변혁의 대안을 제기하는, 두 번째 단계로의 이행이 관찰된다"(長谷川 1996b: 243)고 한다.

그러면 일본의 하천정책에 관해서는 어떻게 생각할 수 있을까? 강의 관리나 개발을 둘러싼 운동과 정책의 상호 변모 과정에 대해 여기까지 논의해 온 '전문성'이라는 관점에서 고찰해 보자.

그림 9-5에 제시한 것처럼, 종래의 폐쇄적인 계획 결정 과정에 있어서는 건설성을 비롯한 행정당국이 반은 배타적이고 독점적으로 가지는 '과학적 전문성'에 대해, 시민 섹터 측 특히 운동체는 같은 씨름판에서 대항할 수 있도록 '대항적 전문성'을 획득하는 데 역점을 두어 왔다. 이와 같이 '과학적 전문성'과 '대항적 전문성'의 대항·대립 관계가 전면에 나와 있는 단계를 하세가와의 논의에 따라서 '첫 번째 단계'라고 부르면, 이러한 원리적인 대항 관계를 내포하면서도 '또 하나의 전문성'을 둘러싼 시민 섹터와 행정당국과의 상호 보완 관계, 즉 협동 관계가 중요성을 더해 다양한 행위자가 정책 과정에 참여하는 단계를 '두 번째 단계'로 자리매

김할 수 있을 것이다.

오늘날 일본의 하천 행정을 관찰해 보면, 한편에서 가와베 강川辺川 댐 건설 계획에서 전형적으로 볼 수 있는 것처럼 이전부터 내려오는 형태의 사업계획을 고수하는 건설성의 하천 행정이 여전히 계속되고 있고, 다른 한편에서는 오노 강의 예에서 볼 수 있는 것 같은, 정책(계획) 결정 과정의 변화나 행정당국과 시민 섹터 간에 '성숙한' 관계가 태어나고 있다. 정책 전환의 과도기 중에, 폐쇄적인 정책 과정과 개방적인 정책 과정이 모자이크 모양으로 혼재하고 있는 것이 하천 행정의 현재 상황이다. 체제 내부에서 정책 변혁의 대안을 제기하는 '두 번째 단계'로 착실하게 이행되어 가는지 앞으로 더 관찰할 필요가 있다.

그렇다 해도, 자주 지적되어 온 바와 같이 시민 섹터의 '대항적 전문성'을 향상시키는 과제와 함께, 일상적인 협동의 전제로서 그것과는 다른 형태의 전문성, 다시 말해 행정당국에게는 원리적으로 맡길 수 없는 지역 지식을 발굴해 체계화시킨 '또 하나의 전문성'의 역할이 앞으로 더욱더 필요해지는 것은 확실하다. 본 장에서 다룬 오노 강의 사례는 바로 이것을 시사하고 있는 것이다.[29] 오노 강 네트와 같은 유역의 새로운 행위자가 자율성을 가지면서, 주민 조직이나 시민단체와 연대하면서, 그 전문성의 역할자로서 어떻게 상황을 전개해 나갈 수 있을지가 강의 유지와 관리, 재생에 관한 '두 번째 단계'로 향하는 커다란 과제다.

4. 총괄과 향후 과제

이 책의 과제는 댐 건설 계획을 둘러싼 갈등 과정의 분석을 중심으로, 전후의 일본 사회에 있어서 하천정책의 변천과 환경운동의 특징을 명확히 하는 것, 댐 건설 중지라고 하는 환경운동의 '성공' 후, 운동 및 댐 분쟁지역이 직면하는 지역재생의 현황과 제반 과제를 실증적으로 제시하는 것,

나아가서는 정책 결정 과정에 관한 향후의 전망을 그려 내는 것이었다.

다양한 주체가 활동하는 가운데 유지·관리되어 온 각 지역의 강은 메이지 시대 이후, 국가의 관리 하에 놓이면서 점차 지역사회와의 관계가 엷어지게 되었다. 이와 함께, 사람들의 생활양식 변화나 산업화·도시화가 진전됨에 따라, 강을 오로지 제어의 대상으로 바라본 측면이 과도하게 부각되면서 치수·이수를 두 축으로 하는 근대의 하천정책이 전개되어 왔다. 이런 정책이 고도경제성장기를 중심으로 한 일본 사회의 경제 성장을 뒷받침해 온 것은 틀림없지만, 그 한편에서 많은 폐해를 발생시켜 온 것도 사실이다. 이 책에서 중점적으로 논해 온 댐 건설 계획을 둘러싸고 장기화한 지역 갈등은 그야말로 그 전형이었다.

제3장에서 검토한 바와 같이, 댐 건설로 인해 피해를 입는 수몰 예정 지역과 치수·이수의 이익을 얻는 하류지역 사이에 존재하는, 수익권受益圈·수고권受苦圈의 분리와 대립이라는 기본 구도는 오늘, 그 양상이 크게 변했다. 각 지역에서 볼 수 있는 것처럼, 하류지역 주민이 주체가 된 댐 계획에 대한 환경운동의 고양은 종래의 상·하류 대립이라는 하천 개발을 둘러싼 대립 구도의 변화를 증명하는 것이다.

그 배경에는 토사 퇴적과 자연 생태계 파괴로 대표되듯이 대규모로 자연환경을 바꾸는 댐의 구조적 결함이나 환경 위험, 국가 및 지자체 재정에 미치는 영향이 '사회문제'로 구축되어 왔다는 요인이 있다. 더 나아가 원래 강은 누구의 것인가, 누가 의사 결정의 주체가 돼야 할 것인가라는 물음에서 출발, '강'이라는 공공 공간의 존재 방식을 주민 자신이 결정하고 싶다고 하는 자기 결정에 대한 사람들의 의식 고취도 빼놓을 수 없다.

그 한편에는 강에 관한 두 가지 '재생' 문제가 당면 과제로 남아 있다. 여기서 마지막으로 지역재생과 '공공재로서의 강' 내지 '유역 사회'의 재생이라는 두 가지 과제를 다루도록 하자.

서장에서 언급한 것처럼, 댐 건설 계획이 중지된 이후의 지역사회 재생은 아주 중요한 주제지만, 제7장 및 제8장의 사례 분석에서 보았듯이 현실적으로 각 지역의 개별적인 요인을 포함해 다양한 과제가 존재한다. 특히, 여기에서는 두 가지 공통 과제를 지적해 두고 싶다.

첫째, 공공사업 재검토 정책에 대해서다. 최근 몇 년, 재평가 제도의 도입을 비롯한 대형 공공사업의 재검토 정책이 전개되고 있는 것은 제5장에서 논의한 대로다. 종래의 공공사업에 대한 비판은 주로 '자연환경에 미치는 영향'과 '비용 대비 효과'(목적 합리성)라는 두 가지 논점이 중심이었다.*30 최근 대부분의 환경운동도 이 두 가지 관점을 계획 반대 논거의 중심으로 내세워 왔다.

문제는 위 논점에 해당 지역의 '주민의 생활'이 빠져버린 것에 있다.*31 현재의 공공사업 재검토 정책에서 누락되어 있는 것도 실은 바로 이 부분이다. 구마모토 현熊本県에 계획된 가와베 강 댐 계획처럼, 부대 공사가 착수되어 주민 이주가 시작된 사업에 있어서 입지점의 지자체나 주민이 사업에 찬성해, 하류지역이나 타 지역의 행위자가 계획에 반대하는 '역전 현상'이 때때로 발생하는 것은, 계획을 재검토하는 것이나 계획을 재검토하기 위한 제도만이 화려하게 주목을 받는 한편에서, 계획을 재검토한 후의 문제 ― 구체적으로는 고뇌에 찬 결단을 내려야 했던 지역주민의 의사 결정이나 그들의 정체성, 주민 생활이나 지역재생 활동을 지원하기 위한 정책과 제도 등 ― 를 보는 관점이 없었기 때문이다.

둘째, 지역재생의 '역할자' 문제다. 제7장에서 언급한 대로 수십 년에 걸친 갈등 과정에서는 지역사회의 인구 과소화·고령화가 착착 진행되고, 그곳에 계속 살고 있는 주민은 자주 지역사회가 양분되는 심각한 대립을 경험한다. 호소고치細川内 댐 계획에 대한 반대운동과 '댐에 의지하지 않는 마을 만들기'에 의해 전국적인 주목을 받은 기토 촌木頭村의 경우에도 전임 촌장이라는 특정 핵심인물의 네트워크를 토대로 지역 외부의 인적·물적 자원에 전적으로 의존하고 있는 게 현재 상황이다. 현재 연간

1억엔 전후의 매출과 14명의 고용을 창출한 '기토무라'의 존재와 그 잠재력은 결코 작지 않지만, 인구 2,000명이 채 안 되는 촌에서 운동 방침이나 촌장 선거를 둘러싼 촌내 대립이 현재화하여 지역재생을 향한 대응이 큰 기로에 서 있다.

사업이 중지된 후, 어떤 행위자가 지역재생의 역할자가 될 수 있는지는 기토 촌뿐만 아니라, 사업계획이 사라진 후의 지역사회에게는 공통의 과제다. 예를 들면, 유역에 야다 댐 계획이 세워져 있는 오노 강의 경우, 오노 강 네트(NPO)의 자원 동원력과 조정 능력은 해당 지역 주민활동을 강화시킬 가능성과 역량을 가지고 있다. 지금까지 댐 건설 계획을 담당해 온 행정당국을 비롯한 외부의 조직과 해당 지역의 주민이나 주민 조직을 연결시키는 '능동적 매개자'로서 새로운 행위자가 필요하게 되었다.

검토해야 할 또 하나의 '재생' 과제는 근대화 과정에서 쇠퇴하고 붕괴한 '공공재로서의 강'이나 '유역 사회'다. 미야우치 다이스케宮內泰介가 지적하듯이 공공재의 재생에는 자연환경과 관련된 '생활'이나 '생업'의 존재 방식을 다시 묻는 것이 필수적이다(宮內 2001). 예를 들면, 삼림이 그 전형이다. 즉 단지 '보호한다'고 하는 자연보호의 논리만으로는 지속성과 실효성이라는 측면이 약하고, 생활이나 생업이라고 하는 일상적인 '활동', 바꿔 말하자면 '이용하면서 보전하는' 것이 공공재의 재생을 위해 필요하다는 것이다. 이 관점은 대단히 중요하다.

한편, 생활양식이 다양화하고 도시화가 고도로 진전된 21세기 초의 일본 사회의 현재 상황을 생각하면, 강과 직접적으로 연결한 '생활'이나 '생업'을 바로 실현시키는 일이 그리 간단치만은 않다. 몇 가지 유보가 필요하기는 하지만, 실천적으로는 각지에서 만들어지고 있는 유역 네트워킹이나 유역 연대와 같은 '도구'를 이용하면서, 주민이 '또 하나의 전문성'을 획득하는 일, 나아가 지금까지 배제돼 왔던 정책 결정 과정에 참여하는 일을 통해서 '잃어버린' 강에 대한 관여와 활동을 되찾고, 일상생활 속에서 볼 수 없게 된 강에 대한 의존 관계를 가시화해 나가는 일이 당면 과제가 아닐까. 이 책에서 다룬 사례에 국한해도, 상류지역에 위치한 이와테 현 무로네 촌室根村이나 오이타 현 다케다 시에 있어서 '유역'이라는 관점이 도입됨으로써 가정 폐수와 관련된 주민의 생활양식이나 지자체의 환경정책에 영향을 준 예가 있다.

열린 공공 공간으로서 '강'을 재구축할 가능성과 함께 향후의 하천 관리와 그 역할자를 고찰해 가는 데 있어, 앞으로 검토하지 않으면 안 되는 것이 서장에서 다룬 두 가지 방법론, 즉 환경사회학의 '이슈 접근법'과 '맥락 접근법'이라는 두 가지 접근 방법의 관계다. 21세기 초인 오늘, 일본 하천정책의 현황과 강을 둘러싼 다양한 행위자의 관계를 염두에 두면, 지역 갈등을 겪고 해소된 '사회문제'가 어떻게 구축되고, 거기에 무엇이 간과되고 있는지 살피는 '이슈 접근법'과 관련된 논점이 존재하는 한편, 계획 중지 후의 지역사회나 하천 관리의 역할자를 생각할 경우에는 일상적인 주민의 활동이나 생활에 초점을 맞춰 그 영위를 얼마나 지역적인 관점에서 검토하고 이론화해 나갈 것인가 하는 '맥락 접근법'과 관련된 논점이 산적해 있다. 두 가지 수법을 어떻게 조합해 좀 더 이론적으로 전개할 수 있을지, 필자를 포함한 연구자들의 향후 연구과제의 하나가 될 것이다.

*1 무엇보다 건설성이 정책의 핵심 내용으로 내건 '시민단체와의 연계에 의한 강 만들기'에는 '강을 만든다'는 말의 어감에서 드러나는 것처럼, 근대 기술을 이용해 인공적으로 강을 제어·관리하려는 근대적인 하천관이 여전히 존재하고 있다는 지적이 있다. 유의해야 할 논점이다.

*2 1995년 3월의 답신에선 종합적인 계획을 만들기 위해 심리학이나 문화인류학, 지리학, 역사학, 민속학, 도시계획학 등 광범위한 분야의 전문가의 협력을 얻는 일이 필요하다고 지적하고 있다.

*3 시민 섹터는 제3섹터나 비영리·협동 섹터, 자원봉사 섹터라고 부르는 경우도 있어, 국가 및 지방 차원의 입법·행정·사법으로 구성되는 '정부(공적) 섹터'와 영리기업으로 구성되는 '영리(사적) 섹터'에 대치된다. 시민 섹터를 구성하는 조직의 요건으로는 ①공식 조직일 것 ②비정부·비정당일 것 ③비영리일 것 ④자기 통치 조직일 것 ⑤자발성에 기초할 것 ⑥비종교 조직일 것이라는 래스터 샐러먼의 정의가 유명하다(Salamon & Anheier 1994=1996). 한편, 3개 섹터의 차이점에 대해서는 사토 요시유키의 저서(佐藤慶幸 2002)와 야마오카가 엮은 책(山岡 編 1997)에 잘 정리돼 있다.

*4 실제로 TRN은 립낵과 스탬스의 저서(Lipnack and Stamps 1982=1984)에서 힌트를 얻어 결성되었다.

*5 건설성의 외곽 단체(일본하천협회)가 매달 발간하는 잡지 《하천》은 그때그때의 하천 행정 동향이나 정책 현장 시스템을 파악하는 데 편리하다. 최근에는 '매력적인 강과 유역을 위한 네트워크'(1998년 4월호)와 '사람과 강과의 만남을 다시!'(1999년 5월호), '시민단체 등과의 연계'(2000년 5월호)와 같은 특집이 많이 실렸다. '유역 연대'와 '파트너십'이 하천정책에서 지금 '붐'을 일으키고 있음을 잘 알 수 있다.

*6 유역 연대의 대표적인 사례인 다마 강에 대해서는 야마미치의 책(山道 2001b)이 자세하다. 그리고 각 지역의 주요 유역 연대와 네트워킹에 대해서는 그의 다른 책(山道 2001a)을 참고하기 바란다.

*7 이하의 기술은 특별히 언급하지 않는 한 2001년 5월부터 해온 A 씨에 대한 인터뷰 및 A 씨와의 대화에 기초한다. 그리고 그 외에도 오노 강 네트의 많은 관계자로부터 도움을 받고 시사하는 바를 얻었다.

*8 A 씨는 1941년생으로 도쿄 및 오이타 시에서 민간기업에 근무했으며, 현재는 오이타 시내에서 꽃집을 경영하고 있다.

*9 A 씨는 말한다. "강을 따라 계속 걷지요. 그러면 행정구역이 방해가 돼요. 예를 들어 하기 정(荻町, 상류지역의 지자체) 사람은 정 내에 흐르는 강에 관한 것은 잘 알지만, 한 걸음 벗어나면 '(관할이 아니기 때문에) 모르겠습니다'라는 거지요. 그래서 강 만들기가 되겠냐는 얘깁니다. 속이 끓어올라 '모르면, 내가 조사하마'가 된 겁니다. 그게 출발점이에요."(2001년 5월 3일 청취).

*10 2001년 6월 20일, B 씨로부터 들었다. 그는 1923년생으로 현재는 오노 강 네트의 대표간사도 맡고 있다. 하쿠산 강을 지키는 모임은 환경청(당시)의 '좋은 물 100선'과 '제1회 전국수변대상'을 포함해 수많은 상을 수상하는 등, 환경 보전 주민활동으로서 선구적인 존재다.

*11 NPO 법인 다마 강 센터를 운영하는 어느 리더의 말이다.

*12 2001년 6월 18일에 청취했다.

*13 이 점에 대해서는 다음과 같은 건설성의 해설이 있다. "지금까지의 공사실시 기본계획에서는 수계 일관의 관점에서 장기적인 방침이 되는 게 중요하고, 구체적인 하천정비에 대해서는 '주요한' 하천 공사의 목적, 종류 및 시행 장소 등 …… 에 대해서 기재하는 것뿐이었으나, 이래서는 현실적으로 하천정비가 어디서 어떻게 이루어지는지 국민들이 충분히 알 수 없다. 그래서 하천정비계획에서는 댐, 보, 제방 등의 하천공사, 준설 등의 하천 유지, 양면에 걸쳐 '주요한'에 한정하지 않고 하천정비계획의 전체상이 분명해지도록 정하는 것이다"(建設省河川法研究会 1997: 39).

*14 개정 하천법 제16조의 2에서는 학식 경험자의 자문 및 공청회 등 주민의 의견 청취가 '필요하다고 인정하는 때'라는 조건부 규정으로 되어 있다. 그러나 그것은 ①규모가 작은 하천으로 소규모 정비밖에 없는 경우 ②계획 내용이 기존 공사의 연장이거나 제방의 부분적인 폭 넓히기 등 단순한 공사인 경우 등, 예외적인 경우를 상정하고 있기 때문이며, "댐 등 지역에 커다란 영향을 미치는 내용을 포함한 계획에 대해서는 전부 관계 주민의 의견을 반영시키기 위한 조치를 강구한다"(建設省河川法研究会 1997: 42)고 되어 있다. 한편, 주민의 의견을 반영시키는 구체적인 수단은 개별 행정 담당자(현장)에게 위임되어 있다.

*15 학식 경험자의 전문 분야는 하천공학(위원장), 도시계획, 생물학, 환경화학, 위생공학, 역사학이다.

*16 직할 구간의 위원회는 4회(2000년 1월~10월), 현의 위원회는 8회(2001년 3월~2002년 2월) 개최되었다(주민과의 의견교환회는 각각 8회와 18회). 현의 위원회 횟수가 많은 것은 현 관리 부분의 유로가 길어 '상류', '중류', '하류'의 세 가지 계획을 책정해야 했기 때문이다. 한편, 사무국 역할은 전자에 대해서는 건설성 오이타 공사사무소 조사1과, 후자에 대해서는 오이타 현 토목건축부 하천과가 담당하고 있다.

*17 직할 구간의 계획 책정에 이어지는 모양새로 현이 관리하는 중상류부의 계획 책정 작업도 진행되었다. 거기서는 위원회의 위원 구성도, 계획의 골격에 해당하는 기본 이념도 그대로 답습하는 형태로 심의가 이루어져 18회에 달하는 유역 각 지역 주민과의 의견교환회를 거쳐서 2002년 2월에 최종적인 계획이 결정되었다. 같은 수법을 사용해 인접한 오이타 강의 하천정비계획도 책정되었다.

*18 오노 강 유역간담회의 주제는 ①오노 강 더 알기(유역의 역사·자연환경·풍토·문화·재해의 역사·어로 방법 등의 조사연구) ②오노 강에 관한 정보의 공유화 ③아이들 자연학습 지도·자원봉사 양성 ④오노 강과 더 친해지기(지도의 작성 등) ⑤행정당국과의 파트너십(주민이 하천정비계획에 참여, 주민이 참여하는 하천 관리 추진)이라는 5개 항목으로 구성되어 있다. '토의 민주주의'(篠原 2004) 사회 실험의 하나로 주목받고 있다.

*19 후나바시의 저서(舩橋·舩橋 1976) 및 가지타의 저서(梶田 1988)를 참고했다. 다만, 가지타의 논의가 처음 나온 것은 1976년이다.

*20 E 씨로부터 들었다(2001년 6월 18일).

*21 후지이 아츠시(藤井敦史)는 복지 분야의 시민활동(시민사업)을 염두에 둔 '시민적 전문성' 개념을 제기했지만(藤井 1999), 지역적인 지식과 현장에서의 실천지식을 중시하고 있다는 점에서 '또 하나의 전문성'과 중복된다. 다만, 후지이는 '시민적 전문성'의 내용에 관해 충분히 설명하고 있지 않다. 필자는 '또 하나의 전문성'의 존립 요건으로 '지역성'을 중요시하기 때문에 오해를 피하기 위해 여기서는 다른 호칭을 사용했다.

*22 지역학이란 향토사처럼 단순히 지역의 역사를 조사하는 것뿐만 아니라, "지역 사람이 주체가 되어 …… 외지인의 관점이나 조언을 얻으면서 지역에 관한 것을 알고 지역의 개성을 자각하는 것부터 시작해서, 외부로부터의 시비가 없는 변화를 받아들여, 또는 내재적으로 지역의 개성에 맞춰 보거나 자문자답하면서 생각해 지역 독자적인 생활(문화)을 일상적으로 창조해 가는 지적 창조행위"(吉本 1995: 118)를 가리키는데, 최근 각 지역에 점차 확산되고 있다. 핵심은 주민이 주체가 된다는 점과, '탐험·발견·보전'이라는 표어로 상징되는 것처럼 '찾아보는 것'을 통해 주민이 지역의 특성과 과제를 인식한다는 점, 나아가서 그로부터 지역 만들기 등의 창조적인 행위로 전개해 나가는 과정이 중시된다는 점이다.

*23 '생활환경론'이나 '당사자의 학문으로서의 환경학'을 전개하는 가다(嘉田)는 근대 과학이 '요소 분석주의', '전문화'라는 흐름 속에서 배제해 온 '전체적 종합화'의 감각을 중요시하고 있다(嘉田 1995, 2002). 본 장이 '과학적 전문성'에 '또 하나의 전문성'을 대치시킨 이유도 바로 이 점에 있다.

*24 그 성과의 일부는 웹상에 공개되어 있다(http://www.ohnogawa.com/kappa/).

*25 뒤에서 다루지만 하세가와(長谷川)는 '협업(collaboration)'을 규범적인 개념으로 위치시킨 다음, 이를 두 번째 단계형 환경정책의 핵심 용어로 다음과 같이 사회학적인 정의를 내리고 있다. "복수의 주체가 대등한 자격으로 구체적인 과제 달성을 위해 하는 비제도적이며 한정적인 협력 관계 내지 공동 작업이다"(長谷川 2003: 183-4). 그 핵심은 ①대등성 ②과제 달성 지향성 ③경계 초월성 ④한정성이라고 하면서 단순한 협력 관계나 공동 작업(파트너십)과 구별하고 있다.
한편, 아다치 시게카즈(足立重和)는 '협동'이나 '협업' 개념에 대해, 공공사업을 둘러싼 갈등 과정에서는 "현실감이 빠져 있다"고 지적, 나가라 강 하구언 문제에서 원탁회의를 예로 "소통을 성립시키지 않는 능력"에 주목하고 있다(足立 2002). 단, 그는 자신의 논의에서 나가라 강 하구언 문제(원탁회의)라고 하는 사례의 위상과 대표성에 대해서는 거의 아무것도 언급하지 않았는데, 1995년 당시의 이 사례가 오늘의 '공공사업을 둘러싼 환경문제나 환경정책을 파악하는 데' 어느 정도 타당성과 유효성이 있는지는 논의의 여지가 있다. 광의의 주민 참여 형태를 네 가지로 유형화한 후나바시(舩橋 2002)가 보여주듯이 환경문제를 한 마디로 말해도 행정당국과 운동체나 주민과의 관계는 다양하므로 대상 사례에 따라 개념이나 분석틀의 유효성이 다른 것은 당연하다.

*26 이전에 오노 강의 하천 행정을 담당했던 건설성의 G 씨는 말한다. "역시 A 씨에게 끌렸던 거죠. 그 열의에. 지역 분이 이렇게 열의를 갖고 해 주고 있다면, 행정을 맡은 입장에서는 당연히 뭔가 생각하지 않으면 안 된다고. …… 오노 강에 대한 그 열의에 어

떻게든 응하고 싶었어요. …… 그 분은 참 대단해요. 내 수준 이상의 일을 생각하고 있지, 규슈, 멀리는 일본 전체의 강을 시야에 넣고 있으니까요"(2001년 6월 21일 청취).

*27 H 씨로부터 들었다(2001년 6월 18일).

*28 예를 들면, 행정 직원이 "저 댐은 환경에 가할 부하를 생각하면 사실 좋지 않다" 등, 일상 대화 속에서 종래의 하천정책의 부정적인 부분을 말하게 되었다고 한다(A 씨로부터 청취).

*29 그래도 어느 시민(주민)단체와 행정당국이 우호적인 관계를 구축해 협동함으로써, 역으로 거기에서 배제되어 버리는 행위자가 존재할 가능성도 이론적으로는 존재할 것이다.

*30 그 예로 자이마의 책(在間 1997) 및 무라카미 등이 쓴 책(村上 外 2000)을 제시할 수 있다.

*31 이런 주제를 다룬 연구는 아직 적지만, 예를 들면 하마모토의 저서(浜本 2001)가 참고가 된다.

마치는 글

오이타 현大分県의 오지, 후쿠오카 현福岡県과 구마모토 현熊本県의 현 경계에 나카츠에 촌中津江村이라는 산촌이 있다. 2002년 한국과 일본에서 개최된 월드컵에서 언론을 중심으로 사람들의 주목을 받은 촌이다. 알고 계신 분도 많을 것이다. 카메룬 대표팀의 캠프지로 일약 유명세를 탄 이 촌은 그해의 '유행어 대상大賞(Top 10)'에도 선정되는 등 화제에서 빠지지 않았다.

그러나 그 '밝은 화제'의 한편에, 이 책에서 다룬 치쿠코 강筑後川 상류지역의 시모우케下筌 댐 건설로 인해 나카츠에 촌의 140ha 이상이 수몰, 약 240세대가 어쩔 수 없이 이주한 일, 더욱이 토지·가옥의 침하나 과거 40년 동안 1/4로 줄어 버린 인구 유출 등, 건설 후에도 촌이 댐에서 기인한 여러 가지 피해를 입어 왔다는 '부정적인 역사'는 사실 별로 알려져 있지 않다.

나카츠에 촌뿐만 아니라, 호소고치細川内 댐 건설 계획의 무대가 된 도쿠시마 현德島県 기토 촌木頭村과 야다矢田 댐 건설 계획에 직면해 온 오이타 현 오노 정大野町도, 정부가 추진하는 시·정·촌 통합을 향해 거의 같은 시기에 협의회에 가입하는 결정을 했다. 댐 계획을 받아들인 지역도, 댐 계획에 직면했다가 최종적으로 중지로 몰아 간 지역도, 인구 과소화와 고령화라는 공통의 지역 과제를 안고 있지만, '주변지역'에 위치, 그렇지 않아도 넓은 면적을 가진 각 지자체를 통합으로 유도하는 정책에 대해 필자는 주민 생활과 지역재생이라는 점에서 큰 우려를 안고 있는 한 사람이다.

이 책은 도호쿠東北 대학 대학원에서 5년 동안 연구한 결실을 총괄한 박사 논문(2003년 1월 제출)을 기초로 한 것이다. 이번에 한 권의 책으로 다시 정리하는 데 있어서, 전체적으로 구성·기술을 대폭 재검토하고 데이터도 교체했다. 다만, 기본적인 주장이나 논지는 거의 바꾸지 않았다. 한편, 이 책의 일부는 아래의 기발표 논문을 토대로 하고 있다.

제3장 「댐 건설 계획을 둘러싼 대립 구도와 그 변모 ― 운동·네트워크 형성과 수익·수고에 주목해서」, 《사회학평론》 53(2), 52~68쪽, 2002년.

제4장 「어민에 의한 조림운동의 전개와 성격 변모 ― 유역 보전 운동에서 환경·자원 창조 운동으로」, 《환경사회학연구》 6, 148~162쪽, 2000년.

제6장 「'지역 만들기' 생성 과정에 있어서의 '지역 환경'의 구축 ― '내재적 발전론'의 검토를 토대로」, 《사회학연구》 71, 191~213쪽, 2002년.

제7장 「대형 공공사업 계획 중지 후의 '지역재생' 가능성 ― 새로운 '지역 만들기'의 전개와 그 이중 기능」, 《사회학연보》 31, 119~137쪽, 2002년(제1절~제3절은 새로 작성).

이 책을 쓰는 과정에서는 셀 수 없을 정도로 많은 분들의 도움을 받았다. 도호쿠 대학 대학원 시절 지도교수인 하세가와 고이치長谷川公一 선생님은 민간기업에 근무하고 있던 필자가 대학원이라는 미지의 세계에 발을 들여놓을 때 따뜻하게 맞이해 주셨을 뿐만 아니라, 그 후의 연구 생활에 있어서도 적확한 조언과 격려를 해 주셨다. 졸업 논문을 써 본 경험조차 없는 필자가 석사 논문과 박사 논문을 쓸 수 있었던 것은 오로지 선생님의 지도 덕분이다. 세부적인 현상을 소중히 하면서, 항상 보다 넓은 시각·문맥 속에서 대상을 자리매김하는 일과 동시대와의 응답, 이론적으로 고찰하는 일의 의미를 배울 수 있었던 것은 필자에게 큰 재산이 될 것이다. 출판사를 소개하는 노력을 해 주신 일과 함께 감사의 말씀을 드리고 싶다.

도호쿠 대학 사회학연구실의 다카기 카즈요시高城和義 선생님, 요시하라 나오키吉原直樹 선생님, 마사무라 도시유키正村俊之 선생님, 나가이 에이永井影 선생님, 행동과학연구실의 우미노 미치오海野道郎 선생님께도 박사 논문 심사를 비롯해 큰 도움을 받았다. 또한 완성된 논문에 대해 따뜻한 코멘트와 조언을 해 주신 도리고에 히로유키鳥越皓之 선생님, 가다 유키코嘉田由紀子 선생님, 기하라 시게야木原滋哉 선생님, 기모토 코이치木本浩一 선생님께도 이 자리를 빌려 감사를 드린다.

대학원 연구 생활을 하면서 날마다 많은 자극을 준 연구실의 선배나 동료들에게도 인사를 하지 않을 수 없다. 특히, 많은 유익한 조언을 해 준 고마츠 타에아키小松丈晃 씨와 스가와라 사나에菅原真枝 씨, 리얀얀李研焱 씨, 필자의 연구를 여러 가지 측면에서 지원해 준 이시카미 케이코石上惠子 씨의 협력과 지지가 없었다면, 이 책은 도저히 완성할 수 없었을 것이다. 그리고 혼고 마사타케本郷正武 씨는 이 책의 원고를 전부 읽고 점검을 해 주었다. 연구실을 떠난 지 1년 반 정도가 흐른 지금, 아오바 산青葉山 삼림에 뒤덮인 대학 캠퍼스를 비롯해 혜택 받은 연구 환경 속에서 20대 후반의 5년을 지낼 수 있었던 것에 대한 고마움이 온몸으로 느껴진다.

조사하면서 신세를 진 분들께는 감사의 뜻을 나타낼 수 있는 적당한 말을 찾을 수 없다는 게 솔직한 심정이다. 가장 많이 만난 분은 10차례

가까이 만났는데, 현장에서 배울 수 있었던 것은 문헌이나 선행 연구로부터 얻어지는 지견知見을 넘으면 넘었지 부족하지 않은, 사실적이고 자극적인 것이었다. '조사'라는 테두리를 넘어서, 다양한 삶의 방식에 접하는 과정에서 필자 자신이 스스로 가다듬을 수 있는 계기가 된 것은 무엇과도 바꿀 수 없는 귀중한 경험이다. 바쁜 일상생활 가운데 짬을 내서 인터뷰에 흔쾌히 응해 주신 일에 깊이 감사드린다.

이 책의 출판을 맡아 주신 쇼와도昭和堂 편집부의 마츠이 구미코松井久見子 씨, 현재 근무[출간 이후인 2005년부터는 나라奈良 여대에서 강의]하고 있는 릿쿄立正 대학 문학부 사회학과의 선생님들께도 감사의 말씀을 드린다. 그리고 대학원에 진학하는 커다란 계기를 제공해 준 친구이자 연구 동료인 이하라 료지伊原亮司 씨와 기업의 최전선에서 분투를 계속하고 있는, 대학 시절부터의 친구인 다카야나기 미츠히로高柳光宏 씨로부터는 항상 지적 자극과 용기를 얻고 있다. 야마조에 미에山添美枝 씨는 탈고까지 박차를 가할 때 여러 가지로 격려를 해 주었다.

마지막으로, 지금까지 자기 멋대로 행동해 온 필자를 따뜻하게 지켜봐 주고 응원해 주신 아버지와 어머니께 이 책을 바치고 싶다. 내용에 관한 책임은 모두 필자에게 있다는 것은 말할 필요도 없지만, 이 책은 이처럼 다양한 분들과의 만남과 상호작용 속에서 태어난 것이다.

2004년 8월 8일

오비타니 히로아키帶谷博明

* 이 책은 릿쿄 대학 이시바시 탄잔(石橋湛山) 기념 기금으로부터 출판 지원을 받았다.

● 참고문헌

嘉田由紀子, 1995,『生活世界の環境学 － 琵琶湖からのメッセージ』, 農山漁村文化協会.

_____, 2001,『水辺ぐらしの環境学 － 琵琶湖と世界の湖から』, 昭和堂.

_____, 2002,『環境学入門 9 環境社会学』, 岩波書店.

嘉田由紀子編, 2003,『水をめぐる人と自然 － 日本と世界の現場から』, 有斐閣.

嘉田由紀子・遊磨正秀, 2000,『水辺遊びの生態学 － 琵琶湖地域の3世代の語りから』, 農山漁村文化協会.

岡山県自治体問題研究所, 1988,『苫田ダム, この問われるもの － 県民世論で白紙撤回を』, 苫田ダムに反対する岡山県民の会.

建設省河川法研究会, 1997,『改正河川法の解説とこれからの河川行政』, ぎょうせい.

古川彰, 2001,「自然と文化の環境計画 －'半栽培'と'放置管理'の思想」, 鳥越皓之編,『講座環境社会学 第3巻 自然環境と環境文化』, 有斐閣, 243-268.

_____, 2003,「流域の総合管理と住民組織 － 新しい矢作川方式へ」, 嘉田由紀子編,『水をめぐる人と自然 － 日本と世界の現場から』, 有斐閣, 77-104.

谷口吉光, 1998,「アメリカ環境社会学とパラダイム論争 －'パラダイム転換としての環境社会学'再考」,『環境社会学研究』, 4: 174-187.

公共事業チェック機構を実現する議員の会, 1996,『アメリカはなぜダム開発をやめたのか』, 築地書籍.

共同通信社社会部, 1994,『談合の病理』, 共同通信社.

関西大学下筌・松原ダム総合学術調査団, 1983,『公共事業と人間の尊重』, ぎょうせい.

九州地方建設局矢田ダム調査事務所, 1991,『矢田ダムのあゆみ』.

九学会連合利根川流域調査委員会, 1971,『利根川 － 自然・文化・社会』, 弘文堂.

国土交通省九州地方整備局大分工事事務所, 2001,『大野川水系河川整備計画 [直轄管理区間]』.

堀川三郎, 1999,「戦後日本の社会学的環境問題研究の軌跡 － 環境社会学の制度化と今後の課題」,『環境社会学研究』, 5: 211-23.

宮内泰介, 2001,「コモンズの社会学 － 自然環境の所有・利用・管理をめぐって」, 鳥越皓之編,『講座環境社会学 第3巻 自然環境と環境文化』, 有斐閣, 25-46.

宮本常一編, 1987,『旅の民俗と歴史 9 川の道』, 八坂書房.

宮本憲一, 1973,『地域開発はこれでよいか』, 岩波書店.

_____, 1980,『都市経済論 － 共同生活条件の政治経済学』, 筑摩書房.

_____, 1982,『現代の都市と農村 ― 地域経済の再生を求めて』, 日本放送出版協会.

_____, 1989,『環境経済学』, 岩波書店.

_____, 1990,「地域の内発的発展をめぐって」,『鹿児島経大論集』, 34(3): 55-83.

_____, 1998,『公共政策のすすめ ― 現代的公共性とは何か』, 有斐閣.

_____, 1999,『都市政策の思想と現実』, 有斐閣.

_____, 2000,『日本社会の可能性 ― 維持可能な社会へ』, 岩波書店.

宮本憲一編, 1977,『講座地域開発と自治体 1 大都市とコンビナート・大阪』, 筑摩書房.

宮本憲一・横田茂・中村剛治郎編, 1990,『地域経済学』, 有斐閣.

宮城県企画部統計課, 各年,『宮城県統計年鑑』, 宮城県企画部統計課.

鬼頭秀一, 1996,『自然保護を問いなおす ― 環境倫理とネットワーク』, 筑摩書房.

_____, 1998,「環境運動／環境理念研究における'よそ者'論の射程 ― 諫早湾と奄美大島の'自然の権利'訴訟の事例を中心に」,『環境社会学研究』, 4: 44-59.

磯部巌・佐藤武夫, 1962,「下筌ダム事件の問題点」,『法律時報』, 34(8): 28-33.

気仙沼市建設部開発対策課, 1987,『水につよいまちづくりをめざして ― 新月ダムのあらまし』.

_____, 1999,『大川の治水利水を考える』.

気仙沼市史編さん委員会, 1993,『気仙沼市史 IV 近代・現代編』.

磯野弥生, 2001,「公共事業見直しシステムの課題」,『環境と公害』, 30(4): 27-33.

金子勇・長谷川公一, 1993,『マクロ社会学 ― 社会変動と時代診断の科学』, 新曜社.

金沢謙太郎, 1999,「第三世界のポリティカル・エコロジー論と社会学的視点」,『環境社会学研究』, 5: 224-231.

吉本哲郎, 1995,『わたしの地元学 ― 水俣からの発信』, NECクリエイティブ.

今井一, 2000,『住民投票 ― 観客民主主義を超えて』, 岩波書店.

農林水産省経済統計局情報部, 各年,『農業センサス』, 農林統計協会.

大分大学教育学部, 1977,『大野川 ― 自然・社会・教育』.

大分合同新聞社, n.d.,『大野川沈堕今昔』,(連載記事).

大分県, 2002,『大野川水系中流圏域河川整備計画』.

大分県農政部耕地課, 1972,『大分県土地改良史』.

大分県大野町史刊行会, 1980,『大分県大野町史』.

大分県水資源対策事務局, 1979,『矢田ダム建設に伴う企業の導入に関する基礎調査報告書』.

大分県統計調査課, 各年,『大分県統計年鑑』, 大分県統計協会.

大野保治, 1975,「農業水利権と河川行政」,『教育研究所報』(大分大学教育学部教育研究所), 4: 68-72.

大野晃, 1996,「源流域山村と公的支援問題 ― 吉野川源流域の環境保全問題を中心に」,『年報 村落社会研究』, 32: 133-171.

大熊孝, 1988,『洪水と治水の河川史 ― 水害の制圧から受容へ』, 平凡社.

大熊孝編, 1994,『叢書近代日本の技術と社会 4 川を制した近代技術』, 平凡社.

大川専門調査委員会, 1980,『気仙沼市大川の治水利水等に関する調査委託報告書』

徳島自治体問題研究所, 1999,『第十堰のうた』, 自治体研究社.

_____, 2001,『ダムを止めた人たち ― 細川内ダム反対運動の軌跡』, 自治体研究社.

徳島県労政課, 1956,『那賀川流筏労働運動史』.

徳島県統計課, 各年,『徳島県統計書』, 徳島県統計協会.

渡辺澄夫・豊田寛三・加藤知弘・神戸輝夫, 1975,「大野川の水運」,『教育研究所報』(大分大学教育学部教育研究所), 4:35-8.

嶋津暉之, 1991,『水問題原論』, 北斗出版.

_____, 1997,「21世紀の水利用のあり方」, 天野礼子編,『21世紀の河川思想』, 共同通信社, 48-65.

東京都水道局, 1981,『東京都水道局事業年報』.

_____, 2003,『事業年報』.

東北農政局岩手統計情報事務所, 2001,『岩手農林水産統計年報』, 岩手農林統計協会.

東北地方建設局鳴子ダム工事事務所, 1959,『鳴子ダム工事誌』, 東北地方建設局.

藤田恵, 1999,『ゆずの里村長奮闘記 ― 峡谷の里から自然保護を訴える』, 悠飛社.

藤井敦史, 1999,「'市民事業組織'の社会的機能とその条件 ― 市民的専門性」, 角瀬保雄・川口清史編,『叢書現代経営学 7 非営利・協同組織の経営』, ミネルヴァ書房, 177-206.

藤川賢, 1997,「地域開発政策と産業化論 ― 地域開発批判の再考に向けて」,『年報社会学論集』, 10: 73-84.

満田久義, 1995,「環境社会学とはなにか ― 米国でのパラダイム論争再考」,『環境社会学研究』, 1: 53-71.

末廣昭, 1998,「開発主義とは何か」, 東京大学社会科学研究所,『20世紀システム 4 開発主義』, 東京大学出版会, 1-10.

木頭村, 1961, 『木頭村誌』.

_____, 1995, 『水源の村木頭村 — 細川内ダム建設計画に反対する理由』.

木頭村企画室, 1996, 『第3次木頭村総合振興計画』.

木原滋哉, 2000, 「'九州・沖縄'における社会運動ネットワークの形成・試論」, 石川捷治・平井一臣編, 『地域から問う国家・社会・世界 — '九州・沖縄'から何が見えるか』, ナカニシヤ出版, 171-197.

武藤博己, 1994, 「公共事業」, 西尾勝・村松岐夫編, 『講座行政学 3 政策と行政』, 有斐閣, 235-277.

武川正吾, 1992, 『地域社会計画と住民生活』, 中央大学出版部.

梶田孝道, 1988, 『テクノクラシーと社会運動 — 対抗的相補性の社会学』, 東京大学出版会.

飯島伸子, 1970, 「産業公害と住民運動 — 水俣病問題を中心に」, 『社会学評論』, 21(1): 25-45.

_____, 1984, 『環境問題と被害者運動』, 学文社.

_____, 1995, 『環境社会学のすすめ』, 丸善.

_____, 1996, 「日本の環境運動の経験」, 井上俊・上野千鶴子・大沢真幸・見田宗介・吉見俊哉編, 『環境と生態系の社会学』, 岩波書店, 143-160.

_____, 1998, 「環境問題の歴史と環境社会学」, 舩橋晴俊・飯島伸子編, 『講座社会学 12 環境』, 東京大学出版会, 1-42.

_____, 2000, 『環境問題の社会史』, 有斐閣.

保母武彦, 1996, 『内発的発展論と日本の農山村』, 岩波書店.

福岡賢正, 1994, 『国が川を壊す理由 — 誰のための川辺川ダムか』, 葦書房.

福武直編, 1965a, 『地域開発の構想と現実 I 百万都市建設の幻想と実態』, 東京大学出版会.

_____, 1965b, 『地域開発の構想と現実 II 新産業都市への期待と現実』, 東京大学出版会.

_____, 1965c, 『地域開発の構想と現実 III 工業都市化のバランスシート』, 東京大学出版会.

本郷正武, 2002, 「社会運動論における'フレーミング'の理論的位置」, 『社会学研究』, 71:215-230.

富山和子, 1980, 『水の文化史』, 文芸春秋.

北見俊夫, 1981, 『川の文化』, 日本書籍.

北島滋, 1998, 『開発と地域変動 — 開発と内発的発展の相克』, 東信堂.

浜本篤史, 2001,「公共事業見直しと立ち退き移転者の精神的被害 — 岐阜県・徳山ダム計画の事例より」,『環境社会学研究』, 7: 174-189.

寺口瑞生, 2001,「環境社会学のフィールドワーク」, 飯島伸子・鳥越皓之・長谷川公一・舩橋晴俊編,『講座環境社会学 第1巻 環境社会学の視点』, 有斐閣, 243-260.

四国地方建設局徳島工事事務所, 1981,『那賀川改修史』.

寺西俊一, 2001,「'環境再生'のための総合的な政策研究をめざして」,『環境と公害』, 31(1): 2-13.

四手井綱英・半田良一編, 1969,『木頭の林業発展と日野家の林業経営』, 農林出版.

寺田良一, 1998,「環境NPO(民間非営利組織)の制度化と環境運動の変容」,『環境社会学研究』, 4: 7-23.

砂田一郎, 1980,「原発誘致問題への国際的インパクトとその政治的解決の方式についての考察 — 和歌山県古座町の社会調査データに基づいて」, 馬場伸也・梶田孝道編,『非国家的行為主体のトランスナショナルな活動とその相互行為の分析による国際社会学』, 津田塾大学文芸学部国際関係研究所, 61-76.

山岡義典編, 1997,『NPO基礎講座 — 市民社会の創造のために』, ぎょうせい.

山道省三, 2001a,「市民にとって流域とは何か — 広がるパートナーシップによる川づくり」,『国づくりと研修』(財団法人全国建設研修センター), 91: 20-23.

————, 2001b,『多摩川をモデルとした'河川環境'の保全に関する住民参加型の手法, 制度についての調査・研究』, 財団法人とうきゅう環境浄化財団.

傘木宏夫, 2001,「環境再生に向けた各地の取り組み」,『経済』, 69: 115-125.

山本信次編, 2003,『森林ボランティア論』, 日本林業調査会.

山田明, 2000,「ダムと公共事業 — 建設から廃止の世紀へ」,『環境と公害』, 30(1): 51-52.

山村恒年, 1996,「環境社会学と法学の協働」,『環境社会学研究』, 2: 67-70.

三木和郎, 1984,『都市と川』, 農山漁村文化協会.

森元孝, 1996,『逗子の市民運動 — 池子米軍住宅建設反対運動と民主主義の研究』, 御茶の水書房.

三井昭二, 1991,「山村のくらし」, 日本村落史講座編集委員会,『日本村落史講座8 生活3 — 近現代』, 雄山閣出版, 121-38.

————, 1997,「森林からみるコモンズと流域 — その歴史と現代的展望」,『環境社会学研究』, 3: 33-46.

生越忠編, 1983,『開発と公害』, 23.

西尾勝, 1975,「行政過程における対抗運動 ― 住民運動についての一考察」,『年報政治学 1974 政治参加の理論と現実』, 69-95.

西川潤, 1989,「内発的発展論の起源と今日的意義」, 鶴見和子・川田侃編,『内発的発展論』, 東京大学出版会, 3-41.

西川潤編, 2001,『アジアの内発的発展』, 藤原書店.

石川徹也, 1999,『ルポ・日本の川』, 緑風出版.

舩橋晴俊, 1988,「建設計画の決定・実施過程と住民運動」,『高速文明の地域問題 ― 東北新幹線の建設・紛争と社会的影響』, 有斐閣, 111-154.

_____, 1993,「社会制御としての環境政策」, 飯島伸子編,『環境社会学』, 有斐閣, 55-79.

_____, 1995,「環境問題への社会学的視座 ―'社会的ジレンマ論'と'社会制御システム論'」,『環境社会学研究』, 1: 5-20.

_____, 2002,「環境問題をめぐる政策的課題とコミュニケーション」,『都市問題』, 93(10): 3-14.

舩橋晴俊・舩橋恵子, 1976,「'対抗的分業'の理論」,『現代社会学』, 3(2): 114-129.

舩橋晴俊・長谷川公一・飯島伸子編, 1998,『巨大地域開発の構想と帰結 ― むつ小川原開発と核燃料サイクル施設』, 東京大学出版会.

舩橋晴俊・長谷川公一・畠中宗一・梶田孝道, 1988,『高速文明の地域問題 ― 東北新幹線の建設・紛争と社会的影響』, 有斐閣.

舩橋晴俊・長谷川公一・畠中宗一・勝田晴美, 1985,『新幹線公害 ― 高速文明の社会問題』, 有斐閣.

成瀬竜夫, 1983,「地域づくり論の現状と展望 ―'内発的発展'論の検討を中心に」, 自治体問題研究所編,『地域と自治体 第13集 地域づくり論の新展開』, 自治体研究社, 44-59.

城山英明・鈴木寛・細野助博編, 1999,『中央省庁の政策形成過程 ― 日本官僚制の解剖』, 中央大学出版部.

小山善彦, 1999,「英国のグランドワークにみるパートナーシップによる地域再生」,『環境社会学研究』, 5: 38-50.

小野寺教郎, 1999,『もう1つの新月ダム』.

篠原一, 1973,「市民参加の制度と運動」,『岩波講座 現代都市政策 II 市民参加』, 岩波書店, 3-38.

_____, 2004,『市民の政治学 ― 討議デモクラシーとは何か』, 岩波書店.

沼田真, 1994,『自然保護という思想』, 岩波書店.

松宮朝, 2000,「北海道農村地域形成の変容 − 3市町村における集団活動の比較分析から」,『現代社会学研究』, 13: 99-115.

松野弘, 1997,『現代地域社会論の展開 − 新しい地域社会形成とまちづくりの役割』, ぎょうせい.

松原治郎・似田貝香門編, 1976,『住民運動の論理 − 運動の展開過程・課題と展望』, 学陽書房.

守友裕一, 1991,『内発的発展の道 − まちづくり, むらづくりの論理と展望』, 農山漁村文化協会.

水郷水都全国会議・徳島大会実行委員会, 1996,『第12回水郷水都全国会議・徳島大会資料集』.

水と文化研究会編, 2000,『みんなでホタルダス − 琵琶湖地域のホタルと身近な水環境調査』, 新曜社.

矢田ダム対策会議, 1989,『矢田ダム対策会議15年のあゆみ』.

矢田ダム反対協議会, 1989,『矢田ダム反対協議会20年のあゆみ』.

柿澤宏昭, 2001,「森林保全とその担い手」, 鳥越皓之編,『講座環境社会学 第3巻 自然環境と環境文化』, 有斐閣, 77-103.

新月ダム建設反対期成同盟, 1984,『もしもダムができたなら』.

新月村誌編纂委員会, 1957,『新月村誌』.

新川達郎, 1997,「審議会・懇談会と自治体政策形成」,『都市問題』, 88(1): 63-78.

室根村友好交流支援の会・室根吉川交流協会, 1997,『われらがちぎり − 都市と農村の交流のあゆみ』.

岩崎信彦・鵜飼孝造・浦野正樹・辻勝次・似田貝香門・野田隆・山本剛郎編, 1999,『阪神・淡路大震災の社会学 3 復興・防災まちづくりの社会学』, 昭和堂.

延藤安弘・宮西悠司, 1981,「内発的まちづくりによる地区再生過程 − 神戸市真野地区のケーススタディ」, 吉岡健次・崎山耕作編,『大都市の衰退と再生』, 東京大学出版会, 138-195.

塩原勉編, 1989,『資源動員と組織戦略 − 運動論の新パラダイム』, 新曜社.

永井進, 1999,「川崎市における地域環境再生」,『環境社会学研究』, 5: 5-20.

永井進・寺西俊一・除本理史編, 2002,『環境再生 − 川崎から公害地域の再生を考える』, 有斐閣.

五十嵐敬喜・小川明雄, 1997,『公共事業をどうするか』, 岩波書店.

_____, 1999,『図解 公共事業のしくみ』, 東洋経済新報社.

_____, 2003,『'都市再生'を問う － 建築無制限時代の到来』, 岩波書店.

奥田道大, 1980,「地域政策と地域社会 －'都市と水資源'問題を手がかりとして」,
『季刊 地域』, 3: 10-14, 145.

玉城哲, 1984,「日本農業の近代化過程における水利の役割」, 玉城哲・旗手勲・今
村奈良臣編,『水利の社会構造』, 国際連合大学, 7-53.

宇野重昭・鶴見和子編, 1994,『内発的発展と外向型発展 － 現代中国における交
錯』, 東京大学出版会.

原科幸彦編, 2000,『環境アセスメント』, 放送大学教育振興会.

遠藤宏一, 1999,『現代地域政策論 ― 国際化・地方分権化と地域経営』, 大月書店.

_____, 2000,「公共事業依存型経済と地域づくり'資源' － 保健・医療・福祉と
内発的発展」,『政策科学』(立命館大学政策科学会), 7(3): 89-108.

柳田国男, 1941,『豆の葉と太陽』, 創元社.(＝1968,『定本 柳田国男集 第2巻』, 筑
摩書房.)

李国慶, 1996,「長野県諏訪地方の地域産業化の特質 － 内発的発展と外発的発
展の相乗効果による地域発展」,『村落社会研究』, 3(1):21-32.

林野庁, 各年,『図説 林業白書』, 日本林業協会.

銀河書房編, 1994,『水源の森は都市の森 － 上下流域の連帯による'流域社会'づくり』,
銀河書房.

依光良三編, 2001,『流域の環境保護 － 森・川・海と人びと』, 日本経済評論社.

日本ダム協会, 1998,『ダム年鑑 1998年版』, 日本ダム協会.

_____, 2004,『ダム年鑑 2004年版』, 日本ダム協会.

日本弁護士連合会公害対策・環境保全委員会, 1995,『川と開発を考える － ダム
建設の時代は終わったか』, 実教出版.

日本人文科学会, 1958,『佐久間ダム － 近代技術の社会的影響』, 東京大学出版会.

_____, 1959,『ダム建設の社会的影響』, 東京大学出版会.

_____, 1960,『北上川 － 産業開発と社会変動』, 東京大学出版会.

日本林業調査会, 1998,『森林ボランティアの風 － 新たなネットワークづくりに向
けて』, 日本林業調査会.

日本自然保護協会, 2002a,『自然保護NGO半世紀のあゆみ － 日本自然保護協会
50年誌 上 1951~1982』, 平凡社.

_____, 2002b,『自然保護NGO半世紀のあゆみ － 日本自然保護協会50年誌
下 1983~2002』, 平凡社.

長谷部成美, [1956] 1978,『佐久間ダム － その歴史的記録』, 東洋書館.

長谷川公一, 1985,「社会運動の政治社会学 － 資源動員論の意義と課題」,『思想』, 737: 126-157.

_____, 1996a,「NPO － 脱原子力のパートナー」,『世界』, 623: 244-254.

_____, 1996b,『脱原子力社会の選択 － 新エネルギー革命の時代』, 新曜社.

_____, 1999,「原子力発電をめぐる日本の政治・経済・社会」, 坂本義和編,『核と人間 Ⅰ 核と対決する20世紀』, 岩波書店, 281-337.

_____, 2003,『環境運動と新しい公共圏 － 環境社会学のパースペクティブ』, 有斐閣.

庄司光・宮本憲一, 1964,『恐るべき公害』, 岩波書店.

庄司興吉編, 1985,『地域社会計画と住民自治』, 梓出版社.

在間正史, 1997,「長良川河口堰の事業評価 － 河川開発事業の検討」,『環境社会学研究』, 3: 47-57.

全国漁業協同組合連合会, 1998,「特集 全国漁民の森サミット」,『漁協(くみあい)』 73: 6-43.

全国河川総合開発促進期成同盟会, 1980,『日本の多目的ダム(直轄編)』, 山海堂.

畠山重篤, 1999,『リアスの海辺から』, 文芸春秋. 전

田窪祐子, 1996,「カリフォルニア州'原子力安全法'の成立過程 － 複数のアリーナ間の相互作用としての政治過程」,『環境社会学研究』, 2: 91-108.

_____, 1997,「巻町'住民投票を実行する会'の誕生・発展と成功」,『環境社会学研究』, 3: 131-148.

_____, 2001,「住民自治と環境運動 － 日本の反原発運動を事例として」, 長谷川公一編,『講座環境社会学 第4巻 環境運動と政策のダイナミズム』, 有斐閣, 65-90.

田主丸町誌編集委員会, 1996,『田主丸町誌 1 川の記憶』, 田主丸町.

田中角栄, 1972,『日本列島改造論』, 日刊工業新聞社.

田中滋, 1997,「河川環境事業としての'多自然型川づくり' － 1970年代以降における建設省・河川環境行政史」,『環境社会学研究』, 3: 58-71.

_____, 2000,「政治的争点と社会的勢力の展開 － 市場の失敗, 政府の失敗, イデオロギー, そして公共性」, 間場寿一編,『講座社会学 9 政治』, 東京大学出版会, 127-161.

_____, 2001,「河川行政と環境問題 － 行政による'公共性の独占'とその対抗運動」, 舩橋晴俊編,『講座環境社会学 第2巻 加害・被害と解決過程』, 有斐閣, 117-143.

田村明, 1987,『まちづくりの発想』, 岩波書店.

苫田ダム記念誌編纂委員会, 1997,『ふるさと － 苫田ダム記念誌』, 奥津町.

井上真, 2001,「自然資源の共同管理制度としてのコモンズ」, 井上真・宮内泰介編,『シリーズ環境社会学 2 コモンズの社会学 － 森・川・海の資源共同管理を考える』, 新曜社, 1-28.

井上孝夫, 1995,「自然保護運動の戦略 － 白神山地の事例を中心に」,『社会学評論』, 45(4): 452-468.

_____, 1996,『白神山地と青秋林道 － 地域開発と環境保全の社会学』, 東信堂.

井戸聡, 1999,「地域社会の共同性の創出 － 徳島県の環境問題の経験から」,『ソシオロジ』, 43(3): 53-70.

鵜飼照喜, 1992,『沖縄・巨大開発の論理と批判 － 新石垣空港建設反対運動から』, 社会評論社.

鳥越皓之, 1983,「地域生活の再編と再生」, 松本通晴編,『地域生活の社会学』, 世界思想社, 159-186.

_____, 1997,『環境社会学の理論と実践 － 生活環境主義の立場から』, 有斐閣.

_____, 2000,「盛り上がり協力隊の叢生」,『環境情報科学』, 29(3): 40-41.

_____, 2002,「環境政策における地域自治会の役割」,『都市問題』, 93(10): 99-108.

鳥越皓之編, 1989,『環境問題の社会理論』, 御茶の水書房.

鳥越皓之・嘉田由紀子編, 1984,『水と人の環境史 － 琵琶湖報告書』, 御茶の水書房.

足立重和, 2001,「公共事業をめぐる対話のメカニズム － 長良川河口堰問題を事例として」, 舩橋晴俊編,『講座環境社会学 第2巻 加害・被害と解決過程』, 有斐閣, 145-176.

_____, 2002,「公共事業をめぐるディスコミュニケーション － 長良川河口堰問題を事例として」,『都市問題』, 93(10): 43-56.

佐藤慶幸, 2002,『NPOと市民社会 － アソシエーション論の可能性』, 有斐閣.

佐藤仁, 2002,「'問題'を切り取る視点 － 環境問題とフレーミングの政治学」, 石弘之編,『環境学の技法』, 東京大学出版会, 41-75.

佐藤竺, 1973,「行政システムと市民参加」,『岩波講座 現代都市政策 Ⅱ 市民参加』, 岩波書店, 163-186.

週刊金曜日編集部, 1997,『環境を破壊する公共事業』, 緑風出版.

竹林征三, 1996,『ダムのはなし』, 技報堂出版.

中村剛治郎, 2000,「内発的発展論の発展を求めて」,『政策科学』(立命館大学政策

科学会), 7(3): 139-161.

中河伸俊, 1999, 『社会問題の社会学 － 構築主義アプローチの新展開』, 世界思想社.

地方史研究協議会, 1993, 『河川をめぐる歴史像 － 境界と交流』, 雄山閣出版.

池田寛二, 2001, 「地球温暖化防止政策と環境社会学の課題 － ポリティックスか
　　　らガバナンスへ」, 『環境社会学研究』, 7: 5-23.

川名英之, 1992, 『ドキュメント日本の公害 7 大規模開発』, 緑風出版.

村民ネットワーク木頭村, 2001, 『やまびこ通信』.

村上哲生・西条八束・奥田節夫, 2000, 『河口堰』, 講談社.

総務庁(省)統計局, 各年, 『国政調査報告』, 日本統計協会.

諏訪雄三, 2001, 『公共事業を考える － 市民がつくるこの国の'かたち'と'未来'』,
　　　新評論.

萩野敏雄, 1975, 『内地材輸送史論』, 日本林業調査会.

萩原良夫, 1996, 『八ッ場ダムの闘い』, 岩波書店.

秋津元輝, 1993, 「'水系社会'から'流域社会'へ － いま流域を考えることの社会学
　　　的含意について」, 『林業経済』, 535: 1-7.

片桐新自, 1995, 『社会運動の中範囲理論 － 資源動員論からの展開』, 東京大学
　　　出版会.

河北新報社編集局, 1998, 『虚像累々 － 検証・地域から問う公共事業』, 日本評論社.

河野忠彰, 2000, 「大野川水系河川整備計画策定における地域住民等の意見聴取
　　　の取り組み」, 『月刊建設』, 44(2000年12月号): 13-15.

下笠・松原ダム問題研究会, 1972, 『公共事業と基本的人権 － 蜂の巣城紛争を中
　　　心として』, 帝国地方行政学会.

鶴見川流域ネットワーキング, 2001, 『バクの流域へようこそ － 流域活動10年の
　　　歩み』.

鶴見和子, 1976, 「国際関係と近代化・発展論」, 武者小路公秀・蝋山道雄編, 『国際
　　　学 － 理論と展望』, 東京大学出版会, 56-75.

＿＿＿＿＿, 1977, 『漂白と定住と － 柳田国男の社会変動論』, 筑摩書房.

＿＿＿＿＿, 1980, 「内発的発展論へ向けて」, 川田侃・三輪公忠編, 『現代国際関係
　　　論 － 新しい国際秩序を求めて』, 東京大学出版会, 185-206.

＿＿＿＿＿, 1985, 『殺されたもののゆくえ － わたしの民俗学ノート』, はる書房.

＿＿＿＿＿, 1989, 「内発的発展論の系譜」, 鶴見和子・川田侃編, 『内発的発展論』,
　　　東京大学出版会, 43-64.

＿＿＿＿＿, 1996, 『内発的発展論の展開』, 筑摩書房.

_____, 1998, 『鶴見和子曼荼羅Ⅵ 魂の巻 ― 水俣・アニミズム・エコロジー』, 藤原書店.

鶴見和子・市井三郎編, 1974, 『思想の冒険 ― 社会と変化の新しいパラダイム』, 筑摩書房.

海野道郎, 2001, 「現代社会学と環境社会学を繋ぐもの ― 相互交流の現状と可能性」, 『講座環境社会学 第1巻 環境社会学の視点』, 有斐閣, 155-186.

幸野敏治, 1998, 「市民が取り組む流域連携 ― 大野川の実験」, 『河川』, 621: 24-27.

脇田健一, 2001, 「地域環境問題をめぐる'状況の定義のズレ'と'社会的コンテクスト' ― 滋賀県における石けん運動をもとに」, 舩橋晴俊編, 『講座環境社会学 第2巻 加害・被害と解決過程』, 有斐閣, 177-206.

華山謙, 1969, 『補償の理論と現実 ― ダム補償を中心に』, 勁草書房.

環境創造みなまた実行委員会編, 1995, 『再生する水俣』, 葦書房.

環境庁, 1997, 『平成9年版 環境白書(総説)』, 大蔵省印刷局.

戸田清, 1994, 『環境的公正を求めて ― 環境破壊の構造とエリート主義』, 新曜社.

横田尚俊・浦野正樹, 1997, 「住民の生活再建と地域再生への模索」, 『社会学年誌』, 38: 23-43.

21世紀環境委員会, 1999, 『巨大公共事業 ― 何をもたらすか』, 岩波書店.

Abdel-Malek, Anouar, 1980, *The Project on Socio-cultural Development Alternatives in a Changing World: Report on the Formative Stage (May 1978-December 1979)*, Tokyo: The United Nations University.

Beck, Ulrich, 1996, "Risk Society and the Provident State," Scott Lash, Bronislaw Szerszynski and Brian Wynne eds., *Risk, Environment & Modernity: Towards a New Ecology*, London: Sage Publications, 27-43.

Broadbent, Jeffrey, 1998, *Environmental Politics in Japan: Networks of Power and Protest*, New York: Cambridge University Press.

Bryant, Raymond L. and Sinead Bailey, 1997, *Third World Political Ecology*, London: Routledge.

Burr, Vivien, 1995, *An Introduction to Social Constructionism*, London: Routledge.(=1997, 田中一彦訳, 『社会的構築主義への招待 ― 言説分析とは何か』, 川島書店.)

Buttel, F. H., 1978, "Environmental Sociology: A New Paradigm?," *The*

American Sociologist, 13: 465-488.

Catton, W. R. Jr. and R. E. Dunlap, 1978, "Environmental Sociology: A New Paradigm," *The American Sociologist*, 13: 41-49.

Dahrendorf, Ralf, 1979, *Lebenschancen: Anläufe zur sozialen und politischen Theorie*, Frankfurt am Main: Suhrkamp.(=1987, 吉田博司・田中康夫・加藤秀治郎訳,『新しい自由主義 － ライフ・チャンス』, 学陽書房.)

Dunlap, Riley E. and Angela G. Mertig eds, 1992, *American Environmentalism: The U.S. Environmental Movement, 1970-1990*, Philadelphia: Taylor & Francis.(=1993, 満田久義監訳,『現代アメリカの環境主義 － 1970年から1990年の環境運動』, ミネルヴァ書房.)

Dunlap, Riley E., 1997, "The Evolution of Environmental Sociology: A Brief History and Assessment of the American Experience," Michael Redclift and Graham Woodgate eds., *The International Handbook of Environmental Sociology*, Cheltenham: Edward Elgar, 21-39.

Freeman, J., 1979, "Resource Mobilization and Strategy: A Model for Analyzing Social Movement Organization Actions," M. N. Zald and J. D. McCarthy eds., *The Dynamics of Social Movements*, Winthrop Publishers: 167-189.

Friedmann, John, 1992, *Empowerment: The Politics of Alternative Development*, Cambridge, Mass.: Blackwell.(=1995, 定松栄一・林俊行・西田良子訳, 『市民・政府・NGO － ‘力の剥奪’からエンパワーメントへ』, 新評論.)

Gamson, William A. and Andre Modigliani, 1989, "Media Discourse and Public Opinion on Nuclear Power: A Constructionist Approach," *American Journal of Sociology*, 95:1-37.

Hannigan, John A., 1995, *Environmental Sociology: A Social Constructionist Perspective*, London: Routledge.

Hilgartner, Stephen and Charles L. Bosk, 1988, "The Rise and Fall of Social Problems: A Public Arena Model," *American Journal of Sociology*, 94(1): 53-78.

Jenkins, J. Craig, 1983, "Resource Mobilization Theory and the Study of Social Movements," *Annual Review of Sociology*, 9: 527-553.

Keck, Margaret E. and Kathryn Sikkink, 1998, "Transnational Advocacy Networks in the Movement Society," David S. Meyer and Sidney

Tarrow eds., *The Social Movement Society: Contentious Politics for a New Century*, Lanham: Rowman and Little field Publishers, 217-238.

Lipnack, Jessica and Jeffery Stamps, 1982, *Networking: The First Report and Directory*, Doubleday.(=1984, 正村公宏監訳, 『ネットワーキング ― ヨコ型情報社会への潮流』, プレジデント社.)

McAdam, Doug, 1996, "The Framing Function of Movement Tactics: Strategic Dramaturgy in the American Civil Rights Movement," Doug McAdam, John. D. McCarthy, and Mayer N. Zald eds., *Comparative Perspectives on Social Movements: Political Opportunities, Mobilizing Structures, and Cultural Framings*, New York: Cambridge University Press, 338-355.

McAdam, Doug, John. D. McCarthy, and Mayer N. Zald eds., 1996, *Comparative Perspectives on Social Movements: Political Opportunities, Mobilizing Structures, and Cultural Framings*, New York: Cambridge University Press.

Melucci, Alberto, 1989, *Nomads of the Present: Social Movements and Individual Needs in Contemporary Society*, Hutchinson Radius.(= 1997, 山之内靖・貴堂嘉之・宮崎かすみ訳『現代に生きる遊牧民』岩波書店.)

Rothman, Franklin Daniel and Pamela E. Oliver, 1999, "From Local to Global: The Anti-Dam Movement in Southern Brazil, 1979-1992," *Mobilization*, 4(1): 41-57.

Salamon, Lester M. and Helmut K. Anheier, 1994, *The Emerging Sector: An Overview*, Maryland: The Johns Hopkins University.(=1996, 今田忠監訳, 『台頭する非営利セクター ― 12カ国の規模・構成・制度・資金源の現状と展望』, ダイヤモンド社.)

Snow, David A., Rochford E. Burke Jr., Steven K. Worden and Robert D. Benford, 1986, "Frame Alignment Processes, Micromobilization, and Movement Participation," *American Sociological Review*, 51: 464-481.

Spector, Malcolm and John I. Kitsuse, 1977, *Constructing Social Problems*, New York: Aldine de Gruyter.(=1992, 村上直之・中河伸俊・鮎川潤・

森俊太訳,『社会問題の構築 ― ラベリング理論をこえて』, マルジュ社.)

Tsurumi, Kazuko, 1981, *Endogenous Intellectual Creativity and the Emerging New International Order: With Special Reference to East Asia*, Tokyo: The United Nations University.

Zald, Mayer N., 1996, "Culture, Ideology, and Strategic Framing," Doug McAdam, John. D. McCarthy and Mayer N. Zald eds., *Comparative Perspectives on Social Movements: Political Opportunities, Mobilizing Structures, and Cultural Framings*, New York: Cambridge University Press, 261-274.